Handbuch Patchwork

Handbuch Patchwork

Das große Nachschlagewerk zu allen Techniken

Marie Clayton

OZ creativ

Für David, der stets an mich glaubte und mir den Freiraum gab, den ich brauchte.

Erstveröffentlichung in Großbritannien, 2009, bei Collins & Brown,
ein Imprint der Anova Books Company Limited:
10 Southcombe Street
London
W14 0RA

www.anovabooks.com

Deutsche Ausgabe

Übersetzung: Bernadette Mayr
Lektorat: Claudia Schmidt
Redaktion: Angelika Klein
Covergestaltung: Aurélie Lambrecht
Satz: GrafikwerkFreiburg

Printed in Singapore

ISBN 978-3-8410-6064-8
Art.-Nr. OZ6064

4. Auflage 2012

Inhalt

Einleitung	6
Der Anfang	12
Die Grundlagen	38
Wholecloth- und Streifenquilts	70
Patchworkquilts	88
Applikationsquilts	180
Verzierte Quilts	212
Quilts in Falttechnik	238
Techniken für Fortgeschrittene	258
Verzeichnis der Quiltbegriffe	295
Herstellerverzeichnis	299
Index	300
Dank und Bildnachweis	304

Einleitung

Es scheint, als wäre Patchwork und Quilten ein Bereich des Nähens, der in den letzten Jahrzehnten nie an Beliebtheit verloren hat. Viele Frauen haben vielleicht aufgehört, sich Kleidung zu nähen oder Heimtextilien anzufertigen, doch Quilterinnen gab es zu jeder Zeit und wird es auch immer geben. Moderne Quilts dienen nicht mehr nur als Tagesdecken, viele sind zur Dekoration als Wandbehang vorgesehen. Doch auch dies ist keine neue Idee. Im Mittelalter wurden Quilts und Wandteppiche zur Wärmeisolierung an die Wände gehängt und als Vorhänge benutzt. Ein Quilt ist nur dann ein richtiger Quilt, wenn er aus drei Lagen besteht: eine Oberseite, eine mittlere Lage als Wattierung und eine Rückseite und wenn diese Lagen von Stichen zusammengehalten werden, die durch alle Lagen führen. Technisch gesehen ist ein Projekt, das nur aus zwei Lagen besteht, eine Decke.

Die Kunst des Patchworkens ist so sehr mit der Kunst des Quiltens verwoben, dass sie für viele Leute gleichbedeutend sind, obwohl ein Quilt auch ohne Patchwork gestaltet werden kann und eine Patchworkarbeit nicht unbedingt gequiltet werden muss. Viele Quilts werden mit Applikationstechniken dekoriert, oder der Stoff wird in neuester Zeit auch gefaltet und auf unterschiedliche Weise manipuliert, wodurch sich dreidimensionale Effekte ergeben.

Das vorliegende Buch vermittelt alle Grundtechniken des Patchworkens und des Quiltens, die Sie für Ihr Projekt benötigen. Das erste Kapitel „Der Anfang" führt das Zubehör an, das Sie benötigen und wofür es zu verwenden ist. So können Sie überlegen, was Sie vielleicht noch kaufen müssen und welche Nähmaschine Sie benötigen. Die Handnähstiche, die Sie möglicherweise bei Ihrem Projekt anwenden werden, werden Schritt für Schritt erklärt und durch hilfreiche Zeichnungen unterstützt. Auch die verschiedenen Stoffqualitäten sowie deren Eigenart werden beschrieben, damit Sie wissen, nach welchen Stoffen Sie suchen sollten und welche Sie besser nicht verwenden. Ein Exkurs über Farben, Muster und deren Zusammenspiel helfen beim Entwurf Ihres Quilts. Einige Vorschläge, wie Sie Ihren Arbeitsplatz praktisch einrichten und alle Materialien und Stoffe sicher und bequem verstauen können, runden dieses Kapitel ab.

Im zweiten Kapitel „Die Grundlagen" werden die verschiedenen Techniken des Hand- und Maschinennähens sowie die Fertigstellung eines Quilts erläutert. Jedes der nachfolgenden Kapitel beschreibt eine andere Art des traditionellen Quiltens: Wholecloth- und Streifenquilts, Patchworkquilts, Applikationsquilts, verzierte Quilts und Quilts in Falttechnik. Alle Kapitel geben zunächst eine Einführung zu der besonderen Technik für die jeweilige Art von Quilt und führen einige der beliebtesten traditionellen Patchworkmuster als Beispiele an. Auch die Schritt-für-Schritt-Zeichnungen und die benötigten Schablonen zu den abgebildeten Quilts finden Sie in diesen Kapiteln. Das letzte Kapitel bietet vor allem für fortgeschrittene Näherinnen Anleitungen, in denen zuvor beschriebene Techniken verwendet werden. Auch auf die Pflege, Reinigung und Aufbewahrung von Quilts wird eingegangen. Ein Verzeichnis der Quiltbegriffe finden Sie im Anhang.

Wenn Sie Anfängerin sind, werden Ihnen in diesem Buch alle nötigen Grundkenntnisse vermittelt. Für Fortgeschrittene sind hoffentlich immer noch einige Dinge neu und interessant genug, um sie auszuprobieren, denn das vorliegende Buch ist auch eine nützliche Quelle für weniger bekannte Techniken.

Marie Clayton, London 2009

Eine kurze Geschichte des Patchworkquiltens

Obwohl die Meinung vorherrscht, das Quilten sei eine westliche Tradition, ist es doch auch in der Geschichte anderer Kulturen und in der ganzen Welt zu finden, vor allem im Mittleren Osten und in Asien. In kälteren Klimazonen findet man die ältesten Zeugnisse des Quiltens, da dort warme Kleidung benötigt wurde. Zwei Stofflagen sind wärmer als eine, und es war praktisch, diese Lagen mit Stichen oder durch Knoten miteinander zu verbinden – so wurde das Quilten geboren. Doch auch in warmen Ländern entwickelte sich Patchwork und Quilten in eigenständiger Art, entweder um gebrauchte Stoffe in neuer Form und für einen anderen Zweck oder auch als Schutzkleidung oder dekorative Wandbehänge, die Zugluft oder Insekten abhalten sollten, zu nutzen. In Bengalen werden zum Beispiel alte Saris aufeinandergelegt, mit Kantha-Quiltstichen befestigt und als leichte Decke benutzt, während in Japan das Sashiko-Quilting – komplizierte Stichfolgen, meist in Weiß auf dunkelblauem Stoff – auf Kleidungsstücken angewendet wurde. So wurde abgetragene Kleidung wieder haltbar gemacht, und es entstand warme, wattierte Arbeitskleidung.

Applikationen und andere dekorative Techniken

Oft enthalten Quilts andere dekorative Techniken, wie Applikation, Stickerei und Patchwork. In den Nomadenzelten in der ägyptischen Wüste wurden Wandbehänge und Kissen mit wunderbaren Applikationsmustern versehen. In Südamerika wurde mit Reversapplikation Kleidung verziert, und auf der anderen Seite der Welt, in China, wurde diese Technik für Haushaltsgegenstände und zeremonielle Textilien benutzt. Im Westen dienten Applikationen vermutlich vor allem dazu, Löcher oder abgeschabte Stellen in Stoffen zu flicken, doch schon bald wurden die dekorativen Möglichkeiten erkannt. Bedruckte, aus Indien importierte Textilien (so genannte Calicos) waren im 17. und 18. Jhd. sehr teuer, und um sie zu „verlängern" oder um noch benutzbare Stellen eines abgetragenen Stoffes wiederzuverwerten, wurden die Motive ausgeschnitten und auf preiswerteren, unifarbenen Basisstoff genäht. Viele Beispiele davon sind noch erhalten, denn sie waren zeitintensiv herzustellen und teuer, weswegen diese Quilts gehütet und sorgfältig behandelt und nicht täglich benutzt wurden.

Das Zusammensetzen von Stoffteilen, das Patchwork, etablierte sich in der ganzen Welt ebenfalls zunächst aus ökonomischen Gründen. Da solche Quilts aus getragener Kleidung hergestellt wurden, die naturgemäß großem Verschleiß ausgesetzt war, und auch als Decken viel benutzt wurden, sind nur wenige Exemplare erhalten. In Japan wurde eine Art von Streifenpatchwork entwickelt, das „Yosegire", mit dem vor allem Kleidung, Wandbehänge und Fensterrollos geschmückt wurden. Die japanischen Frauen schufen aus importierten chinesischen Seidenbrokaten wunderbare Kleidung für ihre Kriegsherren und Würdenträger. Obwohl es einige schöne Beispiele für englisches Patchwork gibt, so wurde das Patchwork doch in Amerika zur Textilkunst erhoben. Die englischen Frauen begeisterten sich vor allem für das viktorianische Crazy-Patchwork – einem wilden Tumult von Farben und Oberflächen –, das oft von wohlhabenden Damen aus luxuriösen Stoffen gearbeitet wurden, auf welchem sie ihre Stickereikunst zur Schau stellen konnten.

Die Entwicklung des Quiltens in Europa

Die älteste bekannte Verwendung von gequilteten Stoffen war die Herstellung von wattierten Westen, die unter den eisernen Rüstungen getragen wurden. Die Kreuzritter brachten diese Kleidungsstücke im 11. und 12. Jhd. aus dem Orient in ihre Heimat mit. Sie wärmten und boten Schutz. Die Idee, Stoffe mit eingelegter Wattierung aufeinanderzunähen, wurde in Italien, Frankreich, Deutschland und England sehr schnell aufgegriffen und auch für andere Zwecke eingesetzt. Während der großen Kälteperioden im Europa des 14. Jhd. wurden Decken und warme Kleidung gequiltet. Die letzten noch erhaltenen Bettquilts in Europa sind drei Decken in Trapunto-Technik (also gestopft) aus Sizilien, die gegen Ende des 14. Jhd. entstanden sind. Im Laufe des 15. Jhd. war das Quilten wohl auch in den Niederlanden bekannt – ein edler Trapunto-Quilt ist auf dem Gemälde „Marientod" (1450) des flämischen Malers Bartolomeo Bermejo zu sehen.

In Frankreich entstanden drei Haupttypen von Quilts. „Matelassage" ist eine Art Wholecloth-Quilt. Der Oberstoff besteht meist aus Satin oder einem kostbar bedruckten oder bestickten Baumwollstoff, der Rückseitenstoff ist grob gewebt. „Marseille-Quilts" (Piqûre de Marseille) stammen aus der Gegend um Marseille.

Die Oberseite besteht aus feiner, unifarbener Baumwolle oder Seide, ist dicht gequiltet und in einzelnen Bereichen mit Kordeln oder Wattierung gefüllt, so dass das Muster plastisch hervortritt.

„Boutis" (das provenzalische Wort für „ausstopfen") werden auf die gleiche Weise wie die Marseille-Quilts hergestellt, nur dass die Motive größer sind und der Quilt auf beiden Seiten gleich schön und somit wendbar ist.

Im Europa des späten 17. und frühen 18. Jhd. waren gequiltete Kleidung und Tagesdecken ganz alltägliche Dinge im Leben der höheren und mittleren Klasse. Gequiltete Petticoats für Frauen und Westen oder Tuniken für Männer waren besonders populär. Seit dem frühen 19. Jhd. ist das Quilten eine anerkannte Textilkunst in Frankreich, Schweden und Deutschland, wo sich in den Ländern manchmal gleiche Muster unabhängig voneinander entwickelten.

Die Quilt-Tradition in England

In England haben sich zwei Arten von Quilts entwickelt: Zum einen die üppig bearbeiteten und detailreichen, aufwändigen Quilts, die von Mitgliedern der professionellen Stickgilde hergestellt wurden, und zum anderen die Quilts der einfachen Leute, die als warme und praktische Bettdecken und als Kleidungsstücke dienten. In bestimmten Gegenden bildeten sich strenge Regeln aus, z. B. in Wales, in Durham und im Nordwesten Northumberlands. Frauen und Männer konnten mit dem Quilten ihren Lebensunterhalt bestreiten, entweder in einer Dorfwerkstatt, in der sie auch andere Nähaufträge annahmen, oder als umherziehende Quilter – oft Männer, die von Gutshof zu Gutshof zogen und Kost und Logis mit einem Quilt bezahlten. Das Quilten war zeitweise eine Aufgabe für die ganze Familie, in welcher die Techniken und Muster weitergegeben wurden. Auch Freundinnen trafen sich, um an einem Quilt gemeinsam zu arbeiten.

Heutzutage wird das Quilten als Frauenarbeit angesehen, doch gab es durchaus anerkannte männliche Quilter. Joseph Hedley aus Warden, Northumberland, war Schneider von Beruf. Seine fein gearbeiteten Quilts genossen großes Ansehen. Unglücklicherweise erinnert man sich heute nur noch deswegen an ihn, weil er im Jahr 1826 ermordet wurde. Nur wenige seiner Quilts sind erhalten, doch ein Zeitungsbericht über den Mord erwähnt: „Er war handwerklich höchst begabt. Seine Abbildungen und Entwürfe waren sehr modern und die Sorgfalt seiner Arbeit war erstaunlich und außerordentlich geschmackvoll."

Im ausgehenden 19. und zu Beginn des 20. Jahrhunderts wurden Quiltclubs populär, vor allem in den Bergwerksdörfern im Nordosten Englands. Eine Quilterin konnte in einem solchen Club bis zu zwanzig Kundinnen versammeln, von denen jede an einem ihrer Quilts interessiert war. Jede von ihnen zahlte kleine, wöchentliche Raten, bis die gesamte Summe für den Quilt abbezahlt war. Für die Quilterin bedeutete dies, dass sie zu Anfang alle Materialien einkaufen konnte, und so war es ihr möglich, innerhalb von etwa drei Wochen je einen Quilt fertig zu stellen, bis alle Mitglieder des Quiltclubs einen eigenen hatten. Zu Beginn des 20. Jahrhunderts bot das Quilthandwerk eine Einnahmequelle für die Frauen in den Bergbau- und Industriegegenden: Ihre Quilts wurden durch eine Kooperative in London verkauft und verhalfen ihnen zu dringend benötigtem Geld.

Quilten in Amerika

Die Kunst des Quiltens kam mit den ersten europäischen Siedlern nach Amerika, doch entwickelten sich dort sehr schnell ein neuer Stil und eigene Traditionen. Amerikanische Quilterinnen arbeiteten ihre Decken zunehmend in einzelnen Blöcken, denn so waren sie während der Trecks gut zu transportieren und konnten leicht weggepackt werden, bis genügend Blöcke für einen Quilt beisammen waren. Für die Herstellung einzelner Blöcke wurden sowohl Applikationstechniken wie auch Patchworktechniken angewendet. Bekannte Muster wurden aufgenommen oder verändert, neue Muster wurden entwickelt. Durch den Mangel an Stoffen mussten sich die Frauen mit dem begnügen, was vorhanden war: alte Decken, abgetragene Kleidung und Futtersäcke. Die Quilting Bee, bei der die Frauen während des gemeinsamen Nähens den aktuellen Klatsch und Neuigkeiten austauschten, war nicht nur als sozialer Treffpunkt wichtig – es wurden auch Nähkenntnisse ausgetauscht. Der Höhepunkt des Quiltens in Amerika war vielleicht im 19. Jahrhundert erreicht, als jeder Haushalt einen angemessenen Vorrat von Quilts besaß, die als warme Decken und für ein schnelles Gästebett zur Verfügung standen. Jedes Mädchen im heiratsfähigen Alter musste im Aussteuerschrank mindestens ein Dutzend Quiltoberseiten haben. Es galt als Unglück bringend, die Quilts vor der Bekanntgabe der Verlobung fertig zu stellen.

Der allgemeine Trend des Quilting brachte in Nordamerika viele unterschiedliche Quilttypen hervor. Hawaiianische Quilts sind Applikationsquilts mit sehr grafischen, symmetrischen Formen. Die afrikanischen Sklavinnen, die für die Plantagenbesitzer das Nähen erlernen mussten, verwendeten afrikanische Symbole und Motive für die Quilts in ihren eigenen Hütten. Auch viele amerikanische Ureinwohner griffen das Quilten auf und verwendeten traditionelle Zeichen der Zeremonien ihrer Stämme.

Die Amischen sind vielleicht die bekanntesten Quilter. Die „schlichten Leute" stammen von einer Gruppe von Anabaptisten ab, die in den 1720er Jahren von Deutschland nach Amerika auswanderten. Sie bildeten sehr abgeschlossene und eigenständige Gemeinschaften, die auch heute noch ohne moderne Errungenschaften wie Elektrizität oder Ähnliches auskommen. Viele von ihnen sind Farmer, die das Land mit Pferden und Mulis oder von Hand bestellen. Sie verwenden und recyceln aus Prinzip und lehnen jegliche Frivolität oder Überfluss ab. Die Frauen kochen, nähen und stellen Haushaltstextilien und Kleidung für Kinder und Erwachsene her. Da bei dieser Gelegenheit immer Stoffreste übrig bleiben, war es ganz natürlich, dass diese Reste zu Quilts verarbeitet wurden. Die Kleidung der Amischen wird niemals aus gemusterten Stoffen genäht, sondern ist immer schlicht. Hosen, Jacken und Kleider sind in dunklen Farben gehalten, meist in Schwarz, Dunkelgrau oder Marineblau. Nur die Kinder tragen manchmal hellere Farben. Dies verleiht den Amisch-Quilts ihr typisches Aussehen, da die hellen Stoffstücke vor dem dunklen, gedämpften Hintergrund wie Edelsteine leuchten. Die Amischen haben das Quilten ursprünglich von ihren nicht-amischen Nachbarn gelernt, die sie „die Engländer" nennen, ungeachtet ihrer Herkunft. Sie wandelten die Muster in ihre charakteristisch schlichten, amischen Muster ab, die sie mit großer Sorgfalt und Fertigkeit arbeiten. Auch heute noch quilten sie ihre Decken von Hand, obwohl sie ansonsten mit Handkurbel- oder Tretnähmaschinen nähen. Frühe Amisch-Quilts sind heute meist nur noch in Museen oder in Privatsammlungen zu finden. Neue Quilts in traditioneller Art werden für den Verkauf hergestellt und sind eine gute Einnahmequelle für die Gemeinschaft.

Seit es in den meisten Ländern industriell hergestellte Bettwäsche gibt, ist das Nähen von Quilts weniger notwendig geworden. Es ist eher ein Ausdruck kreativen Schaffens, verlor jedoch in vielen Gegenden der Welt niemals seine Beliebtheit. Moderne Quilterinnen haben eine große Anzahl neuer Techniken entwickelt, auch das Quilten mit der Nähmaschine ist inzwischen als eigene Kunstform anerkannt. Viele Näherinnen stellen ihr Können unter Beweis, indem sie traditionelle Fertigkeiten wieder aufgreifen und dadurch für die kommenden Generationen erhalten.

Der Anfang

Ein angenehmer Aspekt des Quiltnähens ist, dass Sie kaum besonderes Zubehör benötigen. Viele Jahrhunderte lang wurden die schönsten Quilts nur mit Stoff, Schere, Nadel und Faden hergestellt. Inzwischen gibt es jedoch zahlreiche Hilfsmittel, die viel Zeit sparen und manche Arbeiten weniger mühsam machen.

Messen und Markieren

Wahrscheinlich haben Sie bereits viele geeignete Werkzeuge zum Messen und Markieren in Ihrem Nähkästchen oder auf Ihrem Arbeitstisch, doch mit einigen wenigen speziellen Hilfsmitteln wird die Patchwork- oder Quiltarbeit viel angenehmer.

Wasserlöslicher Stift
Nur auf waschbaren Stoffen anwenden. Die Linien können nach der Arbeit mit Wasser wieder entfernt werden.

Selbstlöschender Stift
Die Linien mit diesem Stift verschwinden mit der Zeit durch den Kontakt mit der Luft von selbst. Nicht geeignet, wenn Ihr Projekt über Monate hinweg entsteht, denn die Markierungen halten dann nicht lange genug.

Kreidestift
Gibt es in vielen Farben und hat oft einen steifen Pinsel am anderen Ende, mit dem die Linien später wieder weggebürstet werden können.

Bleistift
Nützlich zum Übertragen von Formen auf Papier, für Stoff nur auf der linken Stoffseite benutzen.

Schneiderkreide
In vielen Farben und verschiedenen Formen erhältlich. Die Markierungslinien können leicht weggebürstet werden.

Kreiderädchen
Eine modernere Version der Schneiderkreide, mit Kreidestaub gefüllt. Auch in verschiedenen Farben erhältlich.

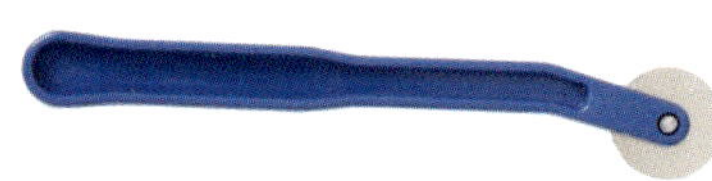

Kopierrad und Schneiderkopierpapier
Für das Übertragen von Musterlinien auf Stoff, bei denen die Linien später in den Nähten verschwinden, da die Markierungslinien evtl. schwierig zu entfernen sind.

Radiergummi
Zum Entfernen von Bleistiftlinien auf Papier oder Stoff – meist auf Papier wirkungsvoller.

Maßband
Ein Standard-Maßband, das sowohl metrische als auch imperiale (angloamerikanische) Maße zeigt, ist sehr hilfreich. Vermeiden Sie Textilmaßbänder, da sie mit der Zeit ausleiern.

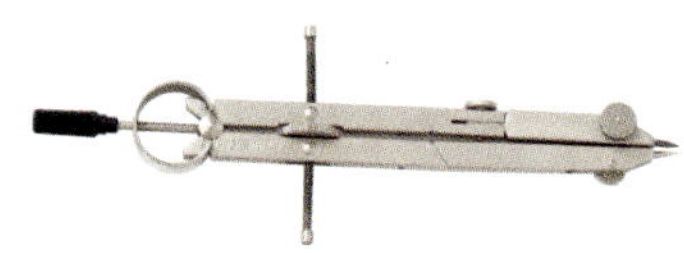

Zirkel
Zum Ausmessen von Winkeln. Ein Schulzirkel ist ausreichend.

Nahtzugabenlineal
Ein nützliches Gerät, das hilft, die Nahtzugabenbreite einzuhalten. Es ist zum Abmessen von gleichmäßig breiten Randstreifen geeignet.

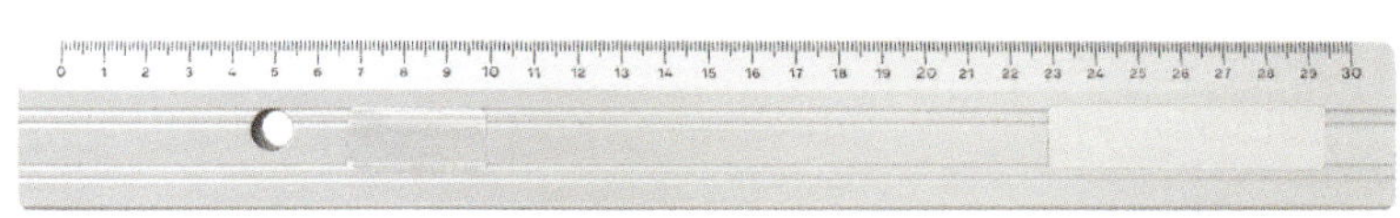

Plastiklineal
Ein durchsichtiges Plastiklineal lässt den darunterliegenden Stoff erkennen. Verwenden Sie es nicht als Anlegekante zum Schneiden, da es dadurch beschädigt wird.

Metall-Lineal
Wenn Sie mit einem Grafikmesser an einer geraden Kante entlangschneiden möchten, legen Sie ein Metall-Lineal an. Es gibt sie in verschiedenen Längen, in metrischen und imperialen Maßen oder sogar mit beiden.

Flexibles Kurvenlineal
Ein wichtiges Werkzeug, um ungewöhnliche Kurven zu zeichnen, denn es lässt sich in jede Richtung und in jede Form biegen.

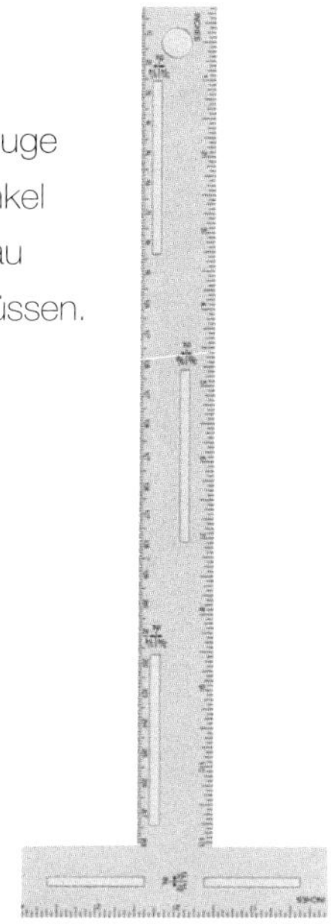

Reißschiene
Sie ist eines der entscheidenden Werkzeuge für exakte rechte Winkel an Blöcken, die genau zusammenpassen müssen.

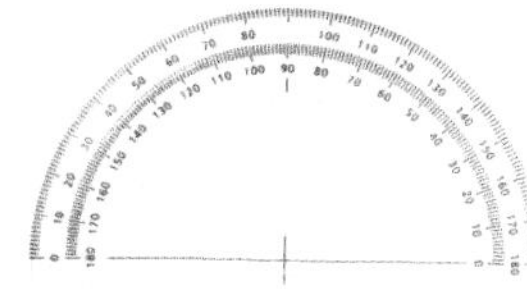

Winkelmesser
Zum Zeichnen von einfachen Kreisen und Kurven.

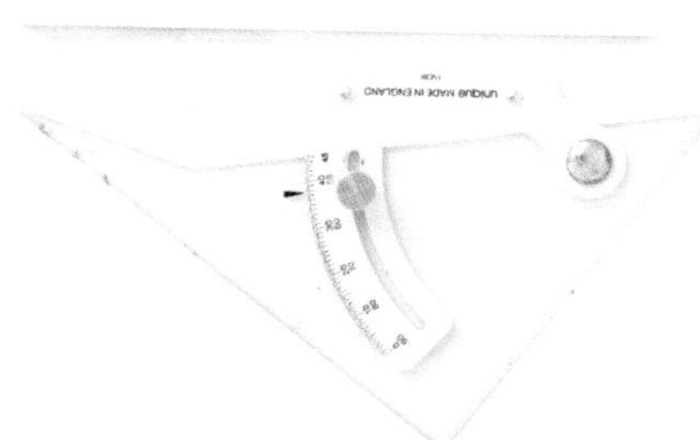

Verstellbares Geodreieck
Ideal zum Ausmessen und Zeichnen von Linien in verschiedenen Winkeln und für rechtwinklige Ecken. In mehreren Größen erhältlich.

Transparentpapier
Wichtig für das Kopieren und Übertragen von Formen auf Karton oder um eigene Muster und Motive zu entwerfen.

Im vorliegenden Buch sind die Nahtzugaben für das Nähen mit dem Inch-Nähmaschinenfüßchen angegeben (0,6 cm/¼ in). Sie sollten dann alle benötigten Patchworkteile auch mit einem Inch-Lineal zuschneiden. Falls Sie metrische Lineale benutzen, sollten Sie mit einem Füßchen, mit dem man eine Nahtzugabe von 0,75 cm erhält, nähen.

Karo- oder Isometriepapier
Praktisch für Schablonen, für das Entwerfen von Mustern oder zum Ausarbeiten von verschiedenen Anordnungen.

Markieren und Messen

Testen Sie den Markierstift zuerst auf einem Stück Stoff, um zu sehen, ob die Linie gut zu erkennen ist und ob sie sich gut wieder entfernen lässt.

Bei den meisten Arbeiten – besonders beim Patchwork – ist genauestes Schneiden und Abmessen unverzichtbar, um ein gutes Resultat zu erzielen. Nehmen Sie sich in diesem Arbeitsschritt viel Zeit, um späteren Problemen vorzubeugen.

Schneidewerkzeuge

Auch wenn Sie mit einer einzigen guten Schere auskommen, gibt es doch einige Hilfsmittel, die das Zuschneiden erheblich beschleunigen und auch die Genauigkeit Ihrer Schnitte deutlich verbessern.

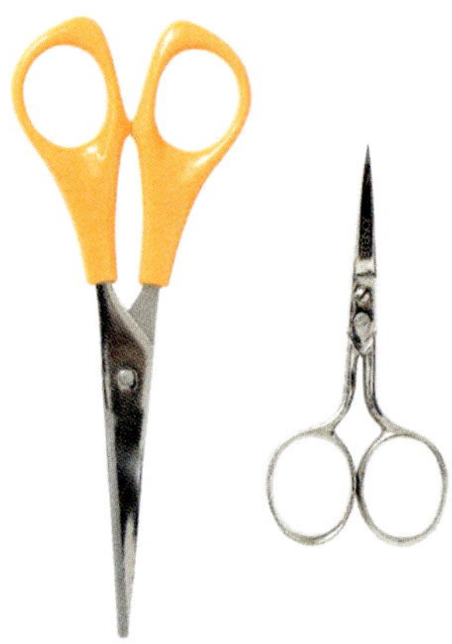

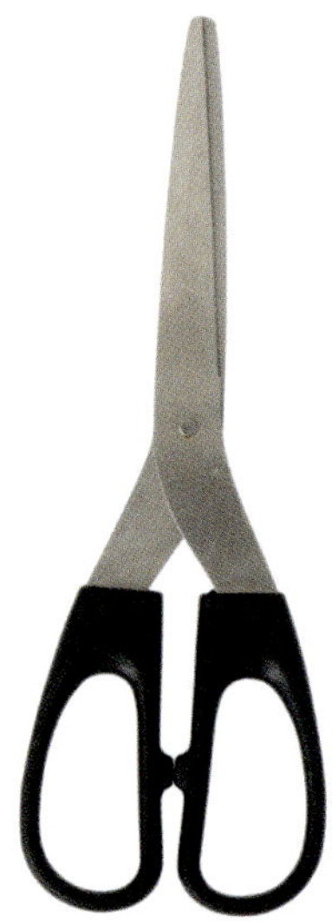

Fadenschere

Eine kleine, spitze Schere eignet sich ideal zum Abschneiden von Fäden und für kleinteilige Stoffzuschnitte. Alternativ dazu gibt es spezielle Fadenclipper, die von Rechts- und Linkshänderinnen gleich bequem zu handhaben sind.

Papierschere

Diese sollte ausschließlich für das Schneiden von Papiervorlagen und Schablonen benutzt werden, da dies die Klingen stumpf machen kann. Sie möchten sie sicher nicht zum Zuschneiden von Stoff verwenden, doch können Sie auch synthetisches Vlies damit schneiden.

Stoffschere

Jede Schere, mit der Sie Stoffe schneiden, muss sehr scharf sein und lange Klingen haben. Schneiden Sie mit der Stoffschere niemals etwas anderes, da sie sonst stumpf wird.

Nahttrenner

Ideal, um eine falsche Naht schnell aufzutrennen und zu korrigieren.

Rollschneider

Der Rollschneider schneidet in einem Arbeitsgang durch mehrere Stoffschichten. So können Sie die Stoffteile sehr exakt zuschneiden. Es gibt verschiedene Rollschneider. Probieren Sie aus, welcher Ihnen am besten in der Hand liegt, bevor Sie ihn kaufen.

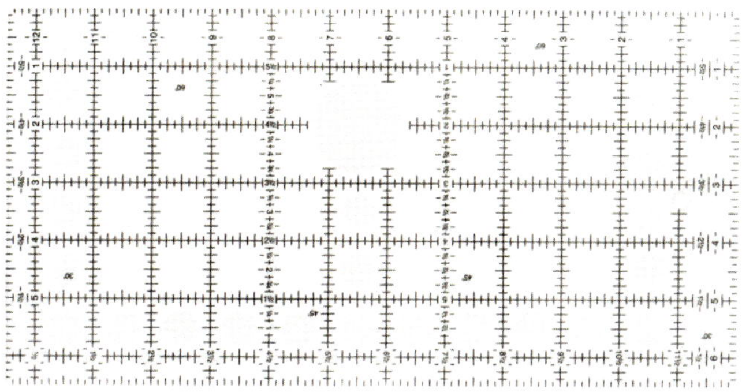

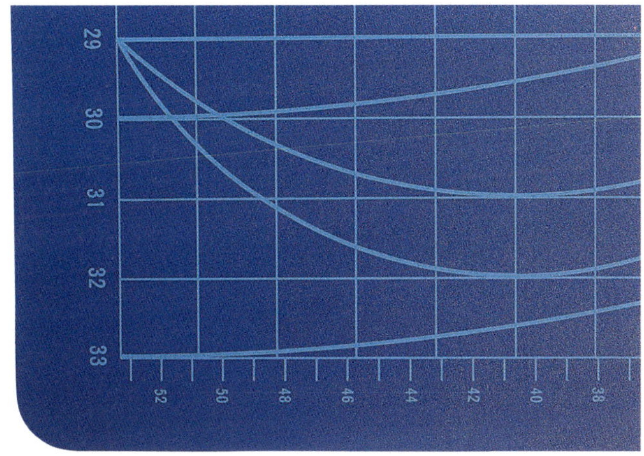

Quiltlineal

Die meisten Quilterinnen besitzen eine Auswahl dieser Lineale, die in vielen Größen und Formen erhältlich sind, z. B. rechteckig, quadratisch und dreieckig. Prüfen Sie, ob die Markierungen genau sind und exakt an allen Kanten verlaufen. Die Markierungslinien gibt es in verschiedenen Farben. Probieren Sie aus, welche sich von Ihrer Schneidematte deutlich abheben.

Schneidematte mit selbstheilender Oberfläche

Sie ist für den Umgang mit dem Rollschneider unerlässlich, da sie eine gute Schneideunterlage bietet und Ihren Arbeitstisch schont. Meist ist eine Schneidematte auf einer Seite mit Rasterlinien bedruckt, die Rückseite ist unbedruckt. Die Rasterlinien sind zum geraden Auflegen von Stoff und Lineal vorgesehen. Verwenden Sie sie nicht als Maß. Schneidematten sind in verschiedenen Farben und Größen erhältlich. Es lohnt sich, eine große Matte für die Arbeit zu Hause zu kaufen und eine kleinere, die leichter zu transportieren ist.

Pflege der Werkzeuge

Scheren und Rollschneider müssen sehr scharf sein. Prüfen Sie regelmäßig ihre Schärfe. Schieben Sie aus Sicherheitsgründen immer den Klingenschutz über die Rollschneideklinge, sobald sie nicht benutzt wird.

Lagern Sie Schneidematten flach oder hängend. Rollen Sie sie niemals, da sie sonst dauerhaft wellig werden. Schneidematten können auch durch Hitzeeinwirkung verderben– halten Sie sie also von direkter Sonneneinstrahlung fern.

Bewahren Sie Stecknadeln in einem Nadelkissen oder in einer Plastikdose auf – eine Metalldose könnte rosten. Werfen Sie rostige oder stumpfe Stecknadeln weg, sobald sie Ihnen in die Finger kommen, da sie Ihre Stoffe beschädigen können.

Patchwork-/Quiltschablonen

Fertige Patchwork- und Quiltschablonen scheinen auf den ersten Blick teuer, sind jedoch sehr exakt. Eine Grundausrüstung davon zu haben, ist von Vorteil, da sie immer gut eingesetzt werden kann und jahrelang hält. Für besondere Projekte können Sie eigene Schablonen herstellen.

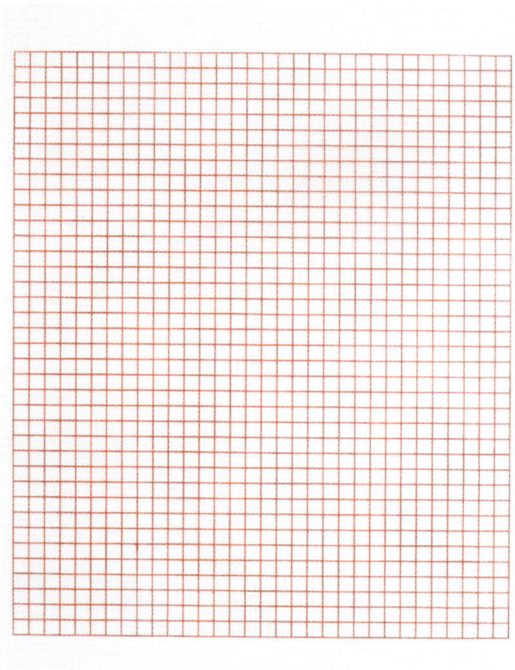

Schablonenplastik und Karton

Verwenden Sie dies für die Herstellung eigener Patchwork- und Quiltschablonen. Dünner Karton ist für den einmaligen Gebrauch, Schablonenplastik für den häufigen Gebrauch gedacht.

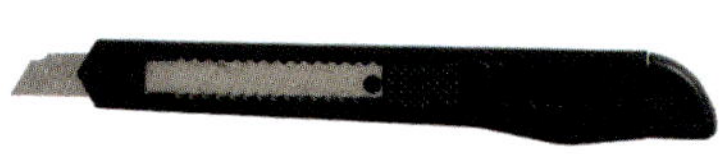

Grafikmesser

Es ist zum Zuschneiden von Plastik- und Kartonschablonen gut geeignet. Verwenden Sie dafür nicht die Papierschere.

Quiltschablonen

Sie bestehen in der Regel aus durchsichtigem Plastik und sind ideal für große Projekte. Auf kleinere Projekte können Sie das Quiltmuster mit Hilfe geeigneter Methoden direkt übertragen.

Patchworkschablonen

Verwenden Sie entweder ein doppeltes Set – eine geschlossene Form für Rückseitenpapiere und zum Übertragen der Nählinie und eine offene Fensterschablone, mit der Sie spezielle Musterbereiche auf den Stoffen auswählen können. Oder Sie kaufen eine feste Multi-Maßschablone mit 0,6 cm-(¼ in-)Einteilung.

Freezer-Papier

Dieses Papier ist mit einer dünnen Plastikschicht belegt. Es kann auf Stoff gebügelt und später spurlos wieder entfernt werden. Freezer-Papier (freezer paper) eignet sich für Applikationsschablonen und für die englische Papiermethode.

Nahtzugabenlineal | Quilter's quarter

Dies ist ein Stab aus klarem Acrylglas, mit dessen Hilfe Sie perfekte 0,6 cm-(¼ in-)Nahtzugaben um alle geraden Schablonenkanten zeichnen können.

Nahtzugabenrädchen | Quarter wheel

Es ist eine kleine Scheibe aus Messing mit einem zentralen Loch. Stecken Sie einen Markierstift in die Öffnung und rollen Sie das Rädchen um eine Schablone jeglicher Form. So erhalten Sie eine perfekte Nahtzugabe von 0,6 cm (¼ in).

Nähzubehör

Das Werkzeug für Patchwork und Quilten ist genau das gleiche, das Sie auch für andere Näharbeiten brauchen. Vieles kann von Hand genäht werden, doch bei größeren Projekten geht es meist schneller, Teile der Arbeit oder alles mit der Maschine zu nähen.

Nähnadeln

Es gibt verschiedene Handnähnadeln zu kaufen. Quilterinnen benutzen meist die „sharps“ (normale Nähnadeln) für das Nähen und die „betweens“ (halblange Nähnadeln) für das Quilten.

Stecknadeln

Jede Art von Stecknadeln ist geeignet, doch können Sie auch spezielle Quiltstecknadeln kaufen, die länger sind als die normalen und dadurch leichter durch mehrere Stofflagen zu stechen sind. Stecknadeln mit großen, farbigen Köpfen sind leicht erkennbar und schnell wiederzufinden.

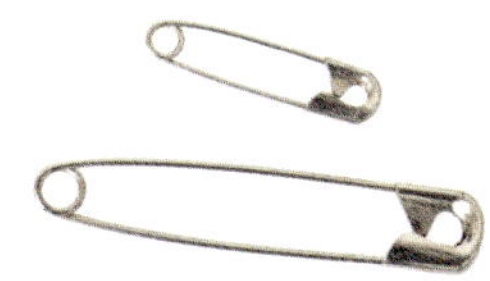

Sicherheitsnadeln

Sie eignen sich ideal zum Zusammenhalten der Quiltlagen, während gequiltet wird – sie sind viel sicherer als Stecknadeln, die leicht herausrutschen.

Garne

Für das Zusammensetzen ist normales Nähgarn, das farblich zum Stoff passt, völlig ausreichend (Baumwolle für Baumwollstoff, Polyester für Synthetikstoffe). Es kann auch zum Quilten verwendet werden, doch gibt es dafür spezielles, gewachstes und extra starkes Quiltgarn. Es ist in nicht ganz so vielen Farben erhältlich wie das Nähgarn.

Fingerhut

Manche Näherinnen mögen keinen Fingerhut, doch beim Quilten verhindert er zerstochene Fingerspitzen und ist quasi unerlässlich. Es gibt eine große Auswahl verschiedener Modelle. Probieren Sie sie so lange aus, bis Sie einen bequemen Fingerhut gefunden haben.

Nadeleinfädler

Bei der Verwendung von sehr feinem Garn und Nadeln mit kleinem Öhr spart ein Nadeleinfädler Zeit und Nerven.

Stickgarn

Für schmückende Stickerei auf manchen Arten von Quilts ist das beste Stickgarn gerade gut genug. Sticktwist ist mehrfädig, so dass Sie mit einem oder mehreren Fäden sticken und damit die Stärke der Stiche bestimmen können.

Reifen und Rahmen

Diese halten den Stoff während des Quiltens oder Bestickens gespannt. Sie sind in großer Auswahl von Größen und Typen erhältlich, vom kleinen Ring bis zum großen Standrahmen.

Wichtige Handnähstiche

Einige Handnähstiche werden Sie für verschiedene Arbeiten immer wieder benötigen. In manchen Fällen ist das Zusammennähen von Stoffteilen von Hand einfacher und schneller als mit der Nähmaschine. Einige der hier beschriebenen Stiche werden Sie auch beim Handquilten benutzen, siehe dazu auch Seite 44.

Vorstich

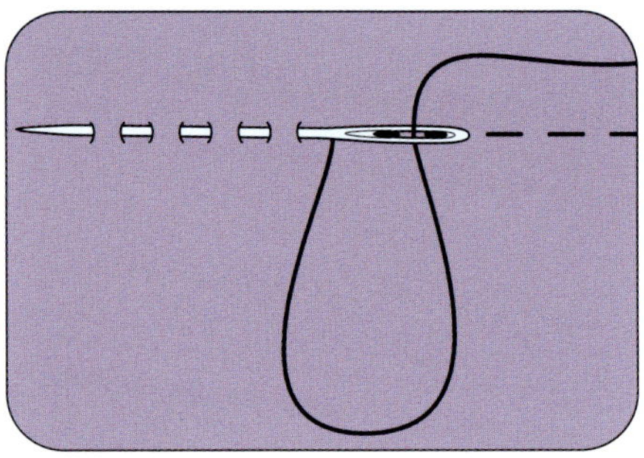

Für das Zusammennähen glatt liegender Stoffe oder als Dekorationsstich. Der Heftstich, mit dem Stoffe kurzzeitig zusammengehalten werden, ist ein langer Vorstich.

Führen Sie die Nadel in den Stoff mehrmals ein und aus und bilden Sie eine Reihe von gleichmäßig kurzen Stichen in gleichen Abständen. Ziehen Sie den Faden durch, bis er fest sitzt, doch nicht allzu stramm. Dann fahren Sie fort wie zuvor.

Rückstich

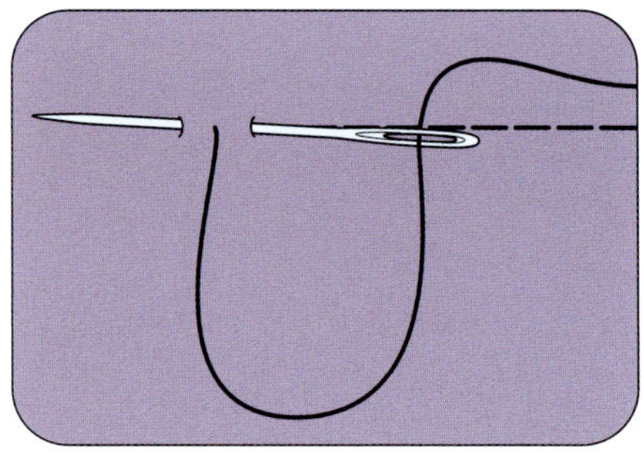

Für das besonders haltbare Zusammennähen glatt liegender Stoffe oder als Dekorationsstich. Auf der Oberseite stoßen die Enden der Stiche aneinander, wie bei einer Maschinennaht.

Führen Sie die Nadel auf die Stoffoberseite. Stechen Sie ein Stück hinter der Austrittsöffnung nach unten und kehren Sie im gleichen Abstand vor der Austrittsöffnung wieder nach oben. Jeder folgende Stich beginnt am Ende des vorigen Stichs, die Nadel kommt jeweils im gleichen Abstand davor wieder zur Oberfläche. Die Stiche werden alle gleich lang.

Blindstich

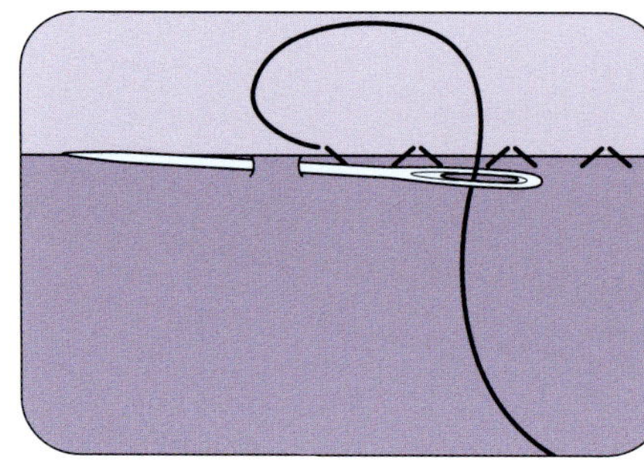

Für das Zusammennähen zweier gefalteter Kanten oder zum Befestigen einer gefalteten Kante auf einem glatten Stoffteil. Die Stiche sind fast unsichtbar.

Bringen Sie die Nadel an der gefalteten Kante nach oben. Fassen Sie mit der Nadelspitze einen oder zwei Gewebefäden des anderen Stoffes direkt neben der Kante und kehren Sie mit der Nadel zurück in die gefaltete Kante des ersten Stoffes. Schieben Sie die Nadel innerhalb der Kante nach vorn und wiederholen Sie den Stich.

Überwendlichstich

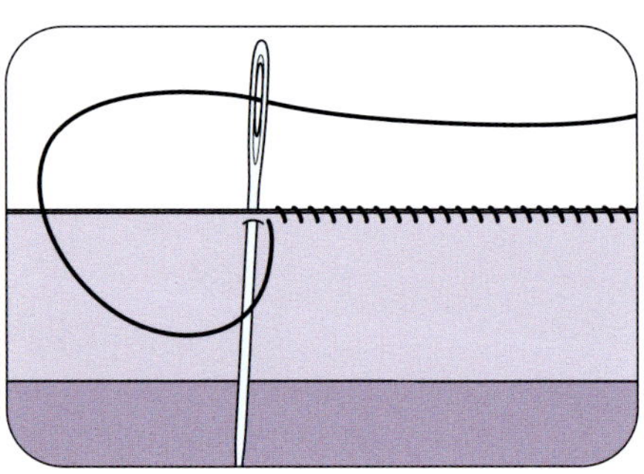

Ein weiterer Stich, um zwei gefaltete Kanten miteinander zu verbinden.

Schieben Sie die Nadel leicht schräg durch die Kanten beider Stoffe und fassen Sie dabei nur einige wenige Gewebefäden jeder Kante. Ziehen Sie den Faden ganz durch und wiederholen Sie den Stich. Der Überwendlichstich wird in der Regel von links nach rechts gearbeitet, doch kann er auch von der anderen Seite her genäht werden, solange dies bequem zu arbeiten ist. Hauptsache der Stich ist gleichmäßig.

Nähen von Hand

Beginnen Sie mit einem ca. 60 cm (24 in) langen Faden. Ein längeres Stück verheddert sich leicht, sobald er ein paarmal durch den Stoff gezogen worden ist.

Kaufen Sie stets Garne guter Qualität. Preiswertes Garn reißt auch im fertigen Quilt leicht.

Heften

Das Heften ist eine Methode, zwei Stoffteile so lange provisorisch zusammenzuhalten, bis sie endgültig zusammengenäht sind, entweder mit einer Naht oder durch das Quilten. Für das Quilten kann mit großen Vorstichen geheftet werden, mit einigen Reihen von Sicherheitsnadeln oder sogar mit speziellem Klebespray.

Das Heften

Beim Heften mit Nadel und Faden sollten Sie einen leuchtenden Faden benutzen, der sich vom Stoff gut abhebt. So sind die Stiche leicht zu erkennen und später bequem zu entfernen.

Machen Sie die Heftstiche lang, aber nicht gigantisch, denn sonst halten die Lagen nicht gut aufeinander.

Heften für das Quilten

Durch das Heften werden die Lagen des Quilts aufeinandergehalten und können so gequiltet werden. Einen verstürzten Quilt kann man erst nach dem Wenden heften und quilten (siehe Seite 63).

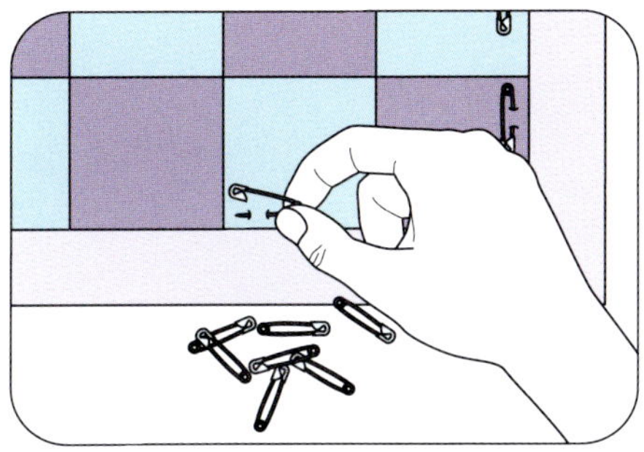

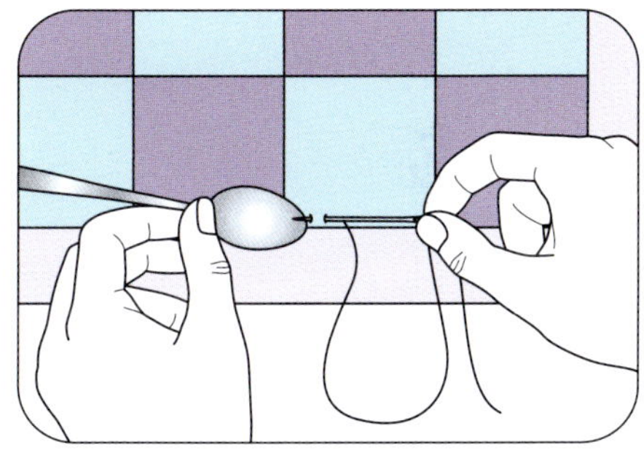

1 Heften Sie immer von der Quiltmitte nach außen hin. Bei einem großen Quilt sollten Sie zusätzliche Querreihen im Abstand von ca. 10 cm (4 in) arbeiten. Legen Sie die verschiedenen Lagen aufeinander, wie auf Seite 62 beschrieben, und streichen Sie eventuelle Falten glatt. Beim Heften mit (rostfreien) Sicherheitsnadeln stecken Sie die Lagen in Abständen von ca. 10 cm (4 in) fest.

2 Beim Heften mit Nadel und Faden arbeiten Sie lange Vorstiche durch alle Lagen, wieder in Abständen von ca. 10 cm (4 in). Achten Sie beim Heften darauf, den Quilt nicht zu raffen und die Lagen nicht zu verschieben. Sie können die Nadelspitze mit einem kleinen Löffel anheben, um Ihre Fingerspitzen zu schonen.

Heftspray

Dies ist ein spezielles Klebespray, das die Lagen für das Quilten aufeinanderhält und sich leicht wieder auswaschen lässt. Beachten Sie die Hinweise des Herstellers und arbeiten Sie in gut belüfteten Räumen.

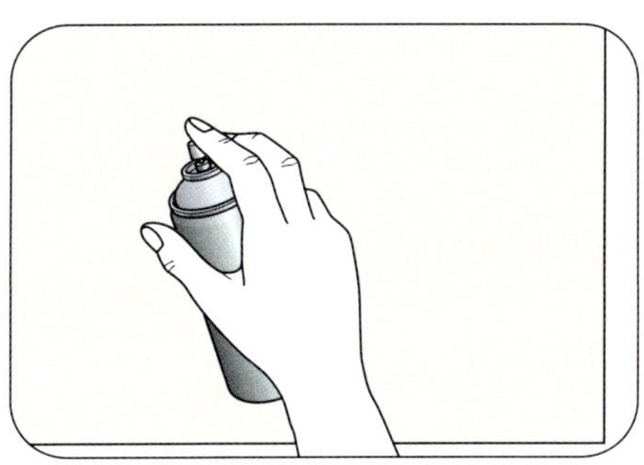

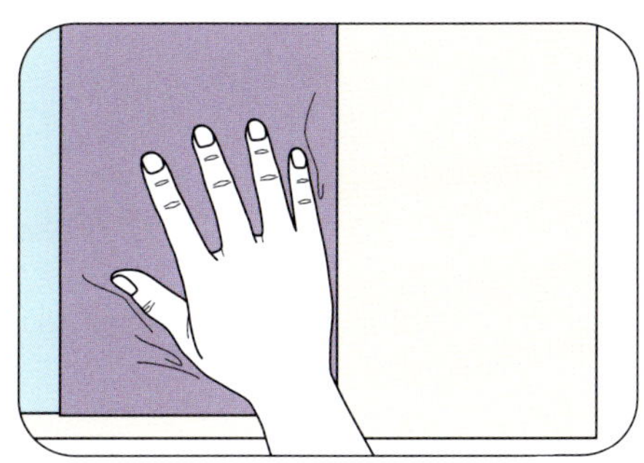

1 Legen Sie das Vlies (Wattierung) flach aus, sprühen Sie es leicht mit dem Heftspray ein. Legen Sie den Rückseitenstoff mit der rechten Seite nach oben darüber. Streichen Sie die Fläche glatt.

2 Wenden Sie die komplette Arbeit und sprühen Sie die andere Seite ein. Breiten Sie die Quiltoberseite mit der rechten Seite nach oben darüber. Die Lagen sind nun bereit für das Quilten.

Nähen mit der Nähmaschine

Eine Nähmaschine ist für das Patchworken zwar nicht grundsätzlich nötig, macht jedoch einige Arbeiten schneller und einfacher. Sie können für die meisten Aufgaben jede Nähmaschine benutzen, doch gibt es bereits moderne Maschinen, die speziell für Quilterinnen entwickelt wurden.

So arbeitet Ihre Nähmaschine

Bestimmte Funktionen sind bei allen Nähmaschinen gleich, es gibt jedoch Unterschiede bei einzelnen Details. Lesen Sie das Benutzerhandbuch und probieren Sie die Funktionen auf verschiedenen Arten und Stärken von Stoff aus. Testen Sie die Maschine immer zuerst auf einem Stoff, den Sie für Ihr Projekt verwenden möchten, bevor Sie ernsthaft an die Arbeit gehen.

Wahl der Nähmaschine

Wenn Sie mit der Nähmaschine frei quilten möchten (siehe Seite 51), benötigen Sie eine Maschine, bei der Sie den Stofftransport versenken können.

Bei der Arbeit an einem großen Quilt ist es nützlich, wenn die Maschine einen großen Anschiebetisch besitzt, den Sie an der Seite anbringen können. So wird der schwere Quilt gut unterstützt.

Je größer der Durchschiebebereich zwischen der Nadel und der Innenseite der Maschine ist, desto leichter können Sie große Quilts mit der Nähmaschine quilten.

Hilfe beim Maschinennähen

Wenn der Faden reißt, kontrollieren Sie den Weg des Oberfadens, besonders im Bereich der Fadenspannung. Testen Sie, ob der Unterfaden leicht von der Fadenspule gleitet.

Prüfen Sie die Fadenspannung, denn sie könnte für einen speziellen Stoff oder Faden falsch eingestellt sein.

Kontrollieren Sie die Nadel. Eine beschädigte oder stumpfe Nadel verletzt nicht nur den Faden, sondern kann dazu führen, dass Stiche ausgelassen werden. Ist die Nadel neu, hat sie vielleicht die falsche Größe für das verwendete Garn.

Arbeiten Sie stets mit Garnen bester Qualität. Preiswertes oder altes Garn reißt leicht. Bei Fadenproblemen sollten Sie auf einem Probestoff testen, ob ein anderes Garn vielleicht besser geeignet ist.

Wenn die Stiche ungleich werden, heben Sie den Nähfuß an und fädeln Sie neu ein. Oft sind Maschinen so eingestellt, dass sie nur bei angehobenem Nähfuß eingefädelt werden können und nur so die Fadenspannung gehalten wird.

Bemühen Sie sich, nicht über Stecknadeln zu nähen, auch wenn sie quer zur Naht liegen. Wenn die Nadelspitze der Maschine auf eine Stecknadel trifft, wird sie stumpf oder verbiegt, manchmal verstellt sich das komplette Timing der Maschine.

PROFESSIONAL
MODE
EDIT
?
Memory Craft 6600
START STOP
JANOME

Nützliche Nähmaschinenfüßchen

Für die meisten Nähmaschinen werden viele verschiedene Spezialfüßchen angeboten, die Sie eventuell kaufen möchten, sofern Sie viel Patchwork nähen werden. Die hier verwendeten Bezeichnungen unterscheiden sich vielleicht bei den verschiedenen Herstellern.

Mit vielen weiteren Füßchen können Sie ganz spezielle Effekte erzielen, z. B. mit dem Bandannäh-, Fransen-, Kordonier-, Chenille-, Zierstich- oder Litzenfuß. Wenn Sie mit der Maschine quilten, ist das Nähen-in-der-Naht-Füßchen sehr hilfreich.

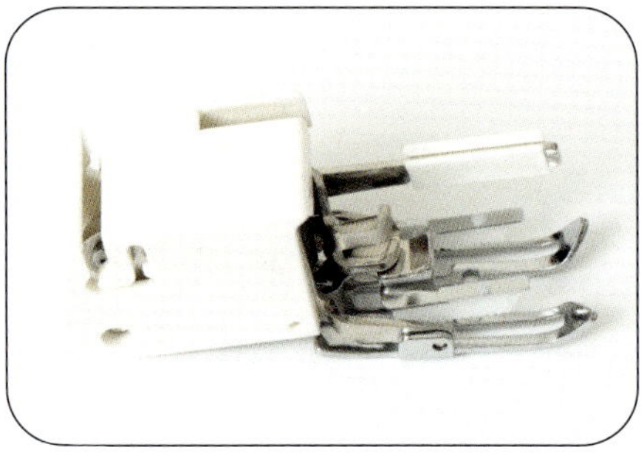

Oberstofftransport

Beim Nähen von mehreren Stofflagen neigt der Unterstofftransport dazu, die untere Stofflage etwas mehr zu schieben als die obere. Dadurch können sich die Lagen verschieben und die Naht oder das Quilting wellig werden. Ein Oberstofftransport kann dies verhindern, denn er transportiert den oberen und unteren Stoff in der gleichen Geschwindigkeit.

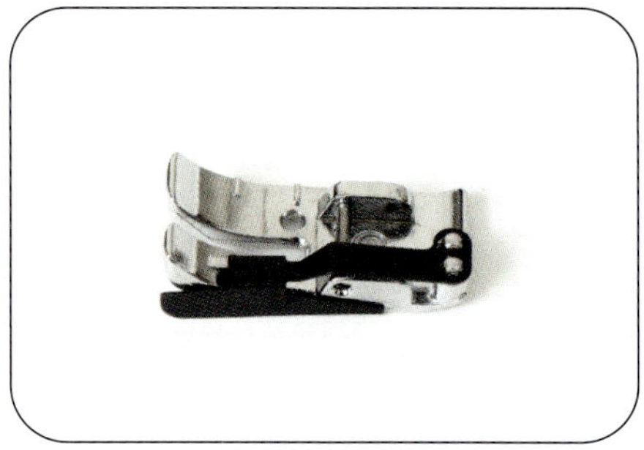

Viertel-Inch-Quiltfuß

Er misst exakt 0,6 cm (1/4 in) von der Nadelspitze bis an die rechte Kante und macht das Nähen von 0,6 cm (1/4 in) breiten Nahtzugaben leicht und akkurat. Manchmal ist eine metallene Anlegekante angebracht, die den Stoff zusätzlich führt.

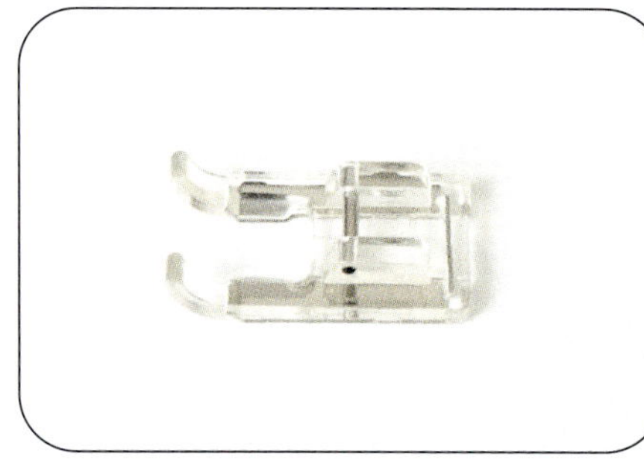

Applikationsfuß

Dies ist ein durchsichtiger Fuß oder ein Fuß mit großer Öffnung, bei dem das darunterliegende Nähgut frei sichtbar ist. Er ist zum Aufnähen von Applikationen und bei der Maschinenstickerei praktisch.

Unterfadenspannung

Beim freien Maschinenquilten verstellen viele Quilterinnen die Spannung des Unterfadens an der Spulenkapsel. Bei manchen Herstellern wird dadurch jedoch die Garantie der Nähmaschine unwirksam. Kaufen Sie daher am besten eine zusätzliche Spulenkapsel, bei der Sie die Spannung neu einstellen, und verwenden Sie die ursprüngliche Spulenkapsel nur für das normale Nähen.

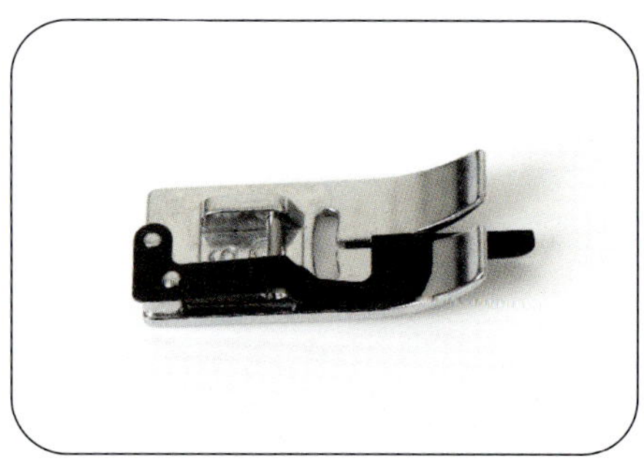

Schmalkantenfuß

An diesem Nähfuß befindet sich eine Führungsschiene, mit deren Hilfe Sie genau im Schatten der Naht nähen können.

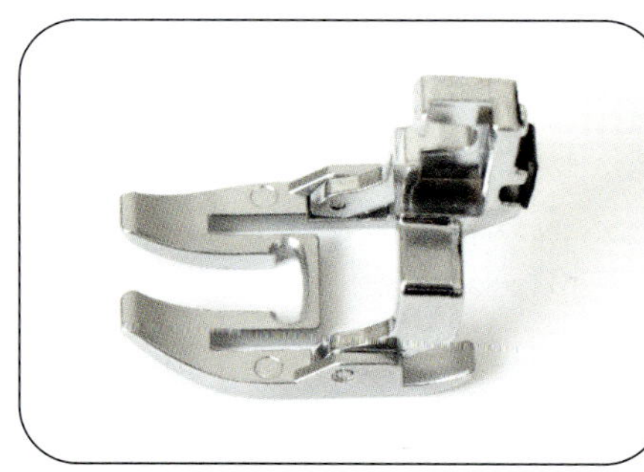

Offener Quiltfuß

Hier ist die vordere Seite offen, wodurch Sie beim freien Maschinenquilten die Stiche leichter beobachten können (siehe Seite 51).

Nähmaschinennadeln

Für alte Nähmaschinen gab es nur eine einzige Sorte von Nadeln zu kaufen, nur die Stärken waren verschieden. Heutzutage gibt es eine so große Auswahl, dass es schwierig wird, die richtige zu wählen. Es kommt darauf an, welche Stoffe, welches Garn (z. B. Metallicgarn oder Stickgarn) und welche Stichart (z. B. Quilting oder Maschinensticken) angewendet werden. Wenn Sie ganz normal nähen möchten (keine Dekorstiche) bestimmt die Stoffart die Form der Nadelspitze, und die Stoffstärke die Nadelstärke. Für jeden Nadeltyp gibt es meistens mehrere Nadelstärken.

Stoffart	Garne	Nadeltyp	Nadelstärke
Empfindlich: Tüll, Chiffon, feine Spitze, Organza	Feines, mercerisiertes Baumwollgarn, feines Polyestergarn, Seide	Universal	80/12, 75/11
Fein: Batist, Organdy, Jersey, Voile, Taft, Crêpe, Chiffon, Samt, Plastikfolie, Seide	Mitteldickes mercerisiertes Baumwollgarn, Polyestergarn, Seide	Universal, Microtex oder Sharp	80/12, 70/10
Mittel: Gingham, Perkal, Piqué, Leinen, Chintz, Faille, Satin, Feinkord, Samt, Anzugstoff, Stickware, langflorige Stoffe, Vinyl	Mitteldickes mercerisiertes Baumwollgarn, Universal-Baumwollgarn, Polyestergarn, Seide	Universal	90/14
Mittel bis schwer: Gabardine, Tweed, Segeltuch, Denim, Möbelstoff, Kunstleder	Schweres mercerisiertes Baumwollgarn, Universal-Baumwollgarn, Polyestergarn	Universal, Jeansnadel, Microtex oder Sharp	100/16, 90/14
Alle Stoffe: Maschinenquilten	Mittleres Universal-Baumwollgarn, Polyestergarn, Seide	Quiltnadel	90/14, 75/11
Alle Stoffstärken: Dekoratives Nähen und Maschinenstickerei	Seide oder synthetisches Dekorgarn	Topstitchnadel, Sticknadel	80/12, 75/11
Alle Stoffe: Freies Maschinenquilten	Mittleres Universal-Baumwollgarn, Polyestergarn, Seide	Federnadel, Sticknadel	90/14, 75/11

Fadenspannung

Für einen perfekten Stich muss die Spannung zwischen Ober- und Unterfaden absolut gleichmäßig sein. Bei den meisten modernen Maschinen können Sie nur noch den Oberfaden verstellen. Dies geschieht an einem Rädchen oder am Display der Maschine. Der Unterfaden lässt sich meist nur noch an der Spulenkapsel regulieren. Bei vielen neuen Nähmaschinen, die zum Teil auch speziell für Quilterinnen entwickelt wurden, stellt sich die Fadenspannung automatisch ein. Diese kann dann über ein Menü individuell angepasst werden.

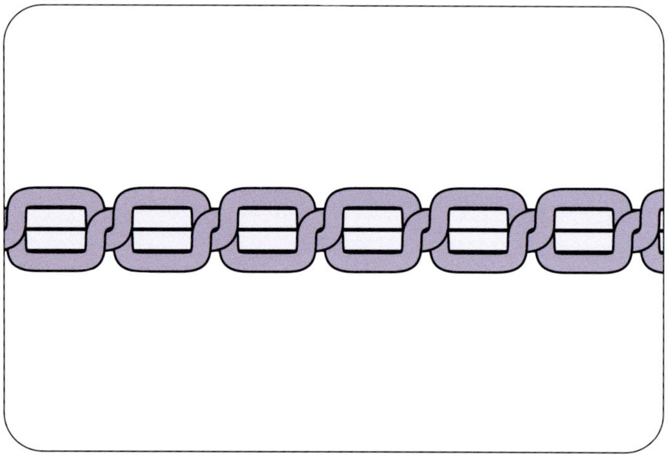

1 Ist der Stich perfekt ausbalanciert, kreuzen sich die beiden Fäden in der Mitte der beiden Stofflagen. Der Stich sieht auf Ober- und Unterseite des Stoffes gleich aus.

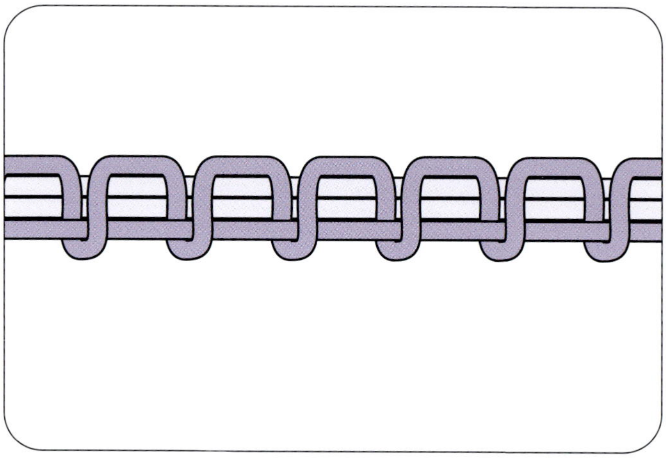

2 Wenn der Unterfaden zu straff ist, liegt er als gerade Linie unter den Schlaufen des Oberfadens, die an der Stoffunterseite zu sehen sind. Erhöhen Sie die Spannung des Oberfadens.

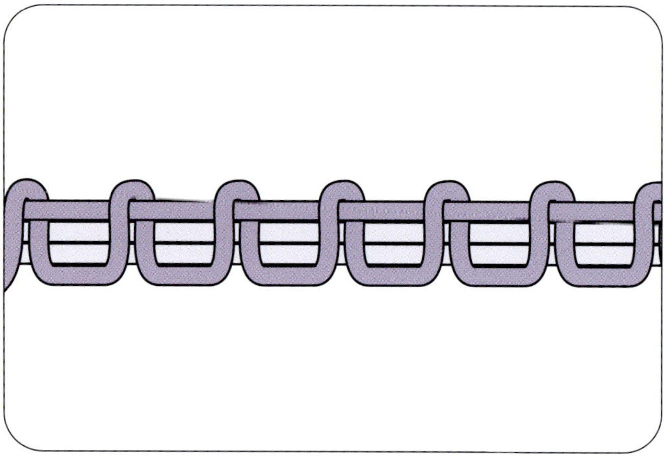

3 Ist der Oberfaden zu straff, liegt er als gerade Linie unter den Schlaufen des Unterfadens, die auf der Stoffoberseite sichtbar sind. Verringern Sie die Spannung des Oberfadens.

Bügeln

Das Bügeln von Nähten und Blöcken ist während der Arbeit an einem Patchwork von großer Wichtigkeit. Bei manchen Stoffen können Sie einfache Nähte mit dem Fingernagel ausstreichen (siehe Seite 52), doch irgendwann müssen Sie zum Bügeleisen greifen.

Bügeleisen
Die beste Wahl ist ein Dampfbügeleisen, denn Sie können damit sowohl mit als auch ohne Dampf bügeln. Bringen Sie kein Wasser auf Stoffe, die chemisch gereinigt werden müssen, denn Wasserflecken wären hier nur schwer zu entfernen.

Bügelbrett
Ein normales Haushaltsbügelbrett ist für die meisten Bügelarbeiten beim Patchwork völlig ausreichend. Wenn Sie eine große fertige Quiltfläche bügeln, können Sie sie auf einer Wolldecke ausbreiten, die auf einem Tisch oder dem Fußboden liegt, oder Sie legen sie auf ein Laken über einer Doppelbettmatratze. Es gibt auch extra große Bügelbretter, deren Anschaffung sich lohnt, wenn Sie viel Patchwork nähen.

Bügeln und Pressen

Beim Pressen arbeiten Sie nur mit dem Gewicht und der Hitze des Bügeleisens. Schieben Sie das Bügeleisen nicht an Nähten entlang, besonders wenn der Stoff im diagonalen Fadenlauf geschnitten wurde.

Wenn Sie aufbügelbares Vlies oder aufbügelbare Einlage benutzen, darf die Klebesubstanz nicht auf die Laufsohle des Bügeleisens geraten. Benutzen Sie ein Bügeltuch oder einen Bügelsohlenschutz.

Achten Sie auf die Stoffart, bevor Sie zu bügeln beginnen. Robuste Stoffe, wie z. B. Baumwolle, vertragen viel Hitze und sind einfach zu bügeln. Zartere Stoffe verderben durch zu große Hitze. Bügeln Sie Synthetikstoffe und Mischfasern mit geringerer Temperatur. Legen Sie über Kunstfasern und Wolle ein Bügeltuch und vermeiden Sie Druckstellen.

Polyestervlies ist besonders hitzeempfindlich. Bei der Verwendung eines Dampfbügeleisens könnte das Vlies feucht werden und nicht wieder richtig trocknen, wodurch es verdirbt oder sich mit der Zeit auflöst. Bügeln Sie die Quiltfläche mit dem trockenen Bügeleisen und besprühen Sie hartnäckige Fältchen mit destilliertem Wasser. Dies hält das Risiko, das Vlies zu verderben, möglichst gering.

Quiltoberseiten mit applizierten Mustern, Stickerei oder anderen Verzierungen müssen besonders sorgfältig behandelt werden. Bleiben Sie mit dem Bügeleisen nicht an Stoffecken hängen und beachten Sie, dass Stickgarn schnell verbrennt und Perlen und Pailletten aus Plastik leicht schmelzen.

Bei empfindlichen Quilts ist es ratsam, ein Baumwolltuch aufzulegen und darüber zu bügeln. Dies verteilt die Hitze gleichmäßig und schonend.

Bei Erbstücken oder antiken Quilts ist es unter Umständen besser, einen Fachbetrieb aufzusuchen, der das Bügeln übernimmt.

Stoffe

Der beste Stoff für Patchworkarbeiten ist weder zu locker noch zu dicht gewebt. Dicht gewebte Stoffe sind beim Quilten schwer zu durchstechen, locker gewebte Stoffe fransen stark aus. In der Regel sind Naturfasern besser als Synthetikstoffe, besonders wenn viel gebügelt und gepresst werden muss.

Baumwolle

Reine Baumwolle ist für Patchwork- und Quiltarbeiten ideal, denn sie ist leicht zu falten, lässt sich gut bügeln und handhaben, und sie lässt sich problemlos waschen. Baumwollstoffe gibt es in vielen Farben und Mustern und in vielen Webarten und Oberflächen.

Wolle

Von Anfang an wurden Wollstoffe für das Quilten benutzt, da sie warme Decken ergeben. Die am besten geeigneten Wollstoffe sind glatt und leicht gewebt. Bei starken Oberflächenstrukturen sieht man die Quiltstiche nicht mehr. Wollstoffe gibt es in vielen Unifarben und mit gewebten Mustern, manchmal ist das Muster auch aufgedruckt.

Leinen

Leinenstoffe sind teurer als Baumwollstoffe und fransen stark, wodurch sie schwieriger zu handhaben sind. Zudem knittert Leinen sehr und ist schwierig zu bügeln. Leinen gibt es in vielen Stärken, meist mit Oberflächenstruktur und in vielen Unifarben und Mustern.

Stoffe vorbereiten

Wählen Sie Stoffe von gleicher Art und Stärke, es sei denn, Sie wünschen einen kontrastierenden Effekt.

Bevor Sie beginnen, waschen Sie jede Farbe separat in heißem Wasser. Dies lässt die Stoffe schrumpfen und zeigt, ob Farbe ausläuft. Werfen Sie ausblutende Stoffe weg – Sie möchten sicher nicht den fertigen Quilt bei der ersten Wäsche ruinieren.

Bügeln Sie die möglichst noch feuchten Stoffe, damit sie glatt und faltenfrei sind.

Wenn möglich, sollten Sie die Stoffe nach Farben sortieren, denn dies macht bei der Planung Ihres Musters das Auffinden bestimmter Stücke leichter.

Fadenlauf

Ein Gewebe besteht aus zweierlei Fäden: den Kett- oder Längsfäden, die der Länge nach auf den Webstuhl gespannt werden, und den Schuss- oder Querfäden, die über und unter den Kettfäden hindurch eingewebt werden, immer hin und her, quer über die Breite des Webstuhls. An jeder Kante des Stoffes ergibt sich ein etwas fester gewebter Streifen, die Webkante, die die Kanten stabilisiert. Wenn Sie einen Stoff in Längs- oder Querrichtung ziehen, wird er nicht stark nachgeben und ziemlich stabil bleiben. Ziehen Sie den Stoff jedoch diagonal im Winkel von 45° – man nennt das im Schrägfadenlauf oder diagonalen Fadenlauf – dehnt sich der Stoff deutlich, ganz gleich, wie dicht der Stoff gewebt ist. Stoffteile, die im diagonalen Fadenlauf geschnitten werden, sind also sehr dehnbar und müssen mit besonderer Sorgfalt verarbeitet werden.

Seide

Aus Seide entstehen oft die schönsten Quilts – das schimmernde Licht auf den verschiedenen Flächen verändert die Farbwirkung und bringt eine neue Dimension auf die Oberfläche. Seide ist in vielen verschiedenen Strukturen und in allen Regenbogenfarben erhältlich. Sie ist leicht zu bügeln und angenehm zu verarbeiten. Leider ist sie sehr rutschig und franst leicht, daher ist Seide für Anfängerinnen nicht zu empfehlen.

Synthetikstoffe

Manche Mischfaserstoffe sind für Patchwork durchaus geeignet, lassen sich jedoch nicht so gut verarbeiten wie Naturfasern. Vergewissern Sie sich, dass der Stoff gut zu falten und zu bügeln ist, nicht zu glatt ist und dass Stecknadeln und Nählinien keine Spuren hinterlassen. Der große Vorteil von Synthetikstoffen ist, dass sie meist problemlos waschbar sind.

Außergewöhnliche Stoffe

Wenn der Quilt als Wandbehang oder für andere dekorative Zwecke vorgesehen ist, also kein Bettüberwurf wird, können viele ungewöhnliche Gewebe verarbeitet werden. Mit großem Erfolg wurden schon Samt, Brokat, Organza, Satin und grobe Oberflächenstrukturen für solche Quilts benutzt. Viktorianische Crazy Quilts bestehen aus Resten von luxuriösen Stoffen, meist mit Stickerei, Perlen und anderem verziert.

Farbe

Beim Entwurf eines Quilts sind Kenntnisse der Farblehre wichtig und das Wissen, wie bestimmte Farben aufeinander wirken. Das Zusammenspiel der Farben wird am Farbkreis deutlich.

Natürlich gibt es die Stoffe in noch viel mehr verschiedenen Farbtönen und Schattierungen, als in diesem Farbkreis abgebildet. Doch sobald Sie das Prinzip der Farbmischung verstanden haben, ist es ganz einfach, die einzelnen Farben mit der richtigen Wirkung einzusetzen.

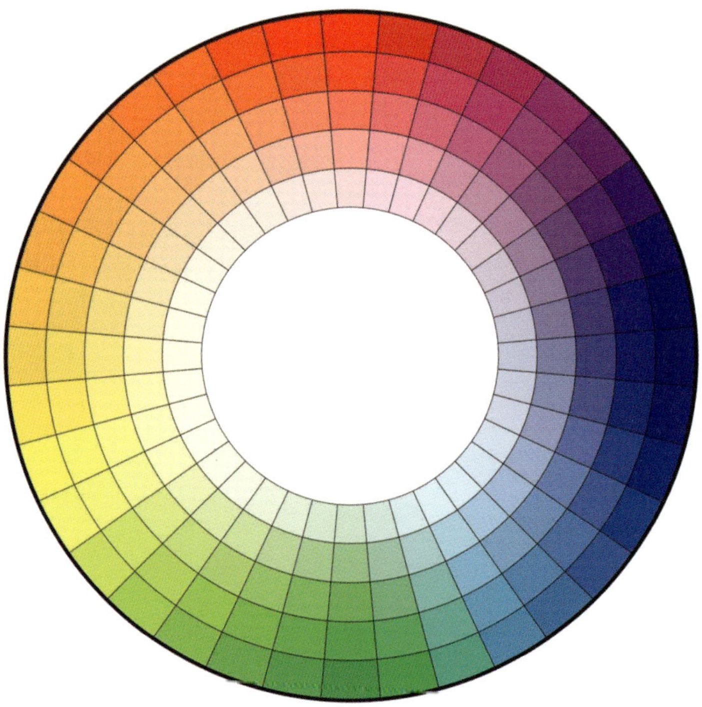

Farbkombination

Sie können die beste Farbkombination Ihrer Stoffe durch Versuch und Irrtum herausfinden. Experimentieren Sie und schieben Sie die einzelnen Elemente lange hin und her, bevor Sie mit dem Zusammennähen beginnen.

Treten Sie einige Schritte zurück und beurteilen Sie die Fernwirkung der Farben genauso gewissenhaft wie ihre Wirkung aus der Nähe.

Primär-, Sekundär- und Tertiärfarben

Die Primär- oder Grundfarben können nicht durch Mischen von anderen Farben erzielt werden: Rot, Blau und Gelb.

Die Sekundärfarben entstehen durch die Mischung von zwei Grundfarben in gleichen Anteilen: Rot und Blau für Violett, Blau und Gelb für Grün, Gelb und Rot für Orange. Tertiärfarben liegen zwischen den Primär- und den Sekundärfarben: Rot-Violett, Violett-Blau, Blau-Grün, Grün-Gelb, Gelb-Orange, Orange-Rot.

Komplementärfarben
Diese Farben liegen sich auf dem Farbkreis gegenüber. In einem Quilt wirken sie lebhaft und stark.

Analogfarben
Diese Farben liegen im Farbkreis nebeneinander. Sie machen einen Quilt harmonisch und ruhig.

Farbakzent
Ein Akzent ergibt sich, wenn eine bestimmte Farbe nur in kleinen Anteilen benutzt wird und so den Blick auf sich zieht.

Neutrale Farben
Die neutralen Farben erscheinen nicht im Farbkreis. Dazu gehören Schwarz, Grau, Weiß und manchmal auch Braun und Beige. Alle passen gut zusammen und können sich überlagern und mischen. Eine einzelne neutrale Farbe wird eine andere Farbe nicht übertönen.

Farbtöne, -werte und -schattierungen
Eine Farbe kann in verschiedenen Farbtönen (beigemischtes Grau), Farbwerten (beigemischtes Weiß) und Schattierungen (beigemischtes Schwarz) erscheinen. Die Anwendung von verschiedenen Schattierungen, Tönen und Werten der einzelnen Farben ergibt ein Muster, das harmonisch zusammenklingt, ohne dass ein einzelnes Element hervorsticht.

Visuelle Effekte

Rot, Orange und Gelb sind Farben, die mit „Feuer" assoziiert werden und zählen zu den warmen Farben. Blau, Grün und Violett stehen für Eis, Schnee und Wasser und gelten als kalte Farben. Werden kalte und warme Farben direkt nebeneinandergestellt, scheinen die warmen Farben hervorzutreten, während die kalten Farben in den Hintergrund rücken. Diese Wirkung sollten Sie beachten, wenn Sie ein dreidimensionales Muster entwerfen. Sie erhalten den gleichen Effekt mit dunklen und hellen Farben: die hellen treten hervor, die dunklen weichen optisch zurück. Wenn Sie die Farben ausgewogen einsetzen möchten, müssen Sie berücksichtigen, dass eine helle Fläche größer wirkt als eine gleich große dunkle.

Drucke

Obwohl einige der schönsten Quilts aus Unistoffen bestehen, können bedruckte Stoffe einen besonderen Effekt einbringen. Gemusterte Stoffe und Unistoffe können ohne weiteres in einem Quilt gleichzeitig verwendet werden, sogar im gleichen Block, denn Sie betonen sich oft gegenseitig. Außerdem bietet ein unifarbenes Stoffteil inmitten von gemusterten die Gelegenheit für ein schönes Quiltmotiv, das auf einem anderen Hintergrund untergehen würde.

Blumenmuster

Sich wiederholende kleine Blümchen sind die wohl verbreitetsten Muster auf bedruckten Baumwollstoffen. In England kennt man sie als Streublümchen, in den USA nennt man sie Calico. Blumenmuster können aus nur zwei Farben oder aus sehr vielen verschiedenen Farben bestehen. Die größeren Blumenmuster sind als „Chintz" bekannt und sind die Grundlage für die „Persische Applikation".

Geometrische Muster

Dazu gehören alle Arten von Streifen, Karos und Punkten. Kleine geometrische Muster können wie eine einzige Farbe betrachtet werden, während die größeren Muster sehr auffallend wirken. Es gibt keinen Grund, geometrische und geblümte Stoffe nicht zu mischen, solange ein anderes Element die Quiltfläche optisch zusammenfasst.

Bedruckte Stoffe auswählen

Grundsätzlich sind in einem Patchwork kleingemusterte Stoffe leichter zu verarbeiten. Für spezielle Techniken, wie z. B. die Persische Applikation (siehe Seite 203), werden große Druckmuster benötigt.

Auf gemusterten Stoffen wird ein Quiltmotiv nicht so gut sichtbar sein wie auf einem Unistoff. Planen Sie also keine komplizierten Quiltmotive auf gemusterten Blöcken.

Sollten Sie gemusterte Stoffe in kleinen geometrischen Stoffteilen verarbeiten, müssen Sie sehr exakt zuschneiden – besonders bei sich wiederholenden geometrischen Mustern wie Punkte oder Blümchen. Jede Abweichung wird deutlich sichtbar.

Schneiden Sie alle Stoffteile in der gleichen Richtung aus. Es gibt kaum Schlimmeres, als festzustellen, dass die Muster auf der Seite liegen oder auf dem Kopf stehen und kein Stoff mehr übrig ist.

Prüfen Sie beim Kauf von gemusterten Stoffen, ob der Druck im geraden Fadenlauf liegt. Wenn Streifen nicht parallel zur Stoffkante verlaufen oder der Stoff verzogen ist, greifen Sie nach einem neuen Ballen oder wählen Sie einen anderen Stoff.

Oberflächenmuster

Manche Stoffe haben ein gewebtes Muster, das kann ein kleines, sich wiederholendes Muster sein, ein erhabener Streifen oder ein Webmuster. Solche Stoffe wirken in kleinen Teilen sehr plastisch und gut. Bedenken Sie aber, dass die Struktur vielleicht nicht mit einem Quiltmotiv harmoniert oder es untergehen lässt.

Größe des Druckmusters

Dass sich kleingemusterte Stoffe besser für Patchwork eignen als große, ist bekannt. Andererseits bringen große Muster einen interessanten Effekt. Oft kann man die Konturen von großen Motiven umquilten und hat schnell einen wirkungsvollen Quilt geschaffen. Unterschiedliche groß- und kleinbedruckte Stoffe beleben so manchen Entwurf.

Druckstoffe kombinieren

Bei der Kombination verschiedener Druckstoffe sollten Sie versuchen, ein bestimmtes Thema beizubehalten, damit der Quilt nicht verwirrend wird. Wenn Sie z. B. viele Drucke und Unis in der gleichen Farbe verwenden, ist die Farbe das vereinende Element. Oder Sie nehmen viele bunte Stoffe, bei denen ein oder zwei Farben immer wieder auftauchen, oder alle Stoffe weisen den gleichen Farbwert auf. Bedenken Sie, dass es schwierig sein kann, den Farbwert von Blumenstoffen und großgemusterten Stoffen zu erkennen, da er über die Fläche unterschiedlich verteilt sein kann. Schneiden Sie helle Teile aus den hellen Bereichen und dunkle Teile aus den dunklen Bereichen. Zum leichteren Auffinden des geeigneten Bereichs schneiden Sie ein Fenster in der Größe des benötigten Stoffstücks in einen Karton. Schieben Sie diesen so lange über den Stoff und betrachten Sie die Ausschnitte, bis Sie den richtigen gefunden haben.

Fat Quarters

Diese vorgeschnittene Größe wird in den Patchworkläden in großer Auswahl angeboten. Ein Fat Quarter ist etwa ein Viertelmeter, der jedoch nicht quer zur Stoffbahn abgeschnitten wird. Stattdessen wird ein Meter Stoff längs und quer durch die Mitte geteilt, wodurch sich vier leicht rechteckige Teile ergeben. In der Regel misst ein Fat Quarter ca. 45 x 55 cm (18 x 22 in), was jedoch von Laden zu Laden unterschiedlich sein kann.

Fat Quarters werden für fast alle Stoffe angeboten und sind eine preisgünstige Möglichkeit, eine reichhaltige Auswahl von verschiedenen Stoffen zu kaufen. Oft werden fertige Farbkombinationen angeboten, verschiedene Muster in der gleichen Farbreihe gebündelt, Themengruppen oder eine Auswahl von Blumenmotiven oder geometrischen Mustern zusammengestellt, manchmal auch eine Crazy-Packung mit vielen, sehr unterschiedlichen Farben, Stilen und Mustern.

Vliese und Rückseitenstoffe

Die Wattierung oder das Vlies ist ein wesentlicher Bestandteil eines Quilts. Sie ist die mittlere Schicht, und ihre ursprüngliche Aufgabe war es, den Quilt warm zu machen. Das Tuch, das auf der Unterseite liegt und die Nahtzugaben verbirgt, ist die Quiltrückseite.

Wattierung

Alte Quilts haben oft zerschlissene Wolldecken oder andere unbrauchbare Stoffe (manchmal sogar nicht mehr benutzbare Quilts) als wärmende Einlage. Heutzutage wird gebrauchsfertiges Vlies von der Rolle oder in bestimmten Größen angeboten. Die meisten Vliese sind synthetisch, oft aus Polyester oder einem Polyestergemisch, darüber hinaus gibt es auch Baumwollvlies und sogar Vlies aus reiner Seide oder Wolle. In der Regel ist das Vlies weiß, doch ist es auch in Grau oder Schwarz erhältlich.

Polyestervlies

Diese Einlage schrumpft nicht, kann in der Waschmaschine gewaschen werden und trocknet leicht. Es ist unempfindlich gegen Motten oder Schimmel, ist leicht und preisgünstig und in vielen Stärken (Volumen) erhältlich, neigt jedoch dazu, durch das Gewebe des Oberstoffes zu kriechen, was man Durchfusseln oder „bearding" nennt. Auch hat es nicht die Atmungseigenschaften wie Vlies aus Naturfaser. Polyestervlies kann von Hand oder mit der Maschine gequiltet werden, die dickeren Vliese sind gut für geknotete Quilts.

Baumwollvlies

Baumwollvlies ist ideal für kleine Projekte und lässt sich leicht zu einer gleichmäßigen Fläche quilten, obwohl Anfängerinnen es etwas fest finden. Es ist waschbar, doch schrumpft es bestimmt um 3–5 % und sollte deshalb vorgewaschen werden, damit später der fertige Quilt nicht schrumpft. Dieses Vlies braucht etwas Zeit zum Trocknen. Baumwollvlies kann von Hand oder mit der Maschine gequiltet werden.

Seidenvlies

Seidenvlies ist leicht, warm und flexibel und hat einen schönen Fall. Es eignet sich gut für Seidenquilts und -kleidung und kann von Hand oder mit der Waschmaschine gewaschen werden. Es kann ein klein wenig schrumpfen. Seidenvlies ist nicht leicht zu finden, zudem teuer und empfindlich gegen direkte Sonneneinstrahlung. Es kann von Hand oder mit der Maschine gequiltet werden.

Wollvlies

Wolle wärmt und isoliert, absorbiert Feuchtigkeit und hält Hitze ab. Es ist deutlich dünner als andere Vliese, bleibt aber schön voluminös. Beachten Sie die Hinweise des Herstellers, denn Wollvlies ist unter Umständen nicht waschbar. Es eignet sich für Hand- und Maschinenquilten.

Polyester-Baumwoll-Vlies

Der Baumwollanteil verleiht dem Polyestervlies die Atmungsaktivität und vermindert das Durchfusseln von Fasern. Der Polyesteranteil macht das Quilten für Anfängerinnen leicht. Es ist waschbar, kann aber etwas schrumpfen, weswegen es vorgewaschen werden sollte. Es hat einen schönen Fall und kann von Hand oder mit der Maschine gequiltet werden.

Aufbügelbares Vlies

Dies eignet sich gut für kleine Projekte, erspart das Heften der Lagen und muss nicht vorgewaschen werden. Es wird in nur wenigen Breiten angeboten und ist vielleicht für Anfängerinnen schwierig zu bearbeiten. Es eignet sich besonders gut für das Maschinenquilten.

Dicke der Vliese

Dünnes, leichtes Vlies eignet sich ideal für Quilts, die als Wandquilts oder Ähnliches Verwendung finden. Die kleinen gleichmäßigen Quiltstiche sind auf der gesamten Fläche gut zu arbeiten, denn es ist nur eine dünne Vliesschicht zu durchstechen. Stärkeres Vlies mit mehr Volumen ist eher für geknotete Quilts und Tagesdecken zu empfehlen. Je dicker das Vlies, desto weniger weich fällt der Quilt.

Wahl des Vlieses

Die Art des Vlieses in einem Quilt bestimmt die Abstände der Quiltlinien. Wenn die Abstände zwischen den Linien zu groß sind, kann sich die Wattierung verschieben und Beulen werfen.

Sie können große Vliesreste für einen neuen Quilt benutzen. Bei sehr großen Quilts müssen Sie das Vlies zusammensetzen. Schieben Sie die Kanten zusammen und nähen Sie sie mit dem Hexenstich aneinander. Überlappen Sie die Streifen nicht, denn dies ergäbe an dieser Stelle eine doppelte Vliesschicht, die schwierig zu quilten und auch als dickere Naht zu erkennen wäre.

Rückseitenstoffe

Die Rückseite ist die Unterseite eines Quilts, die alle Konstruktionsnähte verbirgt.

Verschiedene Rückseiten

Viele Frauen verbringen viel Zeit mit dem Kauf der Stoffe für die Quiltoberseite, denken jedoch wenig über die Rückseite nach. Meist wird schlichter weißer Stoff benutzt, doch ist hier jeder Quiltstich gut zu sehen. Das ist ein Nachteil, falls die Quiltstiche noch nicht gleichmäßig gelingen. Eine gute Wahl könnte einer der dominierenden Stoffe der Vorderseite oder einer in der Farbe des Quiltgarns sein, denn so würden ungleichmäßige Stiche kaschiert. Auch ein gemusterter Rückseitenstoff verbirgt Einzelheiten der Quiltstiche, doch könnte ein allzu leuchtendes oder auffallendes Muster mit der Vorderseite konkurrieren.

Wendequilts

Wenn Sie den Rückseitenstoff auf die Vorderseite abstimmen, und wenn Ihre Quiltstiche auf der Rückseite genauso schön aussehen wie vorn, kann der Quilt beidseitig benutzt werden. Als Rückseite für einen wendbaren Quilt können Sie einen Stoff wählen, der Ihnen gefällt, doch bezieht dieser nicht das Muster der Vorderseite mit ein. Sie können vielleicht die Rückseite mit einem kompletten zweiten Patchworkteil bedecken und einen absoluten Wendequilt nähen. Doch bedenken Sie, dass die vielen Nahtzugaben besonders anstrengend zu quilten sind.

Der Arbeitsplatz

In der idealen Welt hätten wir alle ein eigenes Zimmer zum Nähen mit viel Platz zum Ausbreiten und viel Stauraum. Die meisten Quilts dauern lange, bis sie fertig sind, und müssen zwischendurch immer wieder weggepackt werden. Was für eine Zeitverschwendung! Wo Sie doch viel lieber quilten möchten! Leider ist für die meisten von uns ein Patchworkzimmer nicht vorhanden, und so finden Sie hier einige Tipps, wie Sie das Beste aus Ihrem Arbeitsplatz machen können.

Stauraum und Beleuchtung

Glücklicherweise gibt es vielerlei Regale zu kaufen, mit denen Sie Ihren Arbeitsplatz fest oder flexibel einrichten können. Vergessen Sie die Beleuchtung nicht, denn bei gutem Licht lässt sich gut arbeiten.

Tischlampe

Eine verstellbare Lampe als zusätzliches Licht ist ideal. Es gibt auch Tageslichtlampen zu kaufen, die immer dann zu empfehlen sind, wenn Farbschattierungen verglichen werden müssen, z. B. bei Stickarbeiten und anderen Handnäharbeiten mit farbigen Garnen.

Stauraum für Stoffe

Wenn Sie anfangen, Stoffe zu sammeln, brauchen Sie entsprechenden Stauraum. Dafür eignen sich durchsichtige Plastikboxen mit Deckel, denn Sie können die Stoffe durch die Seitenwände sehen, ohne dass Sie danach wühlen müssen. Die Boxen sind stapelbar und brauchen dadurch wenig Platz. Alternativ können Sie Ihre Stoffe auch in Faltboxen aus Plastik aufbewahren, die flach gefaltet und weggelegt werden können.

Aufbewahrung für Patchworkblöcke

Fertige und angefangene Blöcke müssen flach liegend aufbewahrt werden. Viele Hersteller bieten spezielle Taschen, Schachteln und Tüten an, mit denen Sie die Blöcke auch transportieren können, ohne sie zu knittern oder zu beschädigen.

Kleines Nähzeug

Auch für das kleine Nähwerkzeug gibt es verschiedene Aufbewahrungsmöglichkeiten. Auch hier ist ein durchsichtiger Behälter empfehlenswert, damit Sie auf einen Blick sehen, was darin ist. Wählen Sie einen Kasten mit einzelnen Fächern oder Schubladen, in die Sie die Werkzeuge einsortieren.

Nähgarn

Mit der Zeit werden sich bei Ihnen auch Garne in verschiedenen Farben ansammeln. In einer speziellen Garnrollenbox sind die Garne gut aufbewahrt, ohne dass sich die Fadenenden verwirren. Für die ganz großen Garnkonen gibt es Gestelle, auf denen Sie die verschiedenen Farben gut einsortieren können.

Unterfadenspulen | Bobbins

Mit Ihrer Nähmaschine wurden sicher ein- oder zwei Unterfadenspulen mitgeliefert, doch lohnt es sich, einige mehr zu kaufen und mit Garnen in den am meisten benötigten Farben vollzuspulen. Ein Spulenhalter hilft, sie ordentlich beieinanderzuhalten.

Allgemeiner Stauraum

Ein großer Schrank verbirgt alle Schachteln, Körbe und die Nähmaschine. Alles ist beieinander und außer Sichtweite.

Praktisches Arbeiten

Suchen Sie sich eine bequeme Ecke in Ihrer Wohnung, wo Sie die ganze Ausrüstung aufbewahren können, ohne dass der Rest Ihres Haushalts beeinträchtigt wird.

Wenn Ihr Arbeitszimmer noch andere Funktionen hat, wie z. B. Gäste- oder Esszimmer, sollten Sie flexible Regale installieren, um angefangene Projekte und Werkzeug bequem wegschieben können.

Sie brauchen in der Nähe Ihres Arbeitsplatzes Steckdosen für Nähmaschine und Bügeleisen.

Achten Sie darauf, dass Stuhl und Arbeitstisch in angenehmer Arbeitshöhe sind. Sie sollten Ihre Arbeit bequem erreichen können, ohne sich strecken zu müssen. Ihre Handgelenke sollten in der Höhe zwischen Brust und Hüfte liegen.

Legen Sie das ganze Zubehör in Reichweite, bevor Sie mit der Arbeit beginnen.

Carol Shields
BIRDS OF SOUTH AFRICA
Postcards
ANNIE PROULX

Die Grundlagen

In diesem Kapitel finden Sie alle wichtigen Nähstiche sowie die Techniken für das Hand- und Maschinenquilten und wie man einen Quilt montiert. Darüber hinaus werden Techniken für spezielle Quiltarten jeweils zu Beginn des entsprechenden Kapitels vorgestellt.

Handquilten

Seit Jahrhunderten wurden Quilts von Hand gequiltet. Was ursprünglich aus praktischen Erwägungen entstanden war, nämlich die wärmenden Stofflagen miteinander zu verbinden, hat sich zu einer dekorativen Kunstform gewandelt. Seitdem sind viele Techniken entwickelt worden, entweder um die Arbeit zu erleichtern oder um dem normalen Quiltstich ein besonderes Aussehen zu geben.

Quiltschablonen

Die Quiltmuster werden oft mit Hilfe von Schablonen auf den Stoff übertragen. Sie können diese Schablonen kaufen oder aus Karton oder Plastik selbst herstellen. Einige Quiltmuster finden Sie auf den Seiten 80–87.

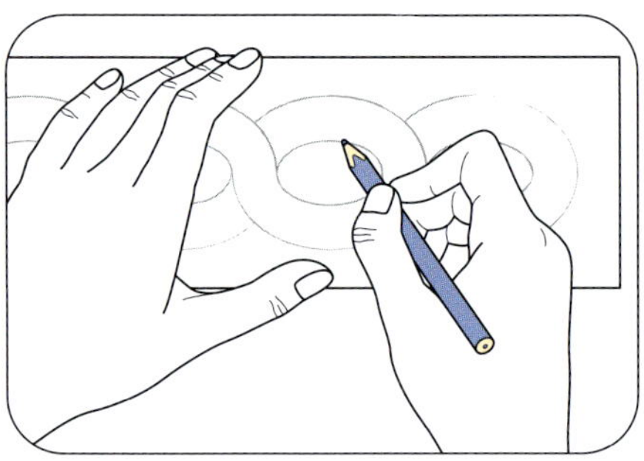

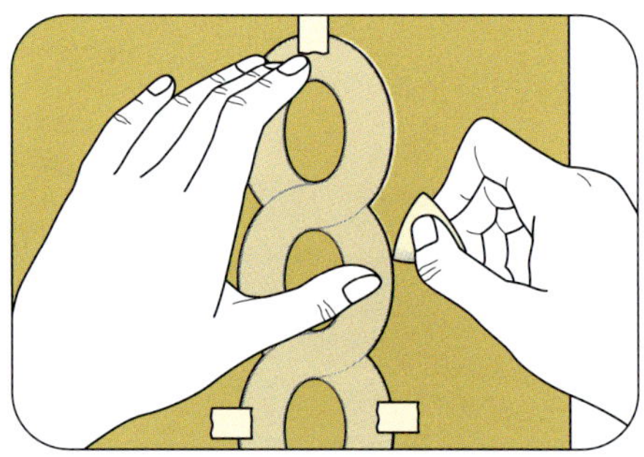

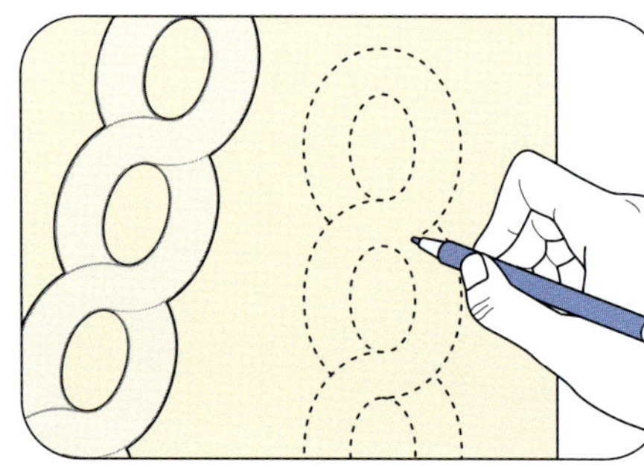

1 Pausen Sie das Muster durch und übertragen Sie es auf dünnen Karton oder auf ein Stück Schablonenplastik. Schneiden Sie die inneren Flächen und die Außenkontur sorgfältig aus. Dies ist Ihre Schablone.

2 Befestigen Sie die Schablone mit Klebeband auf dem Stoff und zeichnen Sie die Form entlang der Kanten nach. Wenn es ein dunkler Stoff ist, sollten Sie einen hellen Stift, wie z. B. Schneiderkreide, verwenden.

3 Es gibt viele verschiedene Markiermöglichkeiten: Hier wird mit einem Bleistift auf hellem Stoff gearbeitet. Siehe Seiten 14–15 für alternative Markierstifte. Wählen Sie immer einen Stift, dessen Linien sich wieder entfernen lassen.

Gerade Linien

Quiltlinien müssen nicht immer komplizierten Mustern folgen. Manchmal werden schlichte, gerade Linien benötigt. Dafür gibt es verschiedene Möglichkeiten.

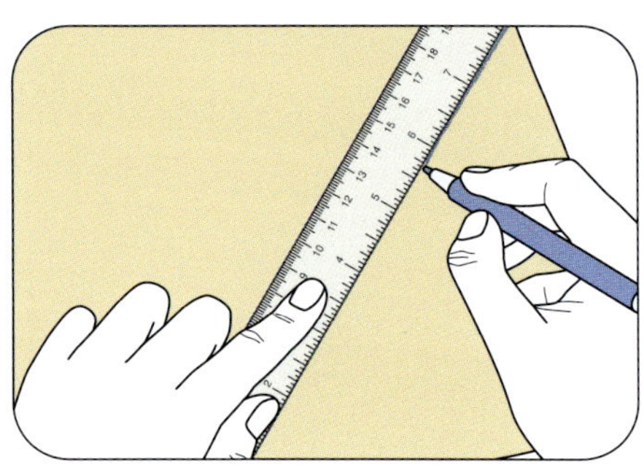

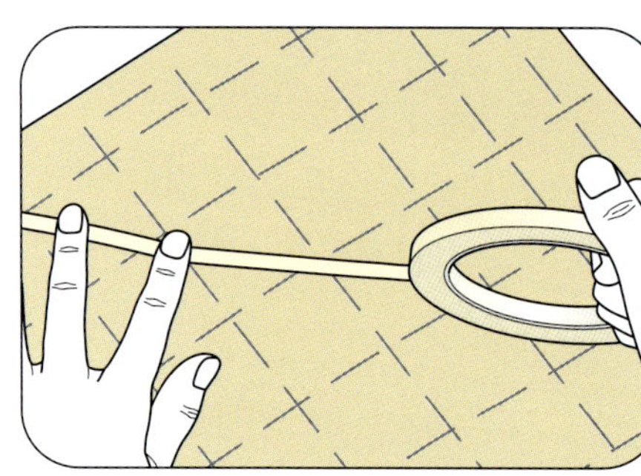

1 Nehmen Sie ein Lineal und einen geeigneten Stift. Legen Sie das Lineal an die vorgesehene Stelle und zeichnen Sie die Linie direkt auf den Stoff.

2 Verwenden Sie schwach haftendes, schmales Klebeband. Quilten Sie entlang des Klebebandes. Lassen Sie es nicht zu lange auf dem Stoff, da manchmal Klebereste zurückbleiben.

Seidenpapier

Sehr komplizierte Muster mit der Schablone oder dem Lineal zu übertragen, kann schwierig werden. Dafür ist aufgelegtes Seidenpapier ideal. Wenn Sie das Papier aufheften, machen Sie einen Knoten am Fadenende und lassen Sie ihn auf der Oberfläche des Stoffes. Dadurch ist der Heftfaden leichter wieder zu entfernen.

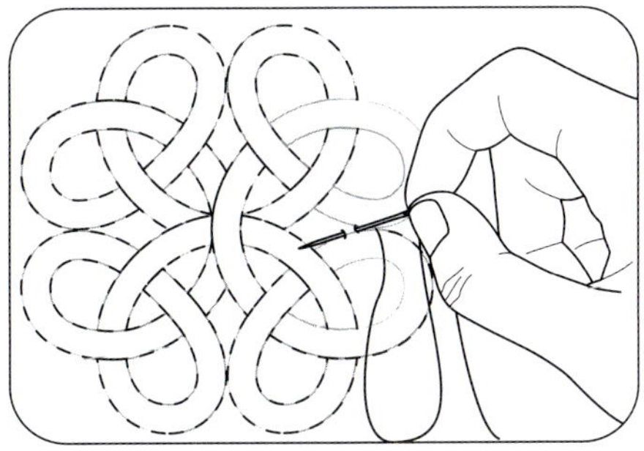

1 Zeichnen Sie das Muster auf Seidenpapier und stecken Sie es auf dem Stoff fest. Arbeiten Sie kurze Heftstiche mit kontrastierendem Garn entlang der Linien.

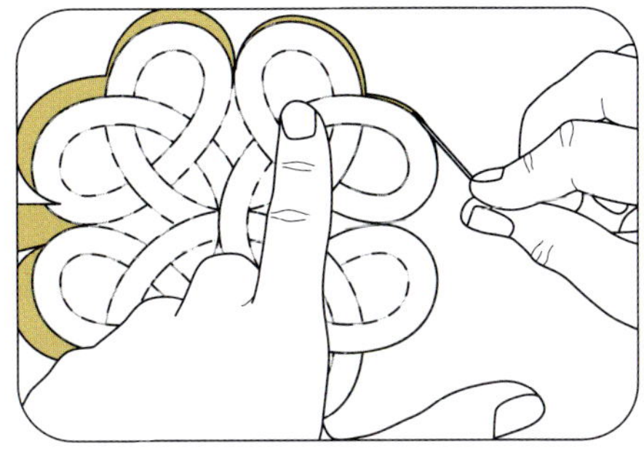

2 Nach dem Festnähen streichen Sie mit der Nadelspitze über alle Linien. Dies erleichtert das Abreißen des Papiers.

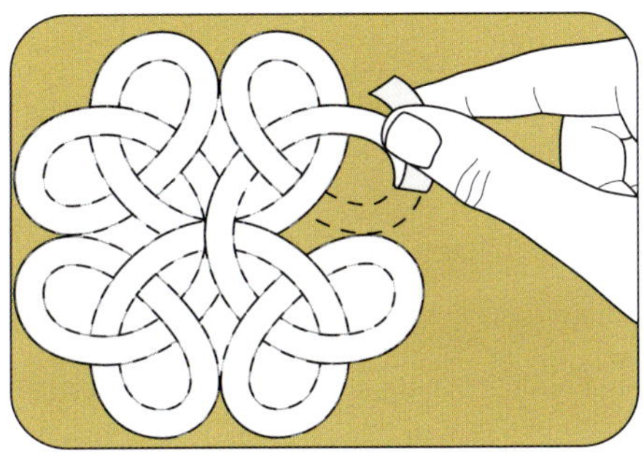

3 Reißen Sie das Papier vorsichtig ab, zuerst entlang der Außenkontur. Zerren Sie bei diesem Arbeitsgang nicht an den Heftlinien.

4 Nachdem das Seidenpapier entfernt ist, lässt sich das Muster gut erkennen. Quilten Sie entlang der Heftlinien. Sie können den Heftfaden während der Arbeit nach und nach entfernen oder nachdem Sie fertig sind.

Handquilten

Beim Durchschieben der Nadel durch die Stoffe ist ein Fingerhut unerlässlich. Manche Quilterinnen tragen auf zwei Fingern einen Fingerhut, einen auf der oberen Hand und einen auf der Hand, die unter dem Quilt arbeitet.

Den Quiltstich durch die drei Stofflagen in Theorie zu erklären, ist nicht einfach. Sie müssen es sehen. Finden Sie jemanden, der Ihnen die Technik vorführt.

Die Nadel liegt nahezu flach auf dem Quilt und wird mit einer wiegenden Bewegung nach unten geschoben. Beim wieder aufwärts Schieben steht die Nadel fast senkrecht.

Bei Anfängern werden die Stiche auf der Quiltoberseite oft kleiner als auf der Oberseite oder sind gar nicht zu sehen. Beim Aufwärtsstechen können die Gewebefäden von der Nadelspitze rutschen. Halten Sie am Anfang und Ende jedes Stichs die Nadel so senkrecht wie möglich. Der Quilt muss im Quiltrahmen leicht durchhängen, damit Sie die Nadel gut bewegen können.

Kleine Stiche sind das Ziel, doch sollten Sie als Erstes möglichst gleichmäßige Quiltstiche arbeiten. Die kleinen Stiche brauchen Übung und kommen von ganz alleine (siehe auch Seite 44).

Perforierte Mustervorlagen oder Kopierrädchen

Eine andere Methode zum Übertragen von komplizierten Mustern ist eine perforierte Vorlage, die Sie ganz einfach selbst herstellen können. Eine Alternative ist Schneiderkopierpapier und ein Kopierrädchen. Kreidelinien reiben sich schnell ab. Verwenden Sie also keine Kreidestifte für Projekte, die über lange Zeit bearbeitet werden.

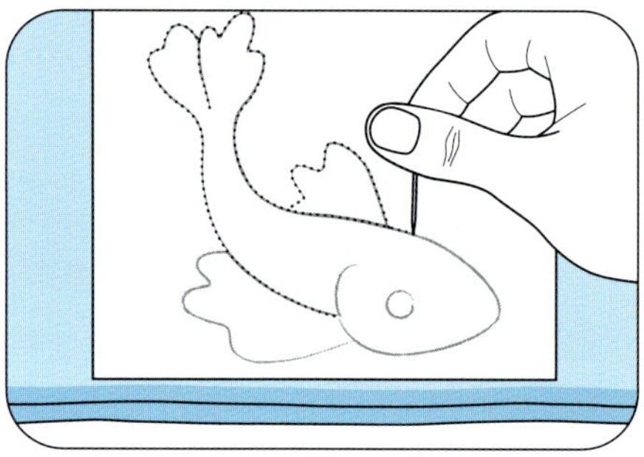

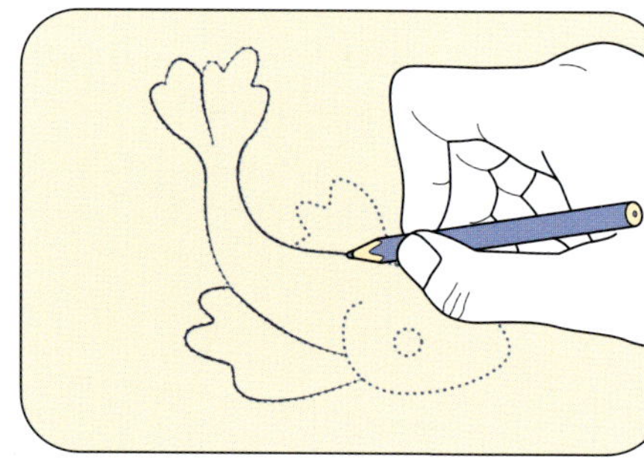

1 Für eine perforierte Vorlage zeichnen Sie das Muster auf festes Papier. Legen Sie das Papier auf eine weiche Unterlage, z. B. auf das Bügelbrett oder einen gefalteten Stoff. Durchlöchern Sie die Linien mit einer Stecknadel oder mit der Nähmaschine, bei der Sie den Nähfaden herausgezogen haben, oder mit einem Kopierrädchen.

2 Legen Sie das Papier auf den Stoff Ihres Quilts und stauben Sie mit Hilfe einer kleinen Bürste oder einem aufgerollten Stück Filz etwas Kreidestaub oder Punzierpuder darauf (siehe Seite 287). Wenn Sie Schneiderkopierpapier benutzen, legen Sie dieses zwischen das Papier und den Stoff und führen das Kopierrädchen vorsichtig an allen Linien entlang.

3 Soll das Muster längere Zeit sichtbar sein, fahren Sie die Linien mit wasserlöslichem Stift nach.

Muster vergrößern

Mit Kästchengittern können Sie ein Design verkleinern oder vergrößern.

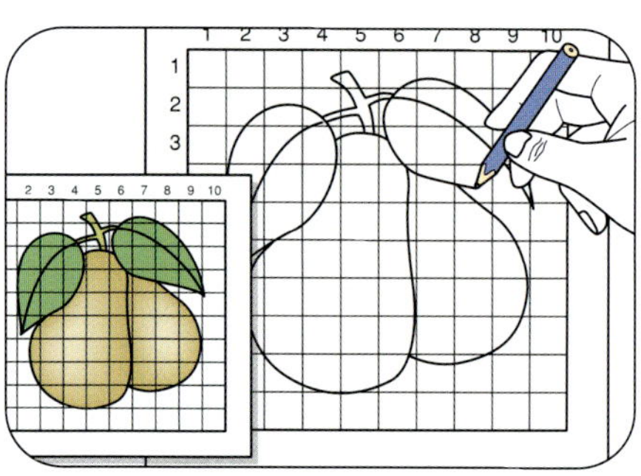

1 Zeichnen Sie ein Kästchengitter über das Muster. Zum Vergrößern zeichnen Sie ein Gitter mit größeren Kästchen auf ein großes Papier, zum Verkleinern zeichnen Sie kleinere Kästchen. Übertragen Sie nun das Motiv Kästchen für Kästchen auf das zweite Gitter.

Muster übertragen

Wenn Sie ein Muster mit Hilfe eines Fotokopierers vergrößern oder verkleinern, müssen Sie überprüfen, ob das Bild nicht verzerrt wurde. Kopiergeräte strecken oder stauchen ein Motiv oft leicht in eine Richtung.

Ein Lichtkasten macht das Übertragen eines Musters einfach. Wenn Sie keine Lichtbox besitzen, können Sie auch das Fenster im Gegenlicht oder eine helle Lampe, die Sie unter einen Glastisch legen, benutzen.

Knoten

Damit der Fadenanfang bei der Arbeit nicht durch den Stoff rutscht, müssen Sie einen Knoten machen. Es gibt dafür zwei schnelle Methoden. Beide Methoden erzeugen ein Knötchen, das klein genug ist, um in den Stoff hineingezogen werden zu können, das jedoch ohne größeren Zug nicht von alleine herausrutscht.

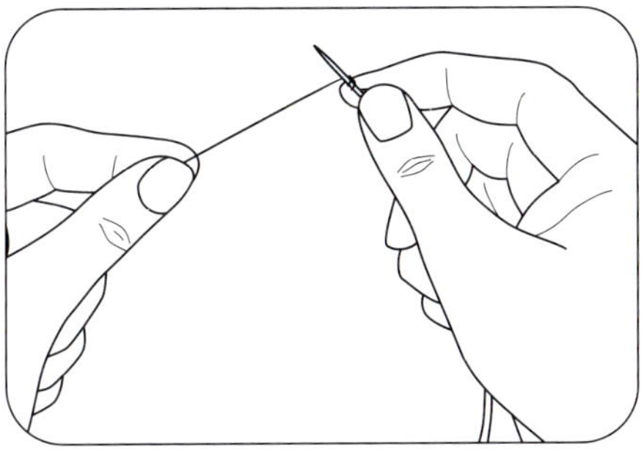

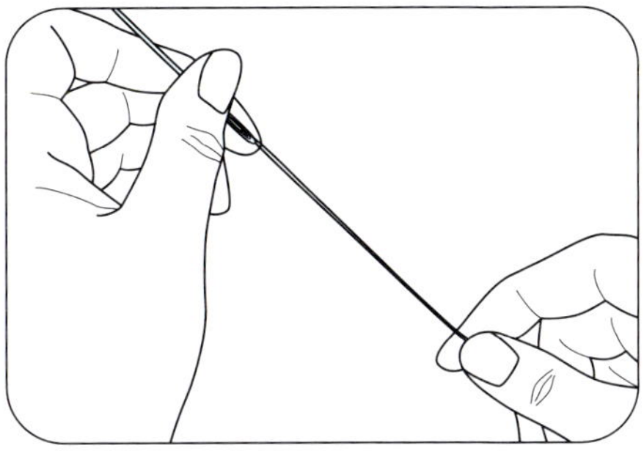

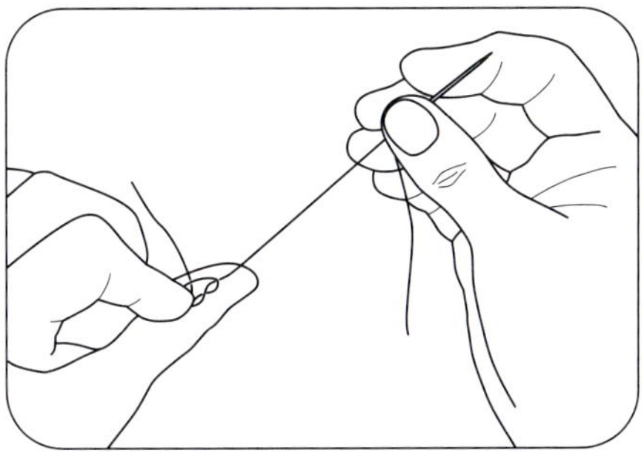

1 Methode 1
Halten Sie die eingefädelte Nadel mit der Spitze nach oben zwischen Daumen und Zeigefinger. Winden Sie das Ende des Fadens dreimal um die Nadelspitze und halten Sie es mit dem Zeigefinger gegen die Nadel gedrückt fest.

2 Halten Sie die Fadenschlingen mit Daumen und Zeigefinger fest und schieben Sie sie auf der Nadel entlang nach unten, immer weiter, bis an das Ende des Fadens, wo sich von selbst ein Knoten bildet.

1 Methode 2
Halten Sie die eingefädelte Nadel in der rechten Hand und drücken Sie gegen das Öhr, so dass der Faden nicht herausrutschen kann. Fassen Sie das andere Ende des Fadens mit ihrer linken Hand und legen Sie den Faden um die Spitze Ihres Zeigefingers, die Enden überkreuzen sich. Rollen Sie das Fadenende mit Hilfe des Daumens durch die Schlaufe und dann von der Fingerspitze ab, um den Knoten zu formen.

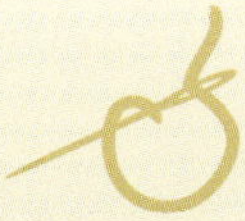

Fadenknoten beim Quilten

Beim Quilten sollte der Knoten am Fadenende innerhalb des Vlieses verschwinden und weder auf der Ober- noch auf der Unterseite zu sehen sein.

Schieben Sie die Nadelspitze etwa 1,2 cm (1/2 in) vom Startpunkt der Quiltlinie entfernt in die Quiltrückseite. Führen Sie die Nadel durch das Vlies und bringen Sie sie genau am Startpunkt der Quiltlinie nach oben. Nun ziehen Sie die Nadel und den Faden durch, so dass der Knoten auf dem Rückseitenstoff liegt. Ziehen Sie den Knoten mit einem leichten Ruck durch den Rückseitenstoff nach innen.

Am Ende einer Quiltlinie verbergen Sie das Fadenende innerhalb des Vlieses. Halten Sie den Faden ca. 5 cm (2 in) über der Quiltfläche und winden Sie ihn dreimal um die Spitze der eingefädelten Nadel. Ziehen Sie die Nadel durch die Fadenschlingen. Im Idealfall liegt der Knoten 0,6 cm (1/4 in) über der Quiltoberseite. Halten Sie den Faden aus dem Weg, so dass Sie das Loch des letzten Stichs erkennen.

Schieben Sie die Nadel durch das letzte Ausstichloch zurück in das Vlies und ca. 1,2 cm (1/2 in) entfernt wieder auf die Oberfläche. Ziehen Sie am Faden, bis der Knoten auf der Stoffoberfläche liegt. Ziehen Sie den Knoten mit einem leichten Ruck in das Vlies hinein. Schneiden Sie den Faden dicht über der Oberseite ab.

Der Quiltstich

Der Quiltstich ist ein Handnähstich, der dem Vorstich sehr ähnlich ist, doch nicht so gearbeitet wird. Es braucht viel Übung, um ihn zu beherrschen. Am besten geht es, wenn Sie beim Quilten mit wiegenden Bewegungen mehrere Stiche auf die Nadel nehmen, bevor Sie den Faden durchziehen (siehe Text im Kasten Seite 41).

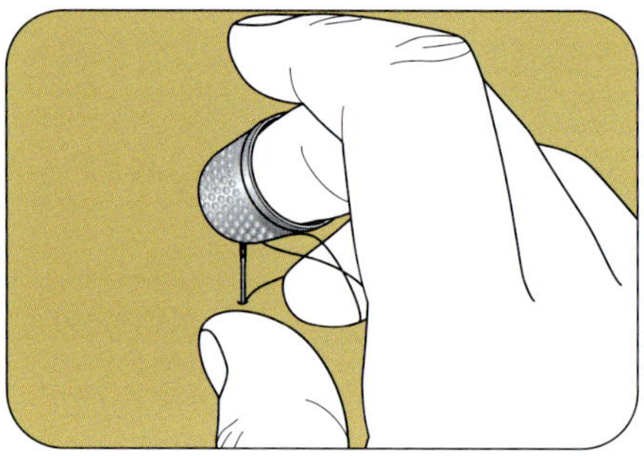

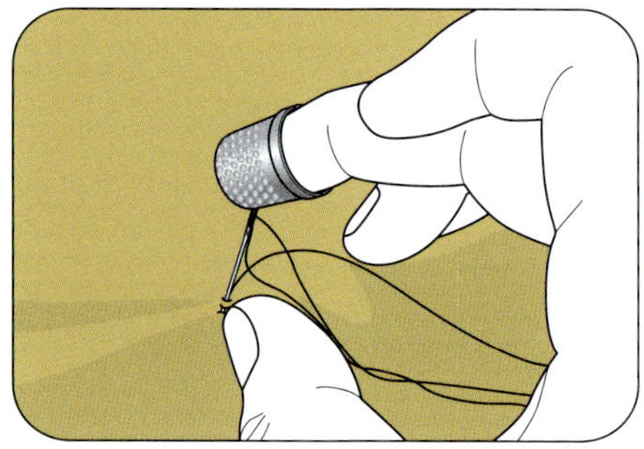

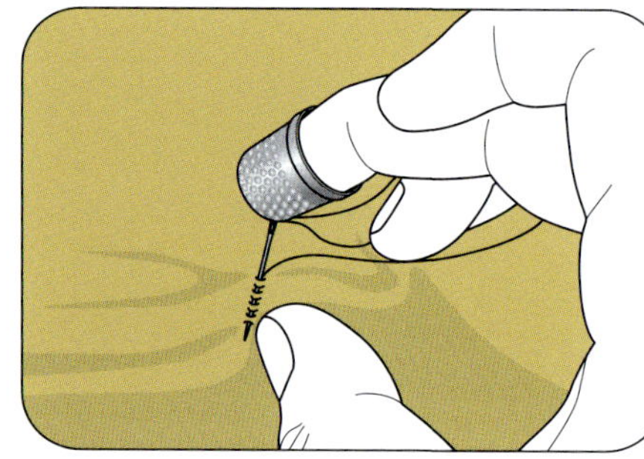

1 Halten Sie die Nadel zwischen Zeigefinger und Daumen und greifen Sie mit der anderen Hand unter den Quilt. Der untere Zeigefinger liegt dort, wo die Nadelspitze hervorkommen wird. Stechen Sie die fast senkrecht stehende Nadel durch alle Lagen nach unten, bis Sie die Spitze mit dem unteren Zeigefinger fühlen. Im gleichen Moment stoppen Sie die Nadelbewegung.

2 Drücken Sie den Quilt mit dem unteren Zeigefinger nach oben und kippen Sie gleichzeitig das Nadelöhr bis auf die Quiltoberfläche hinab. Mit dem Daumen der nähenden Hand drücken Sie den Quilt direkt vor dem nächsten Stich etwas hinunter und stechen gleichzeitig die Nadel nach oben, bis die Spitze auf der Quiltoberseite auftaucht. Schieben Sie die Nadelspitze eine Stichlänge weiter.

3 Kippen Sie die Nadel wieder in die fast senkrechte Position, bis die Spitze in den Stoff eintaucht. Wieder fühlen Sie mit dem unteren Zeigefinger die Nadelspitze. Wiederholen Sie diese Schritte, bis Sie mehrere Stiche auf der Nadel haben. Dann ziehen Sie den Faden durch und beginnen von vorn.

Abstände überbrücken

Wenn Sie einen Bereich fertig gequiltet haben, aber noch viel Faden in der Nadel übrig ist und auch der nächste Bereich nicht weit entfernt liegt, können Sie den Abstand innerhalb des Vlieses überbrücken. Sollte der Abstand mehr als 2,5–5 cm (1–2 in) betragen, beginnen Sie neu.

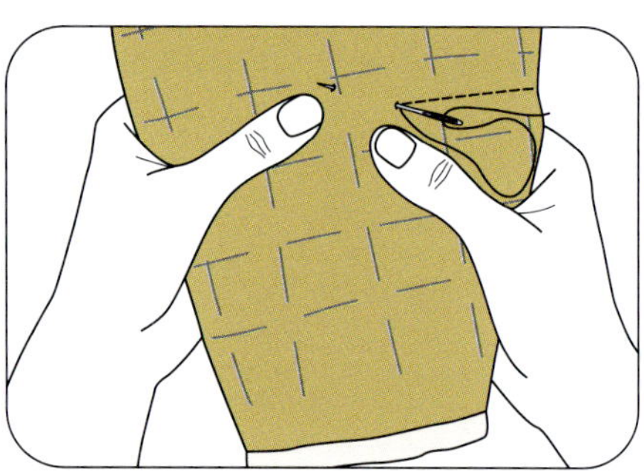

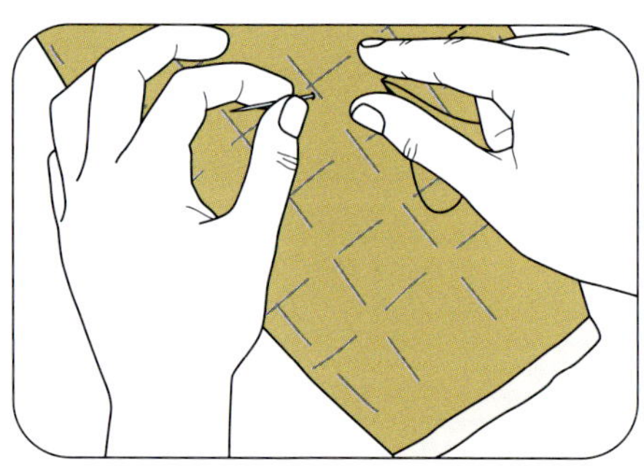

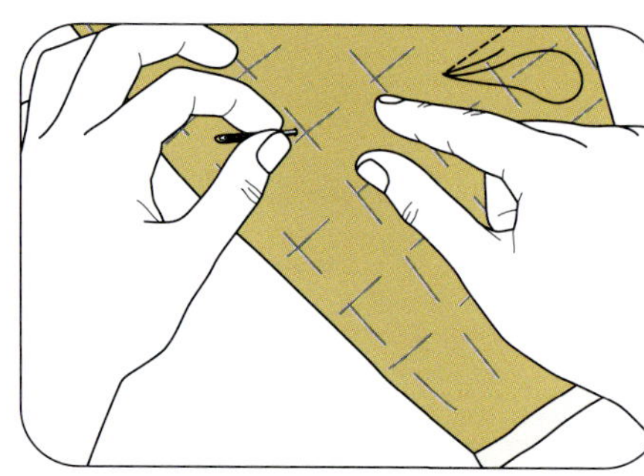

1 Führen Sie die Nadelspitze durch den Quilt nach oben, etwa auf der halben Strecke zwischen dem Ende des ersten Quiltmotivs und dem neuen Startpunkt. Ziehen Sie die Nadel nicht durch.

2 Halten Sie die Nadelspitze fest und lassen Sie das Öhr im Vlies. Drehen Sie die Nadel, bis das Öhr in Richtung des neuen Startpunktes weist.

3 Schieben Sie die Nadel mit dem Öhr nach vorn zum neuen Startpunkt vor und bringen Sie sie genau dort zur Oberfläche. Sie können mit der Spitze oder mit dem Öhr aus dem Stoff herausstechen, je nachdem, was leichter geht.

Quiltstile

Es gibt verschiedene Möglichkeiten, einen Quilt zu bearbeiten. Wählen Sie aus, welche am besten zum Muster passt. Manchmal lassen sich die verschiedenen Stile kombinieren.

In der Naht quilten

Quilten Sie ganz einfach in den Nählinien eines Patchworkmusters oder um die Kontur eines applizierten Motivs. Daher müssen hier keine Linien vorgezeichnet werden. Bei dieser Methode bleiben die Quiltlinien nahezu unsichtbar.

Umrissquilten

Das Umrissquilten ist dem Quilten in der Naht ähnlich, doch die Quiltlinie verläuft ca. 0,6 cm (¼ in) von der Naht oder von der Kontur des Applikationsmotivs entfernt. Sie können innerhalb oder/und außerhalb der Formen quilten, und auch hier brauchen Sie das Muster nicht vorzuzeichnen.

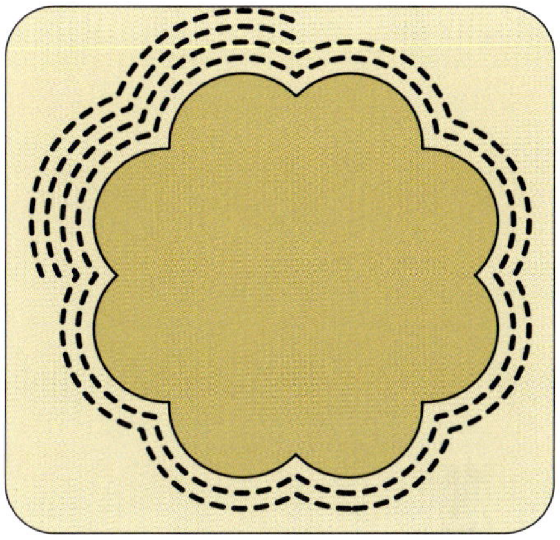

Echoquilten

Hier quilten Sie um die Form einer Applikation oder eines Motivs wie beim Umrissquilten. Die Form des Umrisses wiederholen Sie in Abständen von ca. 1–1,25 cm immer wieder bis nach außen und füllen so den Hintergrund. Eine Vorzeichnung hält Abstände und Linien gleichmäßig.

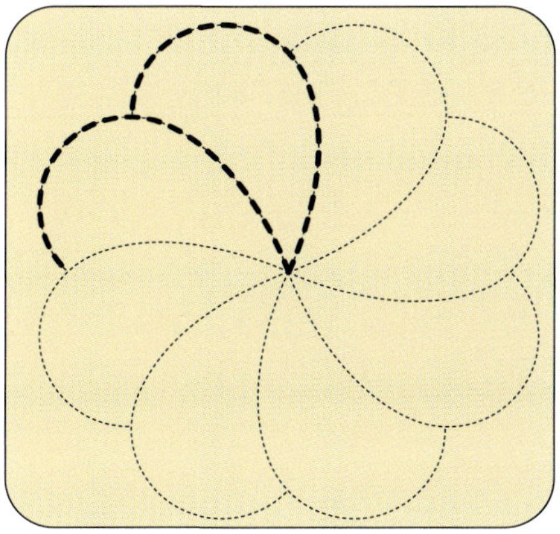

Motivquilten

Zeichnen Sie jedes einzelne Motiv auf die Quiltoberseite und quilten Sie dann auf den Linien entlang. Die Markierungslinien werden in der Regel von den Quiltstichen bedeckt, doch sollten Sie sicherheitshalber einen löschbaren Stift verwenden.

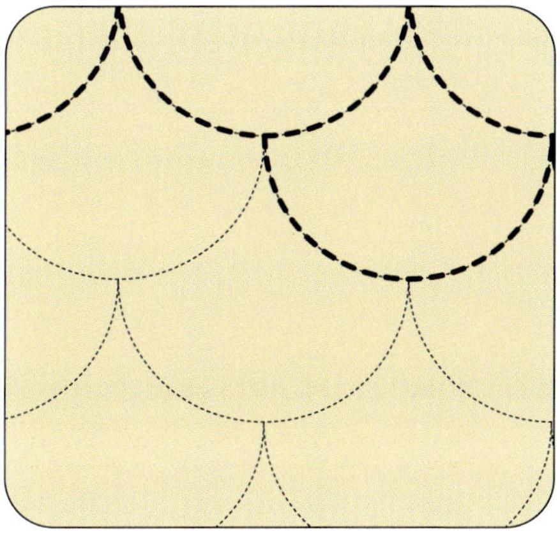

Füllmuster und Gitterlinien

Ein Füllmuster bedeckt den gesamten Hintergrund. Das Muster kann ein neues bilden, das nicht mit dem Patchwork oder der Applikation verwandt ist. Vorzeichnen ist wichtig. Verwenden Sie einen löschbaren Stift.

Stippling

Unter Stippling versteht man beim Handquilten kleine, verstreute Stiche auf einem Hintergrundbereich, die eine gleichmäßige Oberfläche bilden. Dadurch stehen ungequiltete Bereiche des Quilts plastisch hervor. Vorzeichnen ist nicht nötig.

Kordelquilten

Das Kordelquilten wird auch Italienisches Quilten genannt und ist eine Variation des Trapunto. Im 17. und 18. Jahrhundert sowie in den 1920er Jahren war es sehr beliebt. Wählen Sie ein Motiv mit deutlichen Konturen, denn nur diese werden hervorgehoben. Sie können Kordel, Garn oder eine spezielle Quiltwolle verarbeiten.

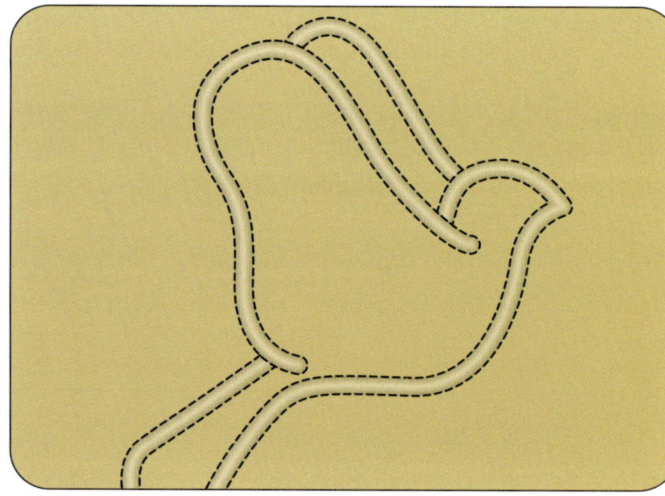

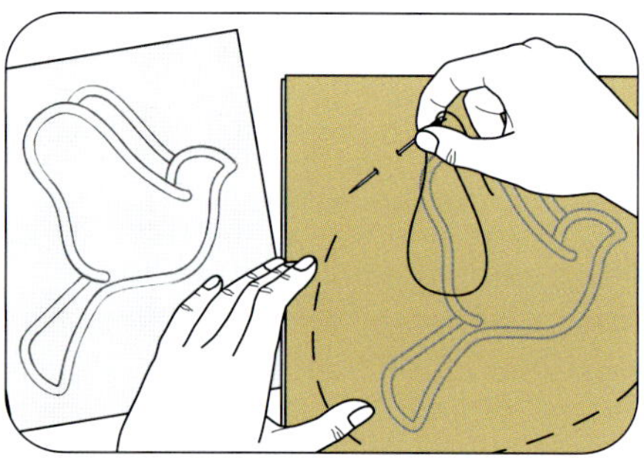

1 Übertragen Sie die Umrisse des Motivs mit einer doppelten Linie auf die Quiltfläche, die Sie bearbeiten möchten. Heften Sie ein Quadrat aus lose gewebtem Stoff (Käseleinen oder Gaze) auf die Rückseite hinter das Motiv.

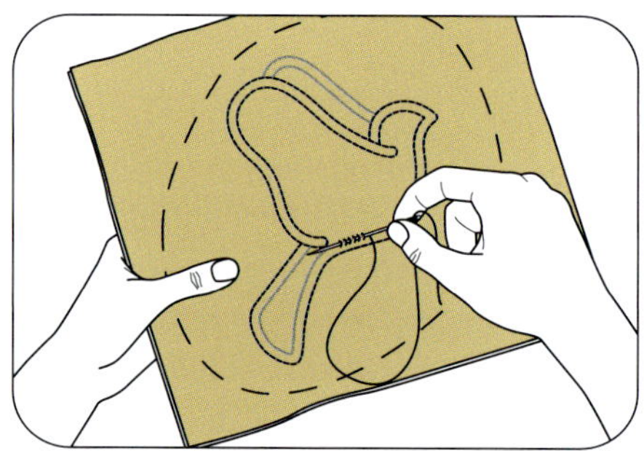

2 Arbeiten Sie kleine Vorstiche auf beiden Linien entlang. Nähen Sie durch beide Stofflagen, um einen Tunnel zu bilden. Sie können mit farbgleichem Garn oder mit einer Kontrastfarbe arbeiten, je nach gewünschtem Effekt.

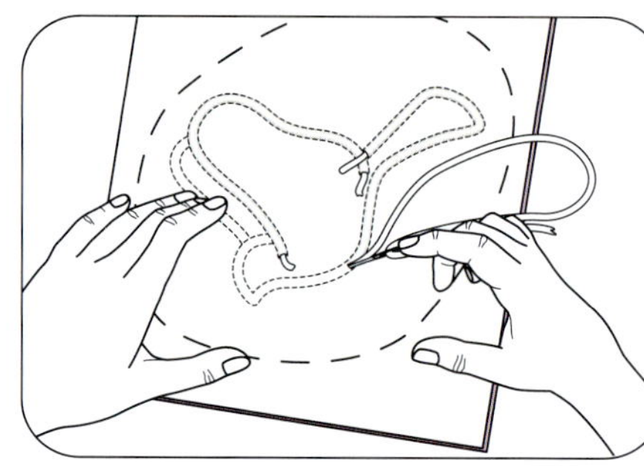

3 Fädeln Sie Garn oder Kordel in eine große, stumpfe Wollnadel. Arbeiten Sie von der Rückseite her und schieben Sie die Nadel in den Tunnel zwischen Unter- und Oberstoff. Ziehen Sie die Kordel in den Tunnel. Sehr leichte Kurven sind möglich, doch können Sie jederzeit die Nadel durch den Rückseitenstoff herausziehen und neu einstechen.

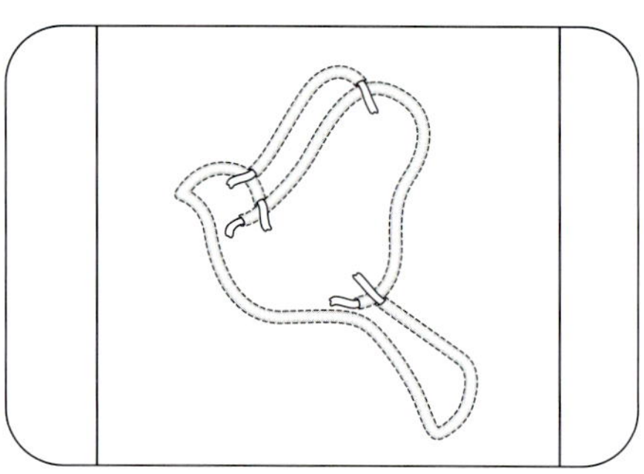

4 Auf der Vorderseite bilden sich erhabene Konturlinien. Damit die Kordel nicht herausrutschen kann, lassen Sie bei jedem Start und Stopp ein kleines Ende aus dem Rückseitenstoff heraushängen. Der Quilt wird später ganz normal mit Vlies und Rückseite versehen, wodurch diese Kordelenden verborgen bleiben. Entfernen Sie die Heftstiche, wenn das Projekt zum Quilten bereit ist. Der dahintergeheftete Hilfsstoff kann mit dem nötigen Sicherheitsabstand zur eingezogenen Kordel zurückgeschnitten werden.

Trapunto

Dies ist die Bezeichnung für einen gestopften oder plastischen Quilt, bei dem einzelne Bereiche des Musters von hinten ausgepolstert werden und wie ein Relief erhaben hervortreten. Denken Sie bei der Wahl des Quiltmusters daran, dass klare Formen sich am besten eignen, um plastisch ausgearbeitet zu werden.

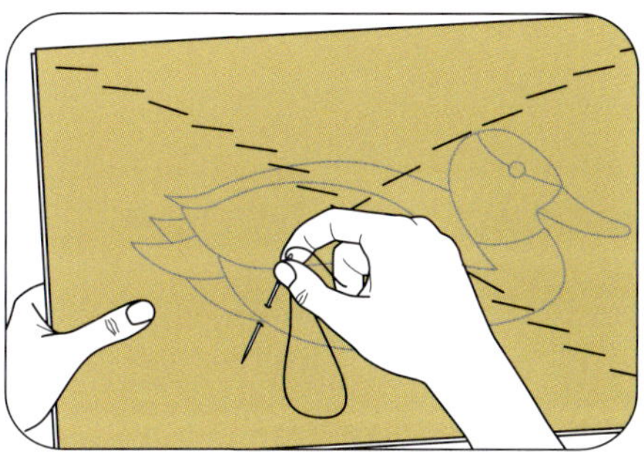

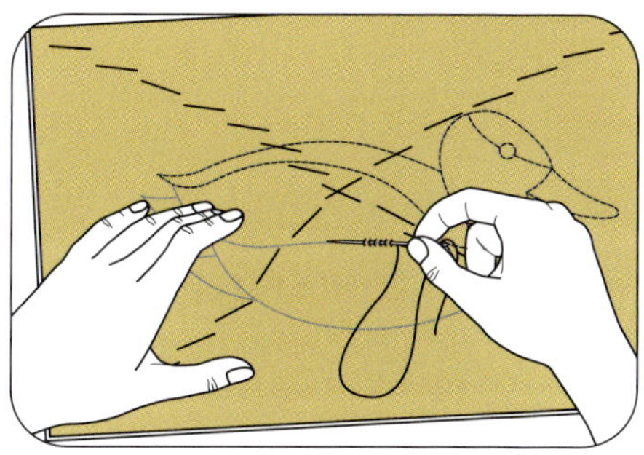

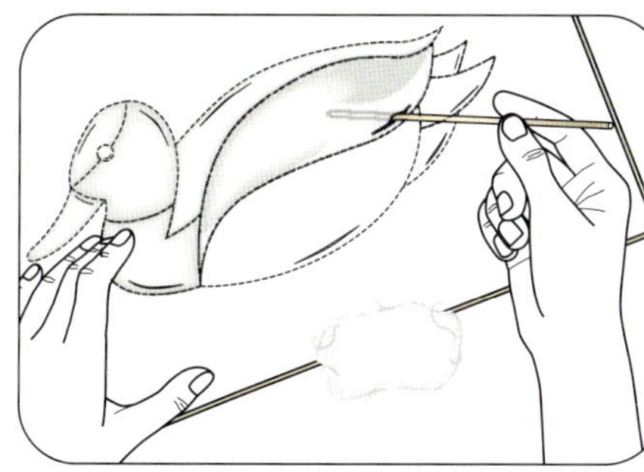

1 Übertragen Sie die Linien des Motivs auf die Quiltoberseite. Heften Sie lose gewebten Stoff (Käseleinen oder Gaze) auf die Rückseite unter das Motiv, das Sie ausstopfen möchten.

2 Quilten Sie auf den vorgezeichneten Linien durch beide Stofflagen hindurch. Sie können mit farbgleichem Garn oder mit einer Kontrastfarbe arbeiten, je nach gewünschtem Effekt für den gesamten Quilt.

3 Arbeiten Sie von der Rückseite her. Schneiden Sie in die Mitte der Fläche, die Sie ausstopfen möchten, einen kleinen Schlitz. Schieben Sie mit Hilfe eines Essstäbchens oder eines anderen stumpfen länglichen Gegenstandes kleine Stücke von Füllwatte in alle Ecken und Spitzen und füllen Sie den ganzen Bereich. Wiederholen Sie dies bei allen Flächen, die Sie ausstopfen möchten.

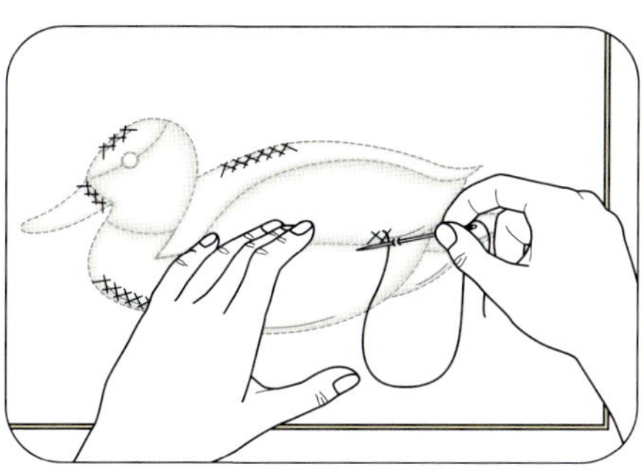

4 Nähen Sie die Schlitze im Rückseitenstoff entweder mit Hexenstich (siehe Seite 220) oder mit Kreuzstich (siehe Seite 217) wieder zu. Der Faden sollte die gleiche Farbe wie Rückseite haben, damit die Stiche nicht durchscheinen. Sind alle gewünschten Bereiche ausgestopft, wird das Projekt mit Vlies und Rückseite zum Quilten vorbereitet.

Gebrauchsquilten

Es gibt viele verschiedene Möglichkeiten, schnell zu quilten. Quilts, die schnell fertig gestellt werden sollen, werden geknotet, mit großen Stichen gequiltet oder mit speziellen Techniken, z. B. dem japanischen Sashiko, dem fernöstlichen Kantha (siehe Seite 49) oder als Ralli-Quilt (Seite 297), bearbeitet. Der Vorteil dieser Techniken ist, dass ziemlich große Flächen in kurzer Zeit gequiltet werden können. Viele davon verleihen dem Quilt einen attraktiven Touch von Volkskunst, der gut zu vielen traditionellen, aber auch zu vielen modernen Mustern passt. Diese Techniken machen es möglich, mit sehr dicken Vliesen zu arbeiten. So entstehen besonders dicke, kuschelige Quilts.

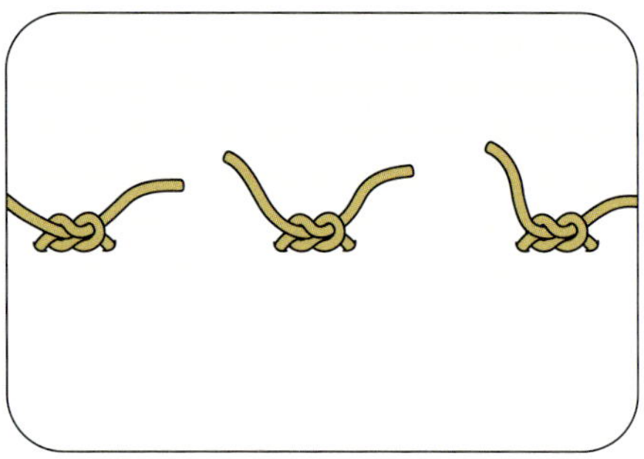

Einfache Knoten

Quiltknoten werden meist mit festem Faden ausgeführt, doch ist auch starkes Stickgarn geeignet. Schieben Sie die eingefädelte Nadel von der Ober- zur Unterseite des Quilts und wieder zurück, knapp neben dem Einstichpunkt. Machen Sie mit den Fadenenden einen flachen Weberknoten. Ein Doppelstich macht den Knoten haltbarer.

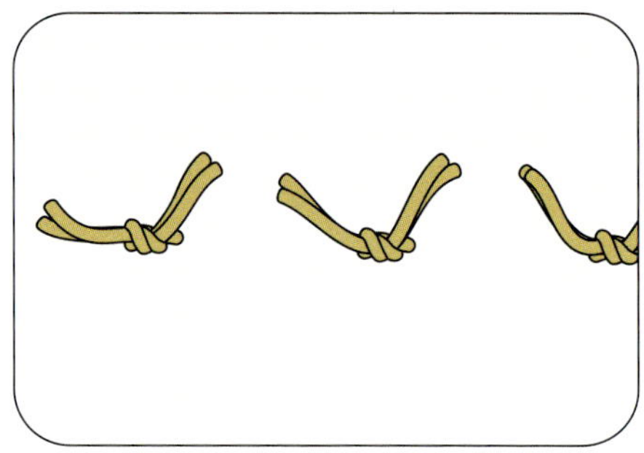

Dekorative Knoten

Für die Knoten eignet sich auch Effektgarn, dessen Enden Sie lose hängen lassen, sofern sie sich nicht aufdrehen. Arbeiten Sie diese genau wie die einfachen Knoten. Wenn Sie die Enden nicht auf der Vorderseite haben möchten, verknoten Sie sie auf der Rückseite.

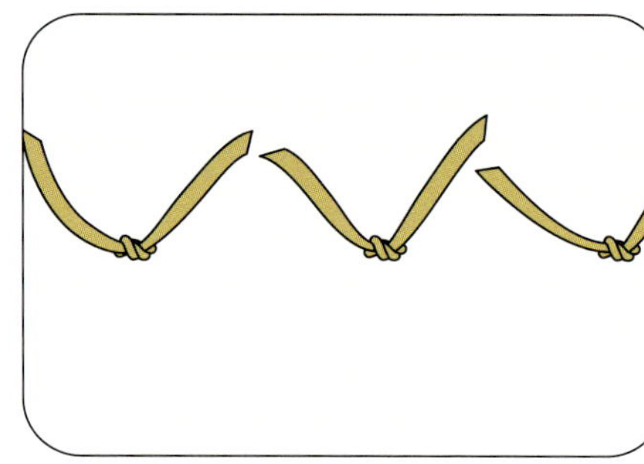

Bändchenknoten

Schmales Band wirkt als Knoten sehr apart. Wählen Sie dünnes Bändchengarn für Bändchenstickerei, da es schmal genug ist, um es durch das Nadelöhr zu fädeln. Arbeiten Sie mit einer spitzen Nadel, die man durch die Quiltlagen stechen kann.

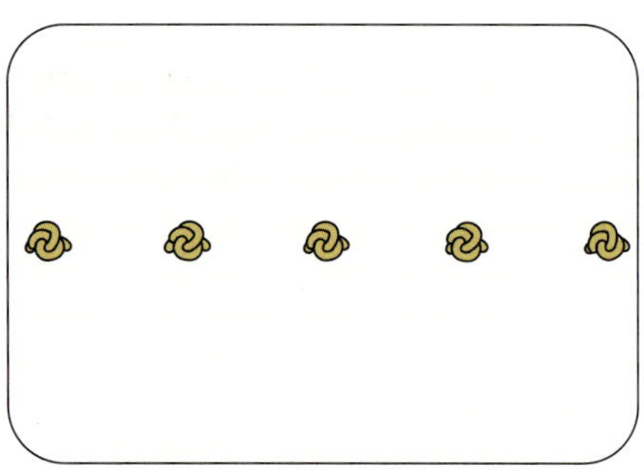

Knötchenstich

Solche französischen Knötchenstiche sind eine unauffällige Methode, einen Quilt zu knoten, besonders dann, wenn sie in farbgleichem Garn ausgeführt werden. Auf der Quiltrückseite ist nur ein winziger Stich zu sehen, während auf der Vorderseite ein kleines Knötchen sitzt. Auf Seite 217 ist der Knötchenstich beschrieben.

Kreuzstich

Für das Quilten kann jeder Zierstich benutzt werden. Der Kreuzstich ist dekorativ und wirkt folkloristisch attraktiv. Auf Seite 217 ist der Kreuzstich beschrieben.

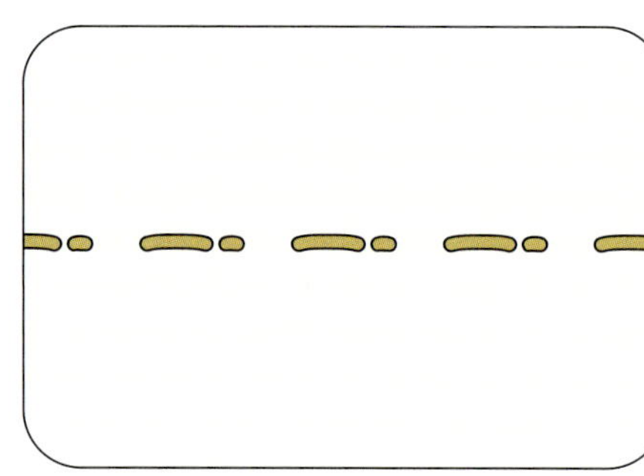

Methodistenknoten

Er ist sehr einfach zu arbeiten. Der Methodistenknoten ist lediglich ein langer Stich, gefolgt von einem sehr kurzen Stich. Die Stichpaare werden in gleichmäßigen Abständen gearbeitet und verleihen der Quiltoberseite ein interessantes Muster.

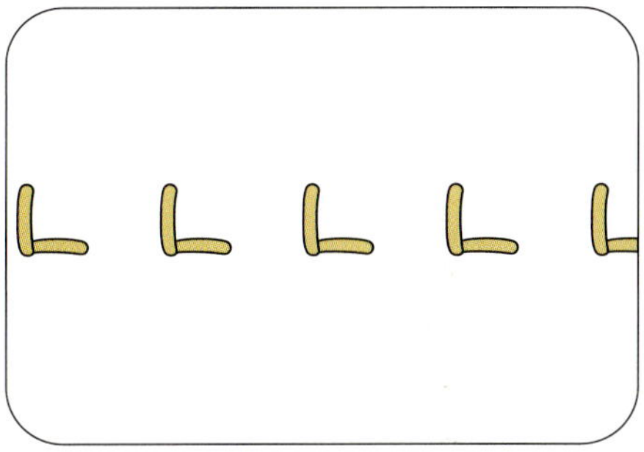

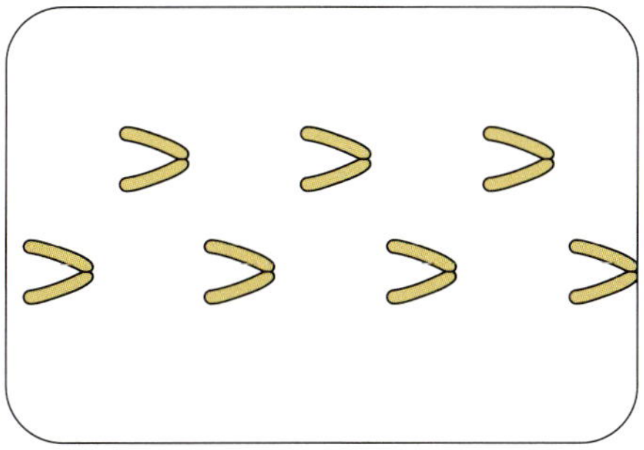

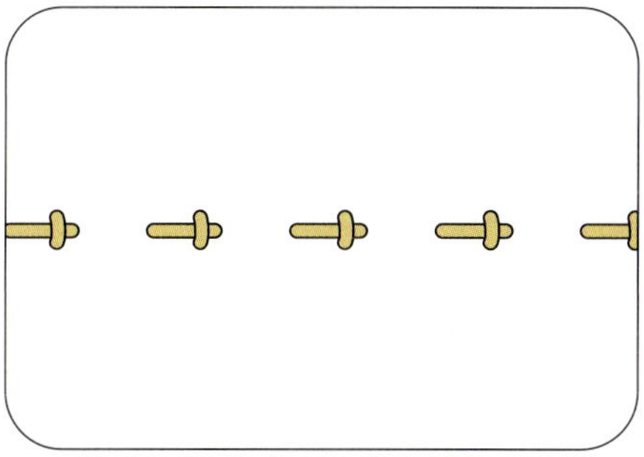

Halber Knopflochstich

Dieser L-förmige Stich ist ein einzelner Knopflochstich. Der nachfolgende Stich wird mit etwas Abstand zum ersten gearbeitet. Viele Stickstiche können auf diese Weise zum Quilten abgewandelt werden. Auf Seite 220 ist der Festonstich beschrieben, der als Knopflochstich dient.

Krähenfußstich

Auch dies ist ein einzelner Zierstich. In jeweils größeren Abständen wird ein einzelner Fliegenstich gearbeitet, der – in Reihe gesetzt – wie Vogelspuren aussieht, die über den Quilt laufen. Auf Seite 218 ist der Fliegenstich beschrieben.

Mennonitenstich

Dieser Stich ist eine Variation des Kreuzstichs. Der Mennonitenstich besteht aus einem langen horizontalen Stich und einem kurzen vertikalen, der den ersten Stich an einem Ende überkreuzt, es sind also zwei nicht gleich lange Stiche, die sich diagonal kreuzen. Auf Seite 217 ist der Kreuzstich beschrieben.

Sashiko

Das Sashiko war ursprünglich keine Quilttechnik. Es entstand in Japan, um schadhafte Arbeitskleidung zu reparieren und zu verstärken. Traditionell wird Sashiko mit dickem weißen Garn auf indigoblauem Stoff und in verschiedenen geometrischen Mustern oder Motiven gearbeitet, die von Pflanzen und Tieren inspiriert sind.

1 Übertragen Sie das Motiv mit einer geeigneten Methode auf die Stoffoberseite (siehe Seiten 40–42). Legen Sie den Oberstoff und den Unterstoff aufeinander. Sashiko muss nicht mit Vlies unterlegt sein.

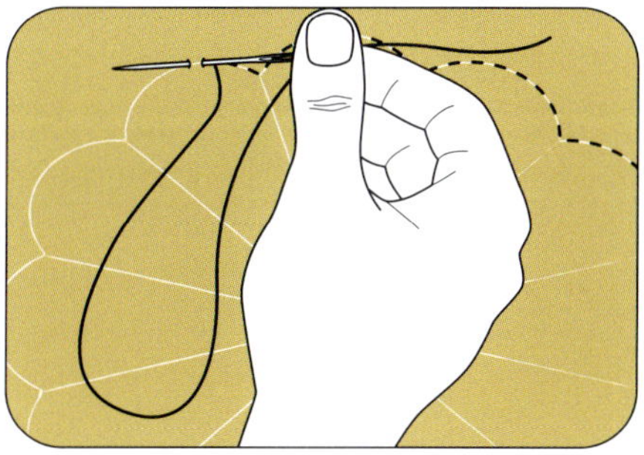

2 Fädeln Sie eine Nadel mit Sashiko-Garn ein und machen Sie Vorstiche entlang der vorgezeichneten Linien. Sashiko-Stiche sind etwas länger als Quiltstiche und haben größere Abstände als diese. Stiche und Abstände sollten gleich groß sein.

Kantha

Diese Technik kommt aus Bangladesch und dem westlichen Bengalen. Kantha diente dem Stoffrecycling. Stoffe alter Kleidung aus kostbarer Seide oder Nesselstoff wurden mit einem einfachen Vorstich aufeinandergenäht. Kantha wird mit farbigen Garnen genäht und stellt Tiere, Menschen, Pflanzen oder abstrakte und geometrische Motive dar.

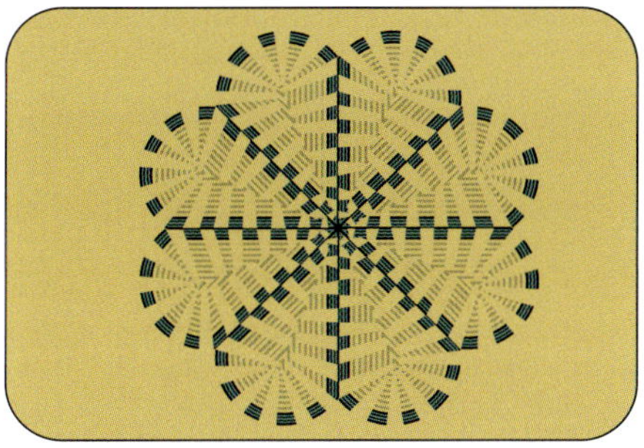

1 Legen Sie den Oberseitenstoff auf die Unterseite oder verwenden Sie mehrere dünne Stofflagen. Übertragen Sie das Muster auf den obersten Stoff. Umnähen Sie zunächst die Kontur mit Vorstichen, dann füllen Sie die gesamte Innenfläche des Musters. Arbeiten Sie mit geringen Abständen zwischen den Linien. Mit dem Vorstich können Sie auch andere Muster gestalten.

Maschinenquilten

Das Maschinenquilten kam mit der Einführung der Nähmaschine auf. Zunächst war Maschinenquilten auf einem Quilt ein Zeichen dafür, dass die Näherin solch eine seltene und teure Maschine besaß. Als die Nähmaschinen jedoch erschwinglicher wurden und nichts Ungewöhnliches mehr waren, geriet das Maschinenquilten schnell zum „armen Vetter" des Handquiltens. Da jedoch in den letzten Jahren spezielle Quiltmaschinen in den Handel gekommen sind, kann gut gearbeitetes Maschinenquilten genauso attraktiv sein wie Handquilten – und es ist deutlich schneller fertig.

Gerade Linien

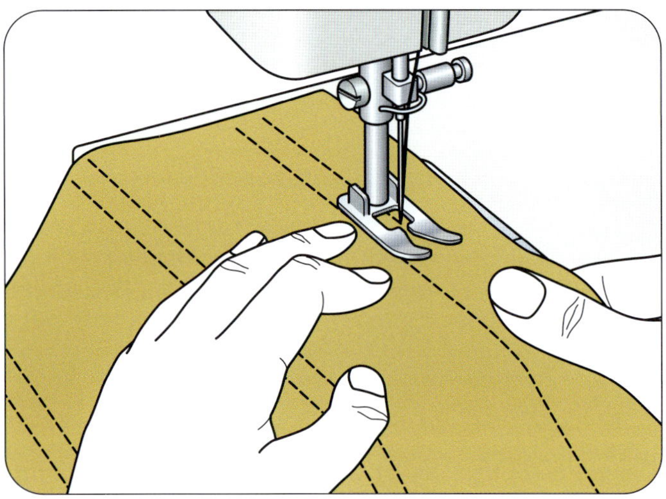

Wenn Sie gerade Linien arbeiten möchten, können Sie entweder das gesamte Muster auf der Quiltoberseite aufzeichnen oder nur die erste Linie zeichnen und dann nähfußbreit in gleichem Abstand daran entlangnähen. Sollen die Linien weiter auseinanderliegen, setzen Sie einen speziellen Abstandhalter ein, um gleichmäßige Linien zu erzielen.

Kurven/Kreise

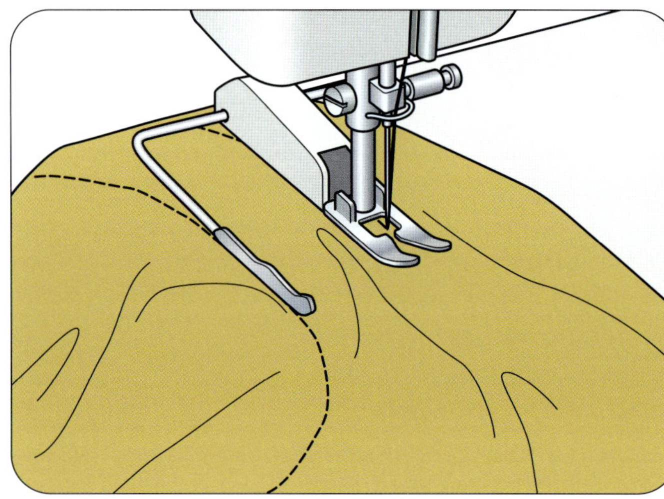

Auch konzentrische Kreise können vollständig aufgezeichnet werden, oder Sie nähen den ersten Kreis und arbeiten dann in gleichmäßigem Abstand und mit Hilfe des Abstandhalters alle weiteren Kreise. Kurvenlinien eines Motivs müssen vorgezeichnet werden, siehe Seiten 40–42 für Markierungstechniken.

Mäanderlinien

Mäanderquilten ist die Nähmaschinenmethode des Stippling (siehe Seite 45), das den Hintergrund flach quiltet. Das freie Maschinenquilten wird jedoch auch oft als Stippling bezeichnet.

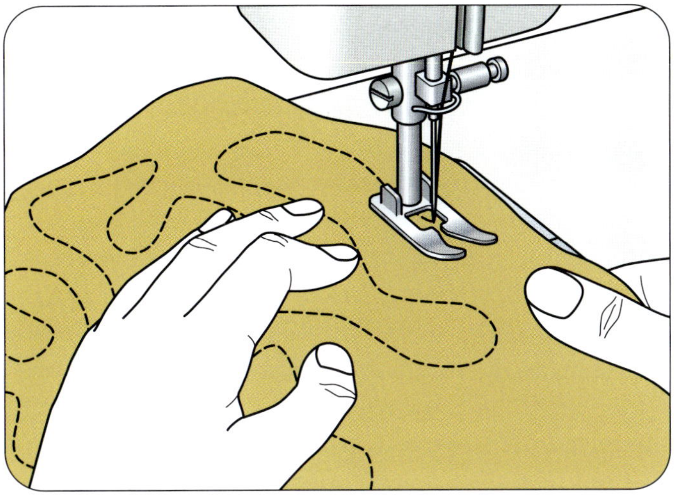

1 Versenken oder verdecken Sie den Stofftransport der Nähmaschine, so dass Sie den Quilt frei in alle Richtungen bewegen können und die Nadel im freien Muster näht.

2 Im Idealfall kreuzen sich die Linien nicht. Bearbeiten Sie jeweils einen kleinen Bereich und planen Sie zuvor das Gesamtmuster.

Aufrollen

Eine Haushaltsnähmaschine hat in der Regel keinen großen Durchschiebebereich. Um einen Quilt leichter handhaben zu können, rollen Sie die Kanten des Quilt bis zu dem Bereich hin auf, den Sie bearbeiten. Sichern Sie die Rollen mit Klammern (Fahrrad-Hosenklammern sind ein guter Ersatz für Quiltklammern).

Einen großen Quilt bearbeiten

Wenn Sie an einem Ende beginnen, dann liegt der ganze Quilt auf einer Seite und zieht, während Sie daran arbeiten. Dies macht die Handhabung sehr schwerfällig. Beginnen Sie also in der Mitte des Quilts und arbeiten Sie nach außen hin. Dadurch können Sie eventuelle Falten, die sich während des Quiltens bilden könnten, nach außen wegstreichen und verteilen.

Ein kleiner Tisch oder ein Bügelbrett neben dem Nähtisch unterstützt die große Quiltfläche gut.

Wenn der Quilt häufig gewaschen werden muss, ist das Maschinenquilten die beste Methode.

Einen Quilt nähen

Die meisten Quiltoberseiten bestehen aus kleineren Patchworkelementen. Es gibt mehrere Methoden, diese zu einem großen Ganzen zusammenzufügen. Ist die Quiltoberseite fertig, wird sie mit Vlies und Rückseite zu einem kompletten Quilt verarbeitet.

Blöcke

Ein Patchworkblock ist eine einzelne Einheit, die mit vielen anderen Einheiten zusammen die Quiltoberfläche ergibt. Ein Block kann entweder ein einziges Stoffstück sein, ein zusammengesetztes Muster, ein appliziertes Motiv auf einem Hintergrundstoff oder vielleicht sogar ein gefaltetes Stück Stoff. Die Art und Weise, wie die Blöcke arrangiert werden, hängt von der Planung der Quiltoberseite ab. Wenn Quiltblöcke so gelegt werden, dass ihre Ecken nach oben und unten weisen, nennt man dies „auf Spitze stehend".

Genauigkeit durch Bügeln

Ihre zusammengesetzten Blöcke werden deutlich genauer, wenn Sie sich beim Bügeln jedes Blockes genügend Zeit lassen. Das ist zwar ein extra Arbeitsgang, doch werden dann die Blöcke wie geplant aneinanderpassen. Bei einer ungebügelten Naht ist vielleicht ein sehr kleiner Stoffbereich in die Naht gestülpt. Besteht der Block aus mehreren Nähten, summiert sich dieses winzige Maß und führt zu Verzerrungen, oder der Block wird kleiner als beabsichtigt. Nun macht das vielleicht nichts, wenn alle Blöcke gleich gearbeitet werden, doch wenn Sie wechselnde Muster und unterschiedlich viele Nähte haben, sind die Blöcke am Schluss verschieden groß und passen nicht zu den Nachbarblöcken.

Fingerbügeln

Im Anfangsstadium eines Patchworks müssen noch nicht alle Nähte gründlich gebügelt werden.

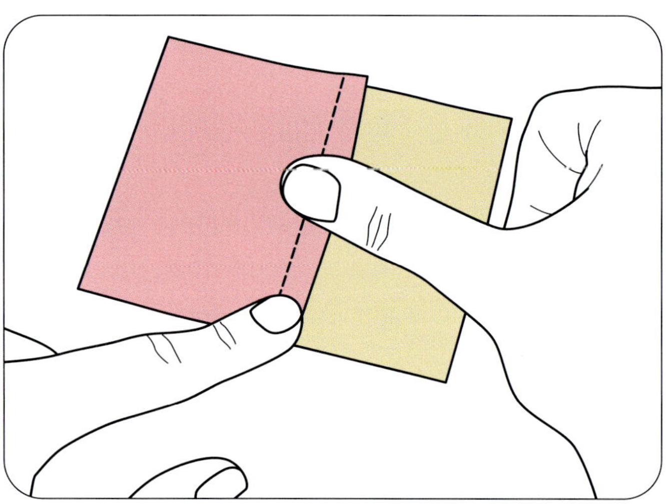

1 Drücken Sie die Nahtzugaben mit dem Finger oder dem Daumen flach. Ein etwas schärferes Fingerbügeln ergibt sich, wenn Sie mit dem Fingernagel entlang der Nählinie streichen, dabei aber den Stoff nicht dehnen.

Bügeln mit dem Bügeleisen

Bügeln Sie v. a. lange oder schwierige Nähte und die fertige Quiltoberseite vor dem Quilten.

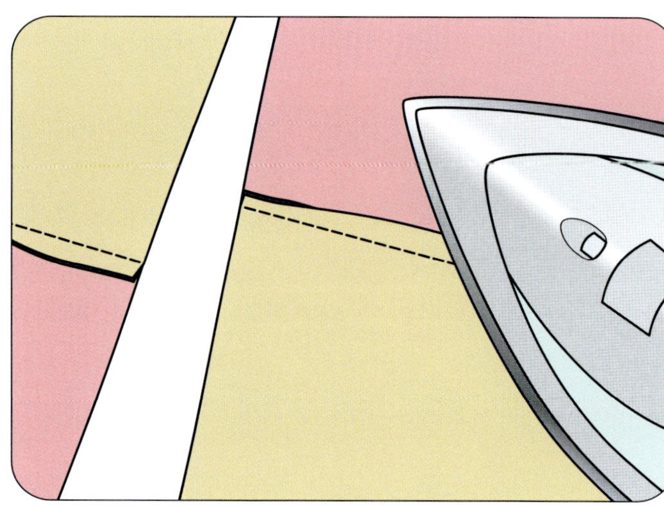

1 Stellen Sie die für den Stoff geeignete Temperatur am Bügeleisen ein. Bügeln Sie die Nahtzugaben flach zu einer Seite.

Blöcke aneinandersetzen

Nachdem die einzelnen Blöcke genäht und gebügelt wurden, müssen Sie aneinandergesetzt werden. Es gibt dafür verschiedene Standardmethoden, aber zuvor gibt es unendlich viele Möglichkeiten, die Blöcke zu verschiedenen Mustern anzuordnen. Werden die Blöcke direkt aneinandergesetzt, nähen Sie zuerst Reihen – entweder Längsreihen (obere Abbildung) oder Querreihen (untere Abbildung). Dann nähen Sie die Reihen zur Quiltoberseite zusammen. Dies ist auf jeden Fall bequemer, als wenn Sie jeden Block einzeln an einen immer unhandlicher werdenden Quilt anfügen. Planen Sie die Anordnung (siehe Seite 54). Legen Sie alle Blöcke auf einer glatten Oberfläche aus und treten Sie zurück, um den Gesamteindruck zu prüfen. Dann erst beginnen Sie zu nähen.

Blöcke zurechtschneiden

Die Blöcke für einen Quilt werden vielleicht über eine längere Zeit hinweg gearbeitet oder wurden von verschiedenen Quilterinnen angefertigt, so dass sie nicht immer absolut gleich groß sind. Bevor Sie mit dem Zusammensetzen beginnen, sollten Sie prüfen, ob alle Blöcke gleich groß sind und ob 0,6 cm (¹/₄ in) Nahtzugabe genau eingehalten wurden. Achten Sie darauf, dass die Ecken rechtwinklig und die Kanten gerade sind.

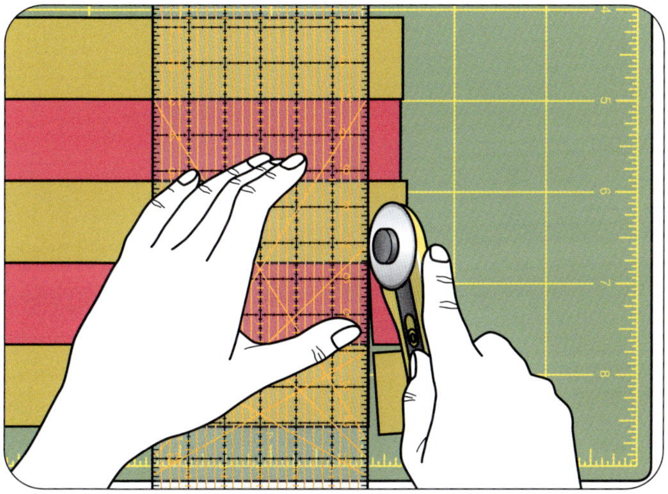

Blockgrößen

Wenn die Blöcke nicht gleich groß geworden sind, liegt das fast immer daran, dass die Nahtzugabe von 0,6 cm (¹/₄ in) nicht eingehalten wurde. Wenn Sie einen Block nicht problemlos anpassen können, gibt es keine andere Lösung, als ihn mit noch mehr Sorgfalt und mit ganz exakten Nahtzugaben noch einmal zu nähen.

Sind nur einige Blöcke ein wenig zu groß, können Sie sie kleiner schneiden. Schneiden Sie an allen Seiten gleich viel ab, so dass das Muster immer noch mittig liegt.

Wenn einige Blöcke viel zu kein geworden sind, können Sie sie durch einen angesetzten Randstreifen auf die richtige Größe bringen. Ist das Muster des Blocks asymmetrisch, brauchen Sie nur an einer oder zwei Kanten einen Streifen anzunähen.

Blockanordnung

Die Anordnung ist die Art und Weise, wie die einzelnen Blöcke zu einer Quiltfläche zusammengesetzt werden. Vielleicht haben Sie viele Blöcke mit gleichem Muster genäht oder lauter verschiedene oder eine Mischung aus unifarbenen, gepatchten und applizierten Blöcken, die irgendwie logisch kombiniert werden sollen. Setzt man die Blöcke direkt aneinander, können sich viele übergeordnete Muster bilden (Beispiele auf den Seiten 109–113, 167 und 169). Sie können aber auch Stoffstreifen zwischen die Blöcke setzen – man nennt sie Gitterstreifen, Zwischenstreifen oder Sashing (siehe Seite 56). Auf diese Weise können Sie wenige Blöcke zu einem etwas größeren Quilt „strecken". Blöcke können nicht nur gerade, sondern auch auf Spitze stehend angeordnet werden.

Füllblöcke

Füllende Blöcke, manchmal sind es auch Dreiecke, werden zwischen die Musterblöcke platziert. Die Füllblöcke sind oft unifarben und schlicht. Sie bieten Platz für komplizierte Quiltmuster, können aber auch ein einfaches Patchworkmuster aufweisen. Oft dienen sie dazu, die Hauptblöcke optisch voneinander zu trennen. Manchmal wirken sie auch verbindend, falls es sich um sehr verschiedene Hauptblöcke handelt. Mit vielen Füllblöcken lässt sich ein Quilt wunderbar auf ein größeres Maß „strecken". Denken Sie daran, dass auch die Füllblöcke die gleiche Stoffqualität haben sollten wie die anderen Elemente der Quiltoberseite.

Sampler-Quilts

Ein Sampler ist eine Sammlung von verschiedenen Musterblöcken in einem gemeinsamen Quilt. Für eine Anfängerin ist dies ein gutes Übungsobjekt, denn sie kann mit einem einfachen Block beginnen und mit der Zeit immer schwierigere nähen. Die verschiedenen Blöcke sind meist in den unterschiedlichsten Techniken genäht, sowohl als Patchwork als auch als Applikation. Ein Sampler-Quilt wirkt am besten, wenn alle Blöcke aus den gleichen Stoffen oder mit passenden Farben genäht wurden.

Blockausrichtung

Soll der Quilt auf einem Bett liegen, überlegen Sie, welche Blöcke sich an der Oberkante und welche sich an den Seiten des Bettes befinden werden. Bei manchen Patchworkmustern ist die Richtung ohne Bedeutung, aber andere müssen beim Betrachten des Quilts richtig herum liegen.

Wenn Sie mit vielen verschiedenen Blockmustern arbeiten, sollten Sie auch an die Wirkung der Blöcke zueinander denken. Legen Sie gleiche Blöcke an verschiedene Seiten des Quilts und unregelmäßige, asymmetrische Blöcke in die untere Mitte.

Um die Ausgewogenheit der Quiltoberseite beurteilen zu können, treten Sie so weit wie möglich zurück und betrachten Sie sie durch halb geschlossene Augen.

Zwischenstreifen

Zwischen-/Gitterstreifen oder Sashing sind zusätzliche Streifen zwischen fertigen Blöcken. Sie eignen sich gut, um Blöcke optisch zu verbinden, z. B. bei auffallenden Farben oder komplizierten Mustern. Planen Sie die Zwischenstreifen von Anfang an mit ein und legen Sie die Blöcke in verschiedenen Kombinationen aus, bis Sie die beste Anordnung gefunden haben.

Gestaltung von Zwischenstreifen

Es gibt mehrere Möglichkeiten Zwischenstreifen zu nähen. Wählen Sie diejenige aus, die am besten zu Ihren Blöcken passt.

1 Schlichtes Gittermuster mit gerade angeordneten Blöcken. Der Zwischenstreifen wird in der einen Richtung unterbrochen, in die andere Richtung verläuft er durchgehend. Die durchgehenden Streifen können längs oder quer über den Quilt laufen.

2 Eine Alternative für die Kreuzungspunkte von Gitterstreifen ist ein eingesetztes Quadrat, auch Eckstein genannt. Er kann in der gleichen oder in einer kontrastierenden Farbe sein.

3 Sie können die Zwischenstreifen auch diagonal anordnen, falls die Blöcke auf Spitze stehen (siehe Seite 54). Die Streifen können entweder durchgehend verlaufen oder mit Ecksteinen versehen sein.

4 Einzelne Blöcke können auch eingerahmt werden, bevor man sie mit Gitterstreifen trennt. Wieder kann das Gitter durchgehend verlaufen oder mit Ecksteinen versehen sein.

Blöcke mit Zwischenstreifen zusammensetzen

Die einfachste Möglichkeit ist, bereits bei der Arbeit an den Blöcken jeweils den Zwischenstreifen anzusetzen. Planen Sie die Anordnung, bevor Sie zu nähen beginnen.

1 Als Zuschneidemaß nehmen Sie die fertige Breite des Streifens und geben Sie an beiden Seiten 0,6 cm (1/4 in) Nahtzugabe hinzu. Die Länge eines Streifens zwischen zwei Blöcken entspricht genau der Länge des Blocks inklusive der Nahtzugaben. Ein Eckstein misst an allen vier Seiten so viel wie die Breite des Zwischenstreifens inklusive Nahtzugaben.

2 Für einen durchgehenden Streifen messen Sie zuerst den fertigen Block (ohne Nahtzugaben) und multiplizieren Sie dieses Maß mit der Anzahl von Blöcken in dieser Reihe. Dann messen Sie die fertige Breite des Zwischenstreifens (ohne Nahtzugaben) und multiplizieren Sie dieses Maß mit der Anzahl der Streifen zwischen den Blöcken dieser Reihe. Zählen Sie diese Maße zusammen und geben Sie an jeder Seite 0,6 cm (1/4 in) Nahtzugabe hinzu.

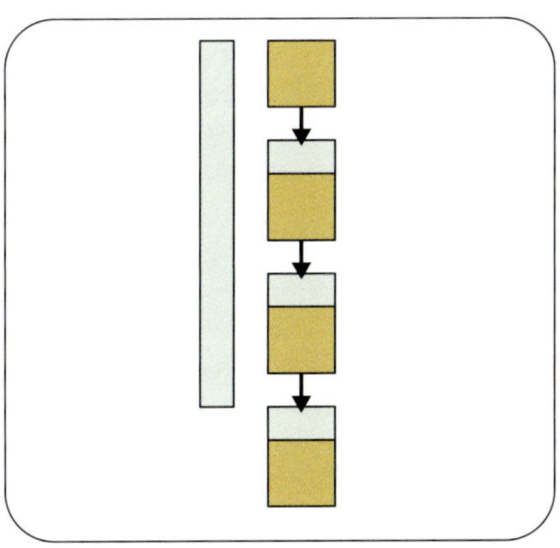

3 Nähen Sie zuerst die kurzen Zwischenstreifen an die Oberkante jedes Blocks.

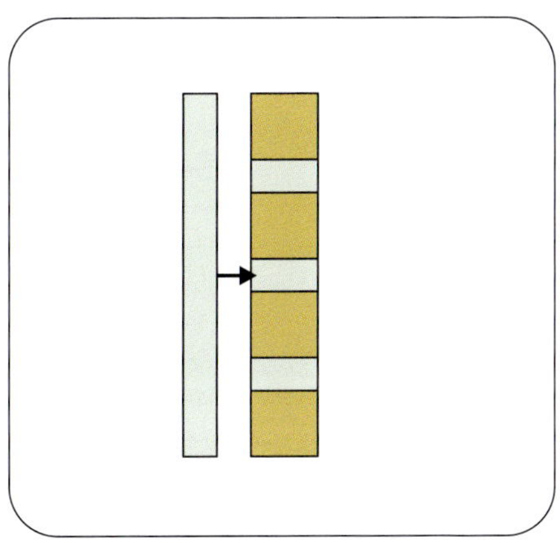

4 Setzen Sie die Blöcke zu einer Reihe aneinander und fügen Sie dann den durchgehenden Streifen an eine lange Kante dieser Reihe an.

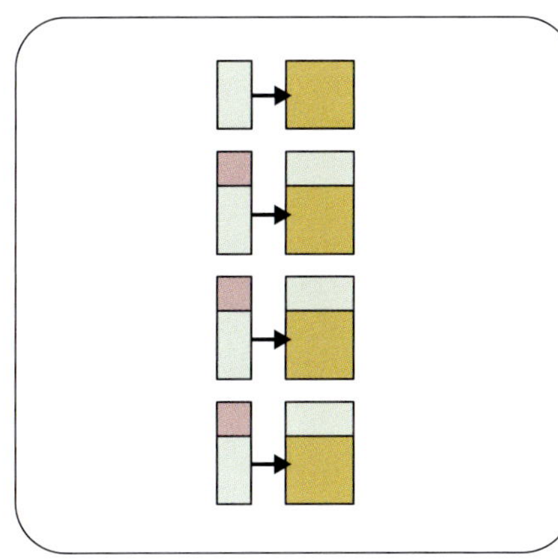

5 Um Ecksteine einzusetzen, folgen Sie Schritt 3. Nähen Sie jeweils einen Eckstein an ein Ende der verbleibenden Zwischenstreifen und diesen an eine Seite jedes Blocks. Dann fügen Sie die Blöcke zu Reihen aneinander.

Randbordüre

Der letzte Schliff an einer Quiltoberseite ist der Randstreifen. Dieser kann schlicht oder zusammengesetzt, ohne Dekoration oder schön gequiltet, bestickt oder appliziert sein. Sie können auch mehrere Bordüren Ton in Ton oder kontrastierend anfügen. Um gut zu wirken, sollte der Randstreifen immer etwas breiter sein als die Zwischenstreifen.

Gerade Randbordüre

Die einfachste Art ist eine gerade Randbordüre, bei der an jede Kante des Quilts ein Stoffstreifen angesetzt wird. Nähen Sie zuerst je einen Streifen an zwei gegenüberliegende Kanten, dann je einen Streifen an die verbleibenden Kanten. Meist ragen die kurzen Streifen über die langen (wie hier gezeigt), es kann aber auch umgekehrt sein.

Fortlaufende Randbordüre

Eine fortlaufende Bordüre verläuft rund um den Quilt, wobei immer der vorhergehende Ansatz überdeckt wird. Schneiden Sie die Randstreifen in der Länge der Quiltkante plus der Breite der Randbordüre zu. Nähen Sie den ersten Streifen an und lassen Sie das Ende lose. Setzen Sie dann jeweils den nächsten Streifen an und überlappen Sie den Ansatz des vorgehenden. Sobald Sie den Anfang wieder erreicht haben, schließen Sie die letzte Naht, um das lose Ende anzunähen.

Diagonale Ecke

Bei einer diagonalen Ecke treffen die Randstreifen im Winkel von 45° aufeinander. Es gibt viele Methoden, solch eine Ecke zu nähen, doch die hier beschriebene ist die einfachste. Zuerst schneiden Sie Randstreifen zu – so lang wie die Quiltkante plus zweimal die Breite des Randstreifens.

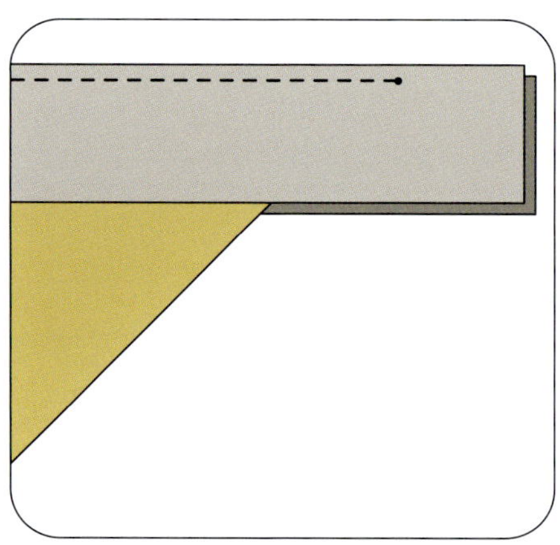

1 Nähen Sie je einen Randstreifen an jede Seite des Quilts an. Beginnen und enden Sie jeweils 0,6 cm (¼ in) vom Rand entfernt. Bügeln Sie die Randstreifen bis an die Enden und die Nahtzugaben zum Randstreifen hin. Falten Sie den Quilt rechts auf rechts im Winkel von 45° diagonal durch die Ecke. Die Kanten der überstehenden Randstreifen liegen genau aufeinander.

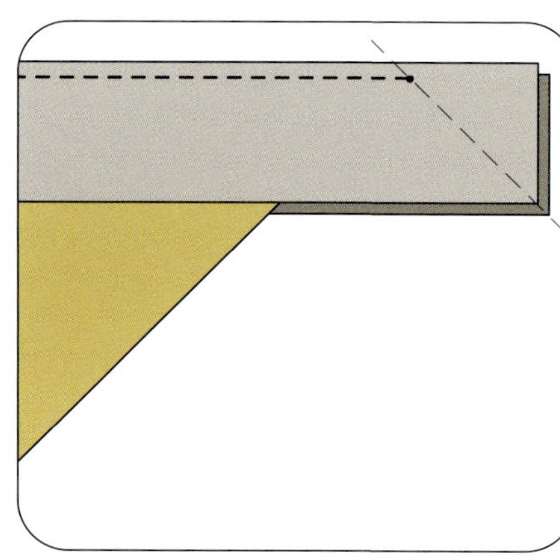

2 Beginnen Sie an dem Eckpunkt, an dem die Nählinien enden. Nähen Sie im Winkel von 45° diagonal nach außen über die Ecke, wie abgebildet. Schneiden Sie überstehenden Stoff ab, falten Sie den Quilt auf und bügeln Sie die Nahtzugaben der diagonalen Ecke auseinander. Wiederholen Sie diese beiden Schritte auch für die anderen drei Ecken des Quilts.

Ecksteine

Ecksteine oder Eckquadrate in kontrastierender Farbe sind eine schöne Variante der Randbordüre.

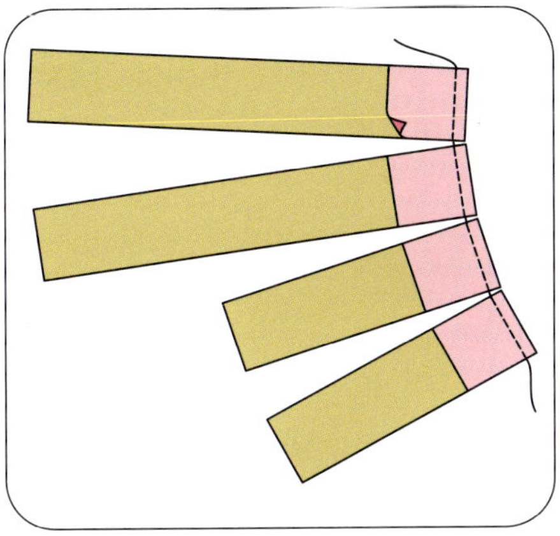

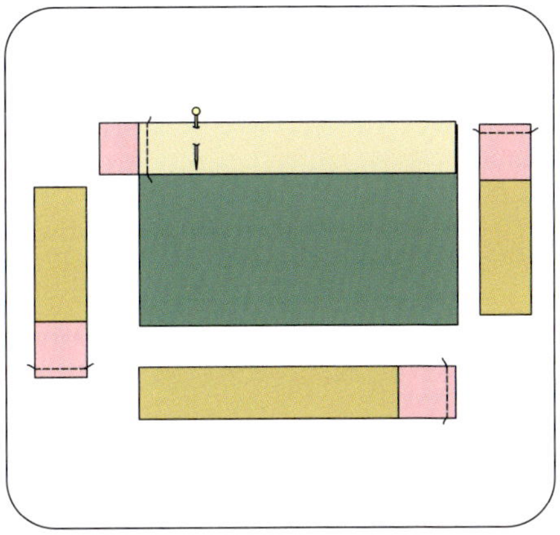

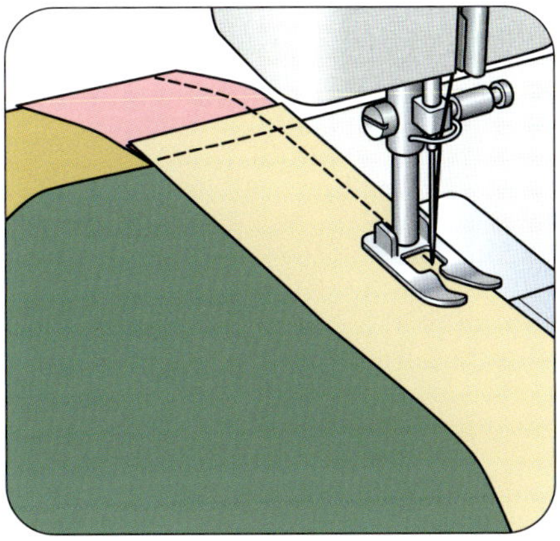

1 Schneiden Sie die Ecksteine zu. Die Kantenlänge entspricht der kurzen Seite des Randstreifens. Nähen Sie an jeden Randstreifen einen der Ecksteine. Bügeln Sie die Nahtzugaben zu einer Seite.

2 Legen Sie den ersten Streifen rechts auf rechts an eine der Quiltkanten, der Eckstein hängt lose. Beginnen Sie 10 cm (4 in) unterhalb des Ecksteins zu und nähen Sie bis an das Ende des Randstreifens.

3 Legen Sie den nächsten Randstreifen an, der Eckstein liegt am Rand des soeben angesetzten Streifens. Nähen Sie. Setzen Sie alle vier Streifen im Uhrzeigersinn um die Quiltoberseite.

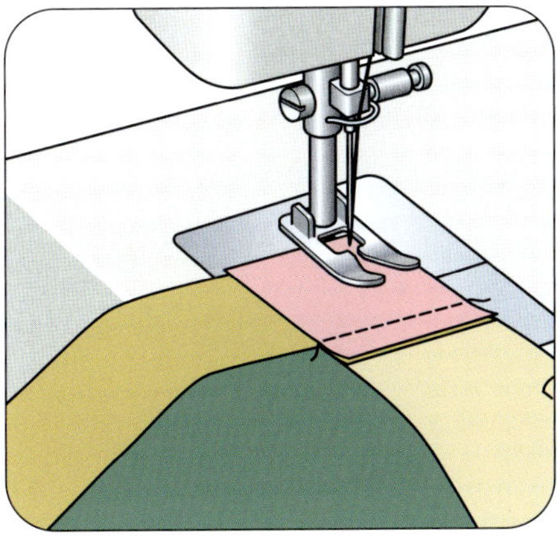

4 Zum Schluss nähen Sie den letzten Streifen an den überhängenden ersten Eckstein und vollenden die Naht.

5 Bügeln Sie die Nahtzugaben zu einer Seite – manchmal gibt die Quiltoberseite vor, auf welche Seite die Nahtzugaben zu bügeln sind. Auf der Vorderseite des Quilts zeigen sich die Ecksteine kontrastreich und wirkungsvoll.

Zusammengesetzte Randbordüre

Randbordüren können auf verschiedenste Art in Patchwork genäht werden. Planen Sie das Muster sehr sorgfältig, damit alle vier Ecken passen. Wenn Sie ein sich wiederholendes Randmuster wählen, das nicht zur angrenzenden Quiltfläche passt, können Sie zusätzlich eine schlichte Bordüre dazwischensetzen.

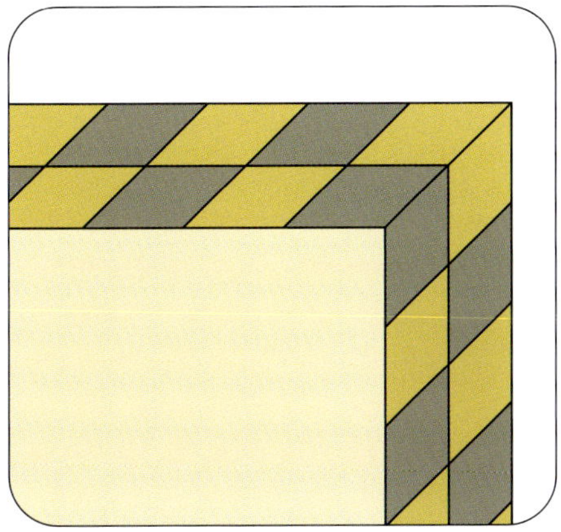

Seminole – Anleitung für Seminole-Muster finden Sie auf den Seiten 124–125.

Quadrate – Anleitung für Quadrate finden Sie auf den Seiten 130–131.

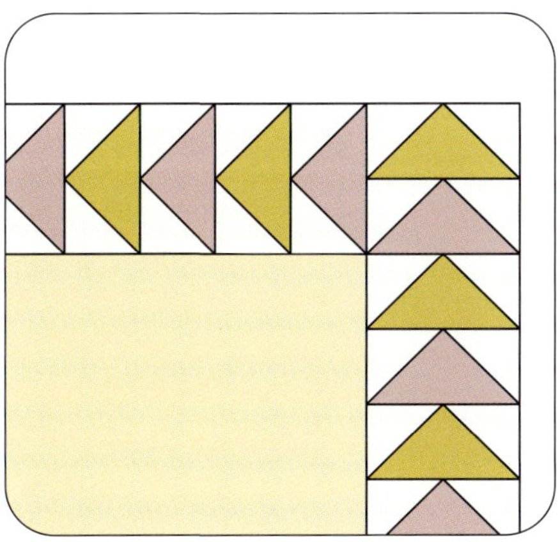

Fliegende Gänse/Flying Geese – Anleitung für Flying Geese finden Sie auf Seite 78.

Prairie-Point-Zackenrand – Eine Methode für diesen Zackenrand ist auf Seite 257 beschrieben.

Viererblöcke/Four-Patch – Anleitung für Viererblöcke finden Sie auf den Seiten 130–131.

Eine Randbordüre entwerfen

Nachdem Sie sich für eine Randbordüre entschieden haben, beziehen Sie auch die Quiltvorderseite in die Planung mit ein. Soll sich die Bordüre vom Gesamtmuster abheben oder sich harmonisch einfügen? Ist die Quiltoberseite sehr komplex, ist eine schlichte Bordüre zu empfehlen.

Die Breite der Bordüre sollte zum Rest des Musters passen. Ist sie zu schmal, wirkt sie etwas dürftig, ist sie jedoch zu breit, wirkt sie plump. Wenn Sie eine sehr breite Bordüre benötigen, können Sie eine innere und eine äußere kombinieren.

Vlies/Wattierung und Rückseite

Das Vlies ist die mittlere Lage des Quiltsandwiches. Ohne Vlies ist es, technisch gesehen, kein richtiger Quilt. Mehr über die verschiedenen Arten von Vlies und für welche Zwecke sie sich am besten eignen, finden Sie auf Seite 34. Die Rückseite ist die unterste Lage des Quiltsandwiches.

Vlies/Wattierung

Verwenden Sie helles Vlies bei hellen Stoffen und dunkles Vlies bei dunklen Stoffen. Vlies ist in vielen Stärken erhältlich: von leicht bis sehr dick. Wählen Sie das Vlies, das für den Zweck des fertigen Quilts geeignet ist. Das Vlies sollte sicherheitshalber rundum größer zugeschnitten werden als die Quiltoberseite, falls sich das Vlies während des Quiltens verziehen oder verschieben sollte.

Rückseite

Unter Umständen brauchen Sie für die Rückseite mehr als eine Stoffbahnbreite. Achten Sie auf die Lage der Nähte. Oft ist es besser, rechts und links der Stoffbahn je eine halbe weitere Bahn anzunähen, als dass eine Naht mittig durch die Rückseite läuft. Planen Sie die Nähte der Rückseite, falls Sie mehrere Stücke zusammennähen müssen. Oft sparen Sie Stoff, wenn die Nähte quer verlaufen.

Vlies vorbereiten

Beim Durchfusseln oder Bearding dringen Vliesfasern zur Quiltoberseite und hinterlassen eine pelzige Schicht. Um dies zu verhindern, waschen und spülen Sie Ihre Patchworkstoffe mit Weichspüler nach und legen Sie ein Trocknertuch mit in die Trommel des Trockners. Quilten Sie mit merzerisiertem oder beschichtetem Garn. Ziehen Sie das Quiltgarn durch Bienenwachs oder besprühen Sie es mit speziellem Silikon (entweder das Garn oder die Stoffe des Quilts). Dies verhindert auch, dass das Garn reißt.

Nehmen Sie das Vlies am Vortag aus der Packung und breiten Sie es über Nacht flach aus, damit sich die Falten glätten.

Mehr darüber, welche Arten von Vlies erhältlich sind und für welche Art von Quilts diese geeignet sind, finden Sie auf Seite 34.

Wenn Sie das Vlies vorgewaschen haben, muss es absolut trocken und gut ausgelüftet sein, bevor Sie es für den Quilt benutzen. Wenn es noch feucht zwischen die Stofflagen montiert wird, dauert es sehr lange, bis die Feuchtigkeit entwichen sein wird.

Rückseitenstoff planen

Haben Sie die Stoffe für die Oberseite vorgewaschen, waschen Sie auch den Rückseitenstoff vor.

In der Regel hat der Rückseitenstoff die gleiche Qualität und Stärke wie die meisten der Stoffe, die für die Oberseite benutzt wurden.

Überlegen Sie, bevor Sie die Rückseite zuschneiden, ob Sie deren Ränder vielleicht als Einfassung zur Oberseite hin falten möchten (siehe Möglichkeiten der Einfassung Seiten 64–69). Wenn ja, brauchen Sie dafür etwas mehr Stoff.

Schneiden Sie den Rückseitenstoff immer ein wenig größer zu als die Oberseite. Durch das Quilten wird etwas mehr Stoff verbraucht.

Schneiden Sie die Webkanten ab, denn sie sind dichter gewebt als der Rest des Stoffes und können Beulen verursachen.

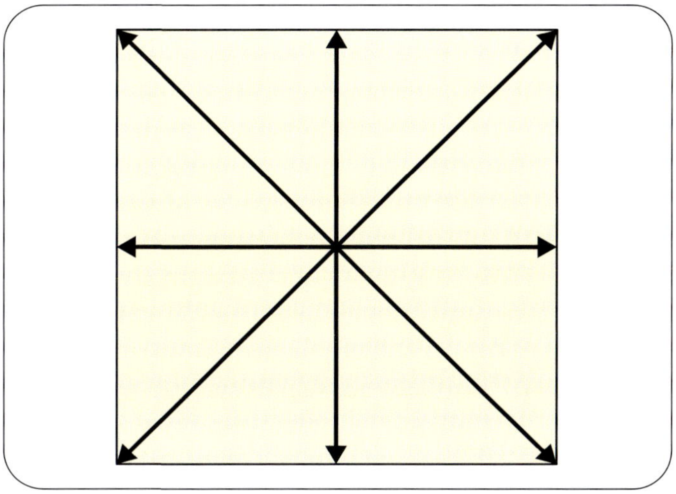

Lagen heften

Damit die Lagen so wenig wie möglich verrutschen, beginnen Sie in der Mitte zu heften und arbeiten Sie zu den Kanten hin. Die Heftreihen sollten etwa 10 cm (4 in) auseinanderliegen und längs und quer, bei sehr großen Quilts auch diagonal verlaufen.

Wenn Sie einen sehr großen Quilt zu heften haben, neigen die Lagen dazu zu verrutschen, besonders wenn sie auf einer kleinen Arbeitsfläche liegen und nicht flach ausgebreitet sind. Sie können die Quiltrückseite auch an den Rändern mit Kreppband auf dem Fußboden glattziehen und festkleben. Legen Sie danach Vlies und Oberseite glatt darüber. Nun können Sie alle drei Lagen zunächst mit Sicherheitsnadeln zusammenhalten, bevor Sie das Kreppband wieder entfernen und bequem auf einem Tisch heften. Wenn Sie einen Stoffsprühkleber verwenden, können Sie auf das Heften sogar verzichten.

Quilt verstürzen

Wenn Sie die Quiltlagen rechts auf rechts legen und die Kanten rundum bis auf eine kleine Öffnung zunähen, können Sie den Quilt wenden. Dadurch sind die Außenkanten direkt versäubert und es ist keine Einfassung mehr nötig. Nach dem Verstürzen wird gequiltet.

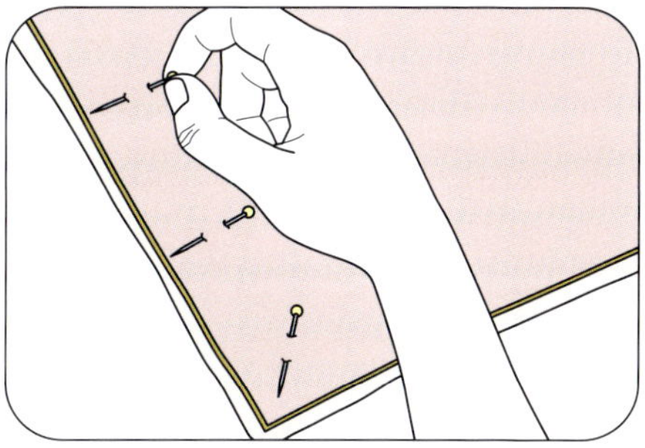

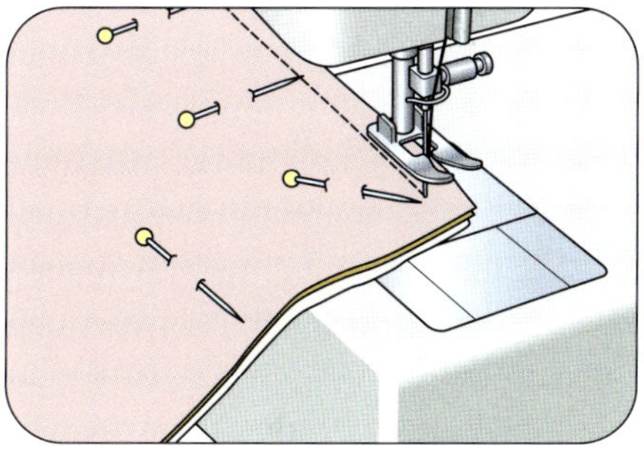

1 Breiten Sie das Vlies flach aus und legen Sie die Quiltoberseite mit der rechten Seite nach oben darüber, die Rückseite mit der rechten Seite nach unten. Streichen Sie alles glatt, stecken Sie die Lagen aufeinander.

2 Stecken und nähen Sie die Außenkanten aufeinander. Wenn Sie eine Ecke erreichen, halten Sie die Maschine nahtzugabenbreit vor der Ecke an. Lassen Sie die Nadel im Stoff stecken und heben Sie nur den Nähfuß an.

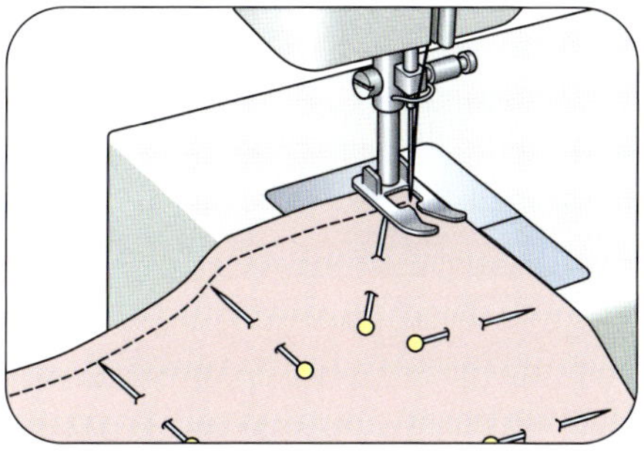

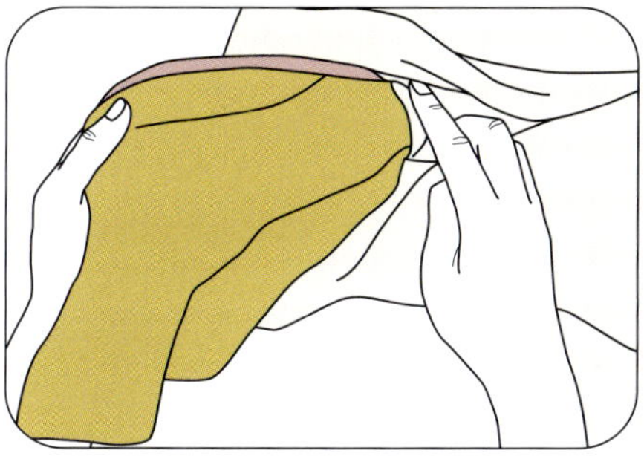

3 Drehen Sie den Stoff um 90° und nähen Sie entlang der Kante. Enden Sie wie zuvor nahtzugabenbreit vor der nächsten Ecke. Lassen Sie an einer der Kanten eine Wendeöffnung von ca. 15–30 cm (6–12 in) offen.

4 Schneiden Sie die Nahtzugaben zurück und stufen Sie ggf. die Stoffe ab. Schneiden Sie die Ecken diagonal bis an die Naht ab. Wenden Sie den Quilt auf rechts. Schließen Sie die Wendeöffnung mit Blindstichen.

Einfassung | Binding

Wenn Quilt nicht verstürzt ist, müssen die offenen Kanten versäubert werden. Die Einfassung wird nach dem Quilten angebracht. Einfassstreifen werden meist im geraden Fadenlauf zugeschnitten, doch bei Bogenkanten oder anderen kurvigen Kanten müssen Sie die Einfassstreifen im schrägen Fadenlauf zuschneiden.

Einfache Einfassung

Eine einfache Einfassung eignet sich immer dann, wenn der Quilt als Schaustück dient. Sie braucht weniger Stoff als eine doppelt gelegte Einfassung, schützt aber die Kanten nicht so gut. Eine einfache Einfassung ist in der Regel sehr schmal. Sie kann in kontrastierendem Stoff oder Ton in Ton zur Randbordüre sein.

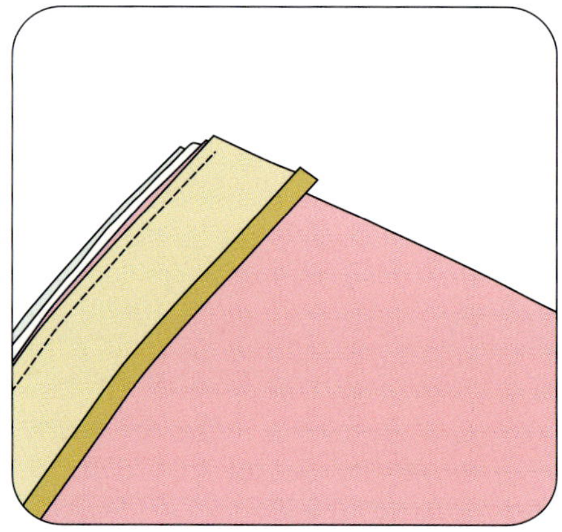

1 Schneiden Sie vier Einfassstreifen zu, die so lang wie die Quiltkanten und doppelt so breit wie die geplante fertige Einfassung plus 1,2 cm (1/2 in) Nahtzugaben sind. Bügeln Sie an jedem Streifen eine 0,6 cm (1/4 in) breite Kante zur linken Stoffseite. Markieren Sie jede Ecke des Quilts 0,6 cm (1/4 in) vor der Kante. Legen Sie einen Einfassstreifen rechts auf rechts an einer Quiltkante entlang, die umgefaltete Kante weist zur Quiltmitte hin. Nähen Sie den Streifen nur zwischen den Markierungen fest.

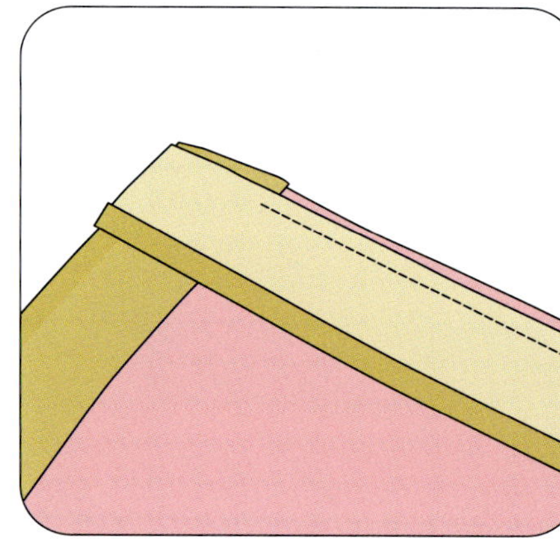

2 Falten Sie den angenähten Stoffstreifen nach außen und stecken Sie den nächsten Streifen an die nachfolgende Kante wie zuvor. Nähen Sie wieder zwischen den Markierungen und fassen Sie zu Beginn nicht die Kante des ersten Streifens. Wiederholen Sie dies mit den restlichen beiden Streifen.

3 Falten Sie die Einfassung zur Rückseite und umschließen Sie damit die offenen Kanten. Stecken Sie den Streifen auf der Rückseite entlang der gesamten Länge fest.

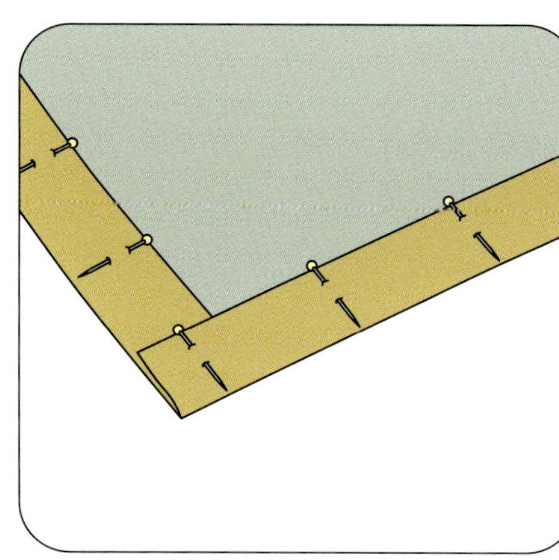

4 An jedem Ende der Streifen falten Sie die offenen Kanten nach innen und formen rechtwinklige Ecken. Stecken und nähen Sie die Einfassstreifen mit Blindstichen an der in Schritt 1 nach innen gefalteten Kante fest, ebenso die Ecken.

Doppelt gelegte Einfassung

Die doppelte Einfassung ist deutlich haltbarer als die einfache und eignet sich für Quilts, die viel benutzt und oft gewaschen werden.

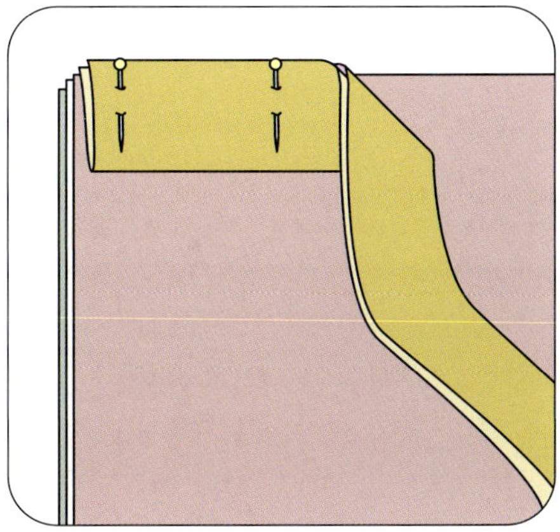

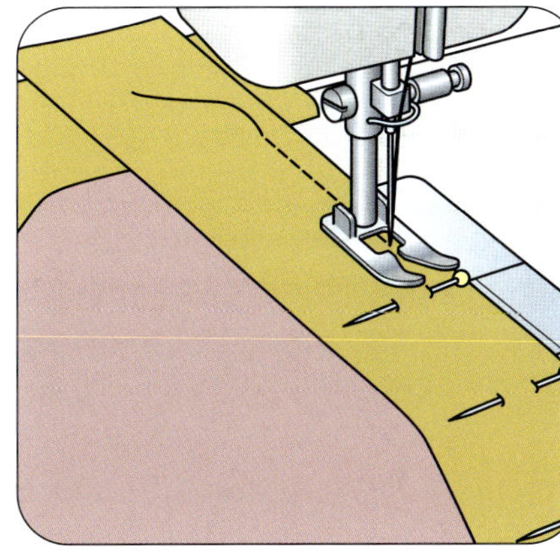

1 Schneiden Sie vier Einfassstreifen in der Länge der Quiltkanten und viermal so breit zu wie die geplante fertige Breite der Einfassung plus 1,2 cm (½ in) Nahtzugabe. Falten Sie die Streifen der Länge nach links auf links und bügeln Sie sie. Messen Sie an jeder Ecke des Quilts 0,6 cm (¼ in) ab und setzen Sie eine Stecknadel als Markierung. Legen Sie einen gefalteten Streifen an einer Kante des Quilts an, die offenen Kanten liegen aufeinander. Die gefaltete Kante des Streifens weist zur Quiltmitte hin. Nähen Sie den Streifen zwischen den Markierungen an den Quilt.

2 Folgen Sie den Schritten 2 bis 4 der einfachen Einfassung. Zu Beginn legen Sie den Streifen nach außen und legen den nachfolgenden Streifen wieder mit den offenen Kanten entlang der Quiltkante, die gefaltete Kante weist zur Quiltmitte.

Gerade Einfassstreifen zuschneiden

Vielleicht möchten Sie die Einfassstreifen längs aus der Stoffbahn schneiden, um Ansatznähte zu vermeiden. Bedenken Sie aber, dass der Kettfaden, also der Längsfadenlauf, sehr straff entlang der Webkante verläuft. Wenn dort ein schwacher Faden reißt, kann sich der Riss an der ganzen Einfassung entlangziehen. Der Schussfaden oder der Querfadenlauf ist nicht so stark und läuft auch nicht so straff über die Stoffbahn. Wenn Sie also den Einfassstreifen in dieser Richtung zuschneiden, verursacht ein gerissener Faden einen viel kleineren Riss. Der Stoff ist im Querfadenlauf ein klein wenig dehnbarer und lässt sich beim Einfassen sogar um leichte Kurven legen.

Fortlaufende Einfassung

Wenn Sie einen Quilt mit einem fortlaufenden Streifen einfassen möchten, müssen Sie sicherlich mehrere Streifen bis zur erforderlichen Länge aneinandersetzen. Die fortlaufende Einfassung kann einfach oder doppelt gelegt sein. Dafür brauchen Sie nur die Breite des Streifens entsprechend zu wählen. Die Abbildungen hier zeigen die einfache Einfassung.

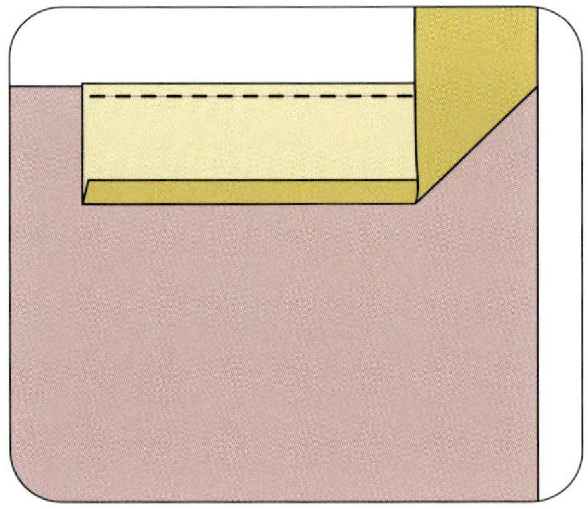

1 Beginnen Sie in der Mitte einer Kante und legen Sie den Einfassstreifen rechts auf rechts, die offenen Kanten nach außen weisend, die gefaltete Kante weist zur Quiltmitte. Nähen Sie bis zur Markierung der ersten Ecke und machen Sie einige Rückstiche. Ziehen Sie den Quilt etwas heraus von der Nadel weg. Falten Sie den Einfassstreifen senkrecht nach oben, es bildet sich eine diagonale Falte. Drücken Sie diese mit dem Finger fest.

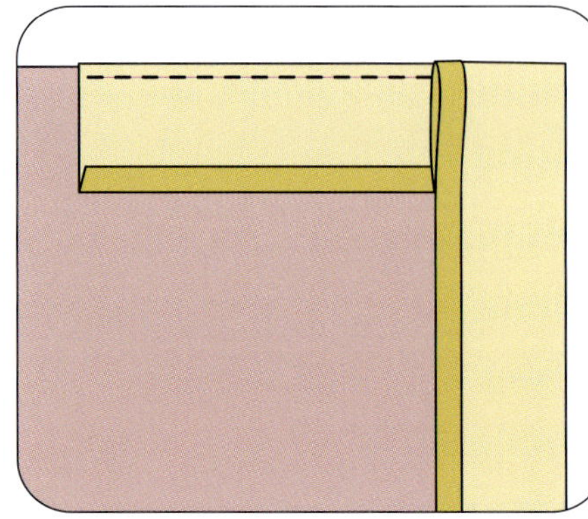

2 Falten Sie nun den Streifen senkrecht nach unten, die offene Kante verläuft bündig mit der nachfolgenden Quiltkante. Halten Sie dabei die gefaltete Ecke mit dem Finger fest. Nähen Sie nun weiter, indem Sie an der oberen gefalteten Ecke der Einfassung beginnen. Wiederholen Sie dies an allen vier Ecken.

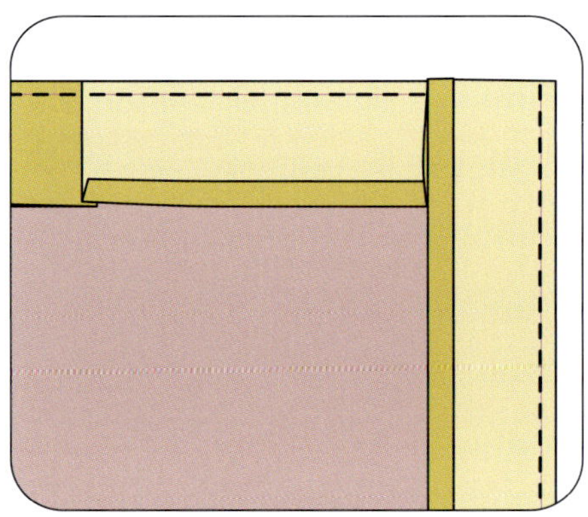

3 Wenn Sie den Startpunkt erreicht haben, falten Sie den letzten Zentimeter ($^1/_2$ in) des Einfassstreifens nach innen und schieben Sie dieses Ende unter den Anfang des Einfassstreifens.

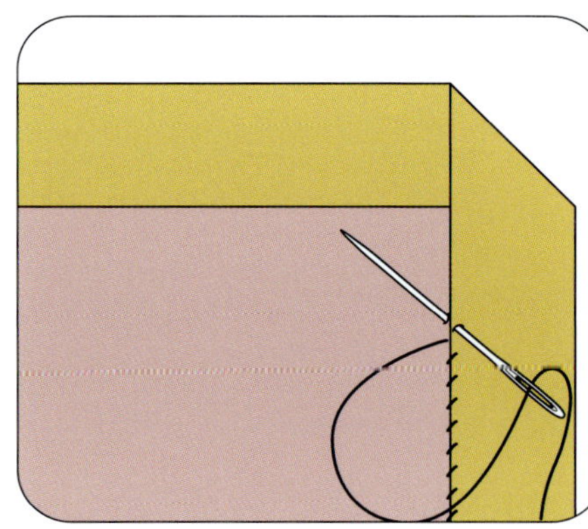

4 Schlagen Sie den Einfassstreifen zur Quiltrückseite und nähen Sie ihn entlang der gefalteten Kante mit Blindstichen am Rückseitenstoff fest. Wenn Sie nun den oberen Einfassstreifen auch umschlagen, ergibt sich eine schöne, diagonale Ecke. Verfahren Sie so, bis der gesamte Quilt fertig eingefasst ist.

Einfassung
Binding

Die Einfassung kann schmal, breit, unifarben oder gemustert sein. Sie können einen der Stoffe nehmen, den Sie bereits verwendet haben, oder einen völlig anderen. Am besten wählen Sie den Stoff für die Einfassung erst nach Fertigstellung der Quiltoberseite, um die Wirkung richtig zu beurteilen.

Breiten Sie den Quilt aus und legen Sie lange Streifen verschiedener Stoffe entlang der Kante, um zu sehen, wie sie wirken, bevor Sie sich endgültig entscheiden.

Einen fortlaufenden Schrägstreifen herstellen

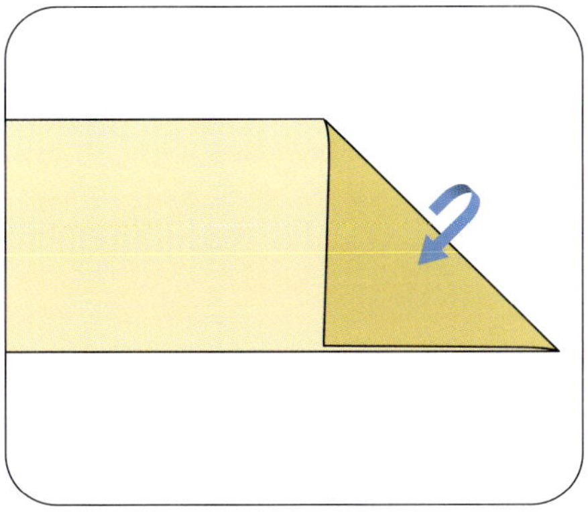

1 Falten Sie den Stoff diagonal, so dass der Querfadenlauf auf dem Längsfadenlauf liegt. Achten Sie darauf, dass der Stoff gerade geschnitten ist und legen Sie die Schnittkante entlang der Webkante. Die Diagonale ist der Schrägfadenlauf.

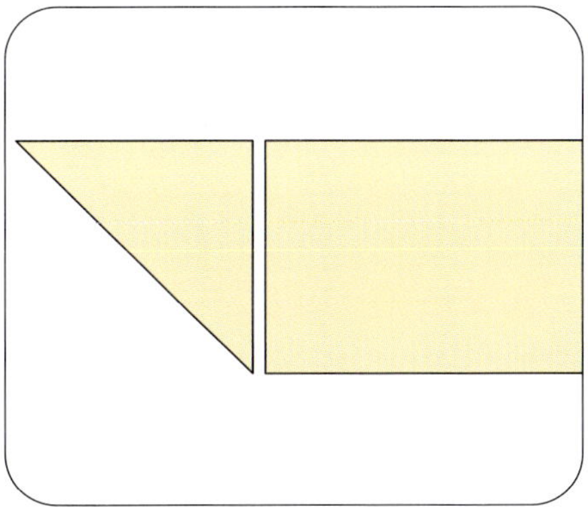

2 Schneiden Sie entlang der Diagonalen und legen Sie das soeben abgeschnittene Dreieck an die gegenüberliegende Seite des Stoffes. Sie erhalten ein Parallelogramm.

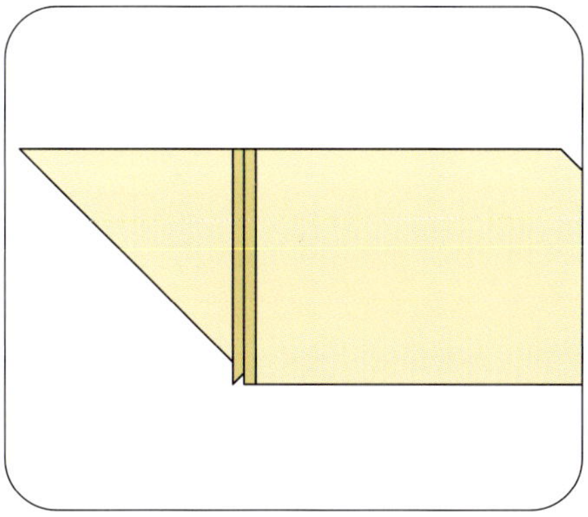

3 Nähen Sie das Dreieck an und bügeln Sie die Nahtzugaben auseinander. Zeichnen Sie mehrere Linien parallel zur schrägen Kante, die Abstände entsprechen der doppelten gewünschten Breite des Einfassstreifens plus Nahtzugaben. Wenn Ihre Einfassung 2,5 cm (1 in) breit werden soll, zeichnen Sie Linien im Abstand von 5 cm (2 in).

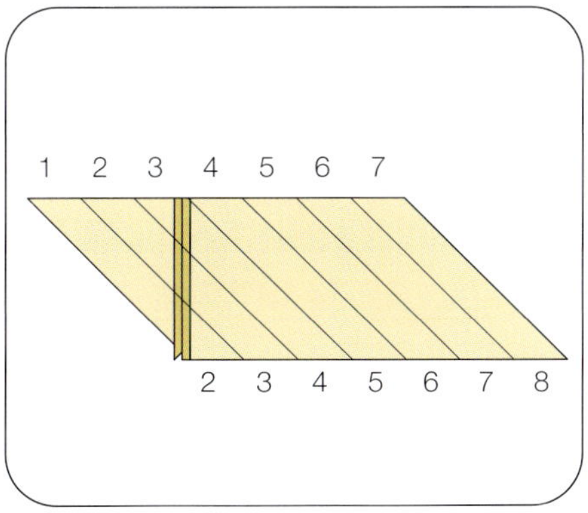

4 Nummerieren Sie die gezeichneten Linien an der Oberkante des Stoffes mit löschbarem Stift. An der Unterkante kennzeichnen Sie die Linie 1 mit der Zahl 2, dann 3 dann 4, und so weiter.

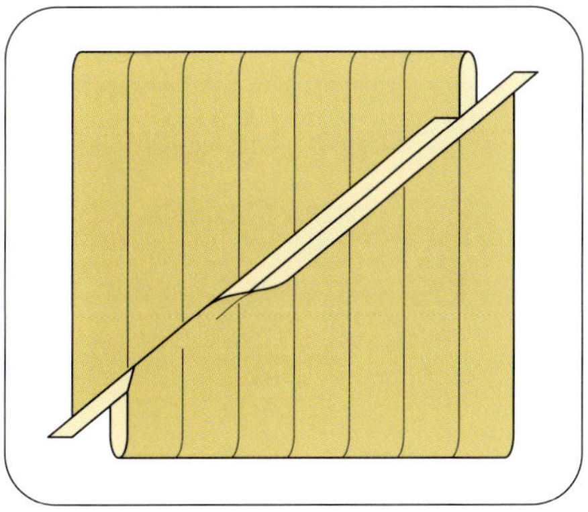

5 Legen Sie den Stoff rechts auf rechts und passen Sie Linie 2 an Linie 2 an, Linie 3 an Linie 3 und so weiter. Die erste und die letzte Linie enden frei. Nähen Sie die Kanten mit 1,2 cm (½ in) Nahtzugabe zusammen. Sie erhalten eine Stoffröhre. Schneiden Sie mit der Schere entlang der Markierungslinien, die nun spiralförmig um die Röhre verlaufen. Sie erhalten einen fortlaufenden Schrägstreifen.

Schrägstreifen zusammennähen

Schrägstreifen-former

Wenn Sie den Schrägstreifen geschnitten haben, können Sie ihn so verwenden, wie er ist. Vielleicht möchten Sie ihn aber an beiden Seiten zur Mitte falten und bügeln. Ein Schrägstreifenformer erleichtert diesen Arbeitsgang. Wenn Sie den Streifen durch den Former ziehen, werden die Kanten zur Mitte gefaltet. Sie können ihn bequem sofort bügeln.

1 Falls Sie mehrere Schrägstreifen verbinden müssen, nähen Sie sie aneinander, bevor Sie die Kanten umschlagen. Stecken Sie die Streifen rechts auf rechts. Die Streifen liegen im rechten Winkel zueinander. Nähen Sie die Naht und lassen Sie rechts und links jeweils 0,6 cm (1/4 in) Nahtzugabe überstehen.

2 Bügeln Sie die Nahtzugaben auseinander. Denken Sie bei einem gemusterten Stoff daran, dass die Muster in der Naht, nicht an der Kante aufeinanderpassen müssen. Schneiden Sie die überstehenden Spitzen der Nahtzugaben ab und bügeln Sie dann die Kanten des Streifens um, wie auf Seite 64 beschrieben.

Messerkante

Bei diesem Quiltabschluss werden die Kanten von Rückseite und Quiltoberseite nach innen geschlagen. Es wird kein Streifen angesetzt, so dass auch kein andersfarbiger Stoff auf der Vorder- oder Rückseite des Quilts zu sehen ist.

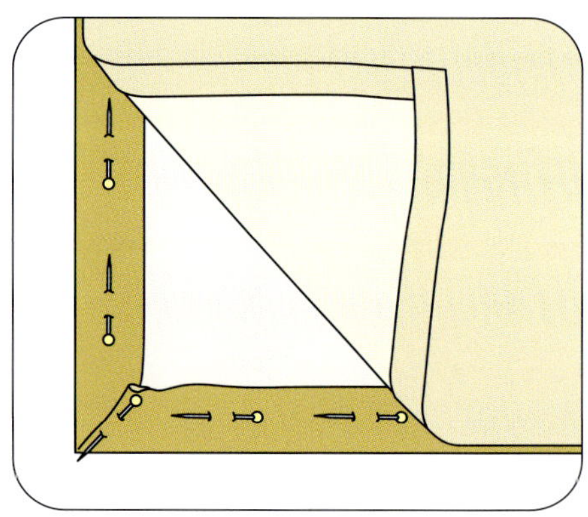

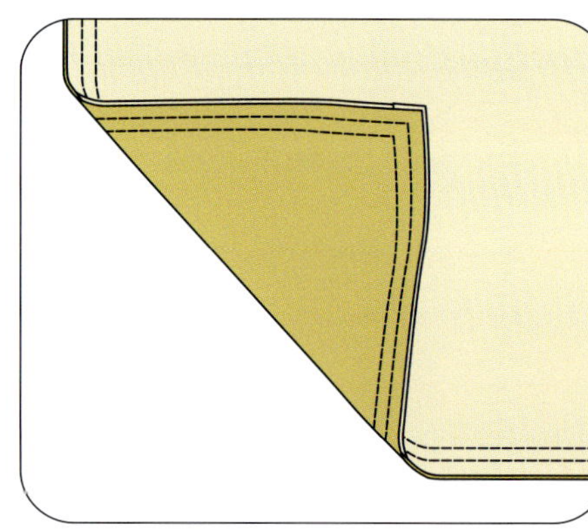

1 Falten Sie den Rückseitenstoff entlang der Vlieskante nach innen und stecken Sie ihn fest. Falten Sie auch den Stoff der Quiltoberseite nach innen. Heften Sie beide Seiten und entfernen Sie die Stecknadeln.

2 Nähen Sie im Abstand von 0,6 cm (1/4 in) um die Quiltkanten. Nähen Sie eine zweite Linie im Abstand von 0,6 cm (1/4 in) zur ersten Linie.

Angeschnittene Einfassung

Wenn Sie keinen extra Stoffstreifen verwenden möchten, können Sie die Rückseite nach vorn falten und damit die offenen Kanten einfassen. Dies bietet sich vor allem dann an, wenn Sie nicht mehr genügend Stoff haben, den Sie für die Einfassung verwenden könnten. Der Rückseitenstoff ist meist größer zugeschnitten als die Quiltoberseite, so dass Sie hier auch Kosten sparen können.

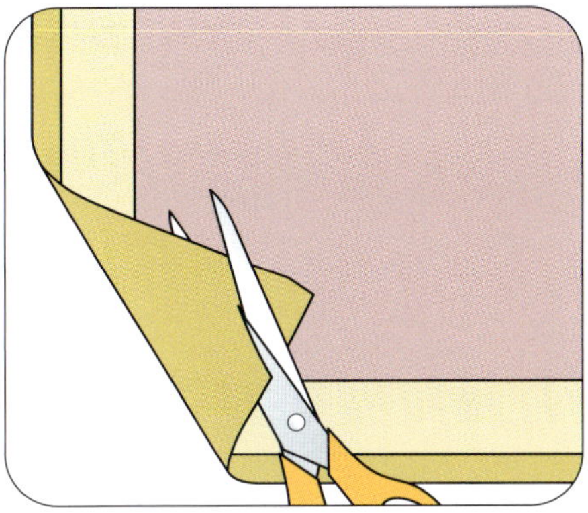

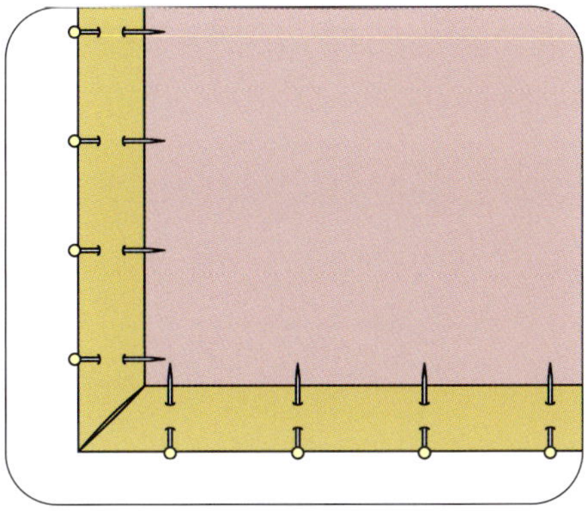

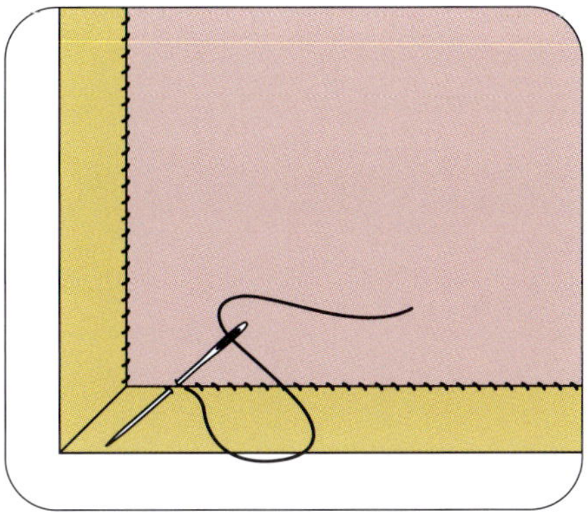

1 Schneiden Sie den Rückseitenstoff größer zu als die Vorderseite. Sie benötigen die Breite der Einfassung plus 0,6 cm (¼ in) Nahtzugabe. Falten Sie die Nahtzugabe zur linken Stoffseite hin und bügeln Sie sie. Formen Sie dabei eine diagonale Ecke. Schneiden Sie das Vlies auf die gleiche Größe wie die Quiltoberseite zu.

2 Falten Sie den Rückseitenstoff auf die Quiltoberseite und formen Sie diagonale Ecken. Die Farbe des Rückseitenstoffs bringt das Muster und die Einfassung optisch näher. Sie können diese Technik auch umgekehrt anwenden und die Quiltoberseite zur Rückseite hin umschlagen.

3 Stecken Sie den Rückseitenstoff an allen vier Kanten fest und nähen Sie ihn von Hand oder mit der Maschine fest. Schließen Sie die diagonalen Ecken mit Blindstichen.

Wholecloth- und Streifenquilts

Wholecloth-Quilts sind aus einem Stück Stoff gearbeitet, während Streifenquilts aus verschiedenen Stoffstreifen bestehen, die längs über den Quilt verlaufen. Die Schönheit dieser Quilts liegt in den Quiltmustern, weniger in den kunstvoll angeordneten Stoffteilen.

Wholecloth- und Streifenquilts

Die ältesten Quilts bestanden wahrscheinlich nur aus großen Stoffstücken, die mit einer wärmenden Wattierung versehen und mit Quiltstichen befestigt waren. Ein Wholecloth-Quilt besteht oder scheint aus einem einzelnen großen Stoffstück zu bestehen. Früher, als es noch keine Stoffe in Bettbreite gab, mussten mehrere Stoffbahnen aneinandergenäht werden, aber diese Stoffe waren von gleicher Qualität und Farbe, so dass sie nach dem Quilten wie ein einziges Stück Stoff wirkten. Die Streifenquilts entstanden aus mehreren langen Streifen, die in der Regel längsseits aneinandergenäht wurden. Oft waren es stark kontrastierende oder gemusterte und unifarbene Stoffe, die abwechselnd aneinandergenäht wurden. Einige dieser Streifen sind manchmal nicht aus einem einzigen Stoff, sondern aus Patchworkblöcken zusammengesetzt.

Während der Blütezeit der Wholecloth-Quilts in England gab es professionelle Quilt-Stemplerinnen, welche die Quiltmuster auf Stoff vorzeichneten. Diese Stoffe wurden dann an Frauen verkauft, die die Quiltarbeit übernahmen. Die Kundinnen konnten auch ein bestimmtes Motiv bestellen und ihren eigenen Stoff verwenden.

Medaillon-Quilts entwickelten sich erst später und wurden in ganz England gearbeitet, besonders aber in Wales. Ein Medaillon-Quilt weist ein auffallendes, zentrales Mustermedaillon auf, meist ein Quadrat, das von mindestens einer Bordüre umgeben ist, oft auch von einer ganzen Serie von Bordüren. Das Mittelmotiv konnte aus einem kontrastierenden Stoff sein und Patchwork- oder Applikationsmotive aufweisen. Auch jenseits des Atlantiks wurden Medaillon-Quilts genäht. Im 19. Jhd. wurden in England und in Amerika gerne bedruckte Baumwolltaschentücher als Medaillon benutzt.

Wholecloth-Quilts

Die Wholecloth-Quilts mit ihren aufwändigen Quiltmustern entwickelten schon bald ihre ganz eigene Klasse. Sie wurden meist aus unifarbenen Stoffen gearbeitet, damit die Schönheit der Quiltmuster besonders gut zur Geltung kommen konnte, obwohl auch manchmal Paisley-Stoffe oder Chintz benutzt wurden. Der Rückseitenstoff war in der Regel der gleiche wie der der Vorderseite. Manche Wholecloth-Quilts sind wendbar, mit einer unifarbenen Seite und einer gemusterten Seite oder in einer Kontrastfarbe.

Das Wholecloth-Quilten war im 19. Jhd. und Anfang des 20. Jhds. im Nordosten Englands besonders beliebt, vor allem in der Gegend um Durham und Northumberland nahe der schottischen Grenze. Antike Exemplare werden oft als Durham- oder Nordengland-Quilts bezeichnet. Sehr schöne Beispiele wurden auch in Amerika gequiltet, besonders die Weißquilts, die in Mode kamen, nachdem in den USA Mitte des 19. Jhds. gebleichte, maschinengewebte Stoffe erhältlich waren. Auch in Frankreich gibt es verschiedene Arten von Wholecloth-Quilts, z. B. die Boutis, deren Muster eine Art Trapunto oder Kordelquilting aufweisen, sowie die Matelassage-Quilts, dicke Decken aus der Gegend von Marseille.

Traditionelle Motive für das Wholecloth-Quilten basieren auf der großen Musterbibliothek der Natur, auch wenn die Pflanzenformen oft verspielt und ohne große Naturtreue umgesetzt wurden. Viele Wholecloth-Quilts weisen ein zentrales Medaillon mit kunstvoll ausgearbeiteten Eckmotiven und einem füllenden Gittermuster auf.

Streifenquilts

Die Streifenquilts waren Ende des 19. Jhds. im Norden Englands populär. Viele der alten Exemplare sind als „Durham-Strippies“ bekannt. Sie wurden von den Ehefrauen und Witwen der Bergleute genäht, um das Familieneinkommen aufzubessern. Das Quilting auf den Streifenquilts konnte über die ganze Fläche ausgeführt sein, ohne dass es von den Nähten der Streifen eingeschränkt wurde, oder es wurde mit Zopfmuster, Ranken und gedrehten Seilmustern auf jedem Streifen entlanggequiltet. Oft ist das Quilting extrem aufwändig.

Englische Streifenquilts haben meist keine Randbordüren und keinen Einfassstreifen. Die frühen Siedler in Amerika griffen dieses traditionelle Muster auf und entwickelten schon bald ihren eigenen Stil. Die amerikanischen Streifenquilts haben beides: einen Rand und einen schmalen Einfassstreifen. Die amischen Quilterinnen wurden von den Quilts ihrer nicht-amischen Nachbarn inspiriert. Die Amisch-Bar-Quilts haben die typischen kräftigen Unifarben und sehr breite Randbordüren.

Beide Arten, die Wholecloth- und die Streifenquilts, wurden traditionell komplett von Hand genäht, jedoch hat die Erfindung der Longarm-Quiltmaschine die Möglichkeiten für das Maschinenquilten erweitert. Eine Longarm-Quiltmaschine ist das ideale Mittel, vor allem für das Wholecloth-Quilting, da sie freihändig und leicht über die gesamte Quiltfläche geführt werden kann.

Wholecloth

Bei einem Wholecloth-Quilt besteht das Quiltmuster meist aus einer Serie von kleineren Motiven oder Bordüren. Hier sind die Arbeitsschritte für ein einziges Motiv beschrieben, doch muss das Gesamtmuster, bevor Sie zu quilten beginnen, mit großer Sorgfalt geplant werden. Die hier beschriebenen Techniken beziehen sich auf das Handquilten, sind aber für das Maschinenquilten grundsätzlich nicht viel anders.

1 Legen Sie die Vorlage mit dem Motiv auf eine Lichtbox. Breiten Sie den Stoff darüber und übertragen Sie das Motiv mit einem geeigneten Stift. Alternativ dazu können Sie eine der auf den Seiten 40–42 beschriebenen Techniken für das Übertragen von Mustern auf Stoff anwenden.

2 Legen Sie den Rückseitenstoff, das Vlies und den Oberstoff aufeinander und stecken Sie sie fest. Heften Sie zuerst die mittleren, senkrechten und waagerechten Linien, dann weiter bis an die Kanten. Bei einem großen Quilt müssen Sie vielleicht auch diagonal heften.

3 Quilten Sie von der Mitte aus nach außen (siehe Seite 44). Versuchen Sie, die Stiche gleich lang und in gleich großen Abständen zu arbeiten, zudem so klein, wie Sie nur können. Alternativ dazu können Sie das Muster, wenn es geeignet ist, auch mit der Maschine quilten.

4 Wenn Sie fertig gequiltet haben, entfernen Sie die Heftfäden, außer in der äußersten Reihe. Sie hält die Lagen aufeinander, bis auch die Außenkanten versäubert sind. Einfasstechniken finden Sie auf den Seiten 64–69.

Quiltmotive

Bei einem symmetrischen Quiltmotiv zeichnen Sie nur ein Viertel oder einen Abschnitt, den Sie anschließend wiederholen.

Um einzelne Bereiche plastisch hervorzuheben, eignen sich Techniken wie Kordelquilten und Trapunto (siehe Seiten 46–47).

Streifen

Ein traditioneller Streifenquilt weist eine ungerade Zahl von Streifen auf – meist fünf, sieben oder neun. Die Streifen können aus zwei kontrastierenden Farben bestehen sowie gemustert und unifarben oder gepatcht und unifarben sein. Da die Konstruktion eines Streifenquilts sehr einfach ist, können Sie ihn mit Leichtigkeit verkleinern oder vergrößern, indem Sie die Streifenbreite ändern. Das Quilting auf den schlichten Streifen ist meist sehr aufwändig. Es eignen sich alle Bordürenmuster.

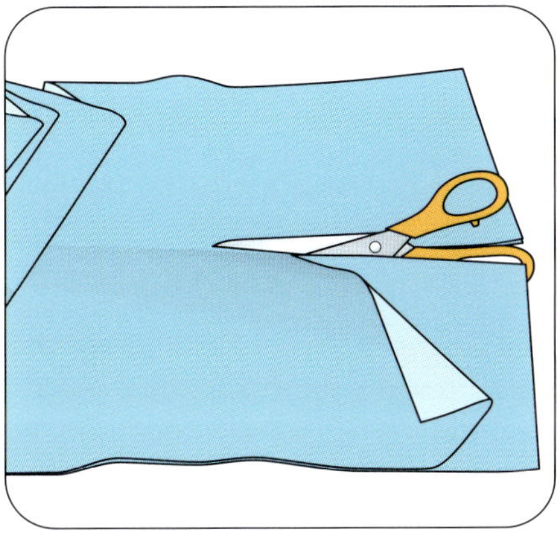

1 Verwenden Sie einen unifarbenen und einen gemusterten oder kontrastierenden Stoff im Wechsel. Falten Sie beide Stoffe mehrmals etwa 20 cm (8 in) breit im Längsfadenlauf und bügeln Sie ihn. Schneiden Sie den Stoff entlang der Bügellinien in gleich breite Streifen. Sie brauchen mindestens vier unifarbene und drei gemusterte/kontrastierende Streifen.

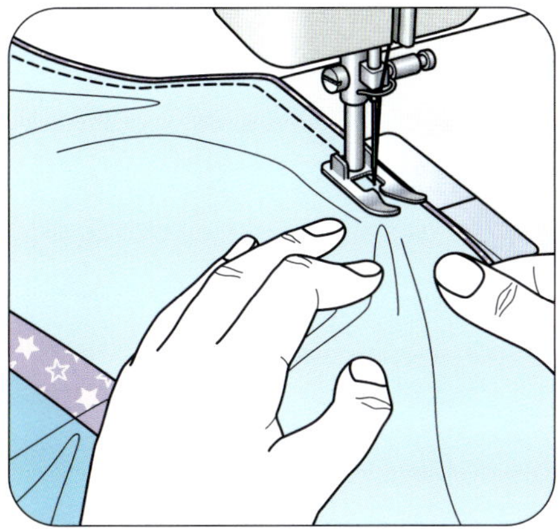

2 Nähen Sie die Streifen an den Längskanten mit 0,6 cm (¼ in) zusammen, die Farben wechseln sich ab. Bügeln Sie die Nahtzugaben zum dunkleren Stoff hin. Fügen Sie die Oberseite mit Vlies und Rückseite zusammen. Fassen Sie den Quilt mit der Messerkanten-Methode ein (siehe Seite 68).

3 Übertragen Sie die Quiltlinien auf die Streifen (siehe Seiten 40–42). Wenn Sie gemusterte und unifarbene Stoffe kombiniert haben, könnten Sie auch nur die unifarbenen Streifen quilten. Bei zwei kontrastierenden Unistoffen können Sie für jede Streifenfarbe ein anderes Quiltmuster wählen.

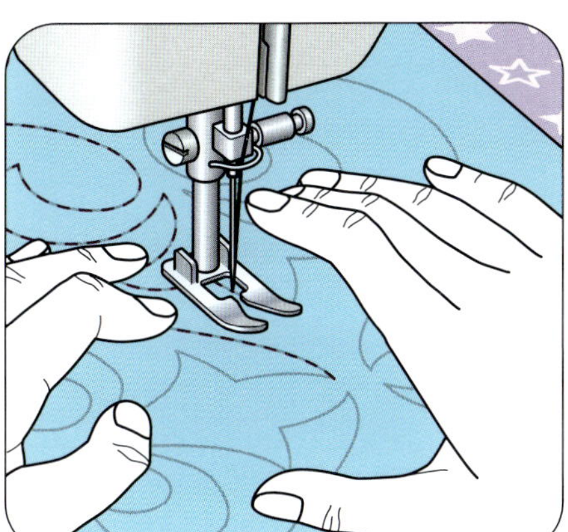

4 Quilten Sie von Hand oder mit der Maschine auf den vorgezeichneten Mustern. Sie können auch in der Naht entlang der Streifenkanten nähen (siehe Seite 45).

Streifenmuster

Bei einem Streifenquilt können Sie das meiste aus einem kostbaren Stoff herausholen, indem Sie ihn mit einem weniger kostbaren Stoff kombinieren. Achten Sie aber auf gleiche Qualität und Webdichte.

In manchen antiken Streifenquilts wurden die einzelnen Streifen gequiltet, bevor sie zusammengenäht wurden. Vielleicht, weil der Arbeitsplatz oder der Raum zur Aufbewahrung eingeschränkt war.

Amische Balken
Amish Bars

Der Amisch-Balken-Streifenquilt ist eine Variation des traditionellen Streifenquilts, damals vielleicht inspiriert durch die Streifenquilts der nicht-amischen Nachbarn, die das Muster aus England mitgebracht hatten. Die Streifen bzw. Balken sind meist in zwei oder drei abwechselnden Farben gearbeitet, die in gleich breite Streifen geschnitten sind. Manchmal sind die Balken gepatcht und die Randstreifen enthalten Ecksteine. Traditionell haben Amisch-Quilts immer einen Rand, manchmal auch zwei – einen breiten und einen schmalen – und unifarbene Stoffe stehen neben Schwarz oder Grau.

Amisch-Quilts

Traditionelle Amisch-Quilts werden in unifarbenen, dunklen Stoffen, zusammen mit schwarzen Stoffen aus abgetragenen Kleidern und Anzügen genäht. Die Quilts, die zum Verkauf gearbeitet werden, zeigen ein breiteres Farbspektrum, sind aber immer noch unverkennbar amisch.

1 Schneiden Sie die Stoffe in ca. 12,5 cm (5 in) breite und 140 cm lange Streifen zu bzw. in der Breite und Länge, wie sie für den geplanten Quilt benötigt werden. Für einen einfachen Balken-Quilt benötigen Sie mindestens zwei Farben, um im Wechsel eine ungerade Zahl von Balken zu erhalten.

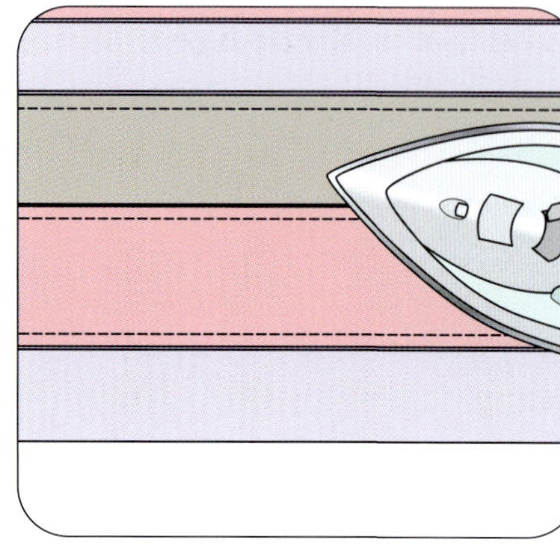

2 Nähen Sie die Streifen an ihren Längskanten mit 0,6 cm ($^{1}/_{4}$ in) Nahtzugabe zusammen. Bügeln Sie die Nahtzugaben zum dunkleren Stoff hin.

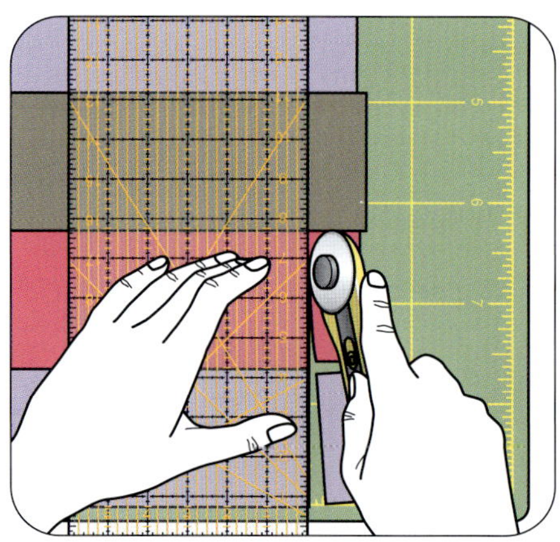

3 Schneiden Sie die Kanten des Streifenteils gerade, so dass das mittlere Teil quadratisch ist. Arbeiten Sie mit Rollschneider und Lineal auf der Schneidematte.

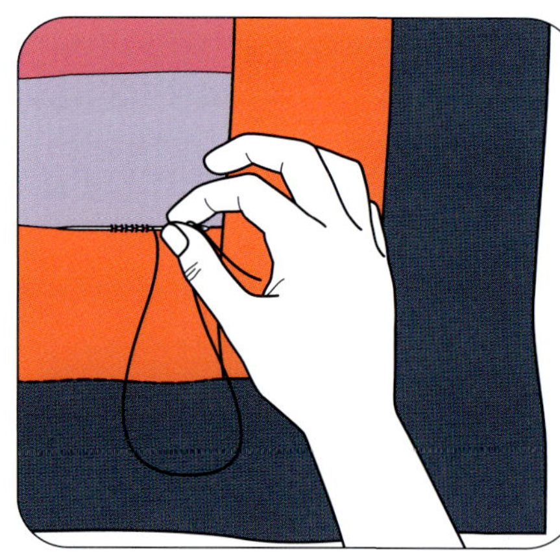

4 Bringen Sie die Randstreifen, das Vlies, die Rückseite und die Einfassung an, wie auf den Seiten 58–61, 62 und 64–69 beschrieben. Quilten Sie in den Nähten (siehe Seite 45) an jedem Streifen entlang.

Geteilte Balken
Split Bars

Die geteilten Streifen sind eine Variation der Balken auf der vorherigen Seite. An jedem der Hauptstreifen läuft ein schmaler Streifen in einer dritten Farbe entlang. Auch dies ist ein Muster, das von den Amischen benutzt wurde. Es können aber auch ganz einfache schmale und breite Streifen abwechseln.

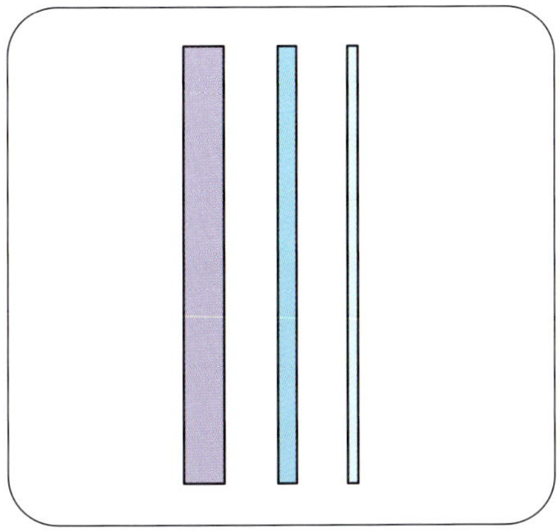

1 Schneiden Sie sechs breite Streifen aus Stoff A, des Weiteren fünf Streifen aus Stoff B, die ein Drittel so breit sind wie die Streifen aus Stoff A plus 1,2 cm (½ in) Nahtzugabe, sowie zehn Streifen aus Stoff C, die ein Drittel so breit sind wie die Streifen aus Stoff A plus 0,6 cm (¼ in) Nahtzugabe.

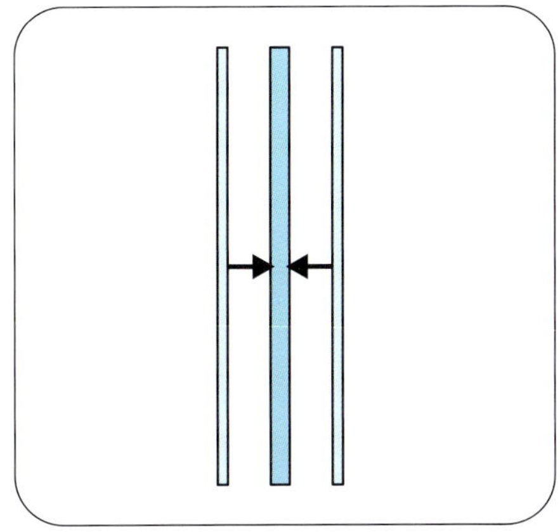

2 Nähen Sie mit 0,6 cm (¼ in) Nahtzugabe je einen Streifen aus Stoff C an beide Längskanten eines Streifens aus Stoff B. Bügeln Sie die Nahtzugaben zum dunkleren Stoff hin.

Quiltgarn stärken

Beim Handquilten wird das Garn sehr oft durch mehrere Stofflagen gezogen, wodurch das Garn stark strapaziert wird. Spezielles Quiltgarn ist sehr haltbar, jedoch nicht in besonders vielen Farben erhältlich. Sie können jeden Baumwoll- oder Polyesterfaden stärken, indem Sie ihn durch einen Block Bienenwachs ziehen oder einen handelsüblichen Fadenverstärker benutzen.

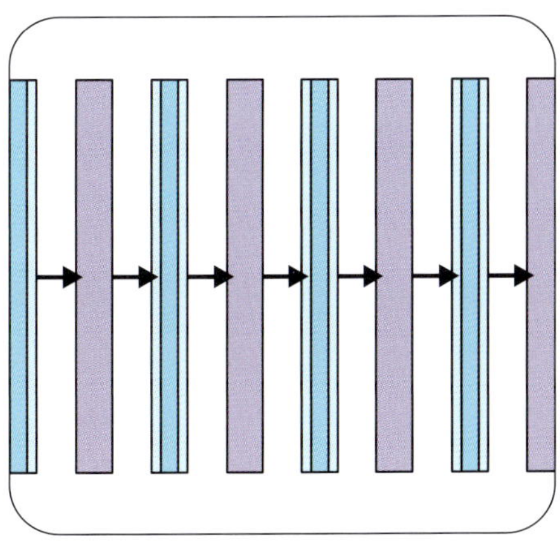

3 Setzen Sie je einen Streifen A im Wechsel mit einem C/B/C-Streifen aneinander. Arbeiten Sie mit 0,6 cm (¼ in) Nahtzugabe.

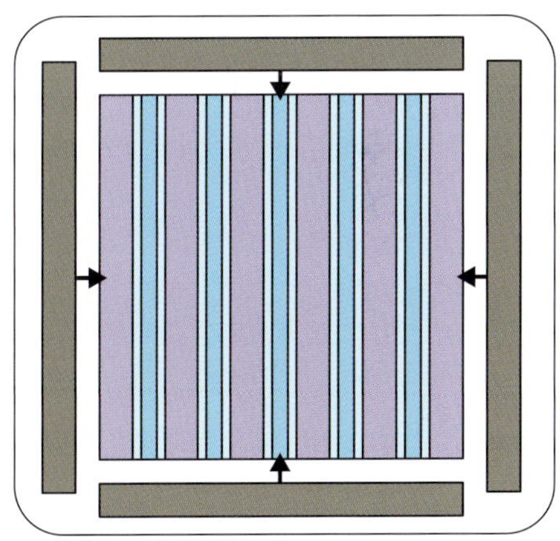

4 Fügen Sie an alle vier Seiten einen Randstreifen an. Stellen Sie den Quilt mit Vlies, Rückseite und Einfassung fertig, wie auf den Seiten 62 und 64–69 beschrieben.

Fliegende Gänse | Flying Geese

Ein Flying-Geese-Block ist immer doppelt so breit wie hoch. Hier sind vier Einheiten der „Fliegenden Gänse“ gezeigt. Arbeiten Sie so viele, dass sie für fünf Streifen im fertigen Quilt reichen.

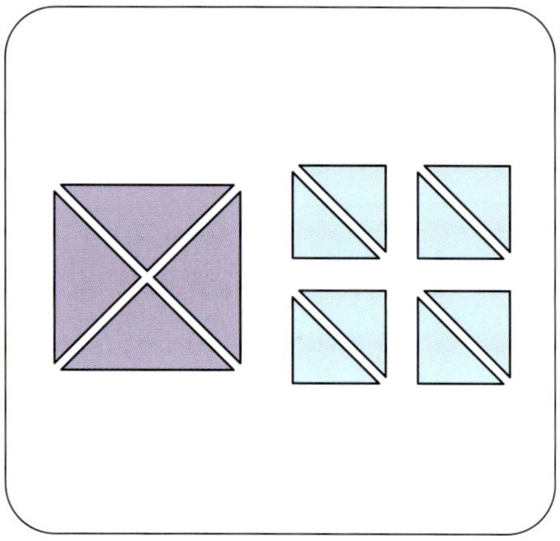

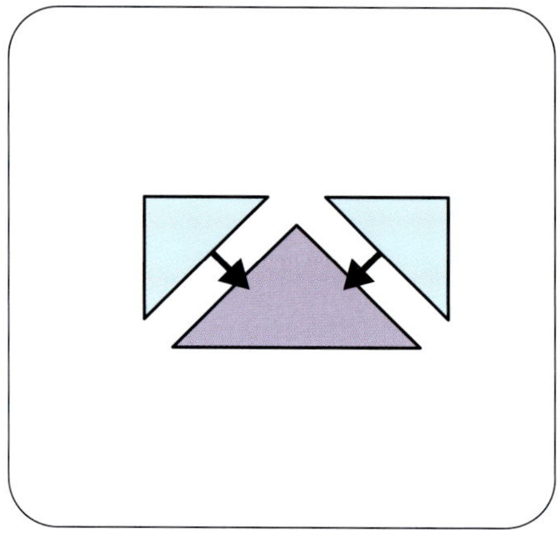

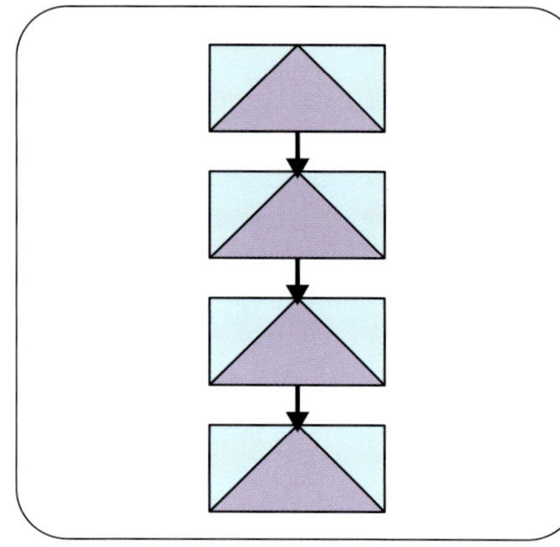

1 Schneiden Sie ein Quadrat aus Stoff A so groß wie die fertige Blockbreite plus 3 cm (1 ¼ in) zu. Teilen Sie es zweimal diagonal zu vier Dreiecken. Schneiden Sie vier Quadrate aus Stoff B so hoch wie der fertige Block plus 2,1 cm (⅞ in) zu. Teilen Sie jedes kleine Quadrat einmal diagonal zu zwei Dreiecken.

2 Nähen Sie mit 0,6 cm (¼ in) Nahtzugabe je ein Dreieck aus Stoff B und A an den beiden oberen schrägen Kanten des Dreiecks zusammen. Bügeln Sie die Nahtzugaben zu einer Seite. Wiederholen Sie dies für vier Blöcke.

3 Setzen Sie die vier Flying-Geese-Blöcke mit 0,6 cm (¼ in) Nahtzugabe übereinander. Bügeln Sie die Nahtzugaben zu einer Seite. Wiederholen Sie diese Arbeitsschritte, bis Sie genügend Flying Geese für die Streifen des Quilts haben.

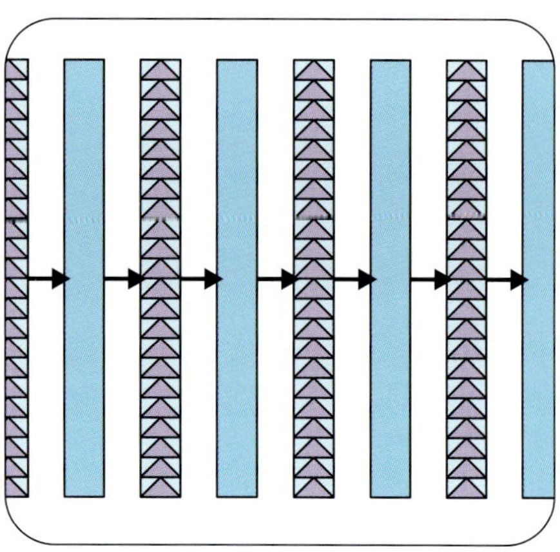

4 Fügen Sie die Flying-Geese-Streifen im Wechsel mit schlichten Streifen aneinander und nähen Sie Randstreifen an alle vier Seiten. Vervollständigen Sie den Quilt mit Vlies, Rückseite und Einfassung, wie auf den Seiten 62 und 64–69 beschrieben.

Mennonitenquilts

Die Mennoniten sind eine ähnliche Glaubensgemeinschaft wie die Amischen. Beides waren schweizerische und niederländische Anabaptisten, die um 1720 in die Neue Welt auswanderten. Die Mennoniten fertigen ebenfalls sehr charakteristische und wunderschöne Quilts an, die aber weniger strengen Regeln unterliegen wie die Amisch-Quilts. Es werden auch gemusterte Stoffe, Karo- und Streifenstoffe benutzt sowie Applikationen und Stickereien angewendet.

Chinesische Münzen | Chinese Coins

Die Chinese Coins werden zu langen Streifen genäht, die im Wechsel mit schlichten Streifen kombiniert werden.

Chinese Coins entstehen aus vielen Stoffresten. Arbeiten Sie mindestens vier Streifen aus Chinese Coins für Ihren Quilt.

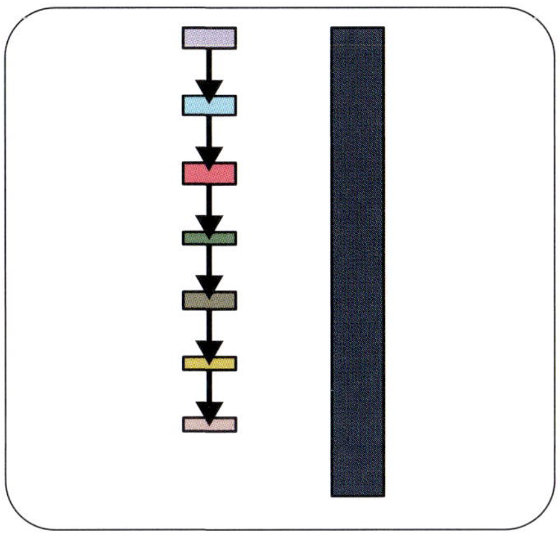

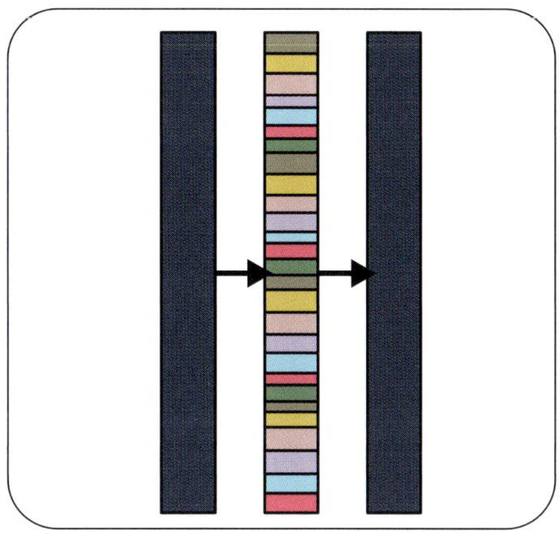

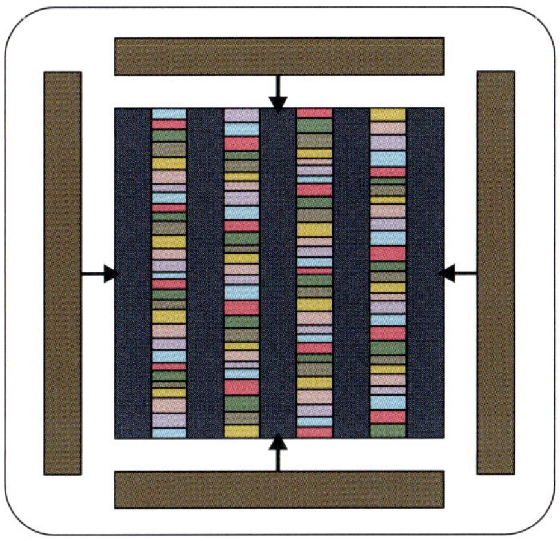

1 Bereiten Sie fünf Streifen aus Unistoff vor. Schneiden Sie aus verschiedenen Stoffen Streifen zu, die so lang wie die Breite der Unistreifen sind, jedoch unterschiedlich breit. Nähen Sie die kleinen Streifen in zufälliger Farbfolge an ihren langen Seiten zu einem Balken aneinander. Bügeln Sie die Nahtzugaben zu einer Seite.

2 Arbeiten Sie mindestens vier solcher Balken. Die „Coins" haben im Balken jeweils unterschiedliche Höhen, was an die unterschiedlich „dicken" Münzen erinnert. Nähen Sie jeweils einen unifarbenen Streifen an den gestreiften Balken, wieder mit 0,6 cm (¼ in) Nahtzugabe. Bügeln Sie die Nahtzugaben zu einer Seite.

3 Fügen Sie an alle vier Kanten einen Randstreifen an. Vollenden Sie den Quilt mit Vlies, Rückseite und Einfassung, wie auf den Seiten 62 und 64–69 beschrieben.

Variationen

Die Chinese Coins müssen nicht unbedingt aus vielen verschiedenen bunten Stoffen zusammengesetzt sein. Es können auch nur zwei oder drei Farben benutzt werden. Die unterschiedlichen Breiten sind jedoch ein wesentliches Merkmal.

Stoffreste verwenden

Ein Quilt mit Chinese Coins eignet sich hervorragend, um all die schmalen Stücke in leuchtenden Farben aus Ihrer Restekiste zu verwenden. Meist sind die Streifen nicht breit genug für andere Projekte. Chinese Coins sind sehr einfach zu nähen, da nur gerade Nähte gearbeitet werden. Die unifarbenen Streifen, die die Streifen mit den Chinese Coins umrahmen, bieten Raum für schöne Quiltmuster.

Quiltschablonen

Es gibt so viele verschiedene Quiltschablonen, dass es unmöglich ist, diese hier vollständig abzubilden. Daher werden nur einige der traditionellen Muster vorgestellt. Sie können in nahezu endlosen Variationen und beinahe überall verwendet und kombiniert werden.

Gittermuster

Vergrößern Sie diese Muster nach Bedarf.

Diagonale Linien | Grids

Rautengitter | Diamond Trellies

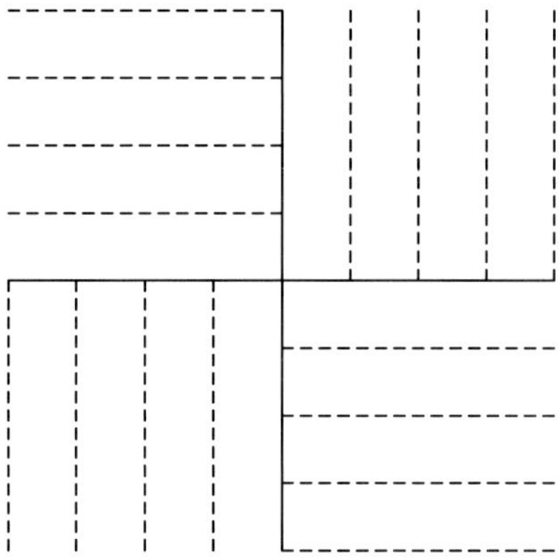

Korbgeflecht | Basketweave

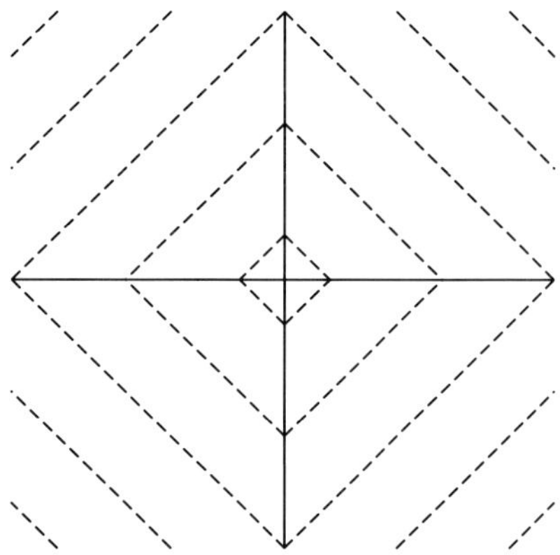

Diagonalen nach außen | Diagonal Outwards

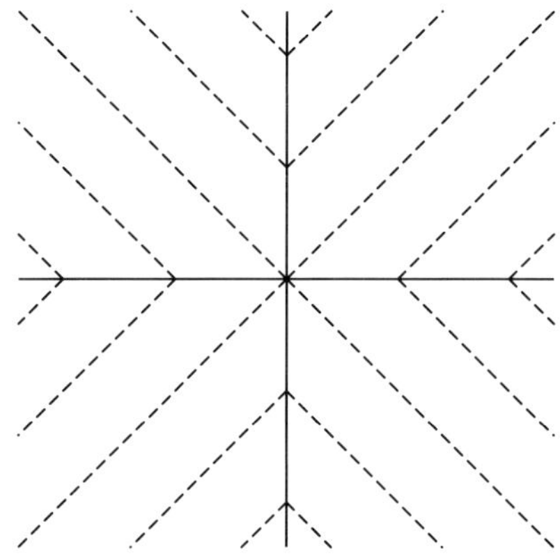

Diagonalen nach innen | Diagonal Inwards

Muschelmuster | Clamshell

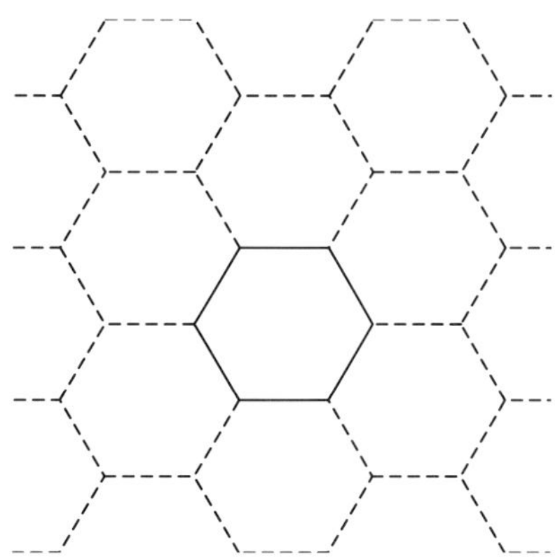

Sechseck | Hexagon

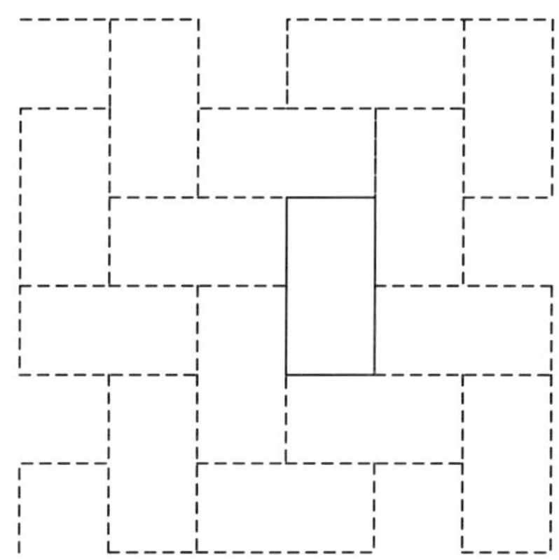

Stufen | Steps

Weinglas | Wine Glass

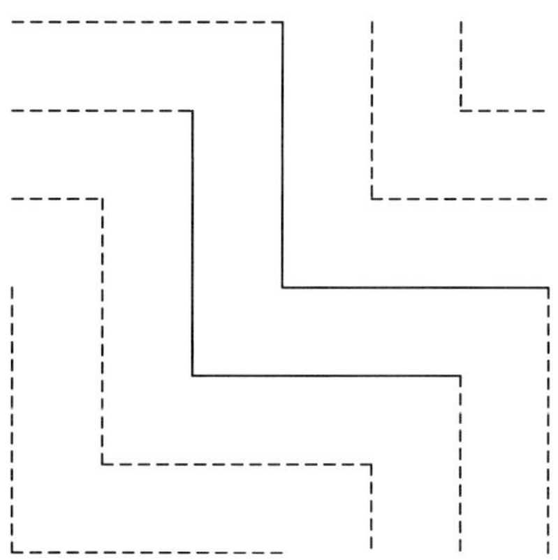

Zickzack | Chevron

Bordüren

Vergrößern Sie diese Muster nach Bedarf.

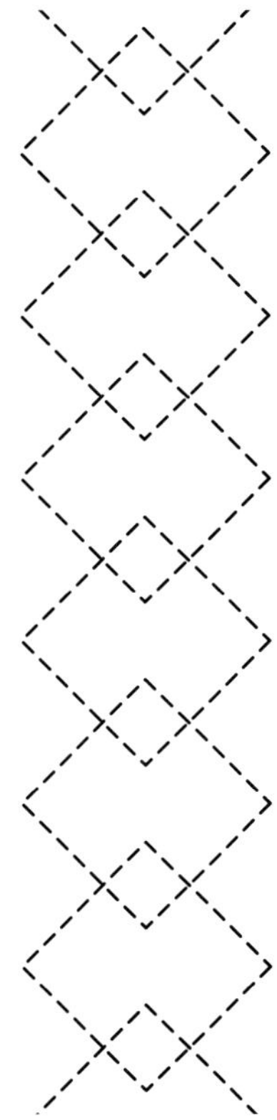

Verschlungene Quadrate

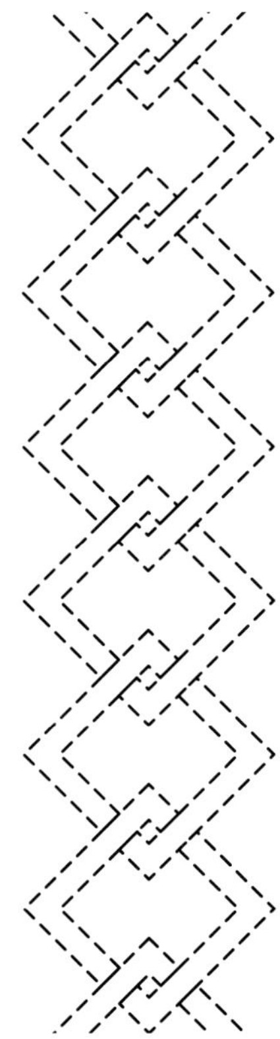

Verschlungene doppelte Quadrate

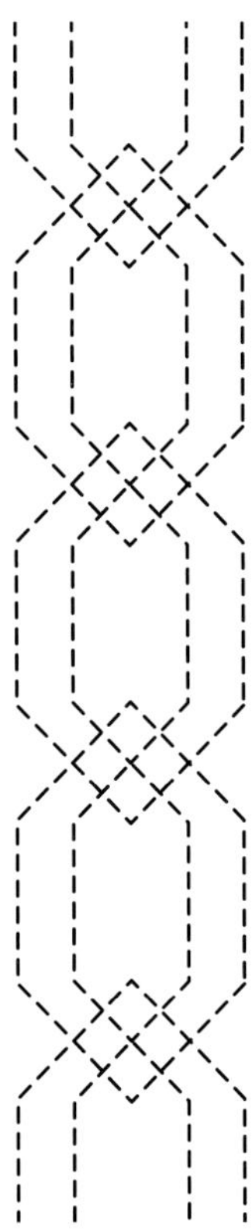

Verschlungene Sechsecke

Verschlungene Rauten

Rautenbordüre

Gefiederter Zopf

Tulpen | Tulips

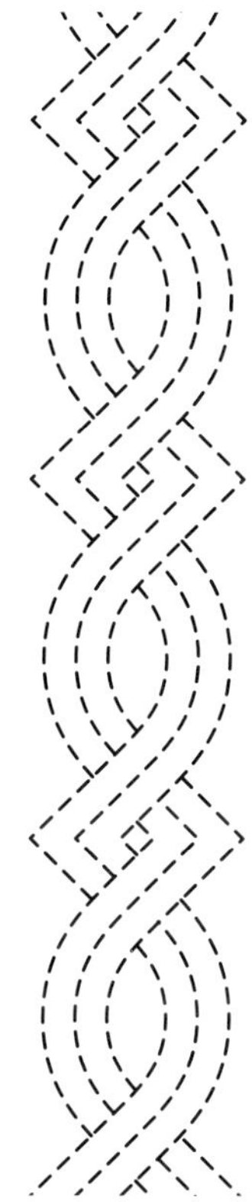

Rautenzopf

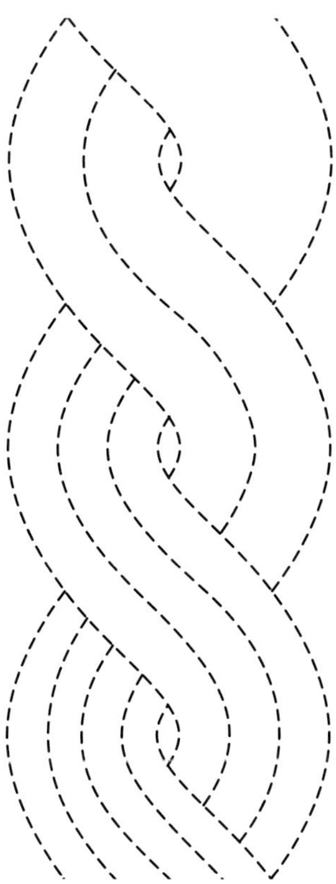

Breiter Zopf

Geflochtener Zopf

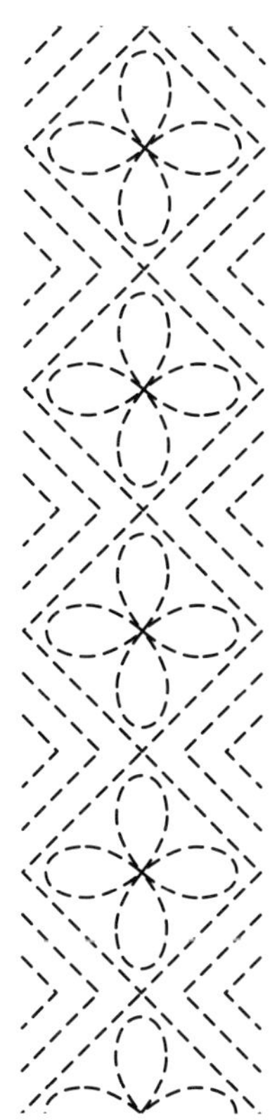

Kürbissamen | Pumpkin Seed

Eckmotive

Vergrößern Sie diese Muster nach Bedarf.

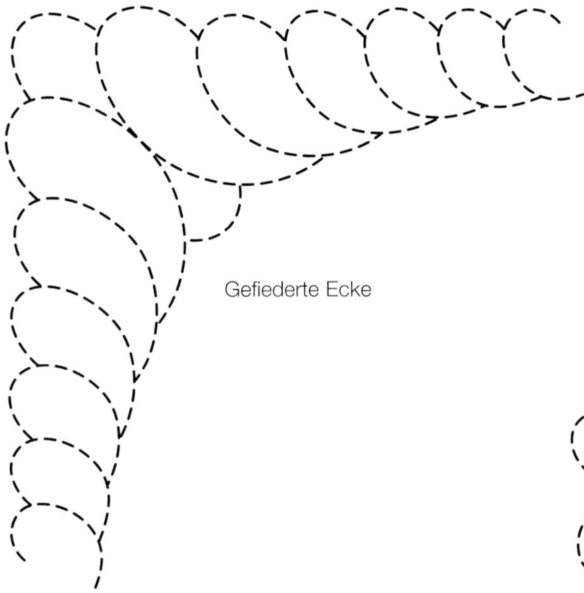

Gefiederte Ecke

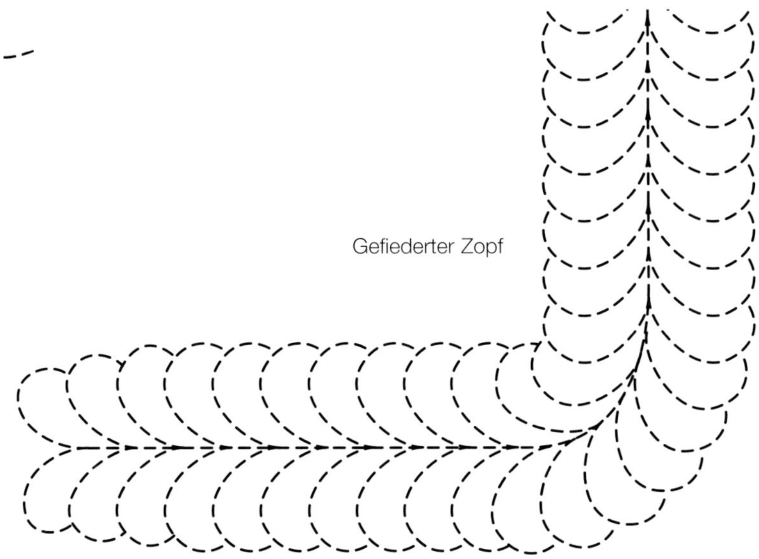

Gefiederter Zopf

Kürbissamen | Pumpkin Seed

Einfacher Zopf

Blatt und Ranke | Leaf and Vine

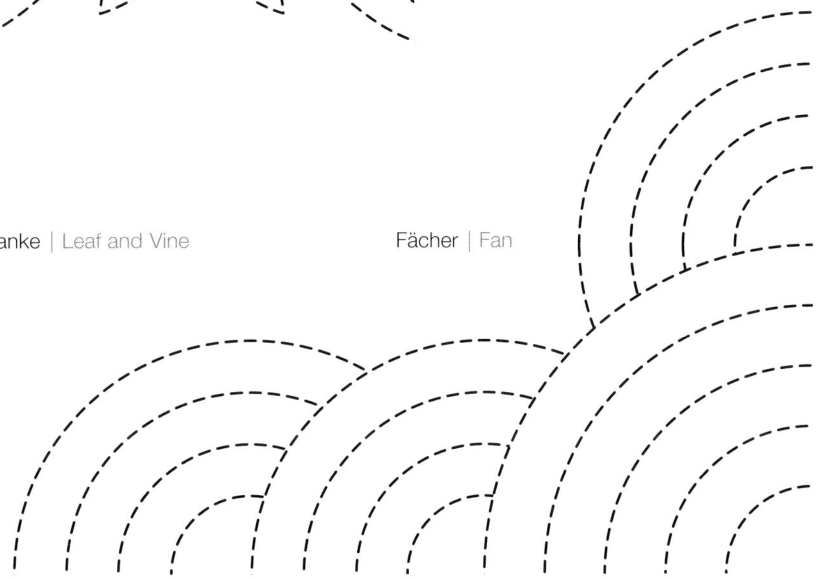

Fächer | Fan

Gedrehter Zopf

Rautenzopf

Quiltmotive

Vergrößern Sie diese Muster nach Bedarf.

Muschel | Clamshell

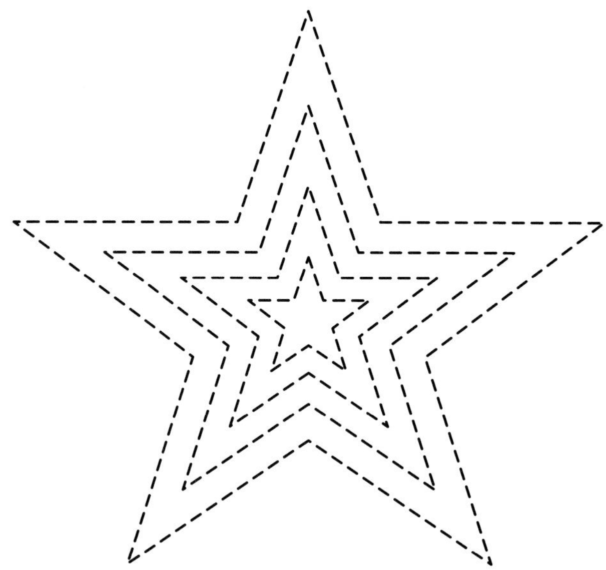

Explodierender Stern | Exploding Star

Gefiedertes Kreuz | Feathered Cross

Gefiedertes Herz | Feathered Heart

Gefiederter Kranz | Feathered Ring

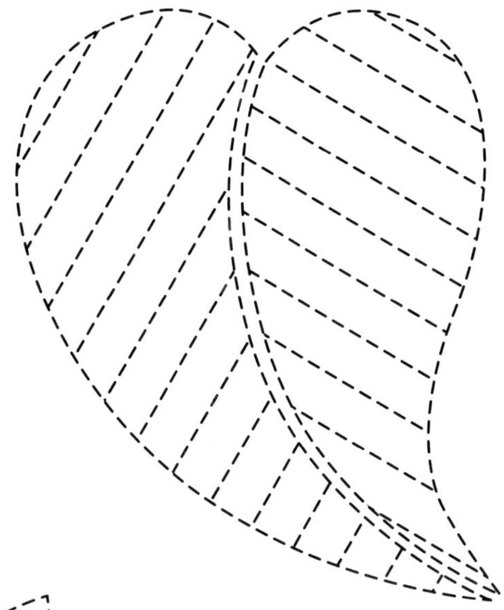

Blatt | Leaf

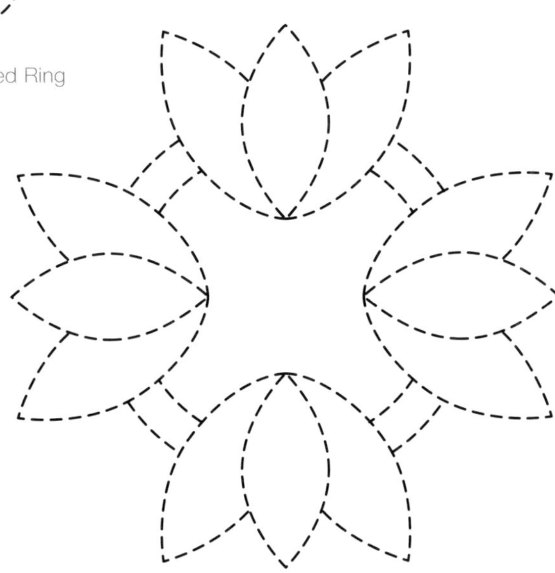

Tulpenkranz | Tulip Ring

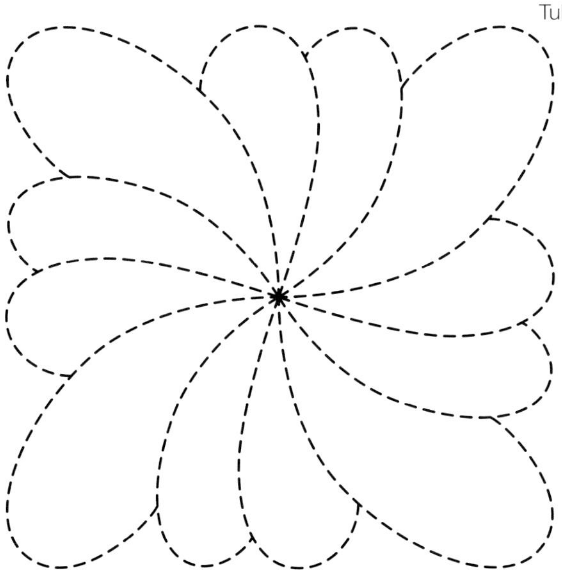

Quadratischer Wirbel | Square Swirl

Liebesknoten | Lover's Knot

Patchworkquilts

Diese Quilts sind aus kleineren Patchworkeinheiten zusammengesetzt. Ein Patchworkquilt kann aus vielen gleichen Blöcken oder aus verschiedenen Blöcken bestehen, die in zahlreichen Kombinationen zu nahezu unendlich vielen Mustern gelegt werden können. Viele der traditionellen Blockmuster bestehen aus geraden Nähten, doch gibt es auch einige mit kurvigen Nähten. Es gibt sogar einige Blöcke, deren Nähte rund wirken, obwohl alle gerade sind.

Vorzeichnen/Zuschneiden

Beim Patchen ist absolute Genauigkeit unerlässlich, besonders wenn Sie eine Serie von gleichen Blöcken nähen. Schablonen und Papiervorlagen erleichtern das Zuschneiden von vielen Formen. Die zeitaufwändigste Methode ist das Zuschneiden mit der Schere von Hand. Der Rollschneider beschleunigt den Vorgang erheblich. Da er durch mehrere Stofflagen schneidet, entstehen mehrere identische Formen gleichzeitig.

Schablonen herstellen

Schablonen können aus Papier, dünnem Karton oder Schablonenplastik sein. Wenn Sie eine Schablone nur ein paar Mal verwenden möchten, genügt Papier oder Karton.

Schablonen schneiden

Schneiden Sie Karton und Plastikmaterial stets mit einem Grafikmesser und mit einem Metalllineal zu. Ein Plastiklineal wäre schnell ruiniert.

Achten Sie darauf, dass die Klinge scharf ist, sonst wird die Kante der Schablone rau.

Die Klinge sollten Sie immer dann auswechseln, wenn das Schneiden anstrengend wird. Denn dies zeigt, dass die Klinge stumpf geworden ist.

1 Sobald Sie eine größere Anzahl von unregelmäßigen Patchworkformen brauchen, sollten Sie eine Schablone herstellen. Zeichnen Sie die Form auf Transparentpapier und übertragen Sie die Linie auf Karton.

2 Schneiden Sie die Form exakt aus. Wenn Sie nicht viele Stoffe zuschneiden müssen, können Sie die Karton-Schablone benutzen. Für das Zuschneiden von sehr vielen Stoffen ist eine Schablone aus speziellem Schablonenplastik sicherer.

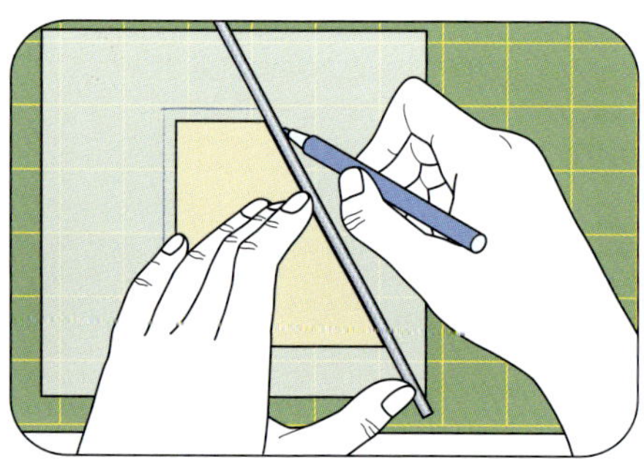

3 Zeichnen Sie mit dem Stift um die Kontur der Schablone, um sie auf das Schablonenplastik zu übertragen. Wenn Sie eine Fensterschablone herstellen, fügen Sie rundum 0,6 cm (1/4 in) Nahtzugabe hinzu. Sie können dies mit dem Lineal oder dem Nahtzugabenlineal tun.

4 Schneiden Sie zuerst das innere Fenster aus und dann die Nahtzugabe. Das innere Fenster ist zum Herstellen von Papierschablonen oder zum Übertragen von Nählinien geeignet. Die äußere Kontur ist die Schneidelinie für den Stoff.

Fensterschablonen

Fensterschablonen eignen sich hervorragend zum Zuschneiden der Papiere und Stoffstückchen für die englische Papiermethode. Mit einer Fensterschablone lässt sich auch ein bestimmter Bereich leicht aussuchen und mittig platzieren.

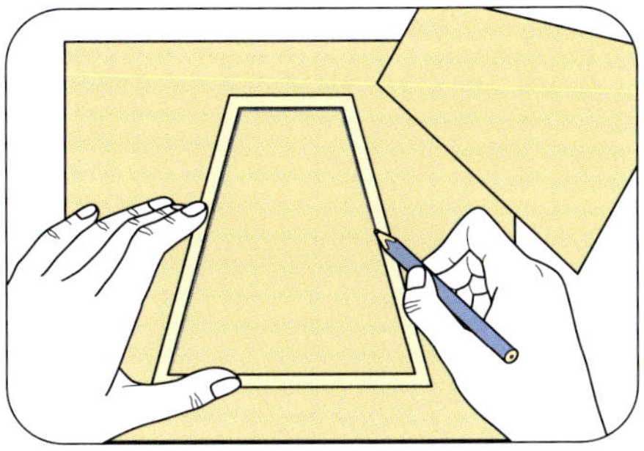

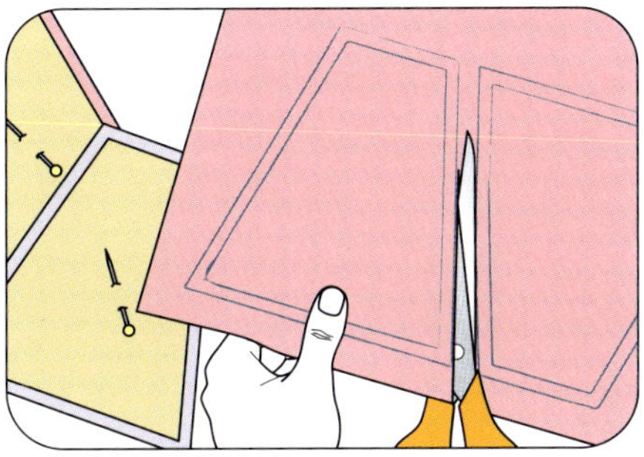

1 Mit der Innenkante der Fensterschablone zeichnen Sie die Kontur der Papiere. Schneiden Sie für jedes Stoffteil eine Papierform zu.

2 Entlang der Außenkante der Fensterschablone schneiden Sie die Stoffe zu. Wenn es möglich ist, legen Sie die Schablone im geraden Fadenlauf auf. Ziehen Sie den Markierstift nicht zu fest über den Stoff, da dies den Stoff verziehen kann.

3 Schneiden Sie jedes Stoffstück und jedes Papier einzeln aus. Befestigen Sie auf der linken Stoffseite je eine Papierschablone mit einer Stecknadel.

Papierschablonen

Hat die Form geschwungene Außenkanten oder ist sie sehr komplex, dann ist eine dünne Papiervorlage einfacher zu handhaben.

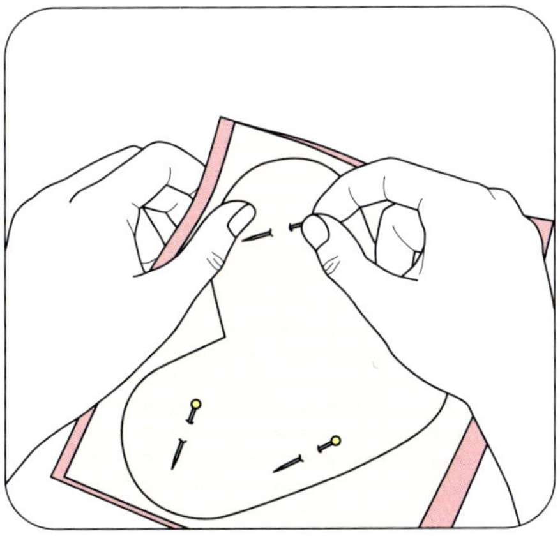

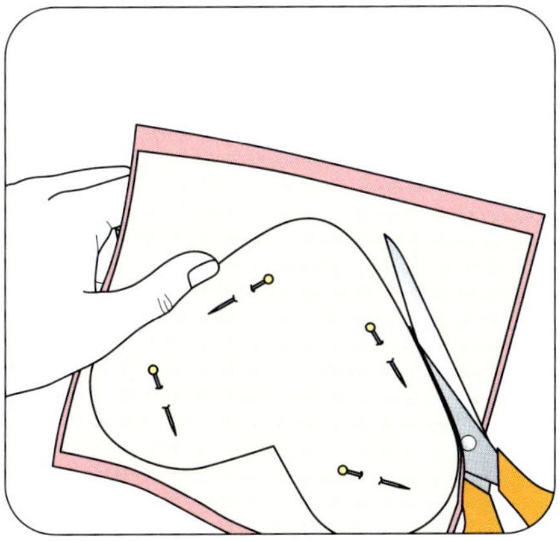

1 Pausen Sie die Form auf Papier durch und stecken Sie dieses auf den Stoff. Das Zuschneiden ist einfacher, wenn Sie die Form noch nicht aus dem Papier ausgeschnitten haben. Schneiden Sie erst jetzt entlang der Linien durch Papier und Stoff gleichzeitig.

2 Sie können vielleicht durch mehrere Stofflagen schneiden, solange die Form nicht sehr komplex oder der Stoff nicht sehr dick ist. Verwenden Sie eine scharfe Schere, auch wenn Sie gleichzeitig durch das Papier schneiden. Verwenden Sie nach Möglichkeit dünnes Papier.

Rollschneider

Beim Zuschneiden mit dem Rollschneider sollten Sie einige Sicherheitshinweise beachten. Probieren Sie auch Rollschneider verschiedener Hersteller aus. Mit dem Rollschneider zugeschnittene Stoffstreifen können längsseits aneinandergenäht und dann quer zu Streifeneinheiten abgeschnitten werden, die dann ihrerseits wiederum zu verschiedenen Mustern zusammengestellt werden können.

Zuschneiden mit dem Rollschneider

Damit Sie nicht versehentlich in den Stoff schneiden, den Sie verwenden möchten, bedecken Sie den „guten“ Bereich mit dem Lineal und schneiden Sie den „Abfall“ weg. Wenn Sie dann beim Schneiden mit der Klinge vom Lineal abweichen, was leicht passieren kann, ist das unerheblich.

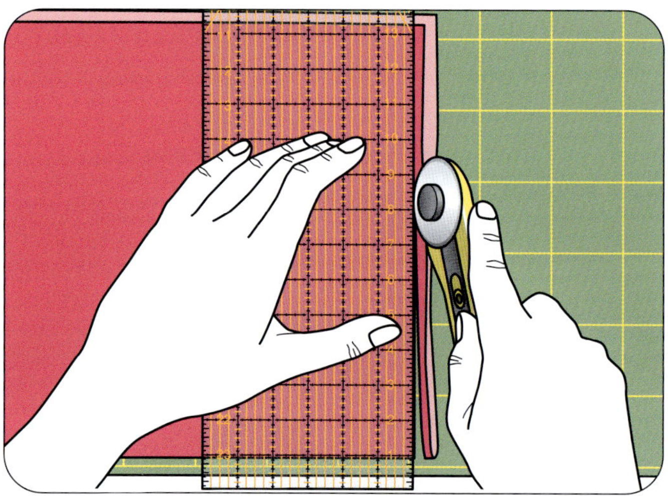

1 Falten Sie den Stoff im geraden Fadenlauf und legen Sie ihn auf die Schneidematte. Passen Sie den Falz entlang einer Linie auf der Matte an. Legen Sie das Quiltlineal an und begradigen Sie die erste Schnittkante mit dem Rollschneider.

2 Drehen Sie den Stoff um und legen Sie die Markierung des Lineals an der gewünschten Breite des Streifens an. Halten Sie das Lineal fest und schneiden Sie mit dem Rollschneider daran entlang.

Sicherheit mit dem Rollschneider

Ein Rollschneider besitzt eine extrem scharfe Klinge. Deshalb hat er einen Klingenschutz. Schieben Sie den Schutz nach jedem Schnitt sofort wieder über die Klinge, um Unfälle zu vermeiden. Schneiden Sie immer von sich weg. Ersetzen Sie stumpfe oder beschädigte Klingen, sobald Sie sie bemerken. Eine Schneidematte mit selbstheilender Oberfläche schont Ihre Arbeitsfläche und die Klinge.

Zusammengesetzte Streifen zuschneiden

Nachdem Sie Streifen seitlich aneinandergenäht haben, möchten Sie sie vielleicht in kleinere Abschnitte schneiden, um sie später zu einem neuen Block zu arrangieren.

Mit zusammengesetzten Streifen lassen sich unglaublich viele neue Muster arrangieren, die auch fortgeschrittene Patchworkerinnen begeistern.

1 Nähen Sie zuerst die Streifen in der gewünschten Folge aneinander. Bügeln Sie die Nahtzugaben zu einer Seite. Legen Sie das zusammengesetzte Stück mit der rechten Seite nach oben auf die Schneidematte. Begradigen Sie zuerst die Kante. Messen Sie die benötigte Breite und schneiden Sie mit dem Quiltlineal eine Reihe von Einheiten zu.

2 Wenn Sie die Streifeneinheiten schräg abschneiden müssen, messen Sie zuerst den Winkel und schneiden Sie die Kante schräg ab. Dann legen Sie das Lineal wie zuvor beschrieben auf die zusammengesetzten Streifen und schneiden die Einheiten ab.

Schneidematten und Quiltlineale

Schneidematten gibt es in vielen Größen. Sie sind mit Rasterlinien versehen, an denen die Stoffe angelegt werden können. Die Rasterlinien der Schneidematte sollten jedoch nicht als Maßlinien benutzt werden.

Quiltlineale gibt es in vielerlei Formen und Größen zu kaufen, auch spezielle Lineale für schwierige Formen, wie Sterne, Dreiecke und Fächer. Sie bestehen in der Regel aus durchsichtigem Plastik und sind mit Rasterlinien versehen, die entweder metrisch oder mit Imperialmaßen beschriftet sind.

Handnähen

Das Patchworknähen von Hand ist oft schneller und einfacher zu bewerkstelligen als mit der Maschine, besonders bei sehr kleinen Stoffteilen, Kurvennähten oder Nähten im schrägen Fadenlauf. Manche Quilterinnen empfinden das Handnähen als entspannend und meditativ. Auch können Sie die Elemente Ihres Projekts bei sich tragen und daran arbeiten, wann immer Sie einen freien Moment haben.

Einfache gerade Nähte

Eine perfekte gerade Naht zu nähen bedarf einiger Übung. Der Trick ist, nur vom Anfang bis zum Ende der Nählinie zu nähen. Kleine Stoffteile können mit einem feinen Vorstich oder mit Rückstichen verbunden werden.

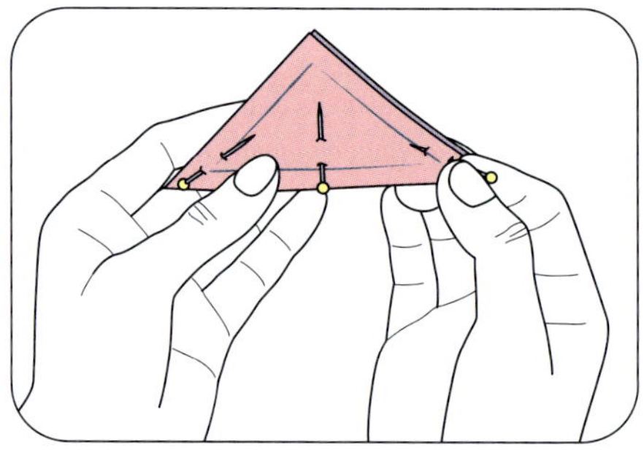

1 Legen Sie zwei Teile rechts auf rechts, die Kanten und Ecken genau aufeinander. Stecken Sie die beiden Teile mit Stecknadeln fest.

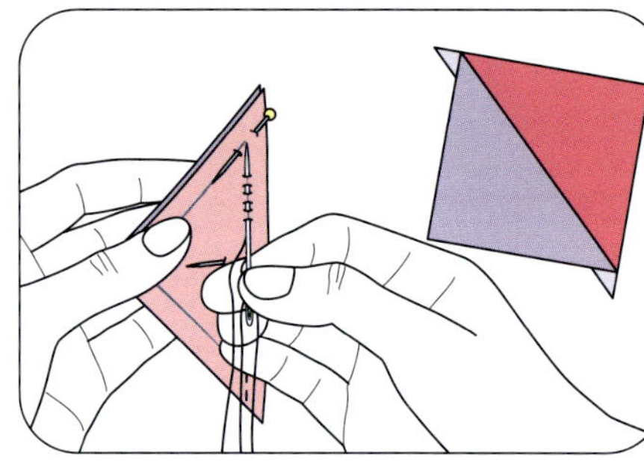

2 Nähen Sie entlang der Nählinie und beginnen und enden Sie exakt in der Ecke, so dass hier keine Lücke bleibt. Bügeln Sie die Nahtzugaben zum dunkleren Stoff hin.

Zusammengesetzte Teile aneinander-nähen

Wenn Sie zusammengesetzte Einheiten aneinandernähen, ist es besser, von der Mitte nach außen zu arbeiten. So werden die Nähte auf beiden Einheiten genauer.

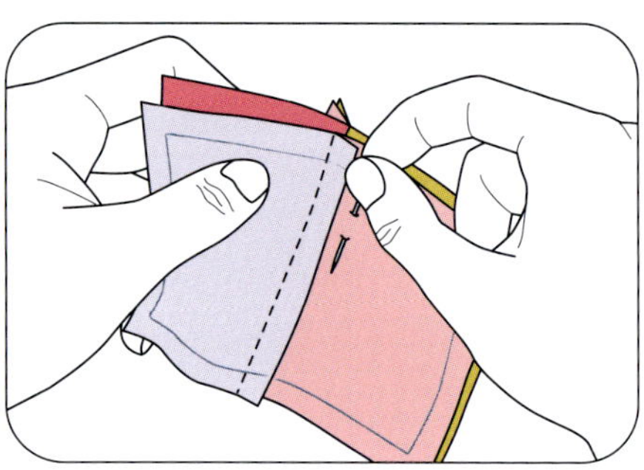

1 Nähen Sie zwei Stoffpaare, wie zuvor beschrieben. Legen Sie die beiden Einheiten rechts auf rechts, so dass die Nähte genau übereinanderliegen.

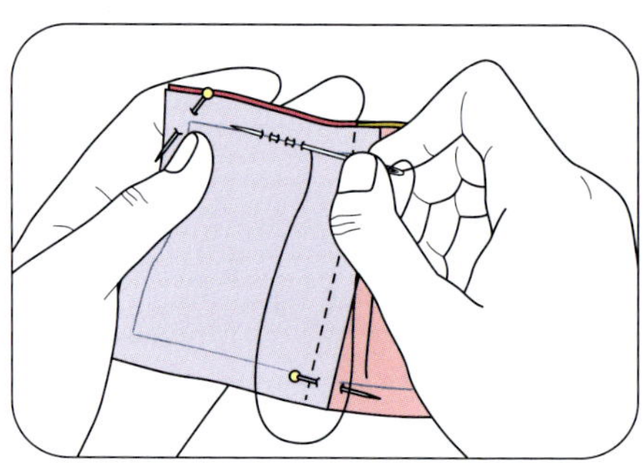

2 Nähen Sie die beiden Einheiten zusammen. Beginnen Sie in der Mitte und arbeiten Sie auf der Nählinie jeweils zur Kante, dann nähen Sie die andere Seite genauso.

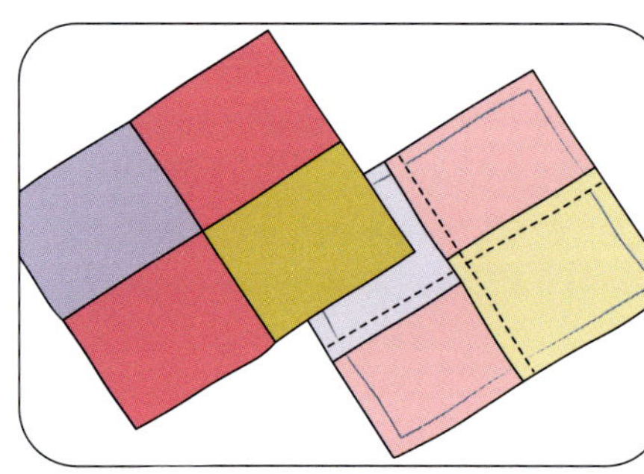

3 Bügeln Sie die Nahtzugaben auf der linken Stoffseite flach. Auf der rechten Seite sollen sich die Nähte exakt kreuzen.

Englische Papiermethode | English Paper Piecing

Bei dieser Technik werden Papierschablonen benutzt, die erst nach dem Nähen entfernt werden. Die Nahtzugaben werden entweder auf die Schablone geheftet, oder man näht nur die sich überlappenden Nahtzugaben zusammen.

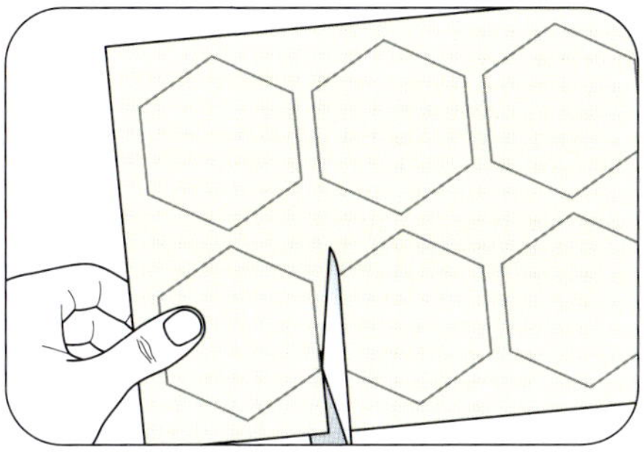

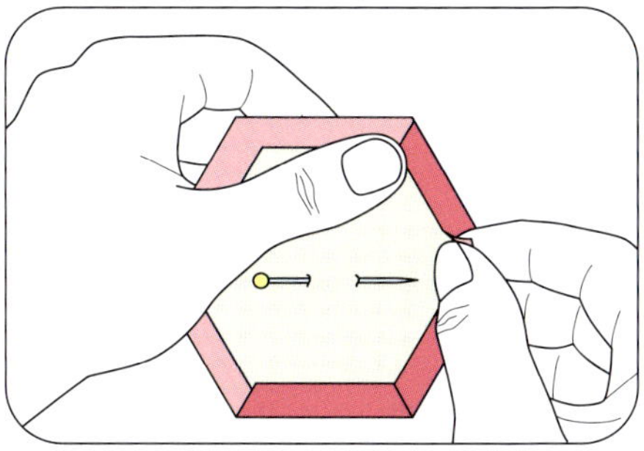

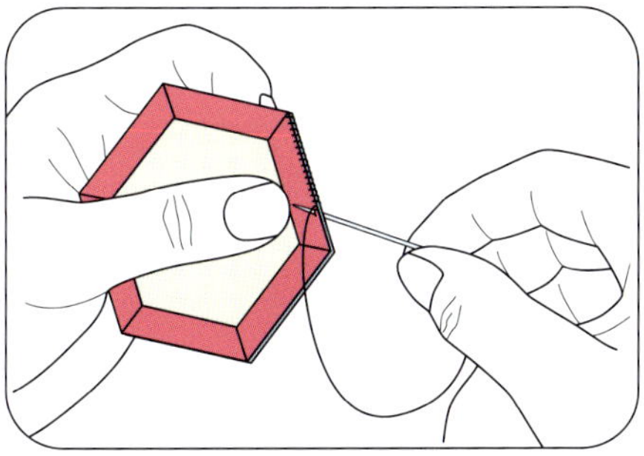

1 Stellen Sie eine Fensterschablone her, wie auf Seite 91 beschrieben. Benutzen Sie den inneren Ausschnitt für die Papierschablonen – Sie benötigen für jedes Stoffteil eine eigene Schablone. Bügeln Sie den Stoff und benutzen Sie dann die äußere Schablonenform zum Markieren der Stoffe. Schneiden Sie die Papiere und die Stoffe zu.

2 Stecken Sie eine Papierschablone mittig auf die linke Stoffseite eines Stoffstücks. Die Nahtzugabe soll an allen Seiten gleich viel überstehen. Falten Sie die Stoffkanten über die Papierkanten und formen Sie saubere Ecken. Heften Sie rings um die Form, um den Stoff am Papier zu fixieren.

3 Legen Sie zwei vorbereitete Stoffteile rechts auf rechts, Kante an Kante, Ecke auf Ecke. Nähen Sie immer diejenigen Kanten, die nebeneinanderliegen sollen, mit Überwendlichstichen zusammen und stechen Sie dabei nur durch den Stoff, nicht durch das Papier. Setzen Sie auf diese Weise Teil für Teil aneinander.

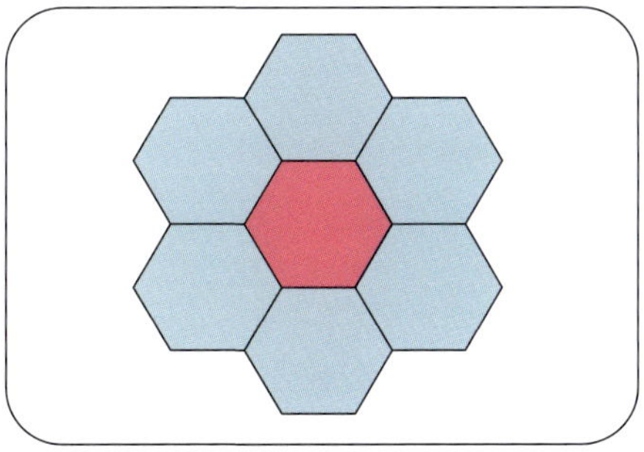

4 Lassen Sie die Papierschablonen an ihrem Platz, bis alle Teile einer Einheit zusammengenäht sind. Bügeln Sie jede Einheit. Setzen Sie die Einheiten auf die gleiche Weise aneinander wie die einzelnen Teile. Papierschablonen, die bereits von allen Seiten eingerahmt bzw. umnäht sind, können entfernt werden. Wenn Sie die Nahtzugaben auf das Papier geheftet haben, können Sie nun auch nach und nach die Heftfäden ziehen.

Transportable Projekte

Hätten Sie gerne ein Projekt, das man an verschiedenen Orten bearbeiten kann? Dann ist die englische Papiermethode ideal für Sie. Wenn Sie alle Papierschablonen und die Stoffe zugeschnitten haben, können Sie einen Teil der Arbeit immer mitnehmen, zusammen mit Nadel und Faden, und daran arbeiten, wann immer Sie ein paar freie Minuten haben.

Achten Sie darauf, dass alle Stoffe aus dem gleichen Material und in gleicher Webdichte sind.

Wenn Sie den Stoff auf das Papier heften, lassen Sie den Fadenknoten auf der rechten Stoffseite stehen. Dadurch können Sie die Heftfäden später leichter entfernen.

Maschinennähen

Als Anfang des 19. Jahrhunderts die Nähmaschinen erschwinglicher wurden, benutzten sie die Quilterinnen auch, um effektiver arbeiten zu können. Schon bald entwickelten sie neue Techniken, um die Maschinen voll auszunutzen und bei sich oft wiederholenden Arbeiten noch schneller zu werden. Alles was Sie für die meisten Quiltprojekte brauchen, ist eine einfache Haushaltsnähmaschine. Aber es gibt auch Maschinen, die speziell auf die Bedürfnisse von Quilterinnen ausgerichtet sind.

Streifen

Für perfekt genähte Streifen müssen Sie ganz gerade nähen und die Nahtzugaben genau einhalten.

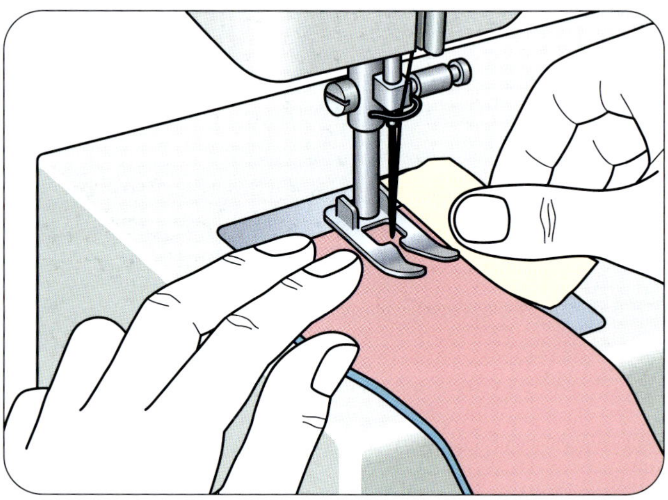

1 Ein Nähfuß mit exakt 0,6 cm (¼ in) Breite ist für die meisten Maschinen erhältlich. Die Stichplatte mit einem Klebestreifen zu markieren, ist aber genauso wirkungsvoll. Prüfen Sie das Maß auf einem Stoffstück, bevor Sie ein Projekt beginnen, und ersetzen Sie das Klebeband, sobald es abgenutzt ist.

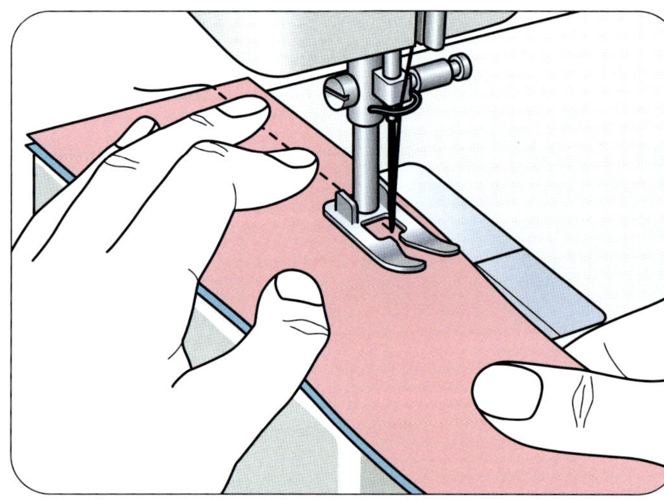

2 Schneiden Sie ausreichend Streifen zu. Nehmen Sie zwei davon und legen Sie sie kantengenau rechts auf rechts. Nähen Sie die beiden Streifen aufeinander. Halten Sie dabei die Nahtzugabe von 0,6 cm (¼ in) exakt ein und nähen Sie absolut gerade.

Streifen nähen

Sie brauchen die Streifen vor dem Zusammennähen nicht mit Stecknadeln zu fixieren. Achten Sie nur darauf, dass die Kanten genau aufeinanderliegen und dass die Naht perfekt gerade verläuft.

Kettennähen

Sie können den Nähvorgang beschleunigen, wenn Sie so viele Stoffpaare wie möglich als Kette nacheinander nähen. Dies spart in erster Linie Garn, verhindert aber auch, dass sich der Anfang des Fadens verheddert.

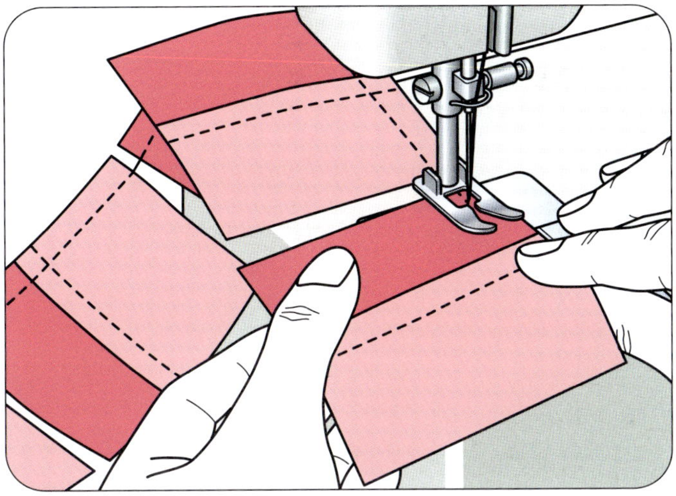

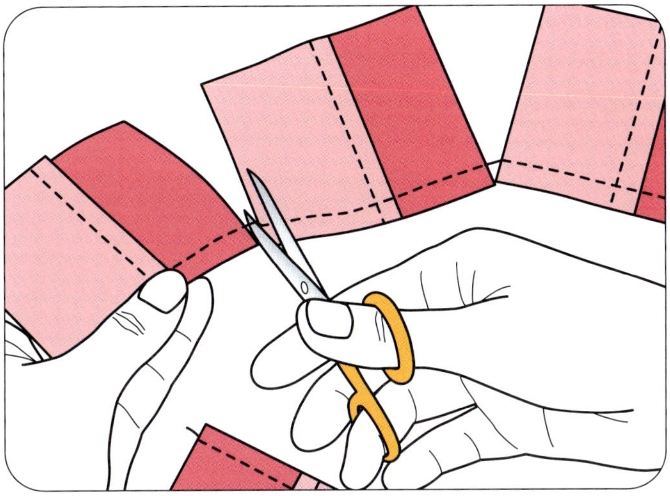

1 Schneiden Sie ausreichend Teile aus jedem Stoff zu und legen Sie sie in getrennten Stapeln neben Ihre Maschine. Schieben Sie jede nachfolgende Einheit direkt hinter die vorherige unter den Nähfuß. Nähen Sie ohne den Nähfuß anzuheben und ohne die Fäden zwischen den Einheiten abzuschneiden.

2 Sie erhalten eine Kette von Einheiten, die jeweils durch ein kurzes Stück Nähfaden zusammengehalten wird. Schneiden Sie die Einheiten erst auseinander, wenn Sie mit dem Nähen fertig sind.

Kurvennähte

Wenn eine Naht in einer Kurve verläuft, dürfen Sie die Stoffkanten nicht dehnen, damit die fertige Einheit hinterher nicht wellig wird.

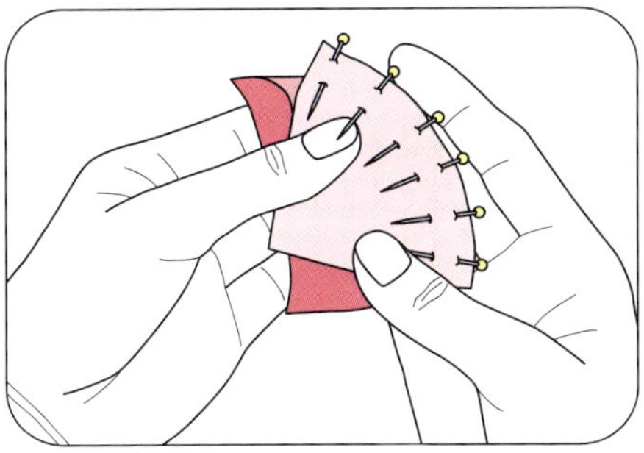

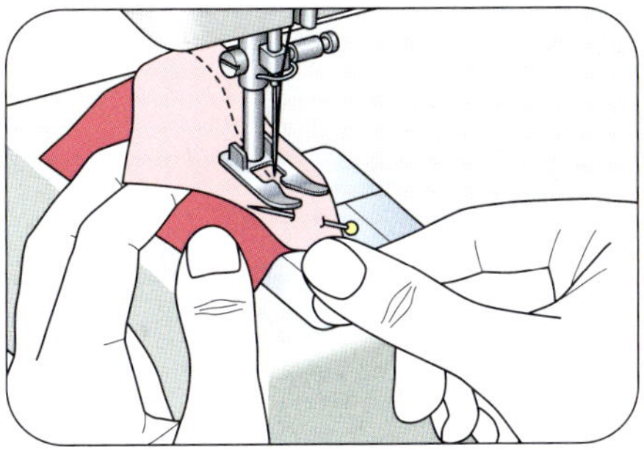

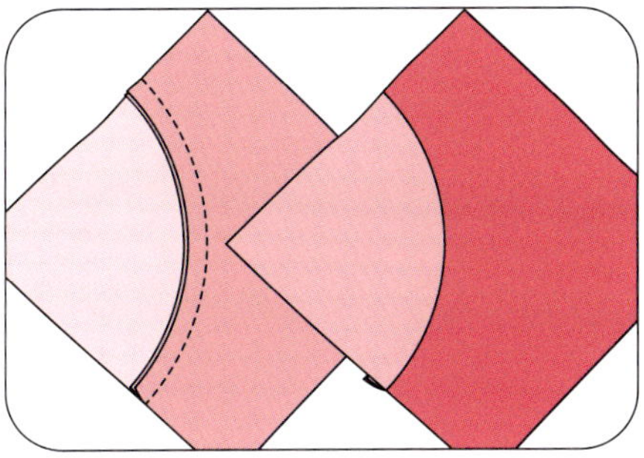

1 Arbeiten Sie auf der linken Stoffseite und markieren Sie die Nählinie. Legen Sie zwei Teile rechts auf rechts. Stecken Sie die Stecknadeln im rechten Winkel in die Nählinie.

2 Legen Sie die Einheit unter die Nadel und senken Sie sie am Eckpunkt der Nählinie in den Stoff. Senken Sie den Nähfuß und nähen Sie auf der Linie. Entfernen Sie die Stecknadeln während des Nähens.

3 Schneiden Sie die Nahtzugabe an der Kurve ein, wenn nötig. Dann bügeln Sie die Naht zur konkaven Seite hin.

Zusammengesetzte Teile aneinandernähen

Die größte Herausforderung beim Zusammensetzen von vielen Einheiten ist, alle Nähte genau in eine Reihe zu bringen. Vergewissern Sie sich, dass alle Teile in der richtigen Reihenfolge bereitliegen und prüfen Sie ihre Position auch während des Nähens. Am sichersten ist es, wenn man Stecknadeln durch beide übereinanderliegenden Nähte steckt.

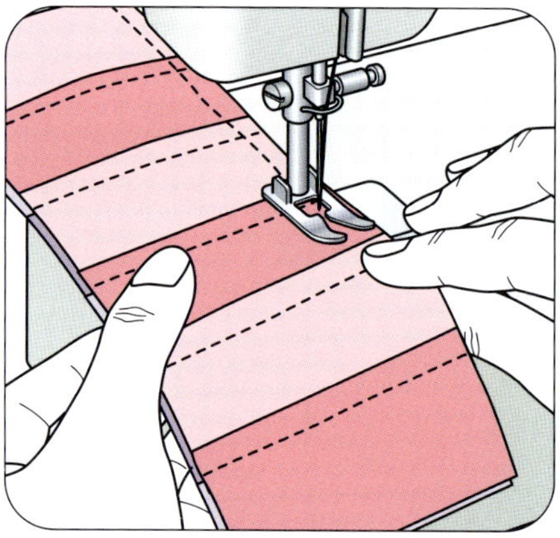

1 Stellen Sie eine Serie von Einheiten her und bügeln Sie die Nahtzugaben zu einer Seite. Legen Sie zwei Einheiten kanten- und nahtgenau rechts auf rechts. Nähen Sie entlang der Kante.

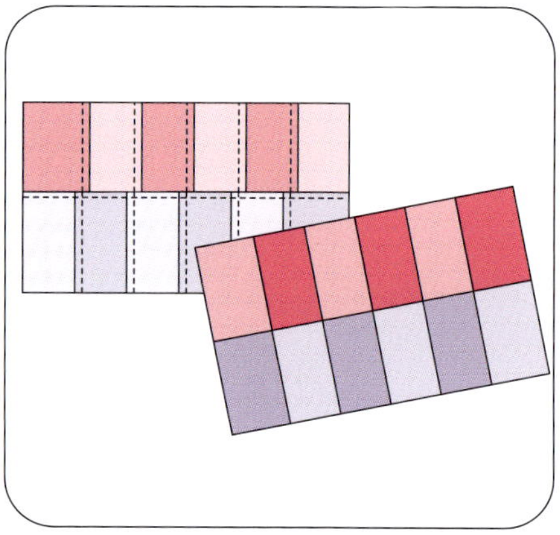

2 Bügeln Sie die Nähte auf der Rückseite zu einer Seite (oben links). Auf der Vorderseite (oben rechts) sollten die Nähte gerade und mit rechtwinkligen Ecken verlaufen.

Schlichte und zusammengesetzte Einheiten aneinandernähen

1 Bei manchen Mustern werden zusammengesetzte Einheiten im Wechsel mit schlichten Einheiten genäht. Schneiden Sie beide Einheiten gleich groß zu.

2 Legen Sie die zusammengesetzte Einheit und die schlichte rechts auf rechts und nähen Sie entlang der Kante. Auf der rechten Seite muss die diagonale Naht genau 0,6 cm (¼ in) vor der Blockkante in die gerade Naht münden.

3 Sind alle Einheiten zusammengenäht, müssen sich die Ecken in der Mitte treffen. Dafür ist absolut genaues Messen und Nähen aller Nähte unerlässlich.

Nähte auftrennen

Manchmal müssen Sie trennen, da es Konstruktionen gibt, bei denen einzelne Nähte zuerst genäht und nach bestimmten Regeln wieder geöffnet werden müssen, oder sie werden nach dem Nähen abgeschnitten. Am besten benutzen Sie einen speziellen Nahttrenner. Doch achten Sie darauf, den Stoff nicht zu beschädigen, da die Klinge sehr scharf ist.

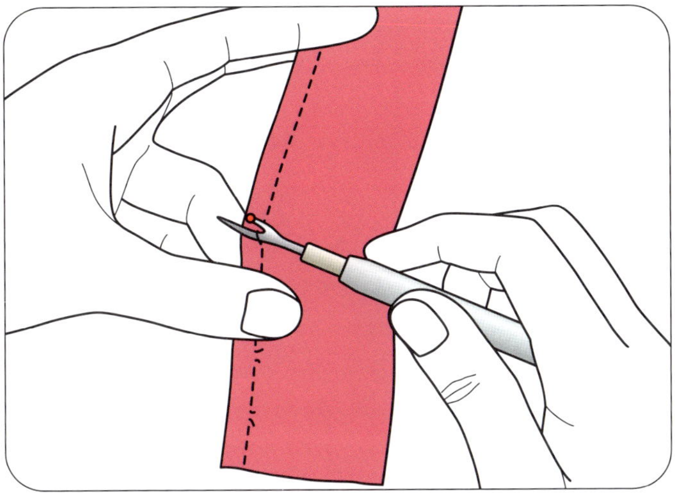

1 Halten Sie ein Stück der Naht straff und schieben Sie die Spitze des Nahttrenners auf der linken Stoffseite unter einen Stich. Schneiden Sie den Faden mit der innenliegenden Klinge ab.

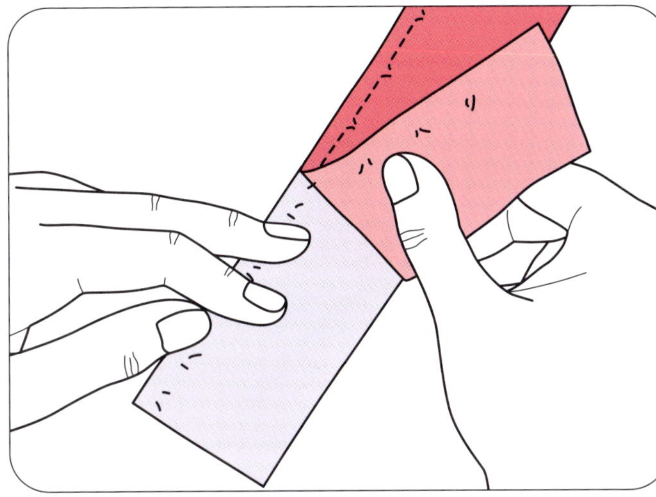

2 Legen Sie die Einheit auf eine Arbeitsfläche und ziehen Sie den obenliegenden Stoff vorsichtig nach oben weg, so dass sich die Stiche lösen.

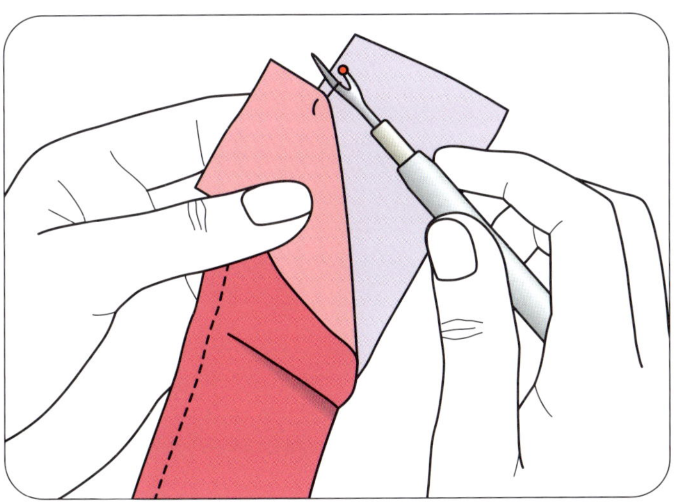

3 Alternativ dazu können Sie die Naht auseinanderspreizen, die rechte Stoffseite weist zu Ihnen hin. Schieben Sie die Spitze des Nahttrenners in die Naht und durchschneiden Sie den Faden. Ziehen Sie die Stoffteile vorsichtig auseinander.

Heften

Verwenden Sie zum Heften ein Garn in einer Farbe, die sich von der Stofffarbe abhebt. Dadurch können Sie die Stiche besser sehen, wenn Sie die Heftfäden entfernen.

Machen Sie lange Heftstiche, aber auch nicht gigantisch lange, denn sonst halten sie die Stofflagen nicht korrekt aufeinander.

Quadrate aus zwei Dreiecken

Quadrate aus zwei Dreiecken sind die Basis für viele traditionelle Muster. Es ist faszinierend, wie durch die Kombination, Drehung und Helligkeitsverteilung immer wieder völlig neue Eindrücke entstehen.

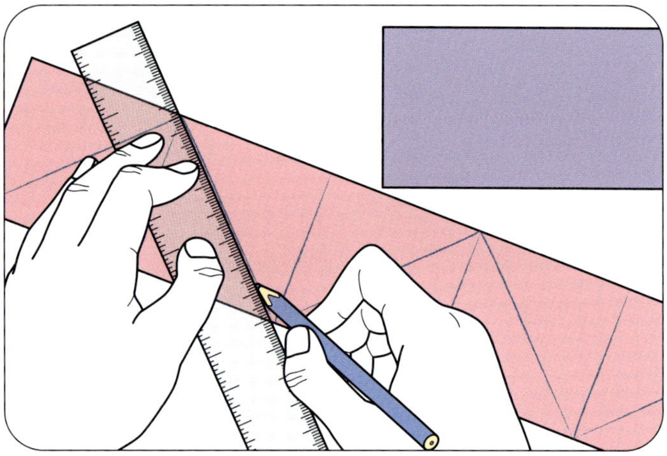

1 Schneiden Sie Stoffstreifen in zwei verschiedenen Farben zu. Markieren Sie auf der linken Stoffseite des helleren Stoffes Querlinien, so dass Quadrate entstehen. Ziehen Sie auf dem ersten Quadrat eine Diagonale in der einen Richtung, auf dem nachfolgenden Quadrat in die andere Richtung. Wiederholen Sie dies auf dem ganzen Streifen.

2 Nähen Sie beide Stoffstreifen rechts auf rechts 0,6 cm (¼ in) neben der eingezeichneten Diagonallinie, jedoch immer nur bis zur vertikalen Linie. Danach nähen Sie neben der Diagonallinie des nachfolgenden Quadrats usw. Drehen Sie die Arbeit und nähen Sie auf die gleiche Weise den Weg zurück, aber auf der anderen Seite der Diagonalen. Schneiden Sie die Quadrate und dann die Diagonalen zwischen den beiden Nähliniên auseinander.

3 Bügeln Sie die Nahtzugaben zum dunkleren Stoff hin und schneiden Sie die überstehenden Dreiecke der Nahtzugaben ab, um einen quadratischen Block zu erhalten. Eine andere Methode der schnellen Dreiecke ist auf Seite 134, Schritt 1 und 2 beschrieben.

Foundation Piecing – richtig herum

Wenn Sie ein asymmetrisches Motiv auf Basisstoff nähen, müssen Sie wissen, dass es auf dem fertigen Block spiegelverkehrt erscheinen wird. Das liegt daran, dass Sie die Stoffteile auf die unmarkierte Rückseite der Basis nähen. Nur auf der Vorderseite der Basis können Sie die Nählinien sehen.

Sie müssen die Zuschneideschablonen für die Stoffteile jeweils richtig herum auf die linke Stoffseite legen, damit nach dem Nähen die Teile korrekt und nicht spiegelverkehrt erscheinen.

Nähen auf Basisstoff
Foundation Piecing

Diese Technik heißt auch „Nähen auf der Linie“ oder „Nähen nach Zahlen“. Die Stoffteile werden in einer bestimmten Reihenfolge auf einen Basisstoff genäht. Die Technik eignet sich ideal für unregelmäßige Formen und Kanten, die im diagonalen Fadenlauf geschnitten sind, denn der Basisstoff stabilisiert den Block.

1 Zeichnen Sie das Muster des Blocks auf den Basisstoff, der auch ein dünner Vliesstoff sein kann oder ein farblich passender Stoff. Nummerieren Sie die Felder in Nähreihenfolge von innen nach außen.

2 Übertragen Sie das Muster des Blocks auf Transparentpapier und schneiden Sie die einzelnen Teile aus. Verwenden Sie diese Teile als Zuschneideschablonen. Fügen Sie rundum 0,6 cm (¼ in) Nahtzugaben hinzu.

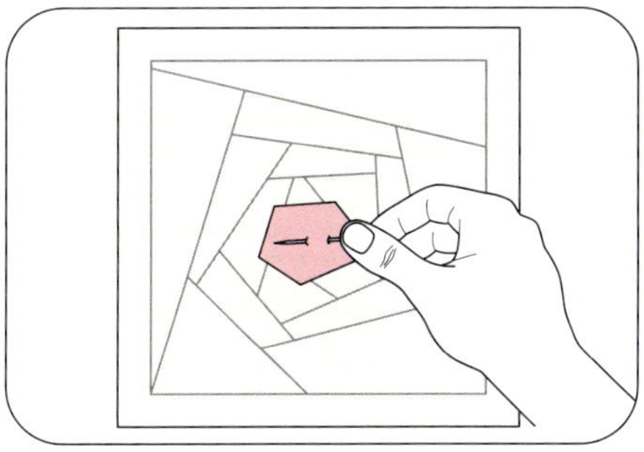

3 Legen Sie den Basisstoff mit der unmarkierten Seite nach oben. Legen Sie das erste Stoffstück mit der rechten Seite nach oben auf seine vorgesehene Stelle und stecken Sie es fest. Prüfen Sie auf der Rückseite, ob das Stoffstück alle Nählinien des Feldes bedeckt.

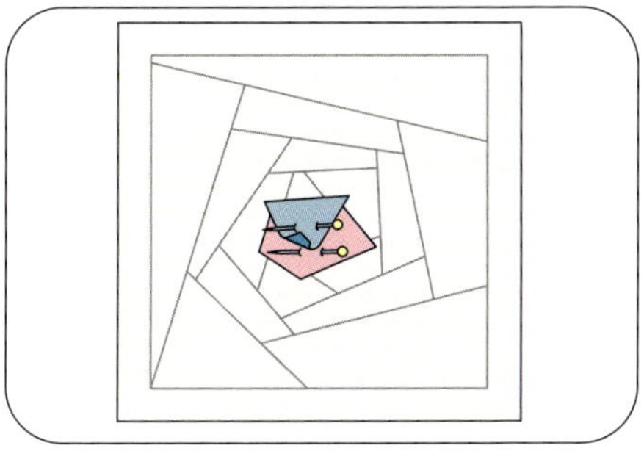

4 Legen Sie das zweite Stoffstück rechts auf rechts über das erste, die Kanten liegen bündig aufeinander, so dass es nach dem Festnähen und Aufklappen auf dem zweiten Feld auch richtig liegt. Stecken Sie es fest.

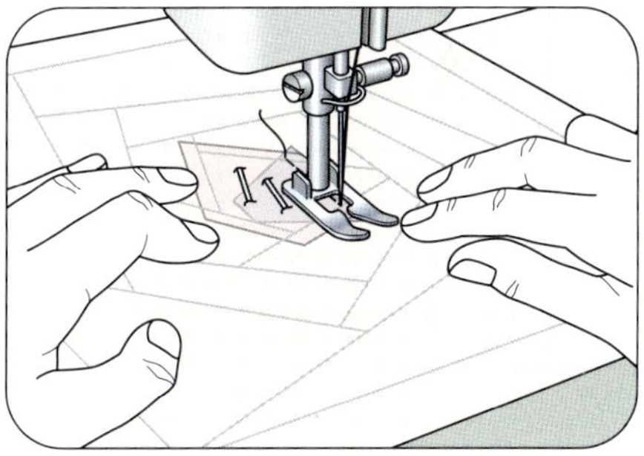

5 Arbeiten Sie nun auf der markierten Seite des Basisstoffs. Nähen Sie auf der gezeichneten Nählinie zwischen Feld 1 und Feld 2. Wenden Sie die Arbeit und falten Sie das zweite Stoffstück auf, so dass es auf dem richtigen Feld liegt.

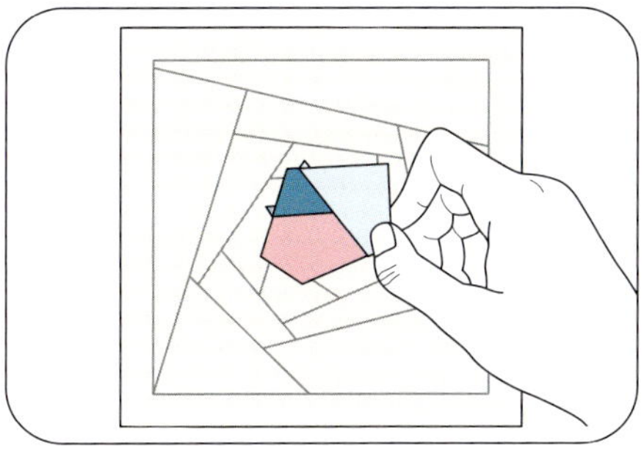

6 Legen Sie das dritte Stoffstück rechts auf rechts so auf, dass es nach dem Nähen und Aufklappen auf dem dritten Feld richtig liegt. Stecken und nähen Sie es fest.

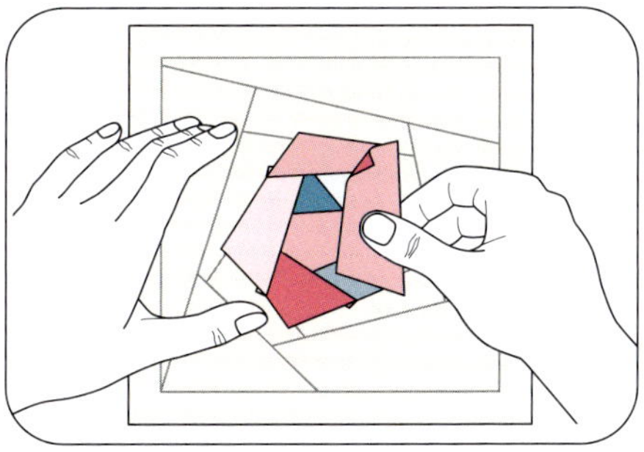

7 Fahren Sie so fort und nähen Sie alle Teile fest. Folgen Sie der Nähreihenfolge auf dem Basisstoff.

8 Sind alle Teile aufgenäht, bügeln Sie den Block und schneiden Sie die Außenkanten gerade.

Quilt-as-you-go

Bei dieser Methode werden die einzelnen Blöcke schon beim Nähen mit Vlies gefüttert, so dass sie nach dem Zusammennähen nur noch mit Rückseite und Einfassung versehen werden müssen. Durch die Nähtechnik ist der Quilt bereits gequiltet. Mit dieser Technik kann auch ein kleiner Quilt genäht werden.

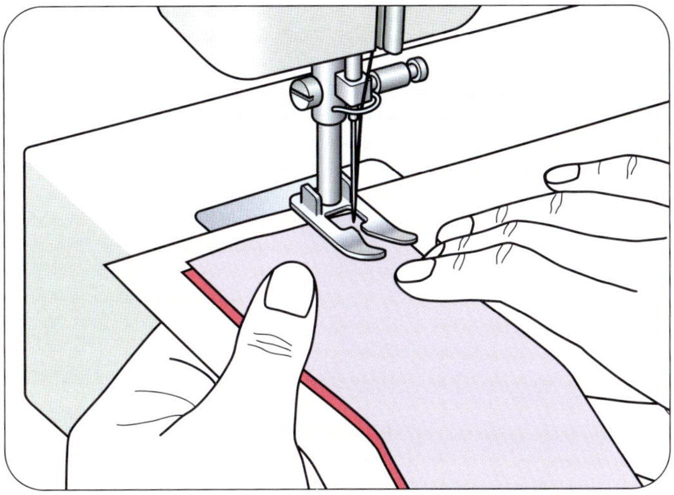

1 Schneiden Sie das Vlies etwa 5 cm (2 in) größer zu als den fertigen Block oder Quilt. Schneiden Sie alle Stoffstreifen für den kompletten Block zu. Nehmen Sie die ersten beiden Streifen und legen Sie sie kantengenau rechts auf rechts aufeinander. Platzieren Sie die linke Kante der Streifen entlang der linken Vlieskante. Nähen Sie im Abstand von 0,6 cm (¼ in) an der rechten Stoffkante durch alle drei Lagen. Falten Sie den oben liegenden Streifen auf, so dass die rechte Stoffseite oben liegt.

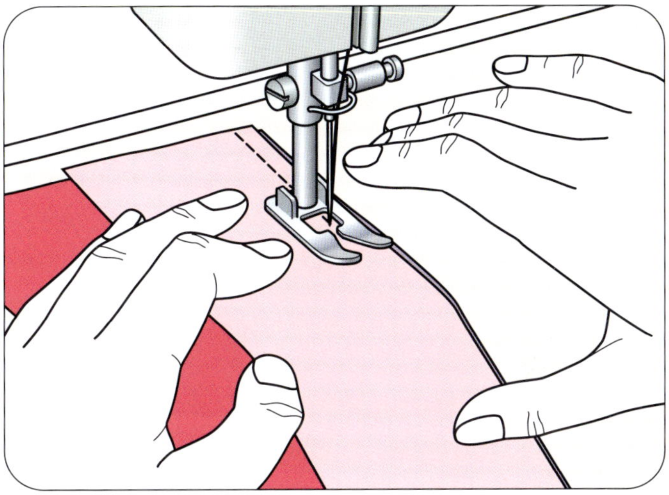

2 Nehmen Sie den dritten Streifen zur Hand und legen Sie ihn rechts auf rechts über den zweiten, die rechten Kanten bündig. Nähen Sie im Abstand von 0,6 cm (¼ in) an der rechten Kante entlang durch alle Lagen. Falten Sie den dritten Streifen auf, so dass die rechte Stoffseite oben liegt.

3 Fahren Sie so fort, bis das ganze Stück Vlies mit Stoff bedeckt ist. Schneiden Sie die Kanten auf das gewünschte Maß zu.

Maschinennähen

Beim Zusammennähen von Streifen ist es oft nicht nötig, diese mit Stecknadeln zu stecken oder zu heften, obwohl gerade Nähte etwas Übung verlangen. Schneiden Sie die Streifen exakt zu und verwenden Sie den 0,6 cm-(¼ in-)Fuß der Nähmaschine oder die Markierungen auf der Stichplatte, damit die Nahtzugaben gleich breit bleiben.

Streifen

Streifen sind vielleicht die einfachsten Formen, die man aneinandernähen kann. Trotzdem gibt es eine große Vielfalt von interessanten Mustern, die nur aus Streifen entstehen. Das wohl bekannteste Streifenmuster ist das Blockhaus/Log Cabin. Es ist schon so alt, dass niemand mehr weiß, woher es ursprünglich stammt.

Gartenzaun | Rail Fence

Das traditionelle Zaunmuster besteht aus mindestens drei Farben, die zuerst als Streifen aneinandergesetzt und dann zu Quadraten geschnitten werden. Diese gestreiften Quadrate werden abwechselnd gedreht, so dass sich ein Stufenmuster bildet. Der Block kann als Viererblock oder als Neunerblock genäht werden. Die Blöcke können so zusammengefügt werden, dass sich ein übergeordnetes Sekundärmuster ergibt.

Einen Rail-Fence-Block nähen

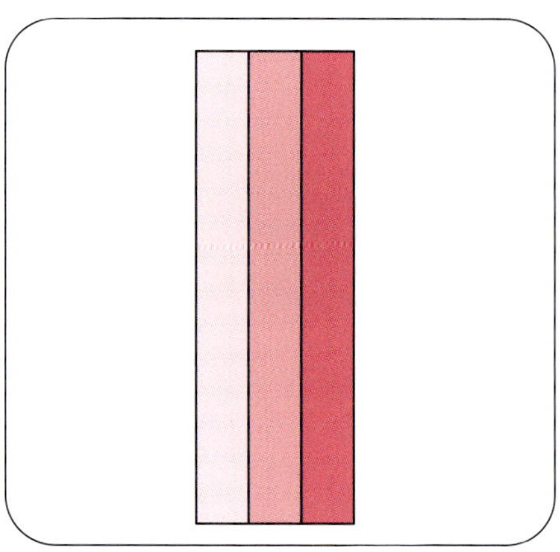

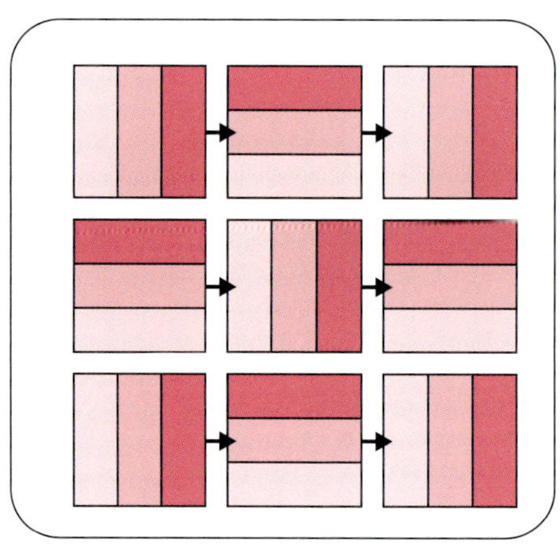

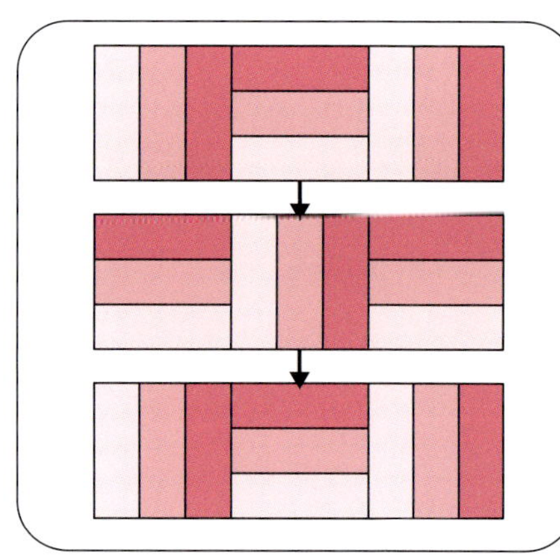

1 Schneiden Sie Streifen in den Farben A, B und C gleich breit zu. Nähen Sie sie an ihren langen Seiten mit 0,6 cm (¼ in) Nahtzugabe aneinander. Bügeln Sie die Nahtzugaben zu einer Seite. Schneiden Sie die zusammengesetzten Streifen zu quadratischen Einheiten.

2 Ordnen Sie die Einheiten längs- und querliegend an. Nähen Sie sie zu drei Reihen, wie abgebildet. Bügeln Sie die Nahtzugaben in entgegengesetzte Richtungen.

3 Fügen Sie die drei Reihen zum Block zusammen. Achten Sie darauf, dass sich die Nähte perfekt kreuzen. Stecken Sie deshalb beim Zusammennähen der Reihen Stecknadeln durch beide Nähte, um das Verrutschen zu verhindern. Bügeln Sie die Nahtzugaben, wenn möglich, in verschiedene Richtungen, damit der Block flach liegt.

Korbgeflecht | Basketweave

Dieser Block besteht aus nur zwei Farben, die im Wechsel gelegt werden. Wenn die zusammengesetzten Quadrate wie beim Rail Fence angeordnet werden, bildet sich das Flechtmuster.

Vierfarbiger Rail Fence

Bei vier verschiedenen Farben erhalten Sie einen ähnlichen Effekt wie beim einfachen Rail Fence, das Stufenmuster liegt jedoch weiter auseinander.

Ziegel | Brick

Wie der Name sagt, besteht das Ziegelmuster aus rechteckigen, versetzt angeordneten Rechtecken wie bei einer Mauer. Wenn Sie die Streifenmethode verwenden, wird das Ziegelmuster gleichmäßig, es sei denn, Sie trennen einige der Nähte auf und drehen die Streifen. Sobald Sie die Rechtecke einzeln zuschneiden, können Sie die Farben ganz nach Zufall anordnen.

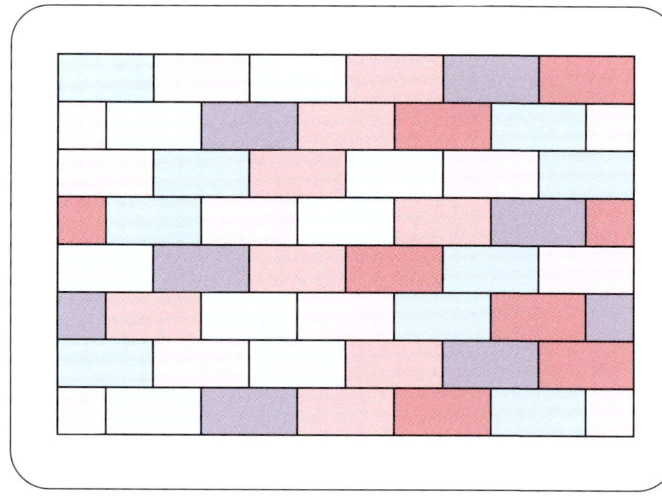

Einen Ziegelblock nähen

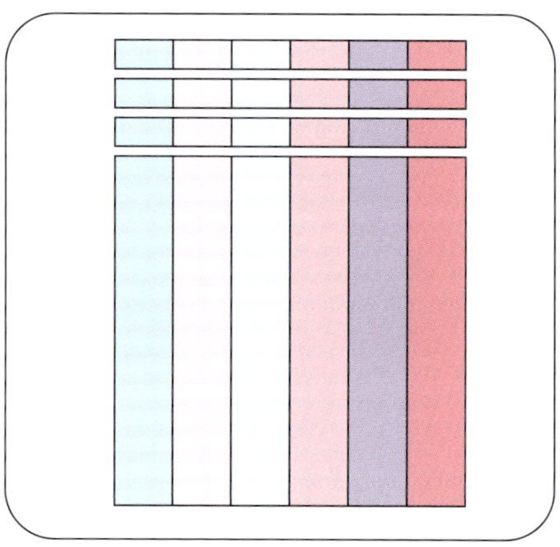

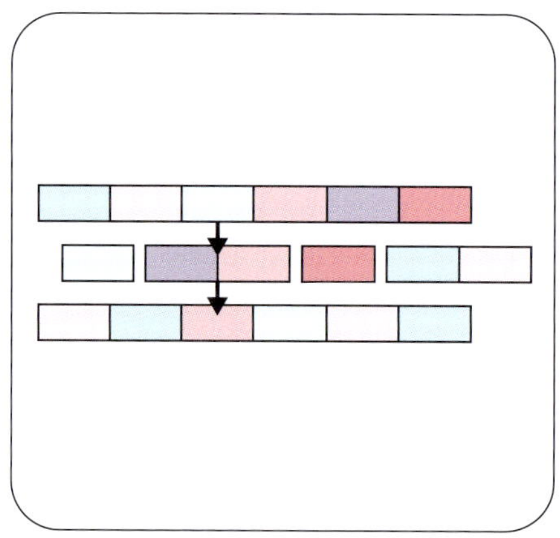

1 Schneiden Sie viele gleich breite Streifen aus unterschiedlichen Stoffen zu. Nähen Sie sie an den Längskanten mit 0,6 cm (¼ in) Nahtzugabe zusammen. Bügeln Sie die Nahtzugaben zu einer Seite. Dann schneiden Sie von der Streifenfläche Abschnitte ab. Die Breite der Abschnitte sollte halb so breit sein wie die Breite der Streifen.

2 Legen Sie zwei Abschnitte nebeneinander, die Rechtecke jeweils um die Hälfte versetzt, so dass die Nähte in den Mitten der oberen Rechtecke liegen. Für einen mehr zufälligen Effekt trennen Sie einige der Nähte zwischen den Ziegeln auf und drehen Sie die Streifen, bis die Fläche interessant genug ist.

3 Schließen Sie die kurzen Nähte erneut. Nähen Sie nun die Abschnitte aneinander, ohne die Nähte zu verschieben. Schneiden Sie die seitlich überstehenden Stoffstücke gerade ab.

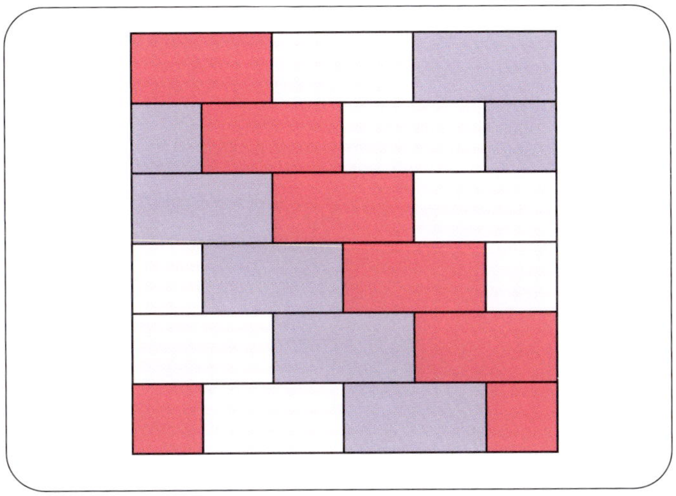

Handnähen

Kleine Stoffstücke können von Hand mit Vor- oder Rückstichen zusammengenäht werden. Nähen Sie die Vorstiche gleichmäßig und klein.

Bleiben Sie auf der Nählinie und nähen Sie nicht über die Nahtzugaben hinweg, andernfalls enden Sie mit unterschiedlich großen Blöcken. Vielleicht müssen Sie einige Nähte nachschneiden, um Beulen zu vermeiden.

Londoner Treppen | London Stairs

Wenn Sie die Nähte zwischen den Ziegeln nicht auftrennen, bevor Sie die Einheiten aneinandersetzen, bildet sich ein gleichmäßiges Treppenmuster, das als London Stairs bekannt ist.

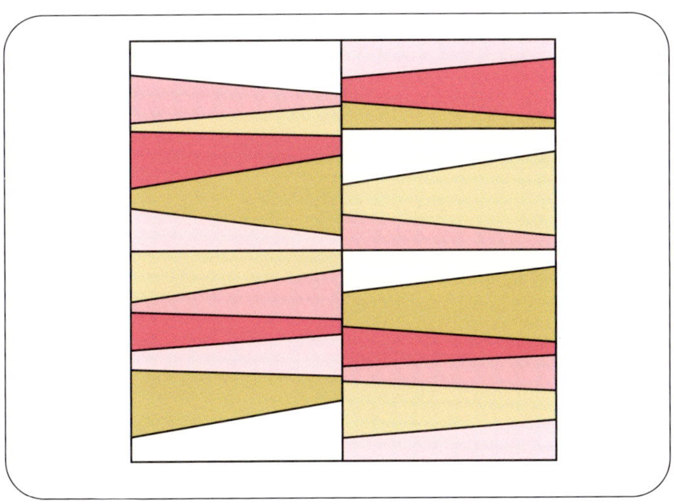

Reststreifen vernähen 1

Oft bleiben beim Zuschneiden mit dem Rollschneider ungleich breite Stoffstreifen übrig. Diese können zu interessanten Mustern verarbeitet werden. Nähen Sie die Streifen an den Längskanten zu einem Streifenstoff zusammen. Bügeln Sie die Nahtzugaben zu einer Seite und schneiden Sie dann quadratische Blöcke zu, die nun wie bei diesem Viererblock unterschiedlich angeordnet werden können.

Reststreifen vernähen 2

Drehen Sie die quadratischen Streifenblöcke, ergibt sich eine mehr zufällige Anordnung, die dem Gartenzaun/Rail Fence ähnlich ist.

Blockhaus | Log Cabin

Dies ist das wohl bekannteste Patchworkmuster. Es ist einfach genug für eine Anfängerin, doch durch die vielfältigen Anordnungsmöglichkeiten ist es auch bei fortgeschrittenen Quilterinnen sehr beliebt. Das Mittelquadrat ist traditionell meist aus Rot geschnitten und stellt das Herdfeuer dar, um welches die „Balken" des Hauses genäht werden.

Einen Blockhausblock nähen

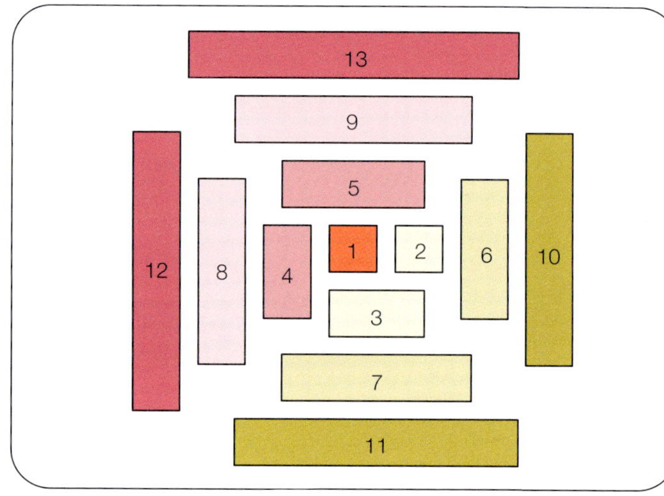

1 Schneiden Sie gleich breite Streifen aus verschiedenen hellen und dunklen Stoffen. Das mittlere Quadrat ist genauso breit wie die Streifen. Schneiden Sie ein Quadrat aus hellem Stoff (Streifen 2). Streifen 3 (hell) und 4 (dunkel) sind doppelt so lang wie breit. Streifen 5 (dunkel) und 6 (hell) sind dreimal so lang wie breit. Fahren Sie so fort und nähen Sie die Streifen im Uhrzeigersinn an, so dass alle hellen Streifen auf der einen Seite und alle dunklen Streifen auf der anderen Seite des Blocks liegen. Bügeln Sie die Nähte jeweils nach außen.

Log Cabin

Die Streifen, die um das Mittelquadrat herum genäht werden, können die gleiche Breite wie das Mittelquadrat haben, aber auch schmaler oder breiter sein. Es kommt ganz darauf an, welche Wirkung Sie erzielen möchten.

Verschiedene Anordnungen des klassischen Blockhausblocks

Das Blockhausmuster ist vor allem deshalb so beliebt, weil der Block in vielen Anordnungen zusammengesetzt werden kann und sich immer wieder neue, übergeordnete Sekundärmuster bilden. Einige klassische Anordnungen sind hier und auf den folgenden Seiten gezeigt, doch sind die Kombinationsmöglichkeiten fast endlos.

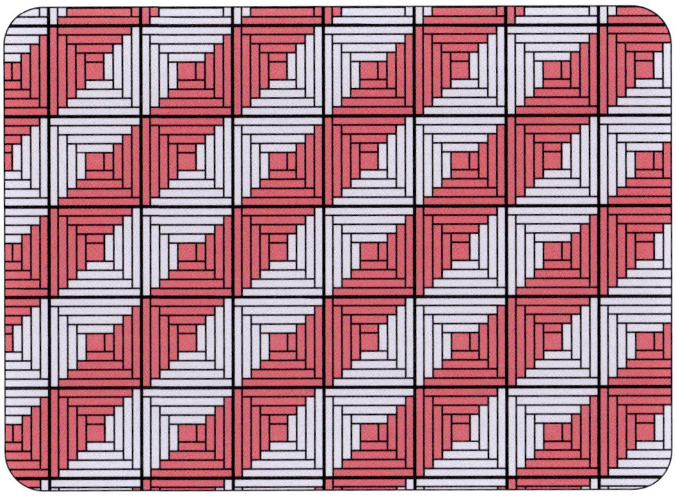

Gerade Furche | Straight Furrow

Diese Anordnung erzeugt starke diagonale Streifen über den ganzen Quilt – eine Anspielung auf Licht und Schatten auf einem frisch gepflügten Feld.

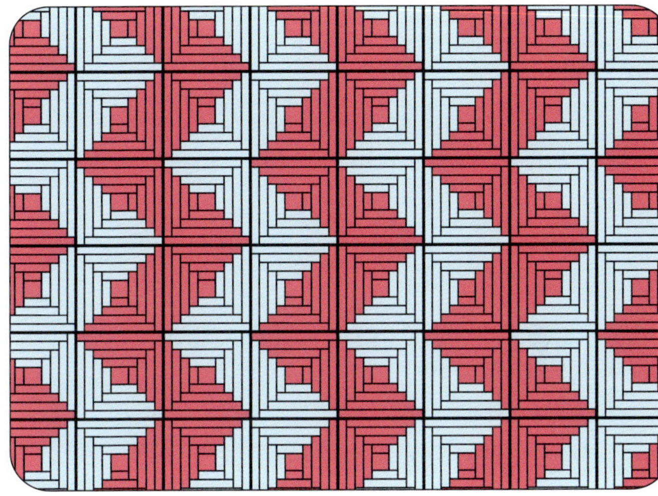

Blitzstrahl | Streak of Lightning

Die Zickzacklinien sehen wie Blitze aus. Wenn die Zackenlinie auf der halben Strecke die Richtung wechselt, nennt man dies Zickzack und Quadrate; wenn die Zacken quer über den Quilt verlaufen, entsteht das Wellenmuster.

Stufen | Steps

Es gibt vielerlei Stufenmuster. Dieses ist vielleicht das einfachste, das deutliche Stufen bildet.

Diamant-Stern | Diamond Star

Eine Kombination aus Zickzack und einem zentralen, auf Spitze stehendem Quadrat bildet das Muster Diamond Star.

Sonne und Schatten | Sunshine and Shadow

Man kennt das Muster auch als „Hell und Dunkel/Light and Dark". Der Effekt entsteht dadurch, dass jeder Block in jeder Reihe mit einer anderen Farbe beginnt. Entscheiden Sie, ob die hellen oder dunklen Blockhälften an den Rändern liegen sollen. Die hellen bilden eine hellere Außenkante, die dunklen eine dunkle.

Helle und dunkle Quadrate | Light and Dark Diamonds

Dieses Muster kann ganz unterschiedlich interpretiert werden. Es zeigt helle und dunkle auf Spitze stehende Quadrate im Wechsel.

Blockhaus-Stern | Log Cabin Star

Hier wird ein zentraler Stern aus Blockhausblöcken von unterschiedlich gelegten Blockhausblöcken umgeben.

Funkelnder Diamant | Scintillating Diamond

Die Form des mittleren, auf Spitze stehenden Quadrats wird bis zum Rand des Quilts mit Echolinien wiederholt, die wie die Wellen auf einer Wasseroberfläche wirken.

Scheunenbau | Barn Raising

Konzentrisch angeordnete, auf Spitze gestellte Formen bilden das klassische Barn-Raising-Muster. Beachten Sie, dass das mittlere Quadrat dunkel ist.

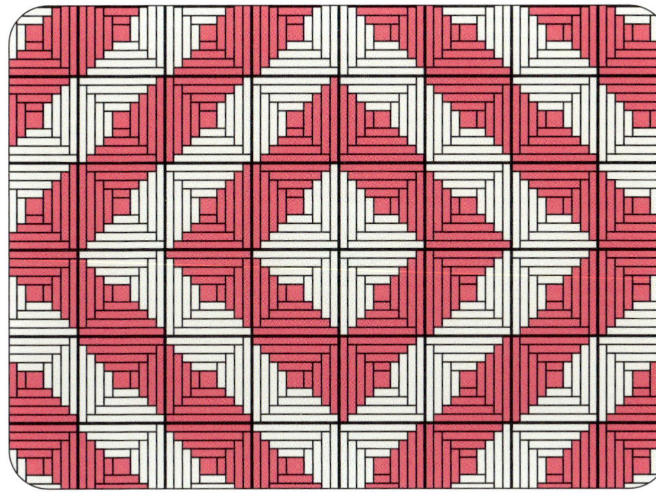

Loch im Scheunentor | Hole in the Barn Door

Diese Anordnung ist im Prinzip die gleiche wie beim Barn Raising, doch das mittlere Quadrat ist hell und stellt das „Loch" im Scheunentor dar.

Malteser Scheunenbau | Maltese Barn Raising

Eine Variation der Barn-Raising-Anordnung ist diese Art, bei der jeder Blockhausblock von dunklen Streifen eingerahmt wurde, wodurch die Strenge des Musters gemildert wird.

Windrad | Pinwheel

Werden die Blöcke abwechselnd gelegt, so dass immer eine helle an eine dunkle Kante stößt, entsteht das Windradmuster. Dieses Thema kann auch noch auf viele andere Arten bearbeitet werden.

Stufen zum Gericht
Log Cabin Courthouse Steps

Diese Variante des Blockhausblocks ist so aufgebaut, dass sich die hellen und die dunklen Streifen gegenüberliegen.

Einen Courthouse-Step-Block nähen

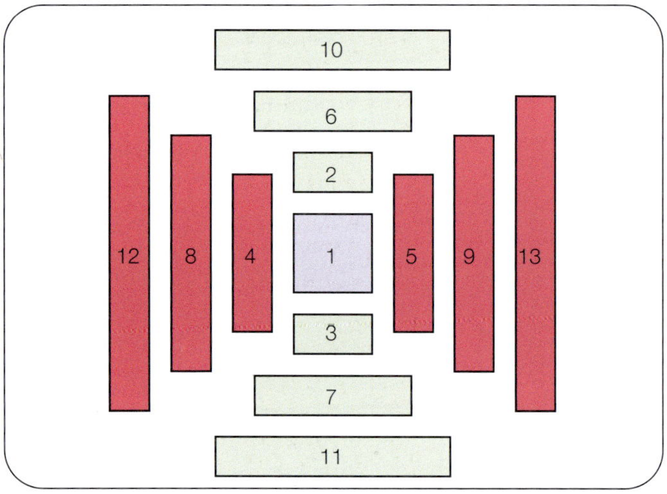

1 Schneiden Sie gleich breite Streifen aus hellen und dunklen Stoffen. Das mittlere Quadrat kann genauso breit wie die Streifen sein oder breiter. Legen Sie das Quadrat bereit und schneiden Sie zwei gleiche Quadrate (oder Streifen) in hellem Stoff zu (Streifen 2 und 3), die Sie oben und unten an das Mittelquadrat nähen. Die Streifen 4 und 5 (dunkel) sind dreimal so lang wie das Mittelquadrat breit ist und kommen an die Seiten. Streifen 6 und 7 sind ebenfalls dreimal so lang wie das Mittelquadrat breit ist und werden oben und unten angesetzt. Nähen Sie die hellen Streifen immer oben und unten, die dunklen seitlich an.

Anordnungen für das Courthouse-Step-Muster

Der Courthouse-Step-Block ist sehr linear und bietet sich von selbst zu einer reihenförmigen Anordnung an. Auch lässt er sich gut mit Blockhausblöcken kombinieren, siehe Beispiele auf den Seiten 119–120.

Variation 1

Die hellen und dunklen Streifen laufen jeweils pro Reihe abwechselnd senkrecht und waagerecht.

Variation 2

Die Blöcke sind hier in waagerechten Reihen angeordnet, jeweils abwechselnd mit den hellen Streifen senkrecht oder waagerecht laufend.

Variation 3

Wenn die Mittelquadrate die gleiche Farbe haben wie die Streifen 4 und 5 und auch gleichlaufend angeordnet werden, ergibt sich ein Schachbrettmuster.

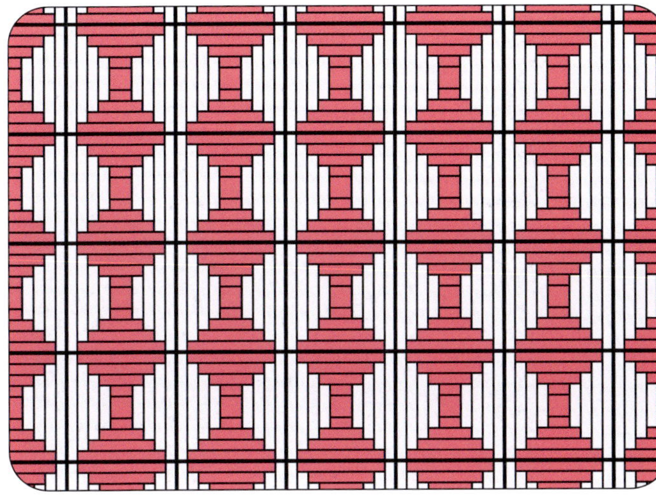

Variation 4

Ähnlich Variation 3. Hier haben die Mittelquadrate die gleiche Farbe wie die Streifen 2 und 3, und die Blöcke wirken linearer.

Variation 5

Hier sind die Blöcke abwechselnd senkrecht und einmal waagerecht gesetzt, was ein interessantes Sekundärmuster ergibt.

Blöcke bügeln

Einen etwas verschobenen Block können Sie mit dem Dampfbügeleisen wieder in Form bringen. Andererseits kann ein feuchter Block leicht aus der Form geraten. Seien Sie also beim Dampfbügeln vorsichtig.

Bügeln Sie Nahtzugaben zum dunklen Stoff hin, damit sie nicht durch die Quiltoberseite schimmern.

Ananas | Log Cabin Pineapple

Der Ananasblock ist auch als „Windmühlenflügel/Windmill Blades“ bekannt. Das Muster beginnt mit einem Mittelquadrat, das auch auf Spitze stehen kann. Die „Balken“ können als Dreiecke beginnen, die immer mehr zu Streifen mit 45°-Enden werden. Die Anordnung der Farben führt zu sehr unterschiedlichen Wirkungen, wie die Beispiele zeigen.

Ananas-Basisblock

Hier sind die waagerechten „Balken“ alle in der gleichen, die senkrechten jedoch in zweierlei Farben gehalten, wodurch bei der Anordnung der Blöcke die Linien unterbrochen werden. Beachten Sie auch das achteckige Ananasmuster, bei dem senkrechte und waagerechte Balken die gleiche Farbe haben.

Achteckiger Ananasblock

Mit nur zwei Farben, so wie hier, wird der lineare Eindruck völlig aufgelöst. Es entsteht ein sich wiederholendes Achteckmuster.

Fliegende-Gänse-Ananas-Block 1

Durch das Hinzufügen von Fliegende-Gänse-Dreiecken gewinnt der Ananasblock an Komplexität. Es entsteht ein Schachbrettmuster, dessen Felder durch eine Linie von kontrastierenden Farben voneinander abgesetzt sind.

Fliegende-Gänse-Ananas-Block 2

In diesem Beispiel wurden die Blöcke genau wie in Variante 1 genäht, außer dass das Mittelquadrat in der gleichen Farbe gehalten ist wie die Fliegende-Gänse-Dreiecke und die Blöcke jeweils mit der hellen und dunklen Seite aufeinandertreffen.

Andere Blockhausmuster

Es gibt noch viel mehr Blockhausmuster, die teils für sich allein wirken, teils aber erst in Kombination mit anderen, wodurch sich ein besonderer Effekt herausbildet.

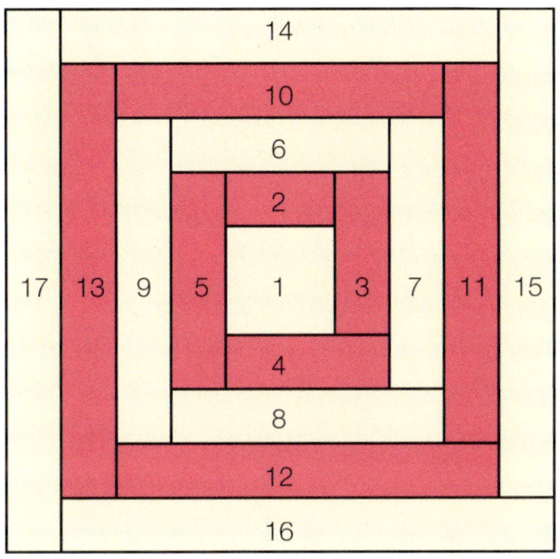

Hütte im Baumwollfeld | Cabin in the Cotton
Dieser Block entsteht wie der normale Blockhausblock, die hellen und dunklen „Balken“ führen jedoch in jeder Reihe konzentrisch um die gesamte Mitte herum.

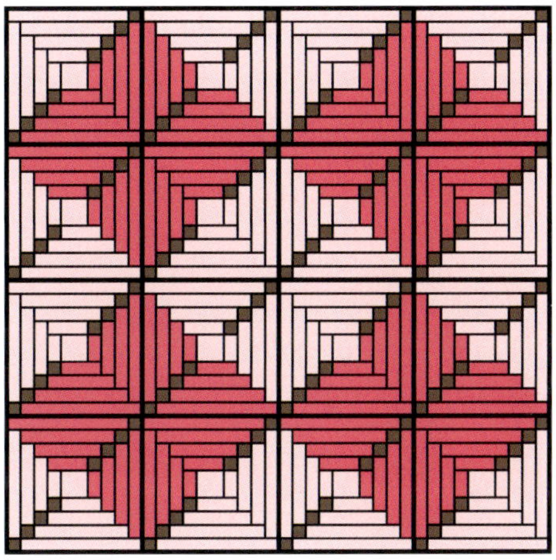

Kamine und Ecksteine | Chimneys and Cornerstones
Bei dieser Variante des Blockhausblocks wird an jedem zweiten Streifen ein kleines Quadrat angesetzt, bevor er an den Block genäht wird. So entsteht eine diagonale Reihe von Quadraten schräg über den Block.

Dick und Dünn | Thick and Thin
Diesen Block nennt man auch „Verschobenes Blockhaus/Off Centre Log Cabin“. Hier sind um das Mittelquadrat auf den ersten zwei Seiten breite Streifen, auf den nächsten zwei Seiten schmale Streifen angenäht. Diese Blöcke können in allen üblichen Anordnungen gelegt werden, doch der Effekt ist völlig anders.

Andere Formen von Blockhausblöcken

Einen Blockhausblock müssen Sie nicht zwingend mit einem Quadrat beginnen. Andere geometrische Formen führen zu sehr interessanten und ungewöhnlichen Ergebnissen, doch sind die Möglichkeiten verschiedener Anordnungen etwas eingeschränkt.

Gleichseitiges Dreieck
Dieser Block ist etwas schwierig zu nähen, denn mindestens zwei der Kanten sind im schrägen Fadenlauf geschnitten. Da ein Dreieck eine ungerade Kantenanzahl hat, müssen die „Balken" in ganzen Runden angenäht werden – entweder im oder gegen den Uhrzeigersinn.

Rechtwinkliges Dreieck
Bei diesem Dreieck liegen zwei Seiten im geraden Fadenlauf, wodurch die Form relativ stabil bleibt. Zwei dieser Formen können zu einem Quadrat zusammengesetzt werden.

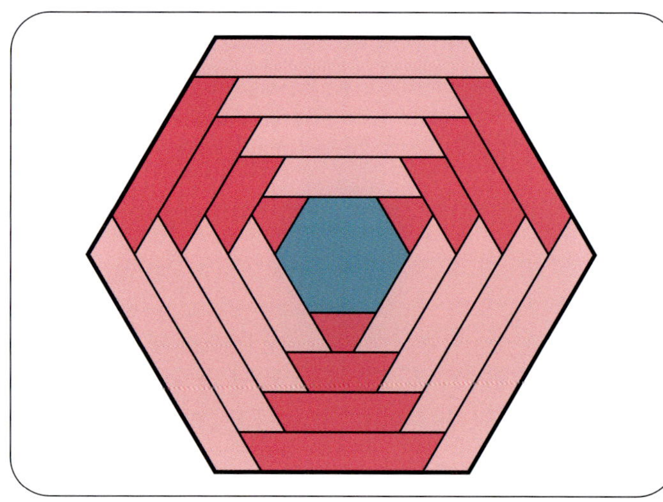

Sechseck | Hexagon
Das Hexagon ist ebenfalls ein Block mit Herausforderung, denn nur zwei der Kanten können im geraden Fadenlauf liegen. Durch die gerade Anzahl von Seiten ist es möglich, entweder rundum oder an jeweils gegenüberliegenden Kanten zu nähen. Sechseckige Blöcke können entweder allein oder mit dreieckigen und rautenförmigen Füllblöcken kombiniert werden.

Fünfeck | Pentagon

Es ist nicht einfach, eine Anordnung für den Fünfeckblock zu finden, da er sich nicht mit anderen Formen kombinieren lässt. Aber für ungewöhnliche moderne Muster eignet er sich sehr gut. Wieder bedeutet die ungerade Zahl von Kanten, dass die „Balken" nur reihum angenäht werden können.

Achteck | Octagon

Die gleiche Anzahl von Kanten erlaubt das Annähen der Balken reihum (wie hier gezeigt) oder gegenüber von Seite zu Seite. Die Achtecke wirken gut allein, können aber auch mit auf Spitze gestellten Füllquadraten kombiniert werden.

Raute | Diamond

Mit den Blockhausblöcken in Rautenform können Sie alle Muster legen, die mit Rauten möglich sind. Die „Balken" können reihum oder auf gegenüberliegende Seiten genäht werden.

Halbes Blockhaus/Zickzack | Chevron

Hier liegt das erste Quadrat in einer Ecke, die „Balken" werden nur an zwei Seiten angenäht. Die hellen können an der einen, die dunklen an der anderen platziert werden, wie hier gezeigt, oder sie wechseln pro Reihe.

Verschiedene Anordnungen mit Blockhausblöcken

Sobald Sie mehr als eine Art von Blockhausblöcken verwenden, erhalten Sie noch viele weitere interessante Variationen.

Gerechtigkeit | Justice

Stufen zum Gericht/Courthouse Steps und Blockhaus-Basisblock.

Totempfähle | Totem Poles

Courthouse Steps und Blockhaus-Basisblock.

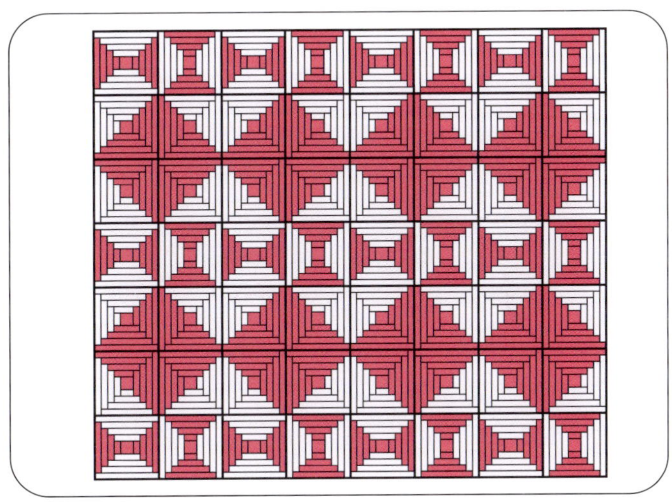

Fliegen (Krawattenschleifen) | Bow Ties

Courthouse Steps und Blockhaus-Basisblock.

Bügelregeln

Wenn Sie die Nahtzugaben auseinanderbügeln, vermindert sich zwar die Haltbarkeit der Naht, aber sie wird weicher, besonders wenn die Quiltstiche parallel zu den Nähstichen verlaufen.

Wenn Sie Stoffe in verschiedenen Stärken verwenden, bügeln Sie die Nahtzugaben zu den leichteren Stoffen hin, um die Arbeit weich und gleichmäßig zu machen.

Manchmal widersprechen sich Bügelregeln – durch Versuch und Irrtum werden Sie die richtige Lösung in der entsprechenden Situation finden.

Mexikanisches Kreuz | Mexican Cross

Hütte im Baumwollfeld/Cabin in the Cotton und Blockhaus-Basisblock plus einfarbige Blöcke.

Flug ins Weltall | Space Flight

Hütte im Baumwollfeld und Blockhaus-Basisblock.

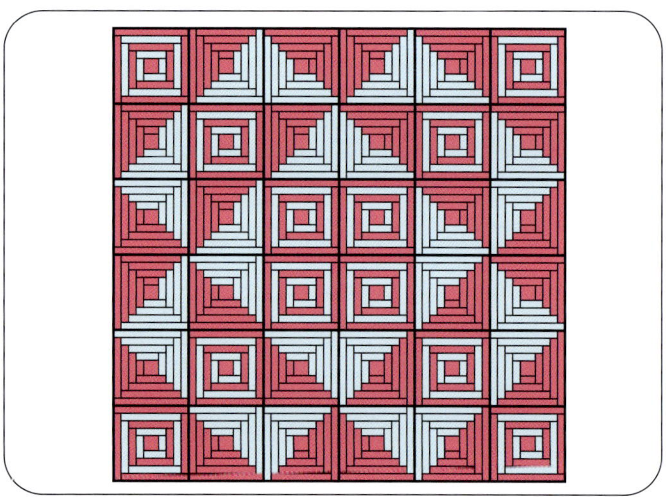

Quadrat im Quadrat im Quadrat | Square in a Square in a Square

Hütte im Baumwollfeld und Blockhaus-Basisblock.

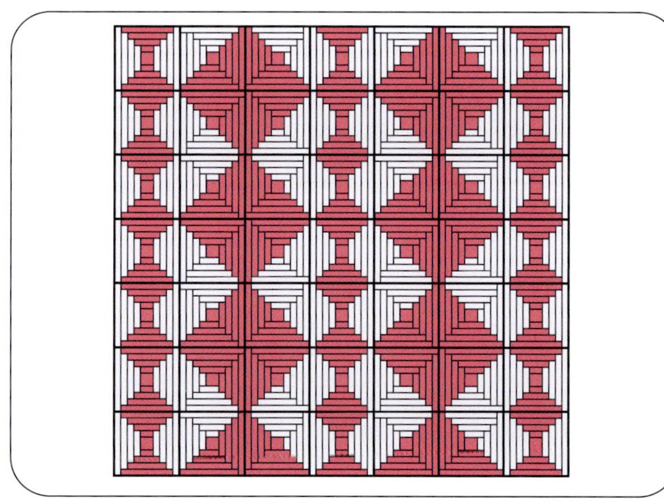

Kleine und große auf Spitze stehende Quadrate

Stufen zum Gericht und Blockhaus-Basisblock.

Hütte im Baumwollfeld

Der Hütte-im-Baumwollfeld-Block (siehe Seite 115) wird normalerweise mit anderen Blockmustern kombiniert und eignet sich hervorragend dafür, um eine Art Balance im Gesamtbild des Quiltdesigns herzustellen.

Römische Streifen
Roman Stripe

Die Römischen Streifen sind ein dankbares Muster für Anfängerinnen. Es sieht schwierig aus, und Sie können einige wirkungsvolle Muster legen, ohne dass es kniffelige Ecken oder Winkel zu nähen gibt. Das Muster findet sich oft in Amisch-Quilts, meist mit einem schwarzen oder blauen Dreieck und unifarbenen, leuchtenden Streifen. Es gibt viele schöne Variationen von Römischen Streifen. Hier werden nur einige gezeigt.

Einen Roman-Stripe-Block nähen

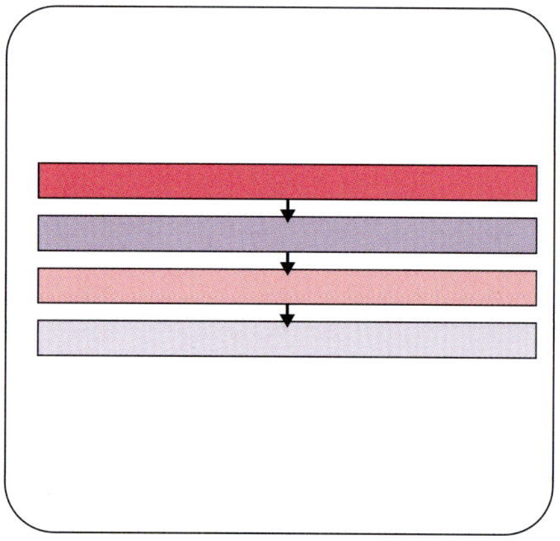

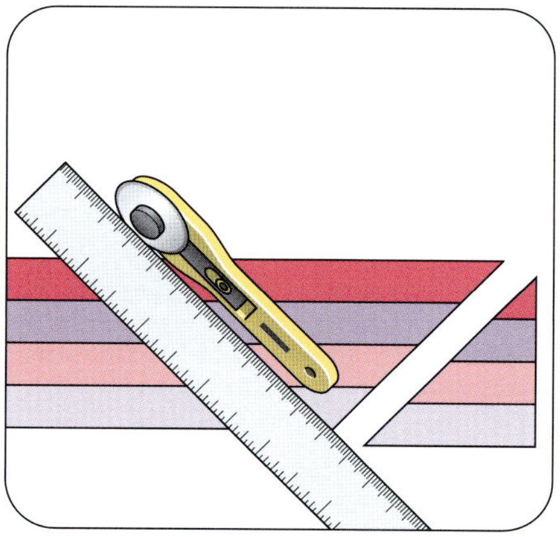

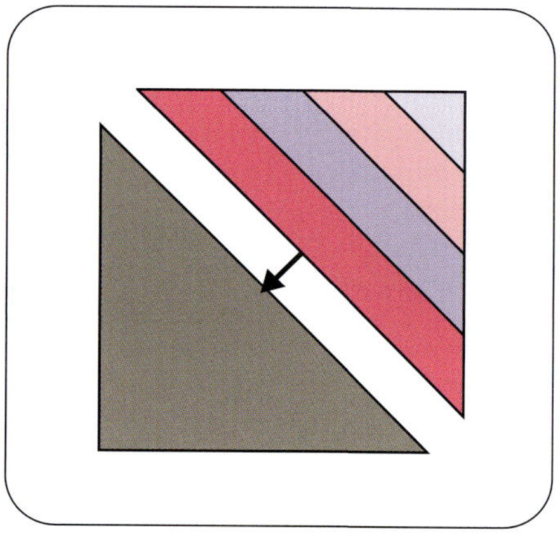

1 Schneiden Sie gleich breite Streifen aus den Stoffen A, B, C und D. Nähen Sie sie mit 0,6 cm (¼ in) Nahtzugabe an den Längskanten aneinander. Bügeln Sie alle Nahtzugaben in eine Richtung.

2 Legen Sie die zusammengesetzte Streifeneinheit mit der rechten Seite nach oben auf die Schneidematte. Messen Sie und schneiden Sie ein Ende im Winkel von 45° ab. Drehen Sie das Lineal um 90° und schneiden Sie einen zweiten 45°-Winkel, so dass Sie ein rechtwinkliges Dreieck erhalten. Schneiden Sie ein gleich großes Dreieck aus einem unifarbenen Stoff.

3 Nähen Sie die lange Kante des Streifendreiecks an die lange Kante des unifarbenen Dreiecks. Denken Sie daran, dass die Kante des unifarbenen Dreiecks im schrägen Fadenlauf liegt und nähen Sie entsprechend sorgfältig, um das Dreieck nicht zu verziehen.

Gestreifte Dreiecke

Dieser Block entsteht aus zwei verschiedenen Streifendreiecken, die wie für die Roman Stripes hergestellt werden. Sie werden jedoch ohne unifarbenes Dreieck zusammengesetzt. Die Streifen treffen im 45°-Winkel aufeinander. Das ist etwas kniffelig, denn die Nähte der Streifen müssen genau aufeinandertreffen.

Windrad-Dreieck | Pinwheel Triangle

Wieder beginnen Sie mit einer Streifeneinheit wie für die Römischen Streifen/Roman Stripes. Dann werden Quadrate abgeschnitten, die je einmal diagonal zu rechtwinkligen Dreiecken geteilt werden. Vier Dreiecke werden zusammengenäht, die rechtwinkligen Ecken weisen zur Mitte.

Dreiecke-Block

Die Elemente in diesem Block sind die gleichen wie bei den Roman Stripes, aber Sie brauchen zwei Streifendreiecke und zwei unifarbene Dreiecke. Dieser Block kann so angeordnet werden, dass sich gestreifte und unifarbene Quadrate bilden oder dass gestreifte und unifarbene Kanten aneinandertreffen.

Kreuz des Königs | King's Cross

Dieser Block ist schwieriger, als er aussieht, da er aus acht Dreiecken mit je zwei Stoffen entsteht. Die Spitze ist in jedem Dreieck jeweils aus dem gleichen Stoff, nur die Streifen sind unterschiedlich. Zwei unterschiedliche Dreiecke werden an den langen Kanten zum Quadrat zusammengenäht. Dann werden die Quadrate zu einem Viererblock angeordnet (siehe Seiten 130–131).

Seminole

Das traditionelle Seminole-Patchwork stammt aus dem frühen 20. Jhd. und wurde von den Frauen der Seminole-Indianer in Florida entwickelt. Unifarbene, leuchtende Stoffe werden zunächst zu Streifeneinheiten genäht, dann zerschnitten, gedreht und zu verschiedenen geometrischen Mustern neu zusammengefügt. Die Seminole-Muster wurden ursprünglich auf Röcken und Taschen angewendet, weniger auf Quilts. Auch heute noch bedecken sie selten eine ganze Quiltfläche. Die Technik eignet sich gut für schöne und kompliziert wirkende Patchworkbordüren.

Einen Seminole-Block nähen

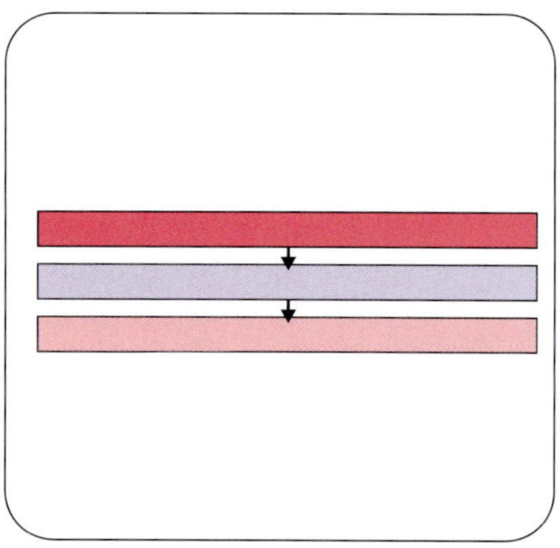

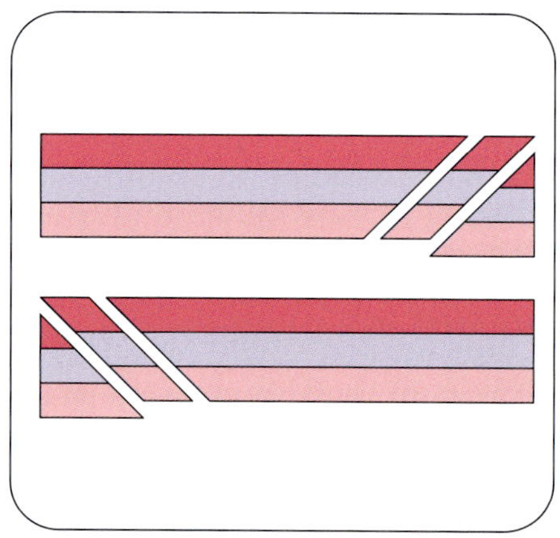

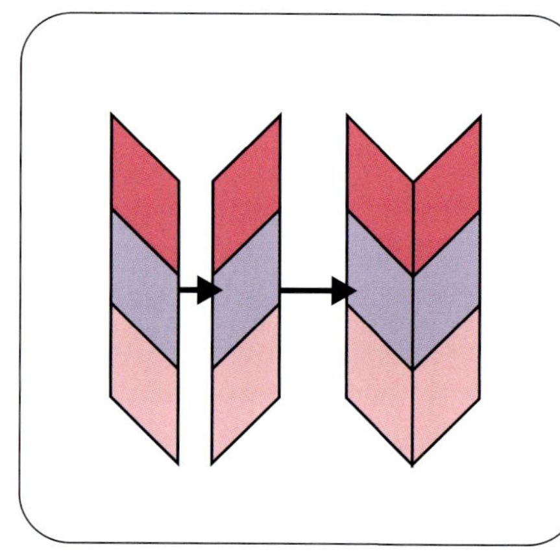

1 Schneiden Sie gleich breite Streifen aus drei leuchtenden Stoffen A, B und C. Nähen Sie die Streifen mit 0,6 cm (¼ in) Nahtzugabe an den langen Seiten aneinander. Bügeln Sie die Nahtzugaben in eine Richtung. Arbeiten Sie eine zweite identische Streifeneinheit.

2 Schneiden Sie das rechte Ende der ersten Streifeneinheit im 45°-Winkel ab und dann viele gleich breite Abschnitte entlang der ganzen Einheit. Schneiden Sie das linke Ende der zweiten Streifeneinheit im 45°-Winkel ab (diesmal entgegengesetzt zum ersten 45°-Winkel) und schneiden Sie wieder gleich breite Abschnitte entlang der ganzen Einheit.

3 Legen Sie je einen Abschnitt von der ersten und der zweiten Streifeneinheit im Wechsel aneinander, rechte Stoffseite nach oben, so dass gleiche Farben immer aufeinandertreffen. Nähen Sie die Abschnitte an ihren langen Seiten aneinander. Verfahren Sie so mit allen Abschnitten. Nähen Sie die Paare aneinander und bilden Sie eine Zickzackreihe.

Seminole-Patchwork

Da die Stoffteile beim Seminole-Patchwork sehr klein und oft schräg geschnitten sind, wird Seminole gerne in unifarbenen, leuchtenden Stoffen genäht. Manchmal werden auch kleingemusterte Stoffe verwendet.

Einfache Zickzackreihe | Single Chevron

Obwohl es völlig anders wirkt, ist die einfache Zickzackreihe wie der zuvor beschriebene Seminole-Block genäht. Jeder zweite Abschnitt wurde lediglich gedreht, so dass die dunkle Farbe einmal oben und einmal unten zu liegen kommt. Dadurch tritt die Zickzacklinie besonders stark hervor.

Doppelte Zickzackreihe | Double Chevron

Dieser Block wird aus vier Streifen genäht, wobei die Randstreifen jeweils aus dem gleichen Stoff bestehen. Wenn jeder zweite Abschnitt gedreht wird, wirkt die Zickzackreihe wie ein Schachbrett.

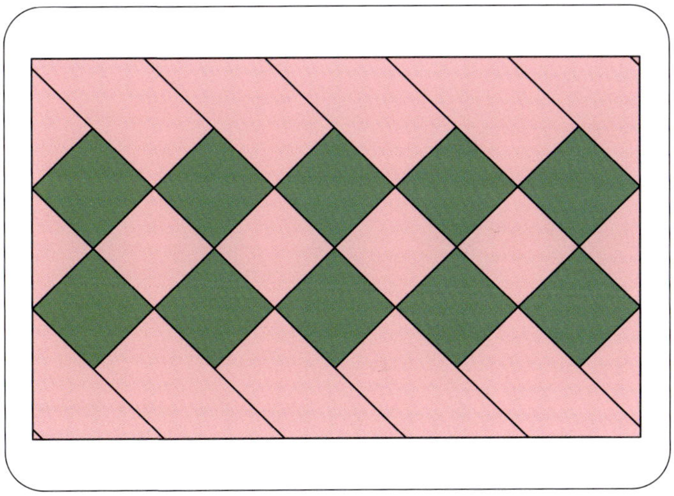

Auf Spitze gestellte Quadrate | Diamonds

Für dieses Muster werden zwei breite Streifen aus dem Hauptstoff und drei schmale Streifen, einer aus dem Hauptstoff und zwei aus dem Kontraststoff, geschnitten. Nähen Sie die Streifen so aneinander, dass die beiden breiten Streifen außen liegen und die drei schmalen im Wechsel in der Mitte. Begradigen Sie ein Ende der Streifeneinheit und schneiden Sie parallel zur Kante Abschnitte, die so breit sind wie die schmalen Streifen. Nähen Sie diese Abschnitte längsseits aneinander, indem Sie die Quadrate jeweils um eins versetzen. Dadurch stehen die Quadrate auf der Spitze. Begradigen Sie alle Kanten und schneiden Sie den Block zu.

Stufen | Steps

Dieses einfache, aber wirkungsvolle Muster entsteht, indem drei Stoffstreifen in verschiedenen Breiten aneinandergenäht werden. Schneiden Sie von dieser Streifeneinheit einzelne, gleich breite Abschnitte und setzen Sie sie jeweils gedreht aneinander, damit sich diese Stufen bilden.

Neunerblock
Nine-Patch

Auf dem Prinzip des Neunerblocks sind besonders viele Muster aufgebaut. Der Neunerblock bietet eine große Vielfalt von Kombinationsmöglichkeiten. Er kann entweder in Streifentechnik genäht werden, wie hier gezeigt, oder aus einzelnen Teilen zusammengesetzt sein, wie auf den Seiten 130–131 beschrieben.

Einen Neunerblock nähen

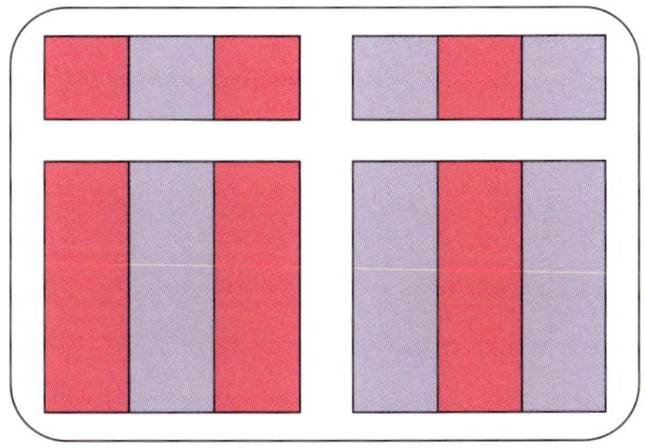

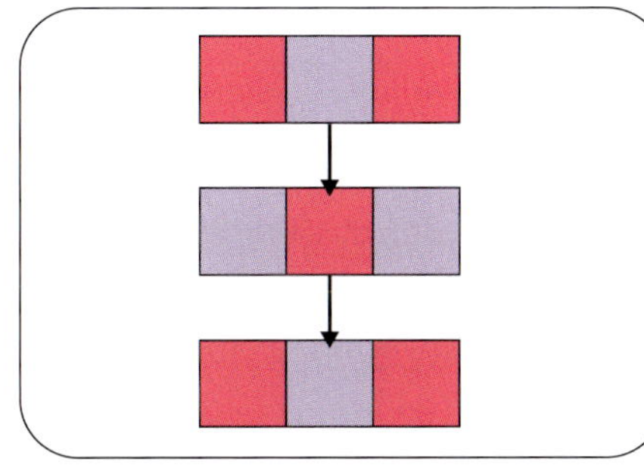

1 Schneiden Sie je drei gleich breite Streifen aus den Stoffen A und B. Jeder Streifen ist ein Drittel so breit wie der fertige Block plus 1,2 cm (½ in) Nahtzugabe. Legen Sie zwei Streifen aus A und einen Streifen aus B im Wechsel aneinander. Machen Sie das Gleiche mit zwei Streifen aus B und einem Streifen aus A. Sie haben nun eine Einheit ABA und eine BAB. Nähen Sie die Streifeneinheiten mit 0,6 cm (¼ in) Nahtzugabe aneinander. Bügeln Sie die Nahtzugaben zu einer Seite. Schneiden Sie die Streifeneinheiten zu Abschnitten, die ein Drittel so breit wie der fertige Block plus 1,2 cm (½ in) Nahtzugabe sind.

2 Nehmen Sie zwei Abschnitte der ersten Einheit und einen der zweiten. Legen Sie sie abwechselnd nebeneinander. Nähen Sie die Abschnitte mit 0,6 cm (¼ in) Nahtzugabe aneinander.

Doppelter Neunerblock

Dieser Neunerblock entsteht aus fünf kleinen Neunerblöcken, die mit vier Füllquadraten zu einem großen Neunerblock zusammengesetzt werden. Wenn mehrere dieser Blöcke aneinandergefügt werden, bilden die kleinen Quadrate ein diagonales Gitter über den ganzen Quilt. Vergleiche auch „Irische Kette/Irish Chain" auf den Seiten 128–129.

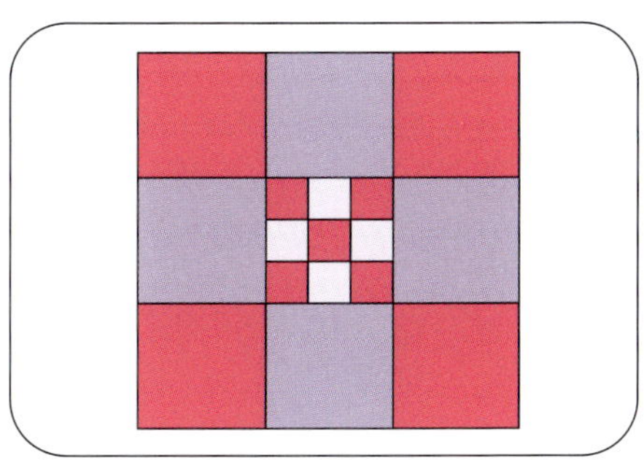

Doppelter Neunerblock, Variation

Eine schlichtere Version ist diese Variation, bei dem ein kleiner Neunerblock im Zentrum eines größeren liegt. Diese Anordnung wirkt perspektivisch verkleinernd, das große Kreuz spiegelt sich im kleinen.

Kette und Stundenglas
Chain and Hourglas

Hier bestehen fünf der Blöcke aus vier Dreiecken (siehe Seite 162), während die restlichen vier Blöcke wie Rail-Fence-Streifen gearbeitet sind (siehe Seiten 104–105). Von der Seite her gesehen sieht das Muster wie Kettenglieder aus, von unten betrachtet sieht man versetzte Stundengläser.

Irische Kette
Irish Chain

Trotz seines Namens stammt dieses Muster nicht aus Irland, doch ist es seit dem 19. Jhd. in England und Amerika sehr beliebt. Es gibt viele Varianten davon, auch die Doppelte Irische Kette, die hier ebenfalls gezeigt wird. Sie besteht aus zweierlei Blöcken, einer in viele, der andere in weniger Quadrate eingeteilt.

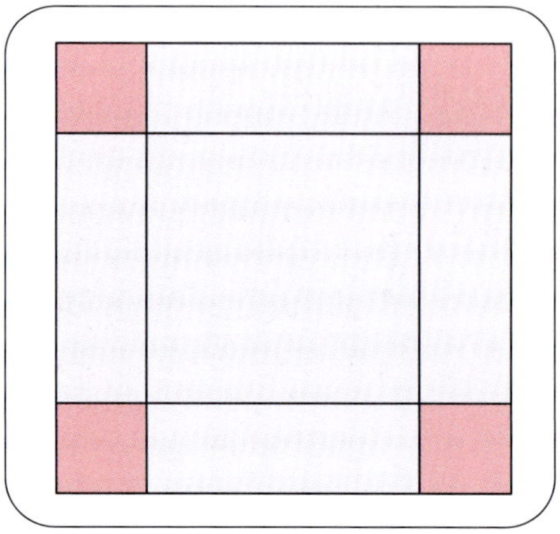

Eine Doppelte Irische Kette nähen

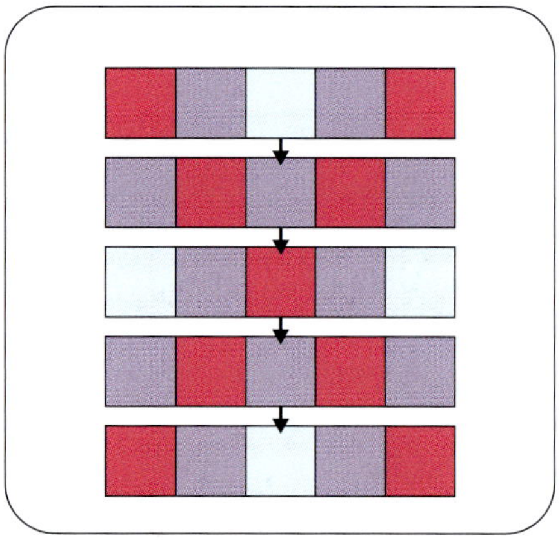

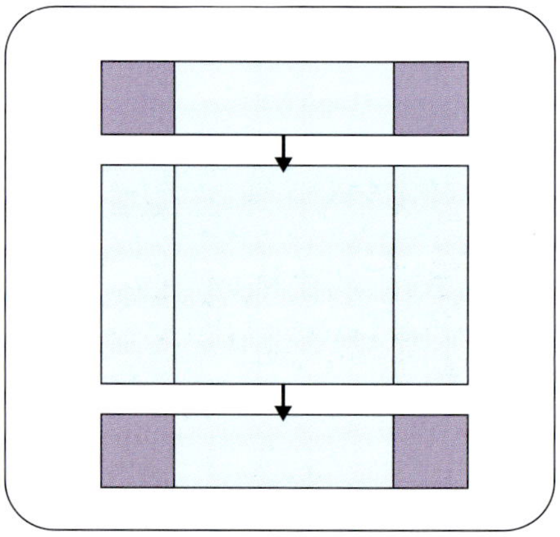

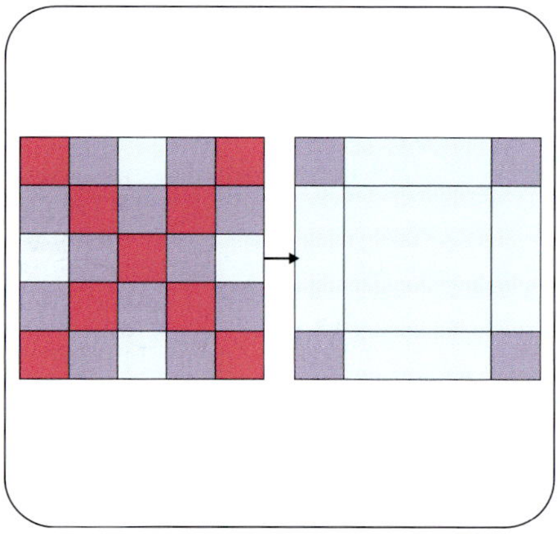

1 Schneiden Sie Streifen aus Stoff A, B und C, jeder ein Fünftel so breit wie der fertige Block plus 1,2 cm (1/2 in) Nahtzugabe. Nähen Sie die Streifen mit 0,6 cm (1/4 in) Nahtzugabe in folgenden Kombinationen zusammen: ABCBA, BABAB und CBABC. Schneiden Sie Abschnitte in der Breite von einem Fünftel des fertigen Blocks plus 1,2 cm (1/2 in) für die Nahtzugaben. Nähen Sie fünf der Abschnitte zu einem Block, wie oben gezeigt.

2 Schneiden Sie ein Mittelquadrat aus Stoff C, drei Fünftel so breit wie der fertige Block plus 1,2 cm (1/2 in) Nahtzugabe. Schneiden Sie vier Streifen aus Stoff C, jeweils ein Fünftel der fertigen Blockbreite plus 1,2 cm (1/2 in) Nahtzugabe, sowie einen Streifen in drei Fünftel Breite plus Nahtzugaben. Schneiden Sie vier Quadrate aus Stoff B, ein Fünftel Breite plus Nahtzugaben. Setzen Sie diese Teile mit 0,6 cm (1/4 in) Nahtzugabe zu Reihen, wie oben gezeigt, und dann die Reihen zum Block zusammen.

3 Setzen Sie die Blockpaare mit 0,6 cm (1/4 in) Nahtzugaben zusammen und achten Sie darauf, dass sich die Nahtkreuzungen genau treffen. Sicherheitshalber können Sie Stecknadeln durch zwei übereinanderliegende Nähte stecken, damit die Blöcke beim Zusammennähen nicht verrutschen.

Doppelte Irische Kette | Double Irish Chain

Sind alle Blöcke wie beschrieben fertig genäht, werden Sie zu einer traditionellen Irischen Kette angeordnet, die als diagonales Gitter über den Quilt verläuft.

Einfache Irische Kette | Single Irish Chain

Hier ist der zweite Block ein schlichtes Quadrat ohne Patchwork, und der zusammengesetzte Block besteht aus nur zwei Farben. Der schlichte Block eignet sich ideal für ein schönes Quiltmuster.

Dreifache Irische Kette | Triple Irish Chain

Eine deutlich kompliziertere Variante ist diese Dreifache Kette, bei der die zweiten Blöcke in drei Farben genäht sind. Das Kettenmuster ist deutlich komplexer, der zusammengesetzte Patchworkblock ist schwieriger zu quilten.

Eine Irische Kette planen

Bei der Planung eines Irish-Chain-Quilts müssen Sie bedenken, dass Sie mit zwei verschiedenen Blöcken arbeiten. Das Muster soll jedoch an den vier Ecken des Quilts symmetrisch enden, damit es gleichmäßig über den Quilt verläuft. Die vier Eckblöcke müssen also das gleiche Muster haben, und ein solcher Block liegt auch im Zentrum.

Quadrate und Dreiecke

Quadrate sind die Bausteine der ältesten bekannten Patchworkmuster und so einfach zu arbeiten wie Streifen, denn wieder nähen Sie nur gerade Nähte. Wenn Sie ein Quadrat diagonal teilen, erhalten Sie zwei rechtwinklige Dreiecke. Viele traditionelle Muster basieren auf diesen beiden Formen, entweder einzeln oder in Kombination.

Viererblock | Four-Patch

Das Viererblockmuster ist sehr unkompliziert und einfach zu nähen, doch kann es je nach Anordnung der Stoffe und Blöcke unterschiedlich aussehen. Die Quadrate können, wie hier gezeigt, einzeln zusammengesetzt werden oder mit der gleichen Streifentechnik, wie auf Seite 127 für den Neunerblock beschrieben.

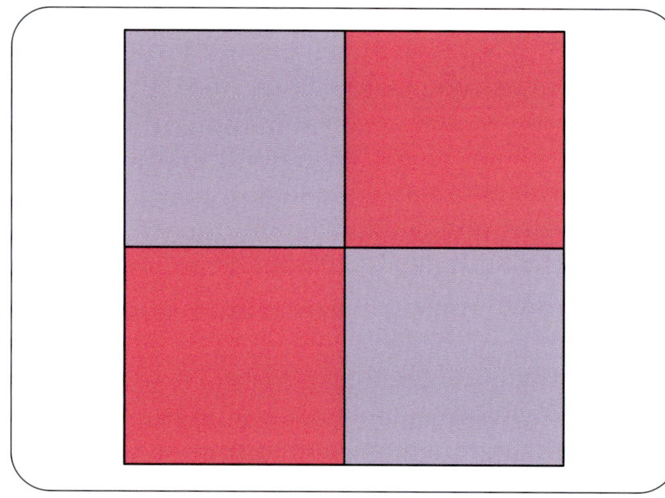

Einen Viererblock nähen

1 Schneiden Sie je zwei gleich große Quadrate aus den Stoffen A und B.

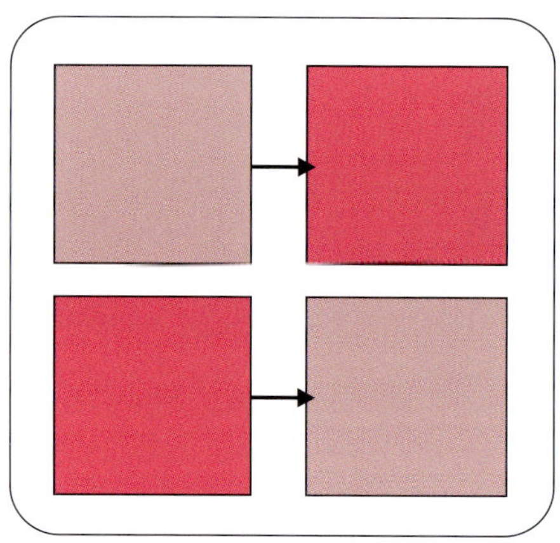

2 Nähen Sie je ein Quadrat aus A mit 0,6 cm (1/4 in) Nahtzugabe an ein Quadrat aus B.

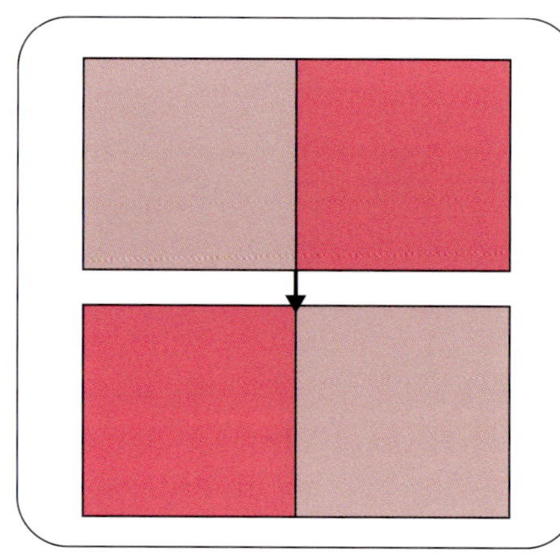

3 Passen Sie die mittlere Nahtkreuzung genau aufeinander – stecken Sie ggf. eine Stecknadel durch beide Nähte – und nähen sie die Paare zusammen, A liegt an B und B liegt an A.

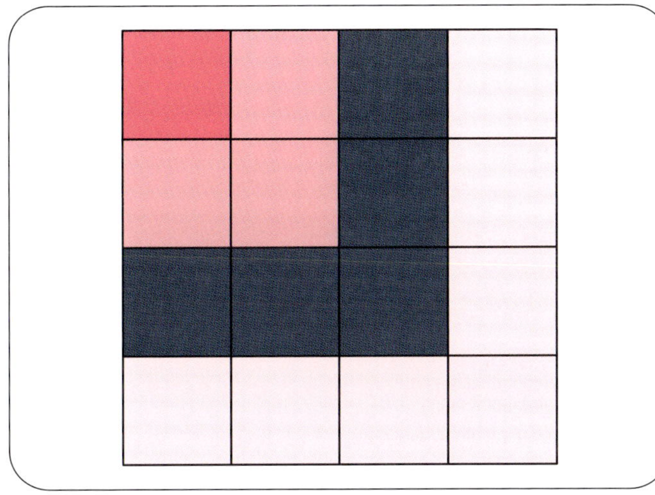

Doppelter Viererblock | Double Four-Patch

Der Block – auch als Sechzehnerblock bekannt – wird durch vier Viererblöcke gebildet. Wenn Sie zwei kontrastierende Farben verwenden, wirkt er wie hier wie ein Schachbrett. Sind die Farben Ton in Ton gehalten, ist das Ergebnis mehr einem Mosaikmuster ähnlich.

Doppelter Viererblock, Variation

Der Block hat vier verschiedene Stoffe, besteht aber aus nur zwei unterschiedlichen Viererblöcken. Der obere linke und der untere rechte haben die gleiche Anordnung – nämlich ein Quadrat mit drei andersfarbigen Quadraten. Die anderen beiden Einheiten sind identisch, nur anders gelegt. Der Block kann in mehreren Variationen angeordnet werden: In Linien zu einer Zickzackreihe, im Kreis zu konzentrischen Quadraten oder – auf Spitze gestellt – als abstrakte Blüte. Mit dazwischengesetzten Füllquadraten erweitern sich die Variationsmöglichkeiten.

Viererblöcke und Quadrate

Dieser einfache, aber wirkungsvolle Block entsteht aus zwei Viererblöcken und zwei einfachen Quadraten. Die schlichten Füllquadrate dieses Musters bieten den perfekten Raum für Quiltmotive.

Arbeit mit Viererblöcken

Ein Viererblock sieht sehr einfach aus, doch sind viele andere und schwierigere Muster darauf aufgebaut. Die einzelnen Quadrate können aus anderen Formen bestehen, wie bei den „Scherben/Broken Dishes“ und seinen Varianten (siehe Seiten 134–135) sowie beim „Weg des Betrunkenen/Drunkard’s Path“ (siehe Seiten 168–169).

Freundschaftsstern
Friendship Star

Auf den ersten Blick sieht dieser Block schwierig aus, doch ist er nur eine einfache Variation des Neunerblocks. Er besteht aus Quadraten und rechtwinkligen Dreiecken, also einfachen Formen, die leicht zu schneiden sind. Abhängig von der Anordnung der Stoffe kann das Ergebnis immer wieder anders aussehen.

Einen Freundschaftsstern nähen

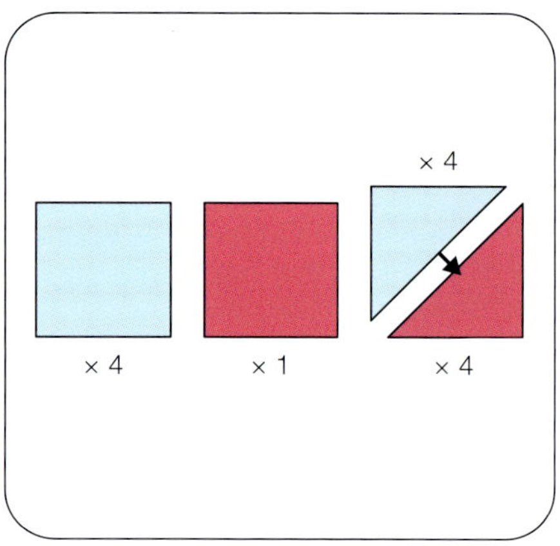

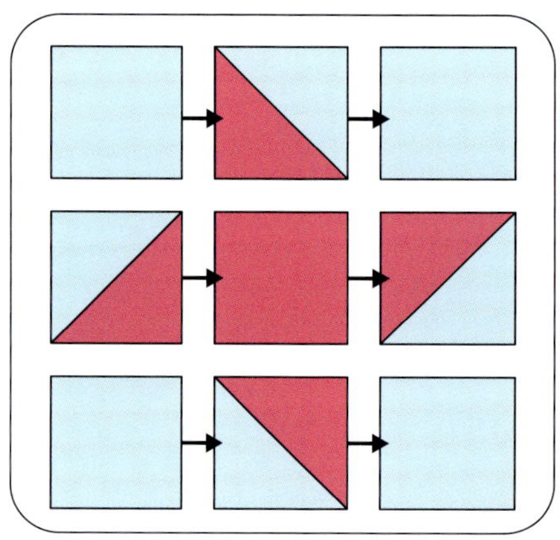

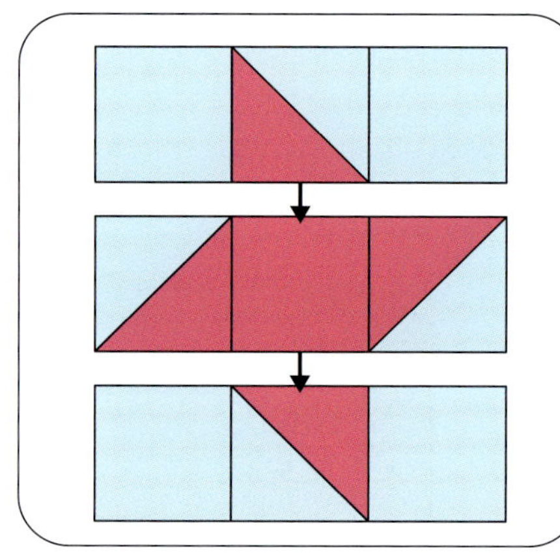

1 Schneiden Sie zwei Quadrate aus Stoff A und zwei aus Stoff B. Teilen Sie jedes einmal diagonal zu insgesamt vier rechtwinkligen Dreiecken pro Stoff. Setzen Sie je ein Dreieck aus A und ein Dreieck aus B an den langen Seiten mit 0,6 cm (¼ in) Nahtzugabe aneinander. Nähen Sie die anderen Dreiecke ebenso zu Quadraten. Verwenden Sie eine der zusammengesetzten Dreieckseinheiten als Zuschneideschablone für vier Quadrate aus Stoff A und eines aus Stoff B.

2 Legen Sie die Quadrate wie hier gezeigt aus. Nähen Sie die drei oberen Quadrate mit 0,6 cm (¼ in) Nahtzugabe zu einer Reihe, dann die mittleren und die unteren genauso. Bügeln Sie die Nahtzugaben zu einer Seite.

3 Passen Sie die Nahtkreuzungen sorgfältig an und nähen Sie die drei Reihen zum Block zusammen, wieder mit 0,6 cm (¼ in) Nahtzugabe.

Quadrate aus zwei Dreiecken

Eine schnelle Methode, solche Quadrate zu nähen, finden Sie in den Schritten 1 und 2 auf Seite 134.

Wenn Sie Formen mit Spitzen verarbeiten, müssen Sie absolut genau messen und nähen. Siehe Seite 98 über das Zusammennähen von einfachen und zusammengesetzten Einheiten.

Neunerblock-Stern | Nine-Patch Star

Dieser Block entsteht auf die gleiche Weise wie in den vorhergehenden Schritten beschrieben, allerdings sind die vier Eckquadrate mit einem andersfarbigen Dreieck zusammengesetzt, wodurch sich der Stern zu drehen scheint.

Buchsbaum oder Formaler Garten | Box or Formal Garden

Formale Gärten waren früher durch Buchsbaumhecken eingeteilt, was den zweiten Namen dieses Blocks erklären könnte. Er entsteht auf exakt die gleiche Weise wie der Neunerblock-Stern, jedoch aus nur zwei Farben.

Milchstraße | Milky Way

Dieses Muster sieht auf den ersten Blick aus, als wären nur Freundschaftssterne aneinandergenäht, doch ist es in Wirklichkeit viel komplexer. Die Eckblöcke der Sterne bestehen aus Viererblöcken, die in verschiedene Richtungen weisen. Sie könnten einige Freundschaftssterne mit jeweils einem Viererblock in den Ecken nähen und diese dann mit Streifen von Dreiecke-Block/schlichtes Quadrat/Dreiecke-Block usw. verbinden. Wiederholen Sie die Reihe nach Bedarf.

Alternativ dazu können Sie auch viele Viererblöcke und Quadrate aus zwei Dreiecken nähen und die ganze Fläche in Reihen aufbauen, mit den schlichten Quadraten dazwischen und den mittleren Sternenquadraten, wie es das Muster verlangt.

Scherben | Broken Dishes

Der Scherbenblock basiert auf dem einfachen Viererblock. Traditionell werden vier der hier gezeigten Einheiten zu einem großen Block zusammengefügt und dann im Wechsel mit einem schlichten Block gleicher Größe kombiniert. Wenn Sie verschiedene Schattierungen von zwei gleichen Farben verwenden, ergibt sich ein herrlicher Effekt wie von Bruchstücken.

Einen Scherbenblock nähen

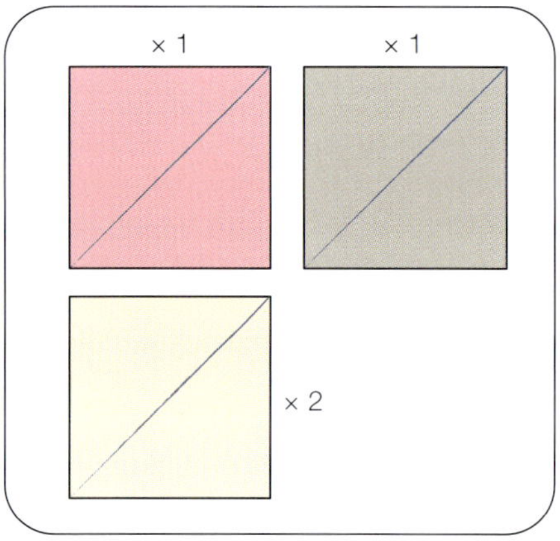

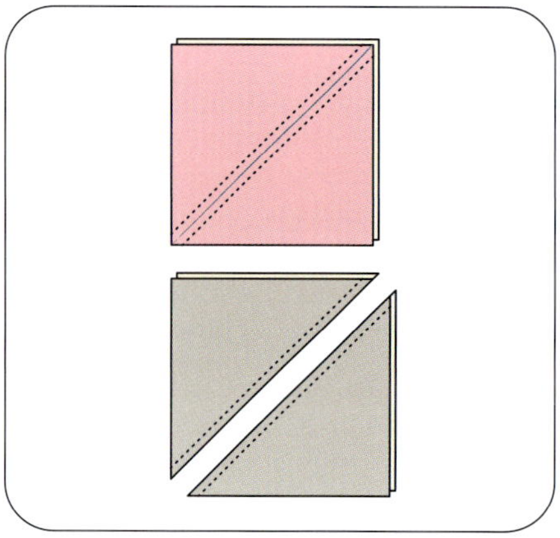

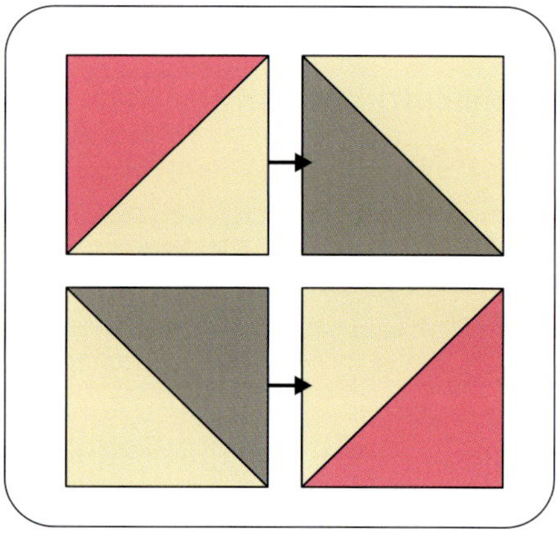

1 Schneiden Sie für jeden Block je ein Quadrat aus Stoff A und B und zwei Quadrate aus Stoff C. Zeichnen Sie eine Diagonale auf die linke Stoffseite der Quadrate aus Stoff C, ohne dabei den Fadenlauf zu dehnen.

2 Legen Sie je ein Quadrat C rechts auf rechts auf eines aus Stoff A und eines aus Stoff B. Das Quadrat mit der eingezeichneten Diagonale liegt oben. Nähen Sie 0,6 cm (¼ in) neben der Linie entlang, drehen Sie das Teil und nähen Sie auf der anderen Seite der Linie wieder im Abstand von 0,6 cm (¼ in) zurück. Schneiden Sie die Stoffe entlang der Diagonallinie auseinander und bügeln Sie die Quadrate. Bügeln Sie die Nahtzugaben zu einer Seite.

3 Nähen Sie jeweils zwei der Dreiecke-Blöcke – eines mit Stoff A und eines mit Stoff B wie gezeigt aneinander. Achten Sie auf gerade Nahtkreuzungen und setzen Sie die Stoffpaare zum Block zusammen.

Südstaaten-Schönheit | Southern Belle

Dieses lebhafte Muster hat das gleiche Zentrum wie der Scherbenblock, doch die äußeren Dreiecke sind noch einmal in kleinere unterteilt, die dem Motiv einen Dreheffekt verleihen.

Frieden und Wohlstand | Peace and Plenty

Auch dieses Muster ist eine Variation von Broken Dishes und entsteht aus einer Serie von Dreiecke-Blöcken in derselben Weise. Der mittlere Block weist etwas andere Stoffe auf, die in Windradform angeordnet sind (siehe Seiten 136–137).

Fantasievolle Streifen | Fancy Stripe

Dieser Block ist einfach zu nähen, denn er entsteht aus sechzehn gleichen Quadraten aus je zwei Dreiecken. Das Quadrat in der Mitte ergibt sich aus der Anordnung der Teile. Werden sie als Quadrat angeordnet, ergeben die Eckdreiecke wiederum eigene Quadrate. Alternativ dazu kann der Block wie hier auf Spitze gestellt und mit Füllquadraten kombiniert werden.

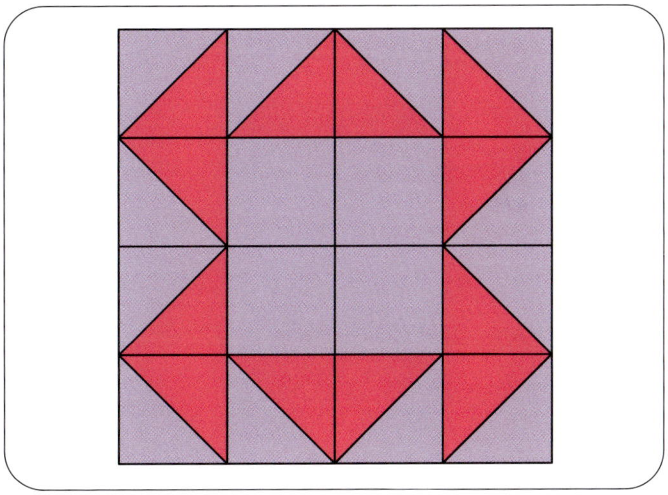

Bussardnest | Buzzard's Roost

Das Zentrum dieses Blocks besteht aus vier schlichten Quadraten, ringsherum sind jedoch Quadrate, die aus jeweils zwei Dreiecken zusammengesetzt wurden, angeordnet. In Reihen gesetzt bilden die Dreiecke an den Seiten wiederum Quadrate, die auf Spitze stehen.

Windrad | Pinwheel

Die Dreiecke dieses Viererblocks sind so angeordnet, dass sie um den Mittelpunkt zu rotieren scheinen. Der Block wird „Windmühle/Windmill, Windrad/Pinwheel, Wirbelnde Klingen/ Flutter Blades“ genannt. Das Muster ist stets lebhaft und voll Bewegung und ist in vielerlei Anordnungen möglich. Es gibt viele Varianten des Basisblocks, weswegen es bei Patchworkerinnen sehr beliebt ist.

Einen Windradblock nähen

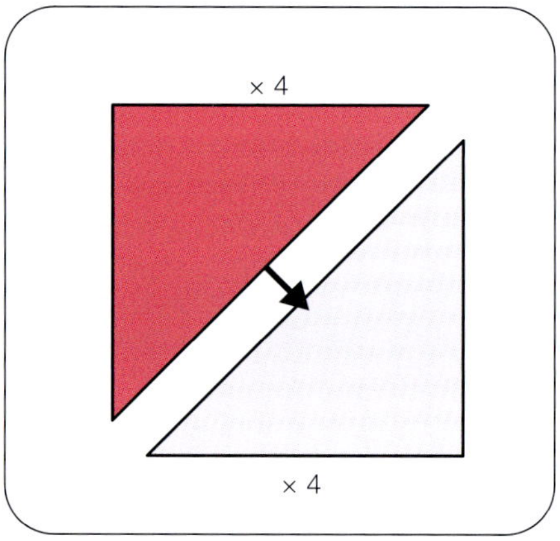

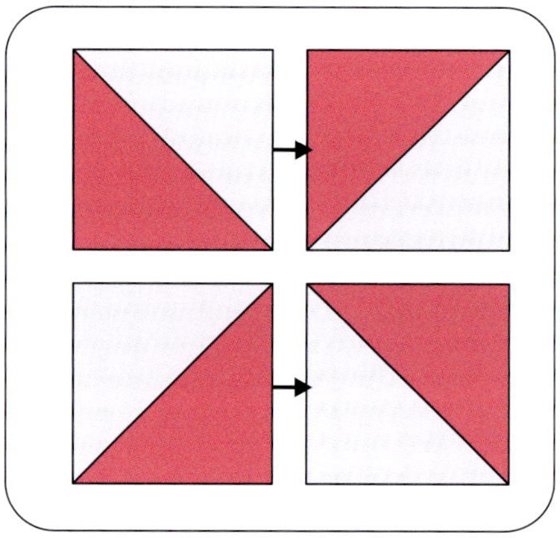

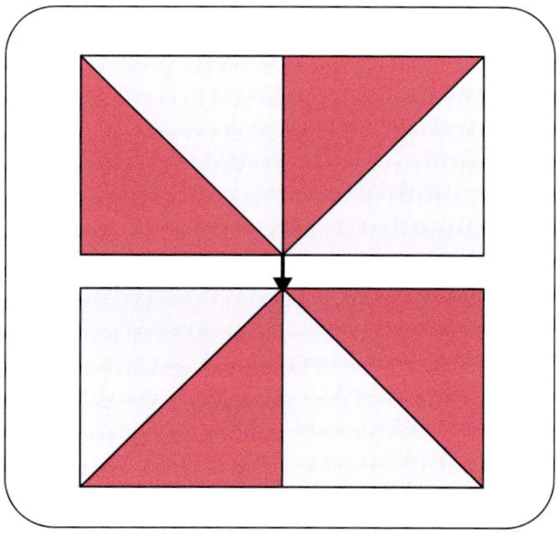

1 Schneiden Sie je zwei Quadrate aus Stoff A und B. Halbieren Sie jedes diagonal zu insgesamt vier rechtwinkligen Dreiecken aus jedem Stoff. Nähen Sie je ein Dreieck aus A an ein Dreieck aus B mit 0,6 cm (1/4 in) Nahtzugabe entlang der Diagonalen. Bügeln Sie die Nahtzugaben zu einer Seite. Wiederholen Sie dies mit den anderen Dreiecken.

2 Ordnen Sie die Quadrate aus zwei Dreiecken so an, dass sich die Formen zu bewegen scheinen. Nähen Sie zuerst die oberen beiden, dann die unteren beiden Einheiten aneinander.

3 Passen Sie die Nähte in der Mitte sorgfältig aufeinander und stecken Sie eine Stecknadel durch beide Nähte. Nähen Sie beide Hälften zusammen und nähen Sie dabei vorsichtig über die Stecknadel hinweg.

Doppeltes Windrad | Double Pinwheel

Beim Doppelten Windrad werden drei verschiedene Stoffe benutzt, die einen Wirbel formen. Jeder zweite Flügel besteht aus zwei kleinen Dreiecken, hier ist das innere dunkel und tritt stark in den Vordergrund. Ganz anders wäre das Bild, wenn das äußere das dunkle Dreieck wäre. Es gibt eine Anordnung namens „Drehkreuz/Turnstile", bei dem die großen Dreiecke der Flügel und die äußeren kleinen in der gleichen Farbe sind.

Zerbrochenes Windrad | Broken Pinwheel

Bei diesem Block – einer Variante des Doppelten Windradblocks – sind die großen Mühlenflügel hell und die anderen zweifarbig aus zwei kleineren Dreiecken zusammengesetzt. Diese werden zuerst als Quadrate aus zwei Dreiecken genäht und dann quer zur Diagonale geteilt, um dann an die großen Mühlenflügel angesetzt zu werden.

Schräger Stern | Trailing Star

Auch wenn dieser Block nicht danach aussieht – er ist nur eine Variation des Windrads und aus lauter Quadraten, die aus zwei Dreiecken bestehen, genäht. Die äußeren Flügel bringen noch mehr Bewegung in das Muster.

Windradblöcke perfekt genäht

Beim Windrad und seinen Varianten ist die Ausrichtung der Dreiecke entscheidend. Legen Sie die Teile zu Beginn in der richtigen Anordnung auf die Arbeitsfläche und prüfen Sie auch während des Nähens, ob sich die Mühlenflügel in der richtigen Richtung drehen.

Vogelscheuche | Shoo-Fly

Der Block ist eine Variante des Neunerblocks aus Quadraten und Dreiecken und daher einfach zu nähen. Die schlichten Quadrate können wiederum unterbrochen werden und ergeben schöne Varianten. Auch auf Spitze gestellt wirkt das Muster gut. Der Block ist besonders bei den amischen Quilterinnen beliebt.

Einen Shoo-Fly-Block nähen

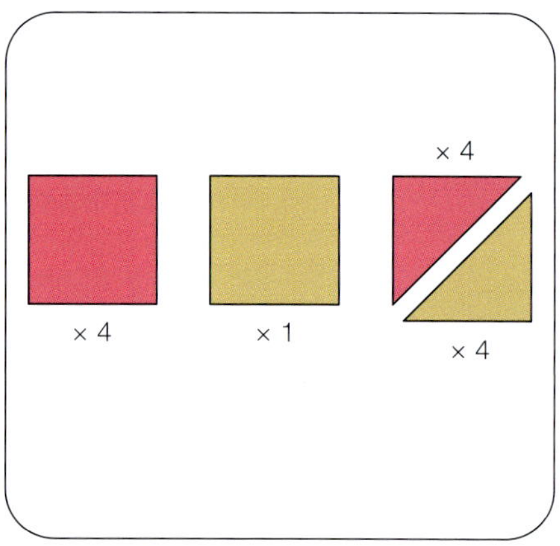

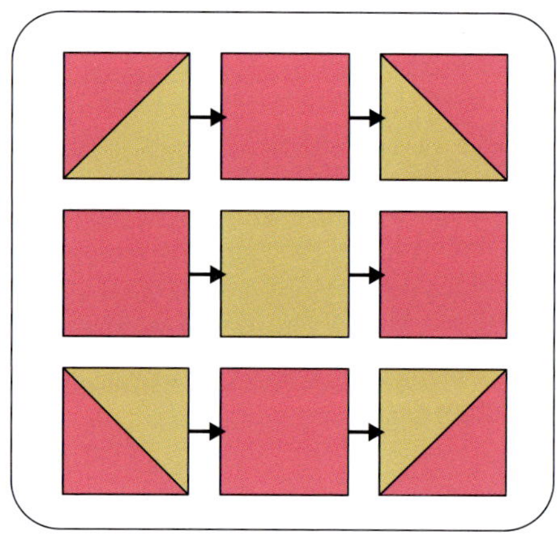

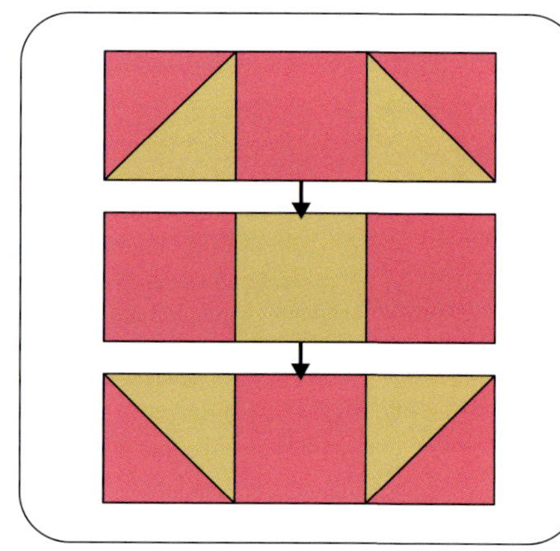

1 Schneiden Sie zunächst je zwei Quadrate aus Stoff A und B. Halbieren Sie jedes diagonal zu vier rechtwinkligen Dreiecken aus jedem Stoff. Nähen Sie je ein Dreieck aus Stoff A und B rechts auf rechts mit einer 0,6 cm (1/4 in) Nahtzugabe an den Diagonalen zusammen. Bügeln Sie die Nahtzugaben zu einer Seite. Wiederholen Sie dies mit den anderen Dreiecken. Verwenden Sie ein fertiges Quadrat aus zwei Dreiecken als Schablone und schneiden Sie vier ebenso große Quadrate aus Stoff A und eines aus Stoff B.

2 Legen Sie die neun Quadrate zu drei Reihen aus, die Quadrate aus zwei Dreiecken liegen in den Ecken, das Quadrat aus Stoff B liegt in der Mitte. Nähen Sie die Quadrate mit 0,6 cm (1/4 in) Nahtzugabe zu drei Reihen zusammen. Bügeln Sie die Nahtzugaben zu einer Seite.

3 Passen Sie die Nahtkreuzungen sorgfältig aufeinander und fügen Sie die drei Reihen zum Block aneinander.

Butterfass | Churn Dash

Bei dieser einfachen Variation des Shoo-Fly-Blocks werden die Quadrate zwischen den Ecken aus zwei gleich breiten Stoffen in unterschiedlichen Farben zusammengesetzt.

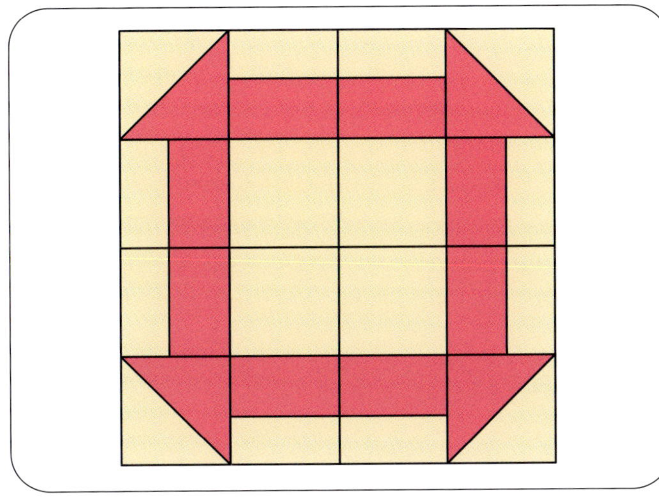

Loch im Scheunentor | Hole in the Barn Door

Wieder eine Variante des Shoo-Fly-Blocks, in welchem das mittlere Quadrat zweimal so groß ist wie die Eckquadrate. Die seitlichen Einheiten sind zu Rechtecken verlängert. Das Mittelquadrat bietet sich für schöne Quiltmotive an.

Baumwollpuzzle | Calico Puzzle

Das Muster wirkt zwar völlig anders, wird jedoch genauso genäht wie der Shoo-Fly-Block. Die Eckdreiecke sind gedreht, so dass die diagonale Naht jeweils zur Mitte weist.

Kastendrachen | Box Kite

Hier wurde ein dritter Stoff für die seitlichen Dreiecke benutzt. Sie liegen einander spiegelbildlich gegenüber und bilden die Form eines Kastendrachens.

Ahornblatt | Maple Leaf

Die Form des Ahornblatts ist ganz einfach aus Dreiecken zu nähen, und auch hier gibt es viele Variationen. Obwohl das Muster schwierig aussieht, ist es doch nichts anderes als ein einfacher Neunerblock, der aus Dreiecken und Quadraten entsteht.

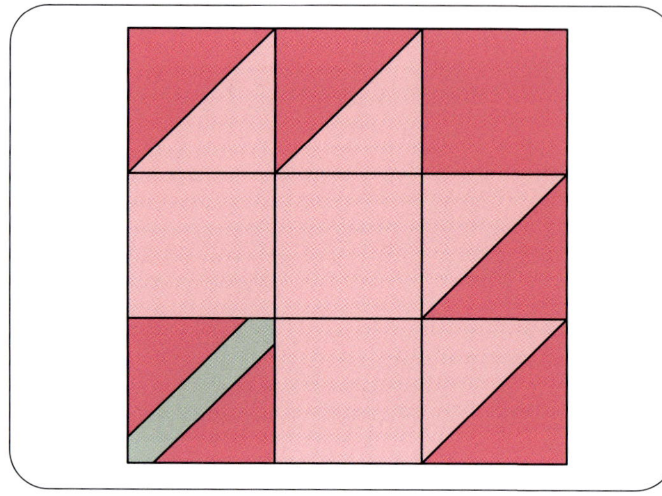

Einen Ahornblattblock nähen

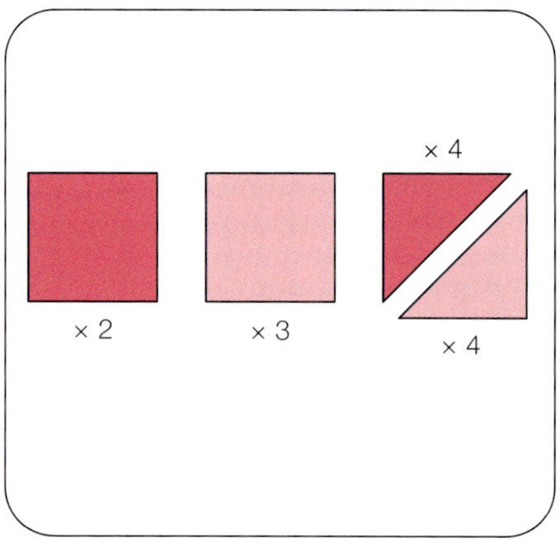

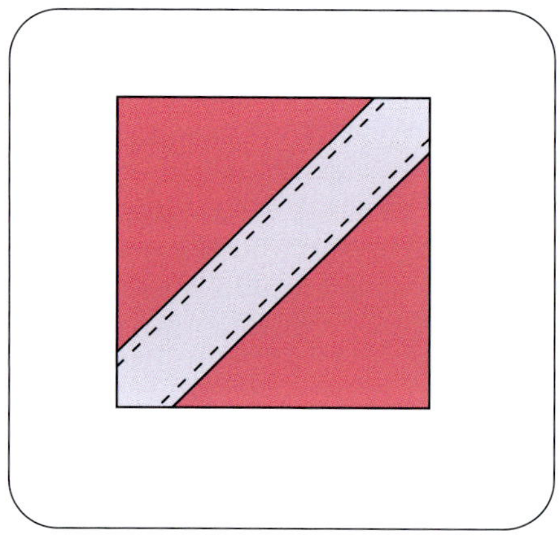

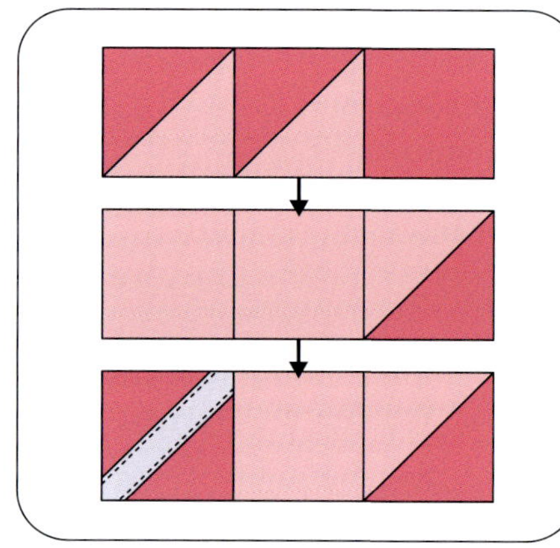

1 Schneiden Sie je zwei Quadrate aus Stoff A und B zu. Halbieren Sie jedes diagonal zu je zwei Dreiecken pro Stoff. Nähen Sie je ein Dreieck aus Stoff A und B mit 0,6 cm (¼ in) Nahtzugabe an der langen Naht zusammen. Bügeln Sie die Nahtzugaben zu einer Seite. Wiederholen Sie dies mit den anderen Dreiecken. Benutzen Sie ein fertiges Quadrat aus zwei Dreiecken als Schablone und schneiden Sie zwei Quadrate dieser Größe aus Stoff A und drei aus Stoff B zu.

2 Schneiden Sie einen schmalen Streifen aus Stoff C, schlagen Sie die Seitenkanten unter und steppen Sie ihn diagonal über eines der Quadrate aus Stoff A. Schneiden Sie die Ecken der Außenkanten gerade.

3 Legen Sie die neun Quadrate wie hier gezeigt zu drei Reihen. Nähen Sie die Reihen mit 0,6 cm (¼ in) Nahtzugabe aneinander. Bügeln Sie die Nahtzugaben zu einer Seite. Passen Sie die Nahtkreuzungen sorgfältig aufeinander und nähen Sie die drei Reihen zum Block.

Das Ahornblattmuster

Wenn Sie die Ahornblattblöcke auf Ihrer Quiltfläche in verschiedenen Richtungen auflegen, ergibt sich ein überraschender Eindruck von verwehtem Laub. Der Stiel des Ahornblatts kann, anstelle des Streifens aus Schritt 2, auch aus einem Stück schmalen Bandes genäht werden. Dabei brauchen Sie keine Kanten unterzuschlagen. Sie können ihn auch mit einem Zier- oder Stickstich aufnähen.

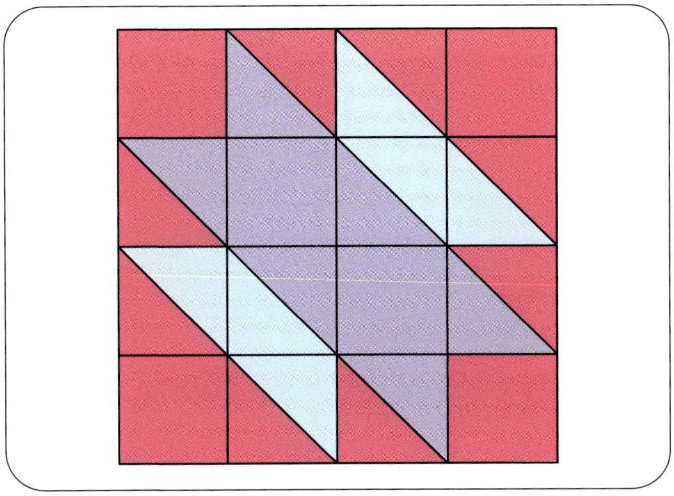

Amboss | Anvil

Dieser Block enthält sechzehn Quadrate, die teils schlichte Quadrate, teils Quadrate aus zwei Dreiecken sind und aus drei verschiedenen Stoffen bestehen. Die Quadrate können entweder in Reihen zu jeweils vier oder als vier Viererblöcke zusammengenäht werden.

Krähenfuß | Crow's Foot

Der Krähenfuß ist ein relativ großer Block, doch sind alle Elemente entweder schlichte Quadrate oder Quadrate aus zwei Dreiecken und somit einfach zu nähen. Die Eckquadrate können entweder schlicht sein wie hier oder als Viererblöcke wie das mittlere Quadrat zusammengesetzt sein.

Lilien | Lilies

Die Form der Blüten sieht dem Ahornblatt zwar ähnlich, doch wird er hier anders und einfacher genäht. Zuerst arbeiten Sie einen Neunerblock für das Mittelquadrat, das auf Spitze steht, dann nähen Sie vier Eckdreiecke an, so dass es wieder ein gerades Quadrat wird. Die äußeren Einheiten sind Paare von schlichten Quadraten und Quadrate aus zwei Dreiecken mit jeweils einem schlichten Quadrat in den Ecken. Sie werden in Reihen genäht und wie eine Randbordüre um das Mittelquadrat angesetzt.

Schneckenpfad | Snail's Trail

Das interessanteste an diesem Block ist der optische Eindruck von Kurvenlinien, der aber nur durch die immer größer werdenden Dreiecke entsteht, die um die Mitte herum nach außen streben. Ein aus zwei kontrastreichen Farben genähtes Muster ist am wirkungsvollsten, obwohl es auch gut aussehen kann, wenn noch andere Farben hinzugenommen werden.

Einen Schneckenpfad-Block nähen

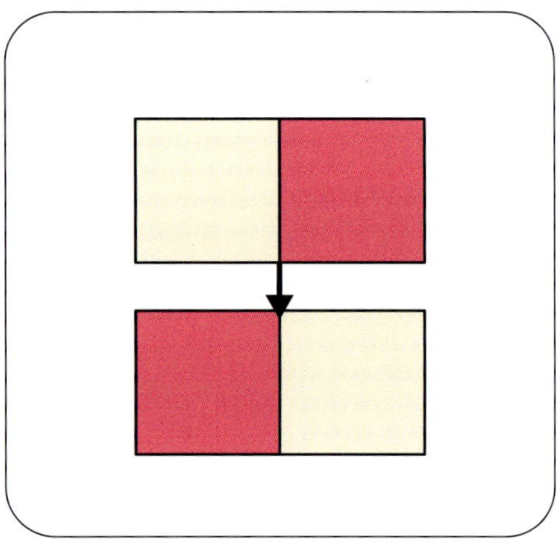

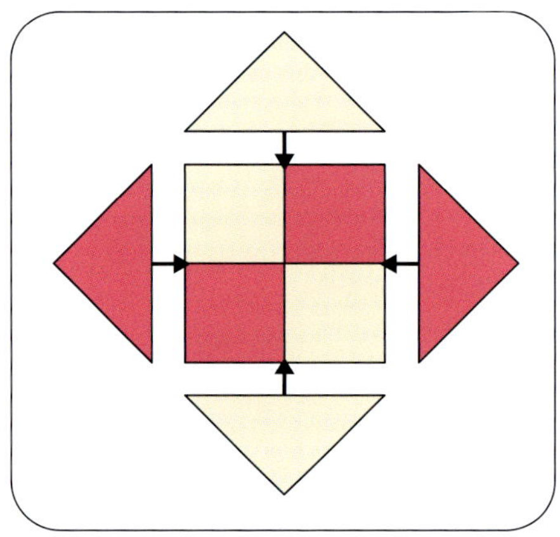

1 Schneiden Sie je zwei kleine Quadrate aus Stoff A und B. Nähen Sie zwei unterschiedliche Quadrate aneinander und erstellen Sie daraus einen kleinen Viererblock.

2 Schneiden Sie je ein Quadrat aus Stoff A und B so groß zu, dass die Diagonale so lang wie die Seitenkante des Viererblocks plus 0,6 cm (¼ in) Nahtzugaben ist. Teilen Sie die Quadrate diagonal zu zwei rechtwinkligen Dreiecken. Nähen Sie je ein Dreieck aus Stoff A an Ober- und Unterkante des Viererblocks sowie je ein Dreieck aus Stoff B an die Seiten.

3 Schneiden Sie das nächste Quadrat aus Stoff A und B so zu, dass die Diagonale so lang wie die Seitenkante des nun entstandenen Blockes plus 0,6 cm (¼ in) ist. Teilen Sie die Quadrate diagonal und setzen Sie diese Dreiecke an das Viererblock-Mittelteil, A und B liegen sich jeweils gegenüber. Fahren Sie so fort, bis der Block vier Runden von unterschiedlich großen Dreiecken hat.

Dreiecke berechnen

Wenn Sie Dreiecke schneiden möchten, die Sie zum Beispiel an ein bereits vorhandenes Quadrat anfügen möchten, müssen die Nahtzugaben anders berechnet werden.

Quadrat, aus dem 2 Dreiecke geschnitten werden sollen: fertige Seitenlänge + 2,4 cm (1 in) Nahtzugabe
Quadrat, aus dem 4 Dreiecke geschnitten werden sollen: fertige Seitenlänge + 3 cm (1¼ in) Nahtzugabe

Universalschraubenschlüssel | Monkey Wrench

Bei diesem Muster werden vier verschiedene Farben benutzt, aber genäht wird es genauso wie der Snail's Trail. Bei der Anordnung dieses Blockes bilden sich ungewöhnliche Sekundärmuster auf der Quiltfläche.

Raue See | Rough Sea

Dieses Muster wird zwar prinzipiell wie der Schneckenpfad/Snail's Trail genäht, doch werden noch mehr Formen benutzt. Die Mitte ist jeweils aus vier Dreiecken anstatt aus vier Quadraten zusammengesetzt, die Dreiecke der nachfolgenden Runde sind genauso groß. Danach folgen Parallelogramme und Quadrate, in den Ecken liegen wieder Dreiecke.

Perfekte Snail's Trails

Der Snail's-Trail-Block eignet sich sehr gut für Anfängerinnen. Weil seine Nähte wie rund genäht aussehen, sieht er schwierig aus, doch er besteht nur aus Quadraten und Dreiecken und ist somit einfach zu nähen.

Snail's-Trail-Blöcke in nur drei Farben genäht und in eine Reihe gesetzt, sehen wie wunderschöne, sich überschlagende Wellen aus.

Glücksrad | Wheel of Fortune

Obwohl dieses Muster überhaupt nicht wie der Schneckenpfad/Snail's Trail genäht wird, zeigt es doch eine andere Möglichkeit, wie man mit geraden Nähten optisch eine Kurve erzielt. Es ist wie ein Viererblock konstruiert (siehe Seiten 130–131) und besteht aus vier verschiedenen Formen: zwei Dreiecke, ein Trapezoid und ein schmaler Streifen.

Jakobsleiter | Jacob's Ladder

Bei diesem Block können Sie gut Stoffreste aufbrauchen, denn Sie benötigen viele kleine Teile. Zerlegt man das Muster in seine Bestandteile, findet man einen Neunerblock, dessen Quadrate entweder ein Viererblock oder ein Quadrat aus zwei Dreiecken sind.

Einen Jakobsleiter-Block nähen

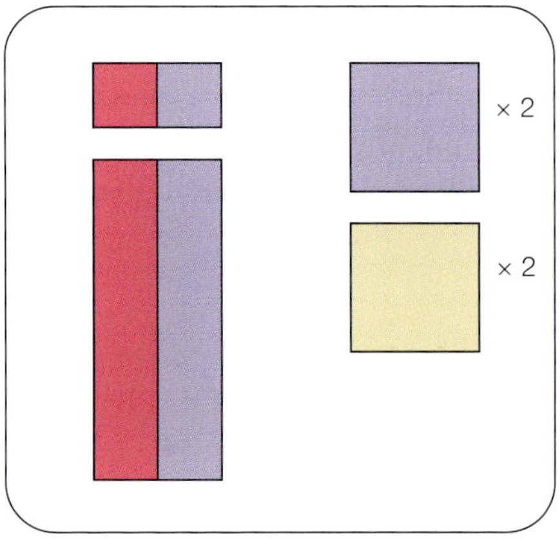

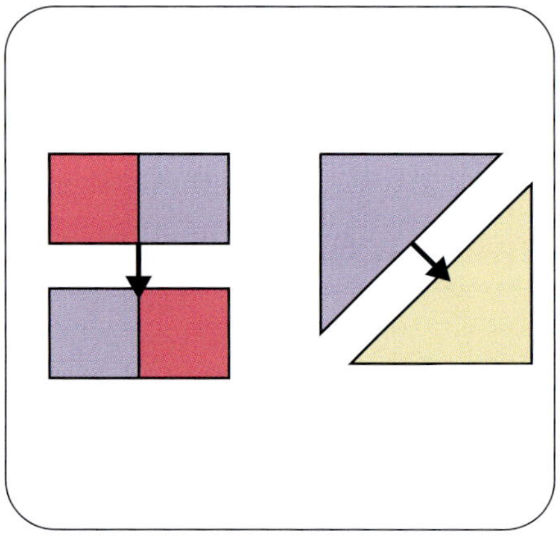

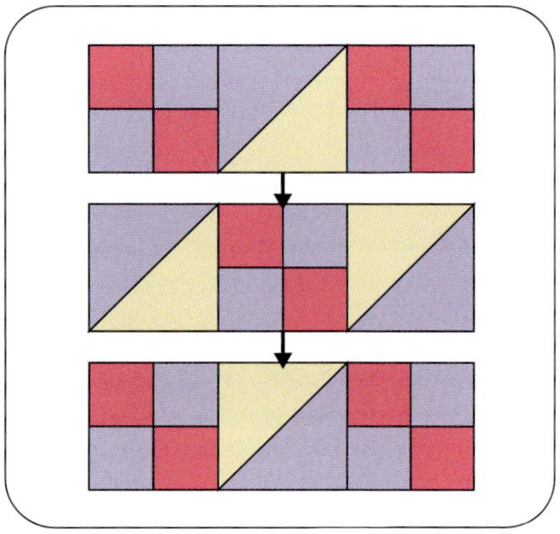

1 Schneiden Sie gleich breite Streifen aus Stoff A und B. Nähen Sie sie mit 0,6 cm (¼ in) Nahtzugabe der Länge nach aneinander. Bügeln Sie die Nahtzugaben zu einer Seite. Teilen Sie den Streifen in zehn Zweiereinheiten. Schneiden Sie je zwei Quadrate aus Stoff B und C und halbieren Sie sie diagonal zu vier rechtwinkligen Dreiecken pro Stoff.

2 Fügen Sie die Zweier-Einheiten aus den Streifen zu insgesamt fünf Viererblöcken zusammen. Nähen Sie jeweils ein Dreieck aus Stoff A und B mit 0,6 cm (¼ in) Nahtzugabe an den Längskanten aneinander. Bügeln Sie die Nahtzugaben zu einer Seite. Arbeiten Sie vier solcher Quadrate aus zwei Dreiecken.

3 Legen Sie die neun Einheiten wie hier gezeigt zu drei Reihen aus. Nähen Sie die Quadrate in Reihen und dann die Reihen zum Block. Passen Sie dabei die Nahtkreuzungen genau aufeinander, nähen Sie mit 0,6 cm (¼ in) Nahtzugabe. Bügeln Sie die Nahtzugaben zu einer Seite.

Gewinn und Verlust | Crosses and Losses

Dieser doppelte Viererblock entsteht aus kleinen Quadraten und aus Dreiecken in zweierlei Größen. Der ungewöhnliche Name ist vielleicht biblischen Ursprungs, wie so viele der traditionellen Blocknamen, welche die Bedeutung der Religion im täglichen Leben der frühen Siedler Amerikas widerspiegeln.

Eisenbahn | Railroad

Der Eisenbahnblock sieht auf den ersten Blick kompliziert aus, besteht aber nur aus vielen einfachen Quadraten und nur acht Quadraten, die aus zwei Dreiecken zusammengesetzt sind, die in zwei parallelen Reihen diagonal über die Fläche verlaufen und die Gleise formen.

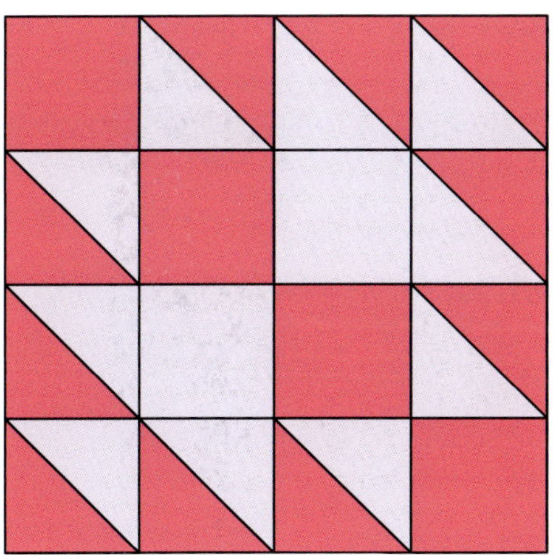

Doppelkreuz | Double Cross

Ein doppelter Viererblock wird aus Quadraten und Dreiecken konstruiert. Hier befinden sich Quadrate aus zwei Dreiecken in gegenüberliegenden Ecken. In einer ähnlichen Variante des Blocks sind alle vier Ecken schlichte Quadrate.

Kreisende Habichte | Hovering Hawks

Dieser Block hat seinen Namen wohl daher, weil die paarweise angeordneten Dreiecke den ausgestreckten Schwingen eines kreisenden Greifvogels ähneln. Die meisten Teile des Blocks sind Quadrate aus zwei Dreiecken, außer den vier Eckquadraten und den beiden Quadraten in der Mitte.

Pinie | Pine Tree

Motive aus der Natur, wie Bäume, Blumen und Blätter, wurden von den Patchworkerinnen immer gerne aufgegriffen. Baummotive sind vielleicht am einfachsten in Patchwork umzusetzen, da sich Zweige mit Dreiecken gut darstellen lassen. Dieses Muster wird auch „Lebensbaum/Tree of Life" genannt. Der Baumstamm ist entweder ein Quadrat oder er wird wie beim Ahornblatt auf den Seiten 140–141 appliziert.

Einen Pinienblock nähen

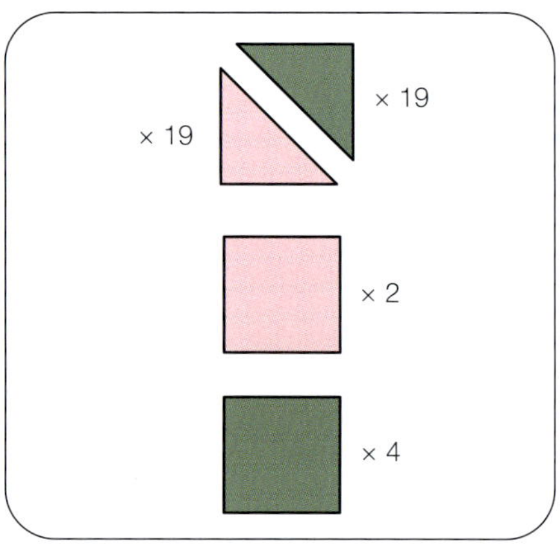

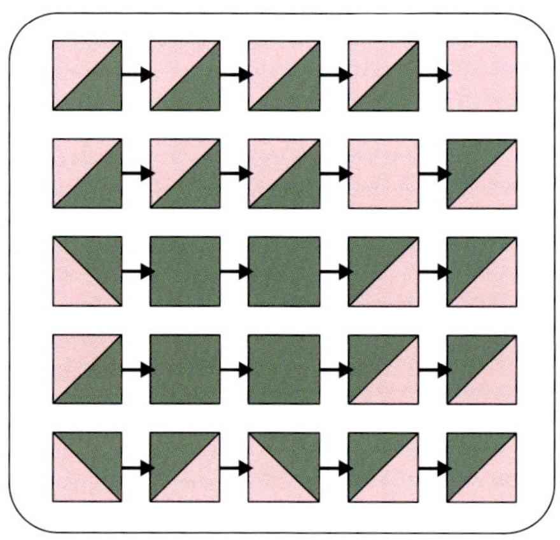

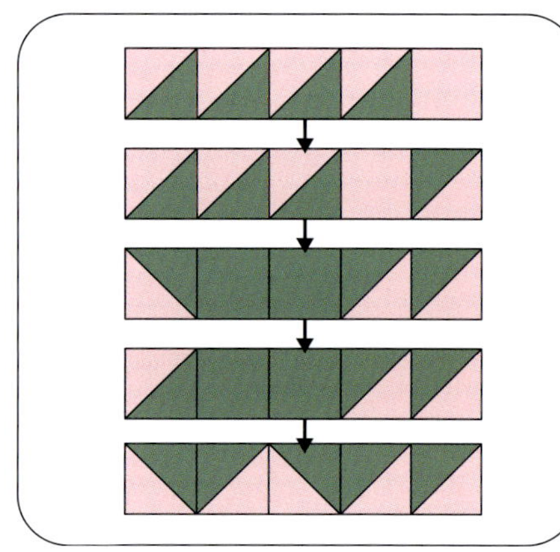

1 Schneiden Sie je zehn Quadrate aus Stoff A und B. Halbieren Sie jedes diagonal zu 20 rechtwinkligen Dreiecken pro Stoff. Sie benötigen für diesen Block jedoch nur 19 dieser Dreiecke. Nähen Sie mit 0,6 cm (¼ in) Nahtzugabe 19-mal je ein Dreieck aus Stoff A und B an den langen Kanten aneinander. Bügeln Sie die Nahtzugaben zu einer Seite. Mit einem fertig genähten Quadrat aus zwei Dreiecken als Schablone schneiden Sie zwei Quadrate dieser Größe aus Stoff A und vier aus Stoff B.

2 Legen Sie die 25 Quadrate wie hier gezeigt in fünf Reihen. Nähen Sie die fünf Quadrate mit 0,6 cm (¼ in) Nahtzugabe jeweils zu einer Reihe. Bügeln Sie die Nahtzugaben pro Reihe abwechselnd in die eine oder andere Richtung, dann lassen sich die Reihen im nächsten Schritt besser aneinandernähen.

3 Passen Sie die Nahtkreuzungen und Spitzen genau aufeinander. Stecken Sie durch übereinanderliegende Nähte eine Stecknadel. Nähen Sie die fünf Reihen zum Block.

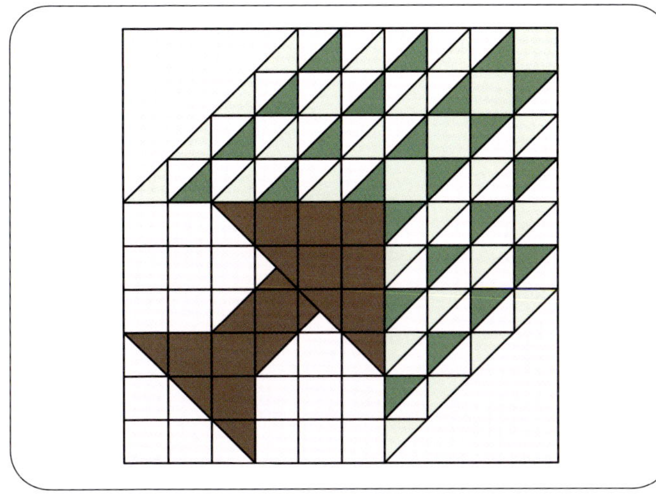

Hohe Pinie | Tall Pine Tree

Dieser Pinienblock folgt genau dem Aufbau der einfachen Pinie. Hier ist jede „Etage“ des Baumes in einer anderen Farbe gehalten, sie könnten aber auch aus dem gleichen Stoff sein.

Paradiesbaum | Tree of Paradise

Dieses große Motiv eignet sich auch sehr gut als Mittelmotiv in einem einfachen Quilt. Es entsteht aus Quadraten und Dreiecken wie die anderen auch, jedoch sind zwei größere Dreiecke an den gegenüberliegenden Ecken angesetzt. Am einfachsten geht es, wenn Sie zuerst alle Quadrate, die aus zwei Dreiecken zusammengesetzt werden, nähen und so viel wie möglich in Reihen arbeiten.

Immergrün | Evergreen

Dieser Baum entsteht nicht aus Quadraten und Dreiecken, sondern aus Streifen, die zuvor zusammengesetzt worden sind. Der Block wird zum Schluss quadratisch zugeschnitten. Der Block muss entweder auf Spitze gestellt und mit vielen anderen Blöcken zu einem Wald angeordnet werden, oder Sie verwandeln ihn mit angesetzten Dreiecken zu einem Quadrat mit anderer Ausrichtung.

Baumblöcke anordnen

Damit die Bäume natürlich aussehen, müssen die Blöcke auf Spitze gestellt werden. Auch gerade angeordnet ist der Effekt sehr schön, doch das Muster wird eher abstrakt wirken und nicht wie ein Wald voller Bäume.

Fliege (Krawattenschleife)
Bow Tie

Dieser Block sieht wirklich so aus, wie er heißt. Er sieht schwierig aus, ist jedoch nur ein einfacher Viererblock. In zwei kontrastierenden Farben sieht er besonders wirkungsvoll aus, aber auch in vielen verschiedenen Farben wirkt der Bow-Tie-Block gut.

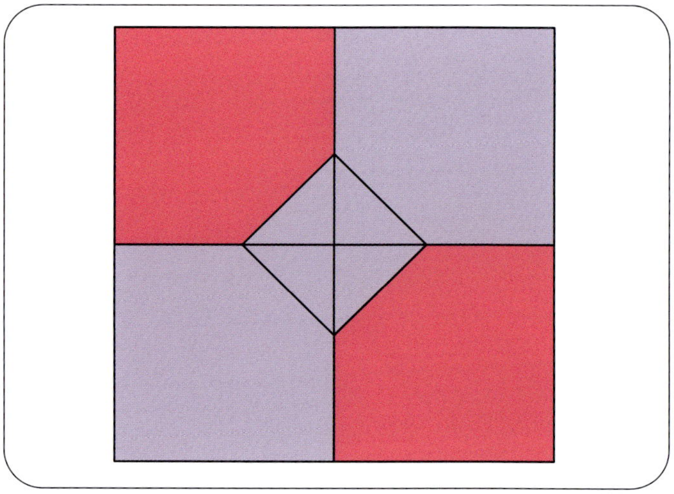

Einen Bow-Tie-Block nähen

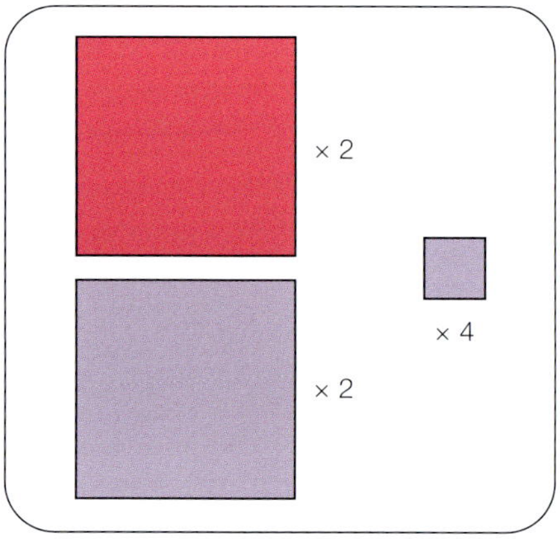

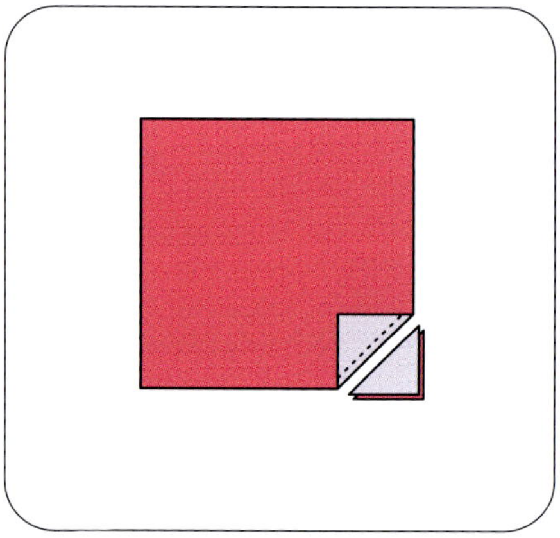

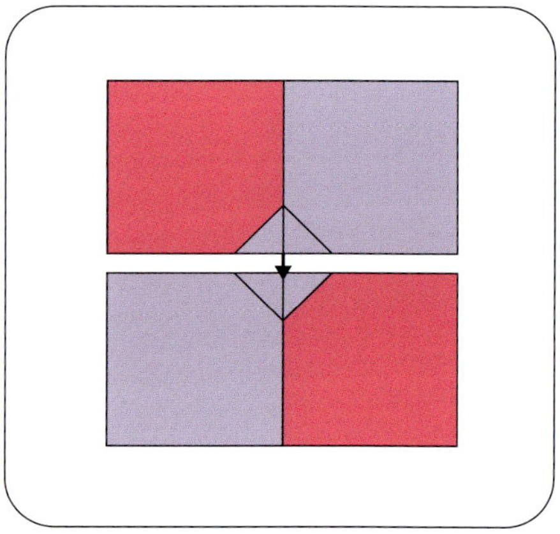

1 Schneiden Sie je zwei Quadrate aus Stoff A und B sowie vier deutlich kleinere aus Stoff B. Zeichnen Sie auf die linke Stoffseite der kleinen Quadrate die Diagonale von Ecke zu Ecke ein.

2 Legen Sie ein kleines Quadrat rechts auf rechts über die Ecke eines großen Quadrats. Nähen Sie auf der eingezeichneten Diagonalen von Schritt 1. Schneiden Sie 0,6 cm (¼ in) außerhalb der Nählinie die überstehende Ecke ab. Bügeln Sie die Ecke um und die Nahtzugabe zum großen Quadrat. Wiederholen Sie dies mit den anderen drei Quadraten.

3 Platzieren Sie die Einheiten so, dass die angenähten Eckdreiecke zur Mitte weisen und die beiden Quadrate aus Stoff A diagonal zueinander liegen. Nähen Sie die Teile wie bei einem Viererblock (siehe Seiten 130–131) mit genau aufeinandergepassten Nahtkreuzungen und -ecken zusammen.

Übrig gebliebene Dreiecke

Bei dieser Methode bleiben in Schritt 2 jede Menge abgeschnittener Dreiecke übrig. Werfen Sie sie nicht weg – Sie können daraus noch einen Miniaturquilt nähen.

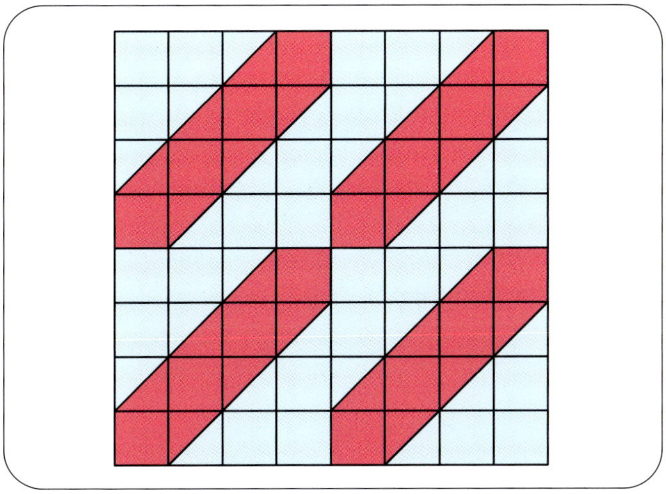

Peter bestehlen um Paul zu bezahlen

Robbing Peter to Pay Paul

Dieser Blockname wird auf viele Motive angewendet und bedeutet lediglich, dass die hellen und dunklen Formen gespiegelt sind und einen Positiv-Negativ-Effekt hervorrufen. Das hier gezeigte Beispiel spiegelt sich in beiden Diagonalen und wird aus Quadraten und Dreiecken genäht.

Indianerbeil | Indian Hatchet

Dieses Muster mit seiner streng diagonalen Ausrichtung entsteht aus vier doppelten Viererblöcken, von denen jeder aus schlichten und zusammengesetzten Quadraten, die aus zwei Dreiecken bestehen, genäht ist.

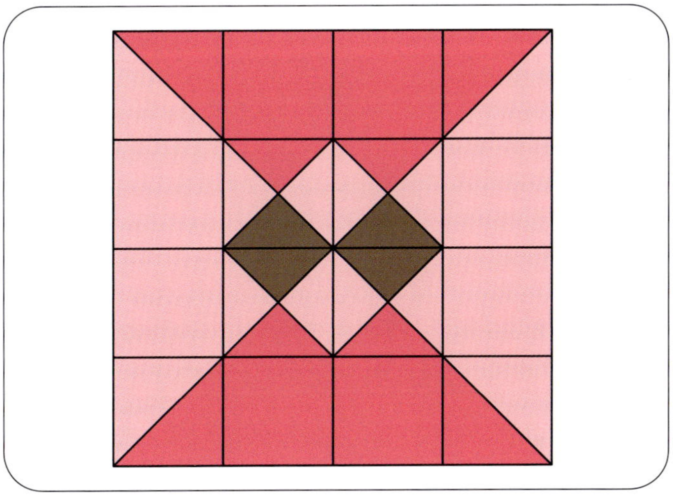

Großmutters Wahl | Granny's Choice

Obwohl dieser Block dem Bow Tie ähnlich sieht, ist er viel komplexer und wird auch anders genäht. Der mittlere Viererblock besteht aus vier Quadraten, die aus Dreiecken zusammengefügt und so ausgerichtet sind, dass die Mitte auf Spitze steht. Außen liegen einfache Quadrate und Quadrate aus zwei Dreiecken.

Sägezahn | Sawtooth

Die gezackten Zähne dieses Blocks wirken in jedem Patchwork sehr lebendig, obwohl sie nur aus Dreiecken und Quadraten bestehen. In diesem Beispiel sind sie als Neunerblock genäht, doch können die Zähne auch um andere Formen laufen.

Einen Sägezahnblock nähen

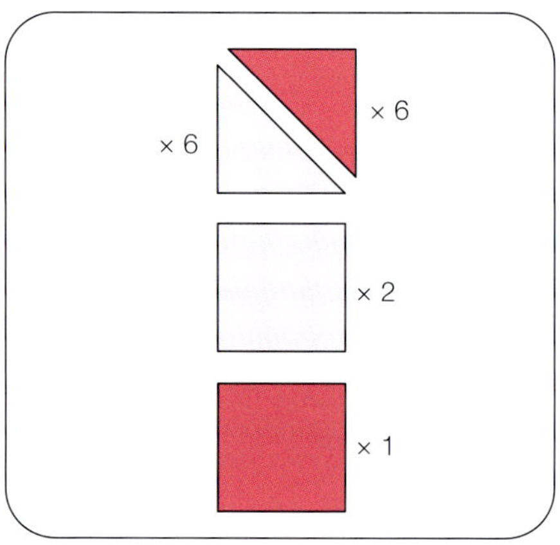

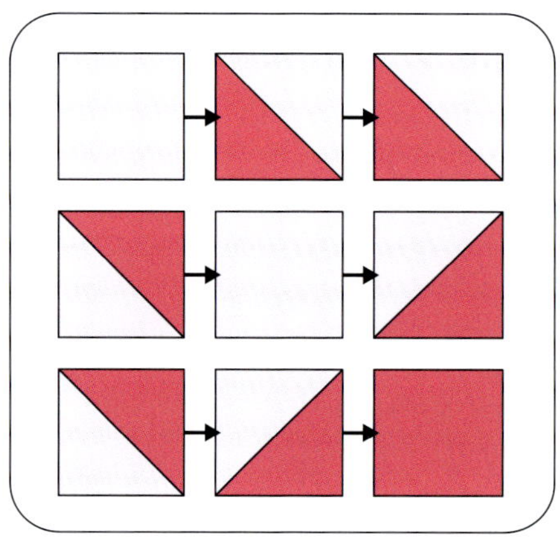

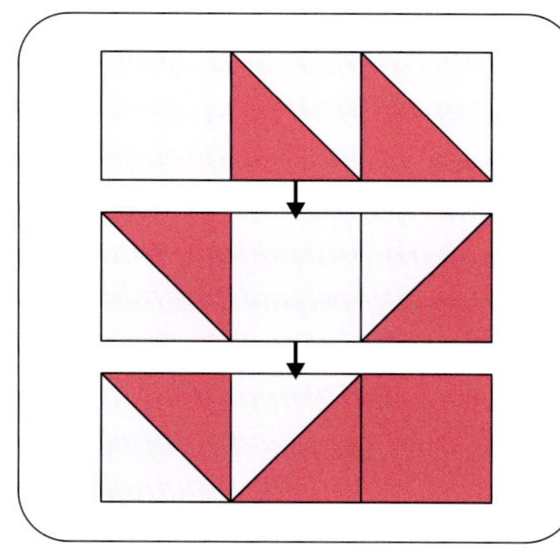

1 Schneiden Sie je drei Quadrate aus Stoff A und B. Halbieren Sie jedes diagonal zu sechs rechtwinkligen Dreiecken pro Stoff. Nähen Sie mit 0,6 cm (¼ in) Nahtzugabe je ein Dreieck aus Stoff A und B an den langen Kanten zusammen. Bügeln Sie die Nahtzugaben zu einer Seite. Wiederholen Sie dies mit den anderen Dreiecken. Benutzen Sie ein fertiges Quadrat aus zwei Dreiecken als Schablone und schneiden Sie zwei Quadrate aus Stoff A und eines aus B in dieser Größe zu.

2 Arrangieren Sie die neun Quadrate wie hier gezeigt zu drei Reihen von je drei Quadraten. Nähen Sie jeweils die drei Quadrate mit 0,6 cm (¼ in) Nahtzugabe zu einer Reihe. Bügeln Sie die Nahtzugaben pro Reihe in entgegengesetzte Richtungen.

3 Passen Sie die Spitzen und Nahtkreuzungen genau aufeinander und nähen Sie die drei Reihen zum Block zusammen.

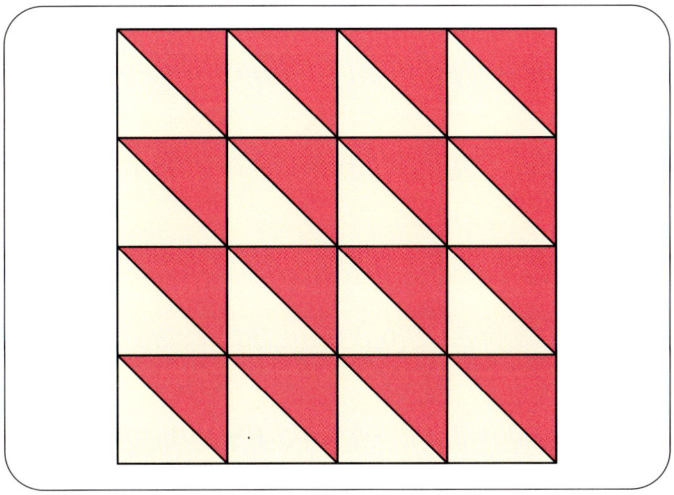

Sägezahnreihen | Sawtooth Rows

Dieses Muster kann nicht einfacher sein – es handelt sich lediglich um vier gleiche Reihen von Quadraten, die aus zwei Dreiecken zusammengesetzt wurden, und bietet sich zum Verbrauchen vieler Stoffreste an.

Frau Tafts Wahl | Mrs Taft's Choice

Helen „Nellie" Taft war die Ehefrau des 27. Präsidenten der USA. Allerdings ist unklar, ob der Block nach ihr benannt wurde. Es ist ein Viererblock (siehe Seite 131) aus drei verschiedenen Stoffen.

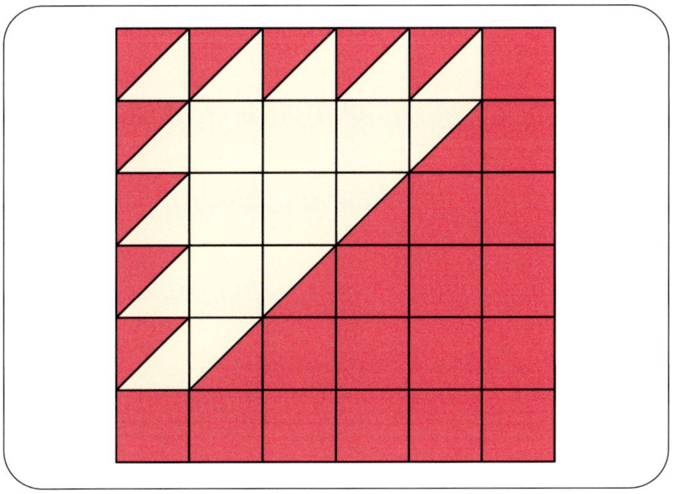

Sägezahn-Viererblock | Sawtooth Four-Patch

Dieser Block kann als Viererblock genäht werden, bei dem jeder Viererblock aus einem Neunerblock besteht. Er kann auch in Streifen zusammengesetzt werden. Der Block wirkt auch auf Spitze gestellt sehr gut.

Alter Stern | Old Star

Der ziemlich komplexe Aufbau dieses Sterns legt nahe, dass er mit Zwischenstreifen angeordnet werden sollte, damit sich kein unerwünschtes Sekundärmuster bildet. Er kann auf verschiedene Weise gearbeitet werden, die vermutlich einfachste Methode jedoch ist, ihn als Neunerblock mit umlaufender Sägezahnkante zu nähen.

Mosaik

Die alten römischen und griechischen Mosaiken wurden aus kleinen Steinen, Keramik- oder Glasstücken gelegt. Die Vorstellung, kleine Teile zu einem großen Ganzen zusammenzusetzen, bietet sich für Patchwork geradezu an. Mosaiken können zwar zu bildhaften Motiven zusammengestellt werden, doch benutzen wir die Technik hier für regelmäßige, geometrische Muster.

Großmutters Blumengarten
Grandmother's Flower Garden

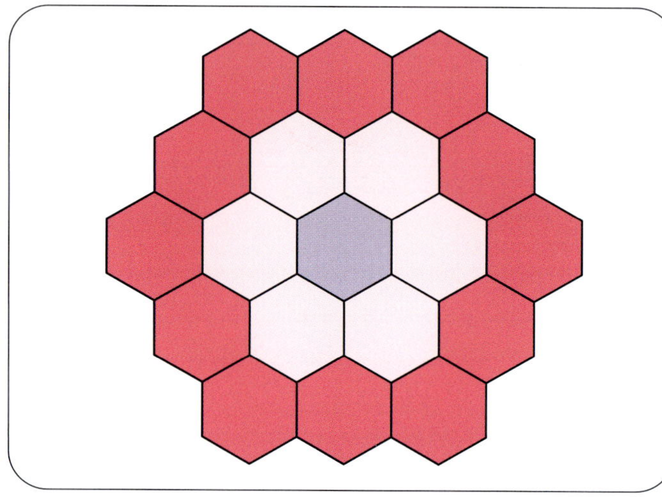

Das Sechseck oder Hexagon gehört zu den Grundformen der Geometrie. Es kann ohne Füllblöcke (außer an der Außenkante) direkt aneinandergesetzt werden. Die einfachste Technik, diese Form zu verarbeiten, ist die englische Papiermethode/English Paper Piecing (siehe Seite 95).

Einen Großmutters-Blumengarten-Block nähen

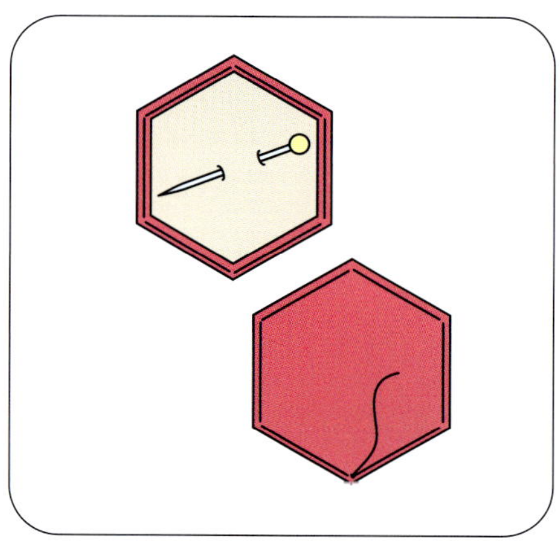

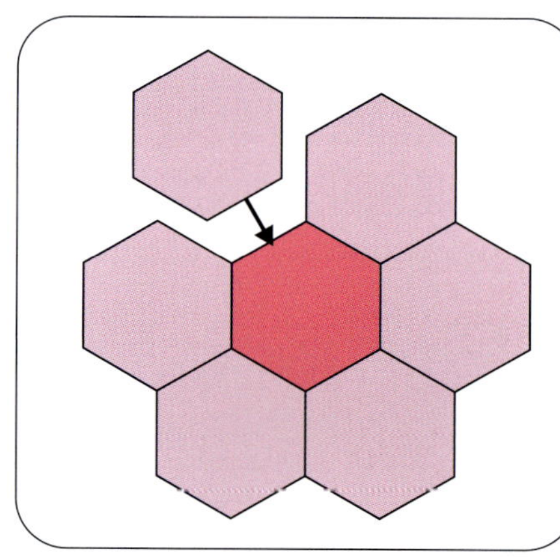

1 Verwenden Sie die Sechseckschablone von Seite 176. Schneiden Sie nach der inneren Kontur 19 Sechsecke aus (etwas festerem) Papier. Nach der äußeren Kontur schneiden Sie nun ein Sechseck aus Stoff A, sechs aus Stoff B und zwölf aus Stoff C.

2 Stecken Sie auf die linke Seite jedes Stoffteils ein Papiersechseck. Legen Sie die Nahtzugabe des Stoffs scharf über die Kanten der Papierschablone nach hinten und heften Sie den Stoff entweder auf der Papierschablone fest oder nähen Sie lediglich die sich überlappenden Nahtzugaben auf der Rückseite zusammen – das hat den Vorteil, dass Sie die Heftfäden später nicht mehr entfernen müssen.

3 Beginnen Sie in der Mitte mit einem Sechseck aus Stoff A. Nähen Sie dann die Sechsecke aus Stoff B mit Überwendlichstichen an alle Kanten. Dann schließen Sie die Nähte zwischen den Teilen aus Stoff B. Wiederholen Sie dies mit der äußeren Reihe von Sechsecken aus Stoff C.

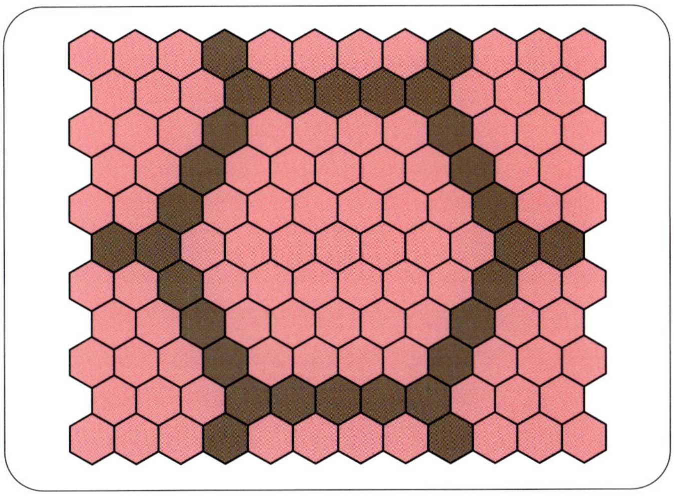

Sechseckige Fliesen | Hexagon Tile

Bei diesem Muster sind das mittlere Sechseck und die folgenden drei Runden in der gleichen Farbe, nur die vierte Runde besteht aus einer Kontrastfarbe, die über die große Fläche ein Gittermuster bildet. Eine Variation wäre eine Blumengarten-Blüte im Zentrum zwischen der kontrastierenden Kontur.

Raute | Diamond

Eine andere Anordnung der verschiedenen Stoffe des sechseckigen Blumengartenblocks ergibt eine Rautenform.

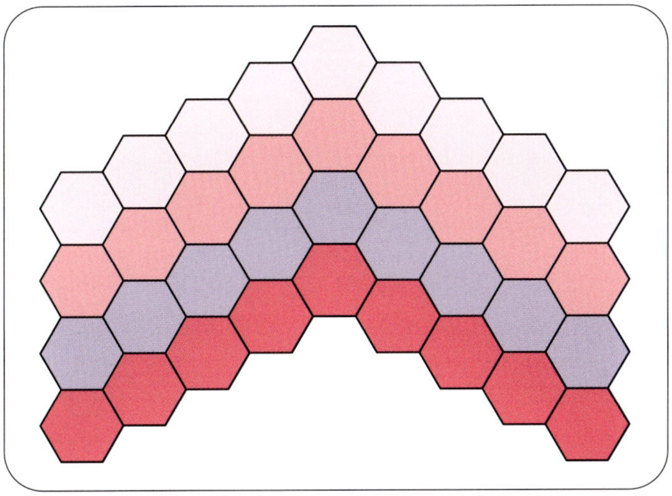

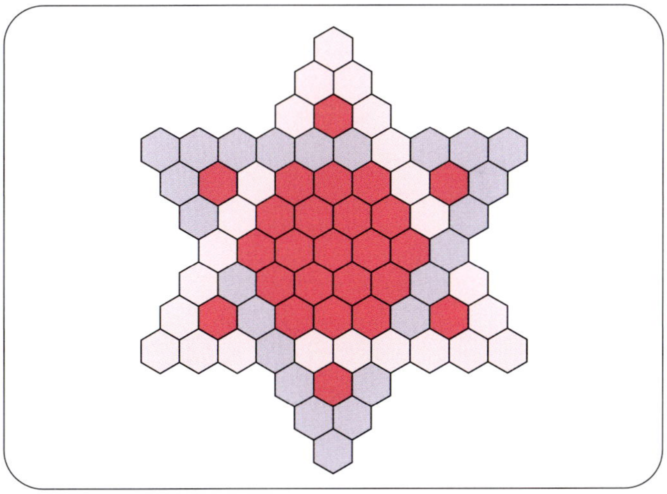

Ozeanwelle | Ocean Wave

Dieser Name wird für verschiedene Muster benutzt. Hier sind es die auf- und absteigenden Sechsecke in unterschiedlichen Farben, die wie eine Welle nach oben bis zur Spitze und wieder hinablaufen.

Sechseck-Stern | Hexagon Star

Hier werden Sechsecke in drei verschiedenen Farben zu einem Sekundärmuster angeordnet – einem verschlungenen sechszackigen Stern.

Briefmarken | Postage Stamp

Traditionell wird ein Briefmarkenquilt aus Stoffresten gefertigt, wobei die Farben zufällig verteilt werden. Die hier gezeigte Technik basiert auf der Streifentechnik mit Zufallsmuster, doch können die winzigen Quadrate auch regelmäßig zu sich wiederholenden Mustern angeordnet werden, wie die Beispiele zeigen.

Einen Briefmarkenblock nähen

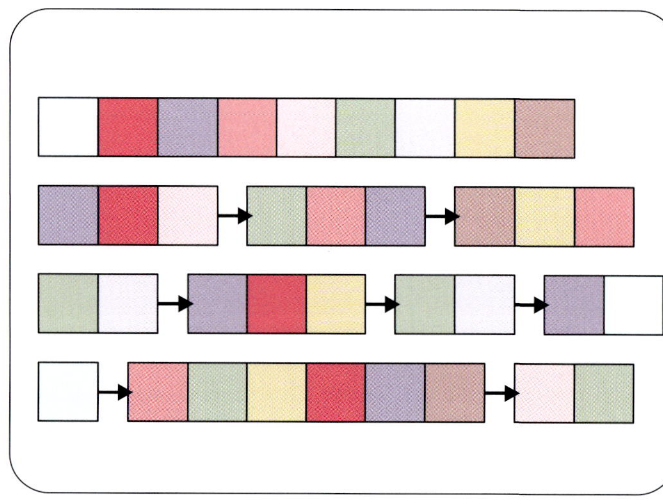

1 Schneiden Sie neun schmale, gleich breite Streifen aus verschiedenen Stoffen zu. Nähen Sie die Streifen mit 0,6 cm (¼ in) Nahtzugabe längsseits aneinander. Bügeln Sie alle Nahtzugaben zu einer Seite. Von einem Ende der Streifeneinheit schneiden Sie nun neun Abschnitte in gleicher Breite.

2 Legen Sie die Abschnitte untereinander. Trennen Sie einige der kurzen, senkrechten Nähte auf und drehen Sie die Teile, bis Sie ein schönes Zufallsmuster gefunden haben. Nähen Sie die Reihen wieder zusammen. Passen Sie alle Nahtkreuzungen sorgfältig aufeinander und nähen Sie die Abschnitte zum Block zusammen.

Ein Briefmarkenmuster entwerfen

Diese Muster waren in den 1930er Jahren während der großen Wirtschaftskrise in Amerika sehr verbreitet, als die Wiederverwendung von Stoffen eine Notwendigkeit war.

Sie können stapelweise Quadrate zuschneiden, diese dann zu Reihen zusammensetzen und danach die Reihen aneinandernähen. Dabei ist das exakte Schneiden und Nähen besonders wichtig.

Drachenschweife | Kite Tails

Dieses Muster entsteht entweder – wie beim Briefmarkenblock beschrieben – mit der Streifentechnik, oder Sie nähen einzelne Quadrate zu Reihen und dann die Reihen zum Block. Die Drachenschwänze sehen – in Anlehnung an die Bedeutung ihres Namens – in einem hellblauen Hintergrund besonders schön aus.

Reise um die Welt | Trip Around the World

Bei diesem Muster laufen die verschiedenen Stoffe um den Mittelpunkt nach außen. Eine Variante davon ist „Sonne und Schatten/Sunshine and Shadow", bei dem die Farben von hell nach dunkel und wieder nach hell sortiert sind. Beide Muster werden von den amischen Quilterinnen gerne benutzt.

Stürzende Würfel
Tumbling Blocks

Dieses Muster hat eine stark geometrische Wirkung, sobald die Stoffe in hell, mittel und dunkel sortiert werden. Man kennt es auch als Babyblock, und es wird, wie auch Großmutters Blumengarten, am besten mit der englischen Papiermethode genäht (siehe Seite 95).

Einen Würfelblock nähen

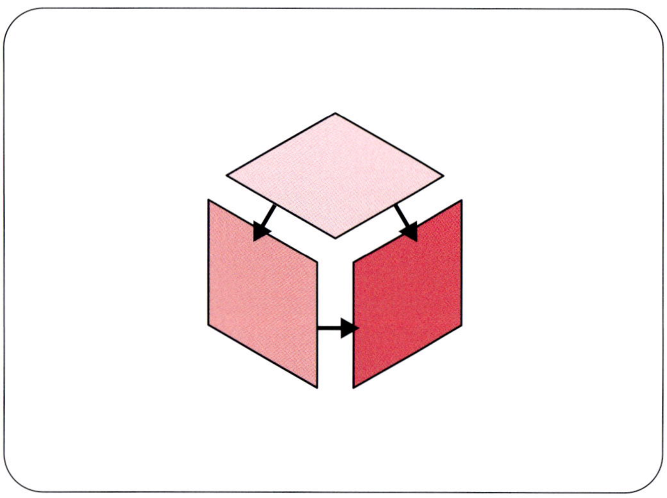

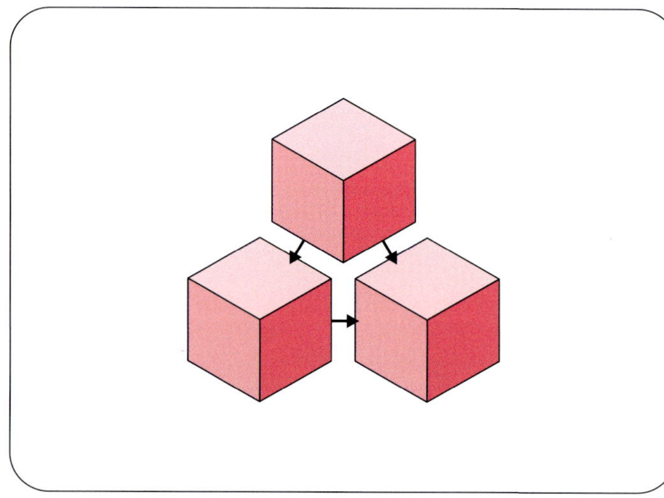

1 Verwenden Sie die Rautenschablone von Seite 176. Schneiden Sie nach der Innenkontur der Schablone jeweils drei Papiere pro Würfel zu. Nach der Außenkontur der Schablone schneiden Sie pro Würfel je eine Raute aus Stoff A, B und C zu. Stecken Sie eine Papierschablone mittig auf die linke Stoffseite. Falten Sie die Nahtzugabe der Stoffe scharf um die Kanten der Papierschablone nach hinten. Dann heften Sie den Stoff entweder auf der Papierschablone fest oder Sie nähen nur die sich überlappenden Nahtzugaben auf der Rückseite zusammen, ohne in die Schablone zu stechen (siehe Seite 152). Verbinden Sie die drei Rauten mit Überwendlichstichen.

2 Nähen Sie so viele Würfelblöcke wie nötig und fügen Sie sie mit Überwendlichstichen aneinander.

Nähte im diagonalen Fadenlauf

Die Rautenformen in diesem Muster haben viele Nähte, die im diagonalen Fadenlauf liegen. Die Papierschablonen halten den Stoff stabil – entfernen Sie sie also nicht, bevor die Quiltoberseite vollendet und bereit für Vlies und Rückseitenstoff ist.

Innenstadt | Inner City

Bei dieser Variation des Würfels werden an zwei Seiten der Raute je eine weitere angesetzt, so dass sich eine Y-Form ergibt. Damit der dreidimensionale Effekt erhalten bleibt, müssen sie die gleiche Farbe – oder zumindest den gleichen Farbton und die gleiche Farbgruppe – haben wie die angrenzenden Rauten.

Innenstadtmuster

Dieses Muster entsteht, wenn die Inner-City-Blöcke aneinandergesetzt werden. Hier wird deutlich, woher das Muster seinen Namen hat. Es kann bildhaft eingesetzt werden, sieht jedoch auch als abstraktes Muster beeindruckend aus.

Block-Puzzle

Hier wurden drei Würfelblöcke mit füllenden Randrauten zu einem Hexagon zusammengenäht. Das Muster kann auch als zentraler sechszackiger Stern mit füllenden Rauten am Rand entlang gesehen werden – in diesem Fall sollten alle Randrauten aus kontrastierenden Stoffen bestehen, damit das Muster deutlich hervortritt.

Sterne | Stars

Sternenmuster gibt es in vielen Größen und Arten. Die einfachsten Sterne haben nur vier oder sechs Spitzen, andere können auch 32 und mehr Spitzen aufweisen. Da alle Nähte gerade verlaufen, können viele der Sternenmuster mit der Nähmaschine genäht werden – obwohl die Mitte mit ihren vielen zusammentreffenden Nähten immer etwas knifflig ist.

Vierzackiger Stern
Four-Pointed Star

Es gibt viele Arten von vierzackigen Sternen, von denen hier nur einige wenige beschrieben sind. Für exakt genähte Spitzen und um die Nähte im diagonalen Fadenlauf zu meistern, wird hier die englische Papiermethode beschrieben (siehe Seite 95).

Einen vierzackigen Stern nähen

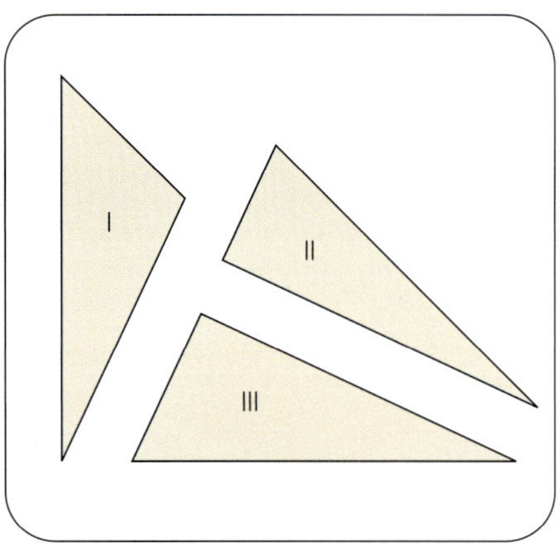

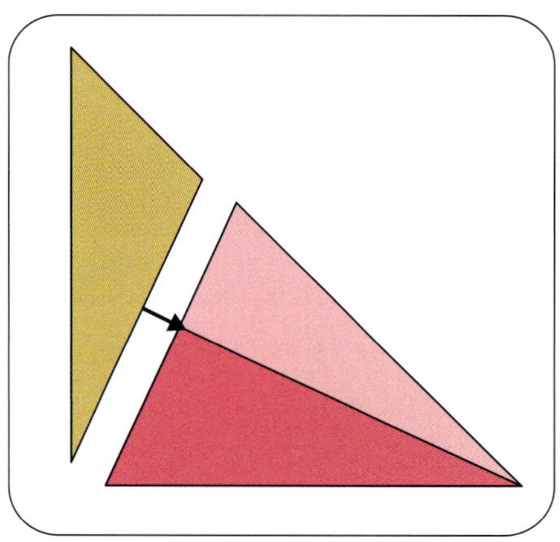

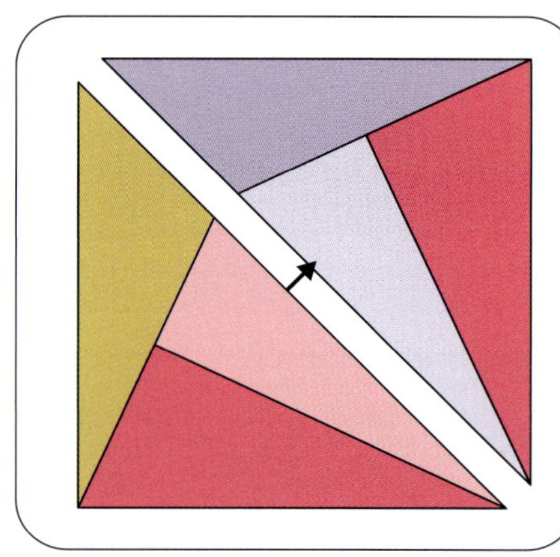

1 Übertragen Sie die Dreiecke I, II und III von Seite 179 auf Papier und stellen Sie pro Form je vier Papierschablonen her. Schneiden Sie vier Dreiecke nach der äußeren Kontur von Schablone I aus Stoff A und vier aus Stoff B. Nach der Außenkontur von Schablone II schneiden Sie vier Dreiecke aus Stoff C und vier aus Stoff D sowie nach der Außenkontur von Schablone III acht Dreiecke aus Stoff E. Stecken Sie die entsprechende Papierschablone auf die linke Seite aller Stoffteile.

2 Falten Sie die Nahtzugabe um die Papierkanten und heften Sie die Stoffe fest. Nähen Sie vier Dreiecke aus Stoff E an je ein Dreieck aus Stoff C. Setzen Sie die verbleibenden vier Dreiecke aus Stoff E an die Dreiecke aus Stoff D. Fügen Sie je ein Dreieck aus Stoff A an das Ende der E/C-Einheiten und je ein Dreieck aus Stoff B an das Ende der D/E-Einheiten. Prüfen Sie regelmäßig, ob die richtigen Farben an der richtigen Stelle liegen.

3 Nehmen Sie zwei unterschiedliche Einheiten und nähen Sie sie entlang der langen Kante zu einem Quadrat zusammen. Wiederholen Sie dies mit den anderen Einheiten, so dass Sie vier gleiche Quadrate haben. Zum Schluss setzen Sie die vier Quadrate wie einen Viererblock zusammen (siehe Seiten 130–131) und achten Sie besonders auf die Spitzen.

Strahlender Stern | Blazing Star

Die Abbildung zeigt die Wirkung von mehreren, direkt aneinandergesetzten Blazing-Star-Blöcken. Wie so oft ergibt sich ein Sekundärmuster – hier ist es eine Kreisform im Zentrum des Musters. Durch unterschiedliche Farben kann dieser Effekt noch betont werden.

Verflochtener Stern | Laced Star

Die langen, verflochtenen Spitzen gaben diesem vierzackigen Stern ihren Namen. Er sieht ein bisschen wie ein Windrad aus, doch wird er wie der Blazing Star genäht. Hier werden vier Dreiecke benötigt, zwei für den Hintergrund und zwei für die Spitzen, wobei mindestens zwei davon in der gleichen Farbe zugeschnitten werden müssen, jeweils für das lange und das kurze Ende des Strahls.

Nordstern | North Star

Diese Variation des Blazing Star entsteht aus Dreiecken und Rauten, ist aber wie der Blazing Star aufgebaut. Die kleinen Dreiecke in der Mitte können in der gleichen Farbe wie die langen Spitzen genäht werden, die dann eine Kreuzform bilden, oder in der gleichen Farbe wie die breiten Spitzen, wodurch der mittlere Stern noch deutlicher hervortritt.

Barbara-Bannister-Stern

Der Stern wurde nach einer bekannten, amerikanischen Quilterin benannt. Er wird wie der Blazing Star genäht, besteht jedoch aus vier Formen: äußeres Dreieck, rautenförmige Spitze, inneres Dreieck und ein trapezförmiger Streifen, der das auf Spitze stehende, innere Quadrat bildet. Mit anderen Farben ergeben sich sehr unterschiedliche Effekte, je nachdem, ob das Quadrat oder der Stern betont werden soll.

Achtzackiger Stern
Eight-Pointed Star

In seiner schlichtesten Form entsteht der achtzackige Stern aus Rauten in zwei Farben mit füllenden Dreiecken und Quadraten am Rand. Selbst in dieser Variante treffen sich acht Nähte in der Mitte, was nicht einfach ist, denn die Nähte und Spitzen müssen sich in genau einem Punkt treffen.

Einen achtzackigen Stern nähen

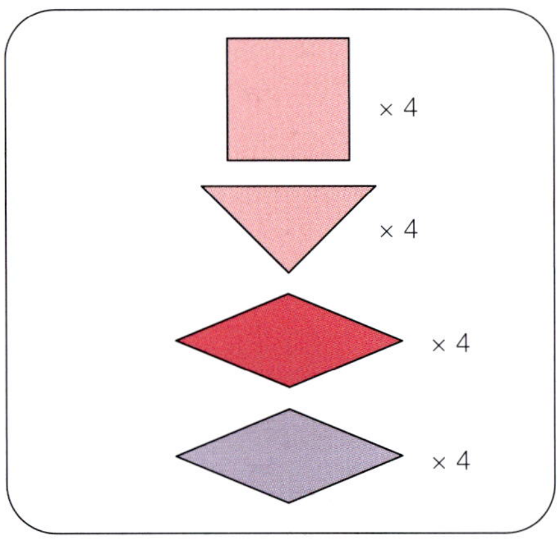

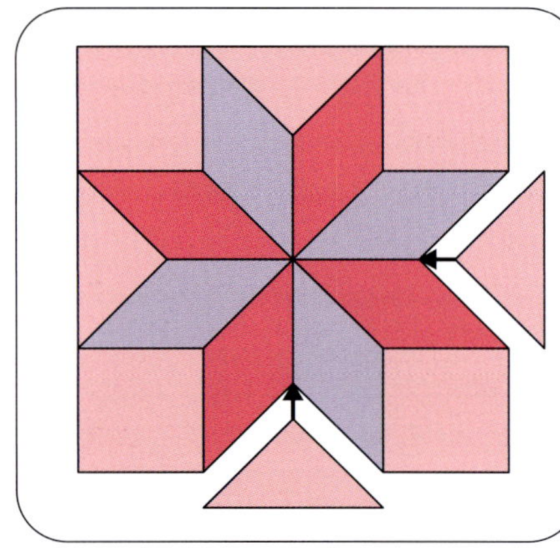

1 Verwenden Sie die Rautenschablone und das rechtwinklige Dreieck von Seite 176 und stellen Sie eine Quadratschablone her, die in den Winkel zwischen zwei nebeneinandergelegten Rauten passt. Übertragen Sie die Kontur auf die linke Stoffseite und zeichnen Sie 0,6 cm (¼ in) Nahtzugabe um alle Kanten ein. Schneiden Sie vier Quadrate aus Stoff A, vier Dreiecke aus Stoff A sowie je vier Rauten aus Stoff B und C. Bespannen Sie die Papierschablonen mit den zugeschnittenen Stoffteilchen, wie auf Seite 152 beschrieben.

2 Nähen Sie zwei Rauten in unterschiedlicher Farbe an einer Kante mit Überwendlichstichen aneinander. Wiederholen Sie dies mit den anderen sechs Rauten. Sie haben nun vier Paare. Achtung: Zwischen den Rauten ist nun eine so genannte Y-Naht entstanden. Fügen Sie ein Quadrat in diesen Winkel ein. Nähen Sie das Quadrat jeweils von innen nach außen mit Überwendlichstichen fest. Wiederholen Sie dies mit den anderen drei Rautenpaaren. Nähen Sie zuerst zwei Paare, dann fügen Sie die Hälften zum Stern zusammen.

3 Passen Sie nun die Dreiecke in die Seitenkanten ein (auch hier ist eine Y-Naht entstanden) und nähen Sie sie mit Überwendlichstichen von innen nach außen fest. Wenn Sie den achtzackigen Stern nicht mit der englischen Papiermethode genäht haben, sondern mit der Nähmaschine, bügeln Sie die Nahtzugaben auseinander.

Y-Nähte leicht gemacht

Zum Einsetzen eines Stoffteils in einen Winkel mit der Nähmaschine schließen Sie die Naht der ersten Stoffpaare (hier die Rauten) nur bis an den äußeren Eckpunkt, nicht über die Nahtzugaben hinweg. Beginnen Sie jew. im Eckpunkt und nähen Sie nach außen. Bügeln Sie die Nahtzugaben auseinander.

LeMoyne-Stern | LeMoyne Star

Man nimmt an, dass dieser Stern nach den Brüdern Pierre und Jean-Baptiste LeMoyne benannt ist, zwei frühen Bewohnern von New Orleans. Ein anderer Name ist „Lemon Star“ (Zitronenstern), was sicherlich eine Verballhornung des Namens LeMoyne darstellt. Der Block entsteht auf die gleiche Weise wie der achtzackige Stern, doch ist hier jede Raute aus zweierlei Farben genäht, was zu noch mehr Nähten im Zentrum führt.

Virginia-Stern | Virginia Star

Das ist eine einfache Version des komplizierten LeMoyne-Sterns und ist auch als Stern von Bethlehem bekannt. Konzentrische Kreise von Rauten sind um einen zentralen achtzackigen Stern angeordnet, behalten aber ihre achtzackige Form.

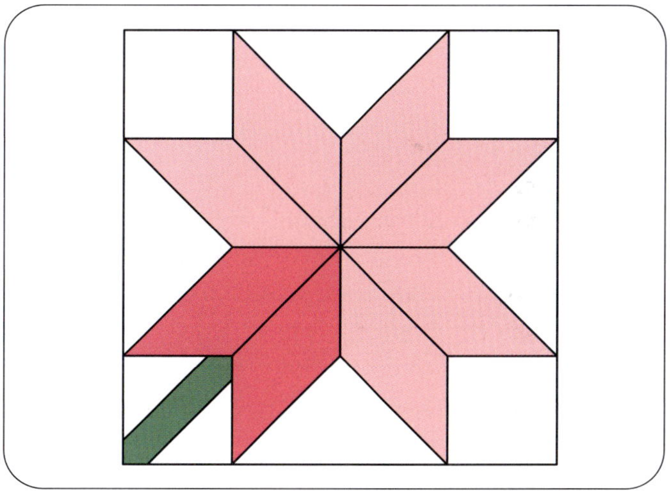

Zerbrochener Stern | Broken Star

Dieses Muster, das auch als „Zimmermannsrad/Carpenter's Wheel“ bekannt ist, wirkt durch die dritte Stofffarbe im äußeren Ring dreidimensional. Die Quadrate rund um den mittleren Stern bilden ein zweites Sternenmuster.

Lilie | Lily

Es ist ganz einfach, einen Stern in etwas anderes zu verwandeln. Hier lassen ein applizierter Stiel und eine andere Farbanordnung eine stilisierte Blüte erscheinen.

Ohio-Stern | Ohio Star

Der Ohio-Stern ist ein beliebtes Motiv, schnell und mit vielen Variationsmöglichkeiten zu nähen. Er wird aus nur zwei Formen konstruiert: schlichtes Quadrat und Quadrat aus vier Dreiecken. Der fertige Block wirkt für sich allein, deshalb wird er oft mit Füllblöcken kombiniert oder in Reihen mit schlichten Zwischenstreifen angeordnet.

Einen Ohio-Stern-Block nähen

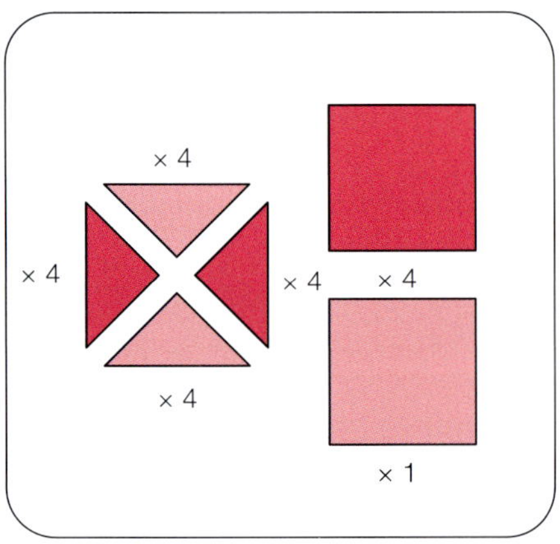

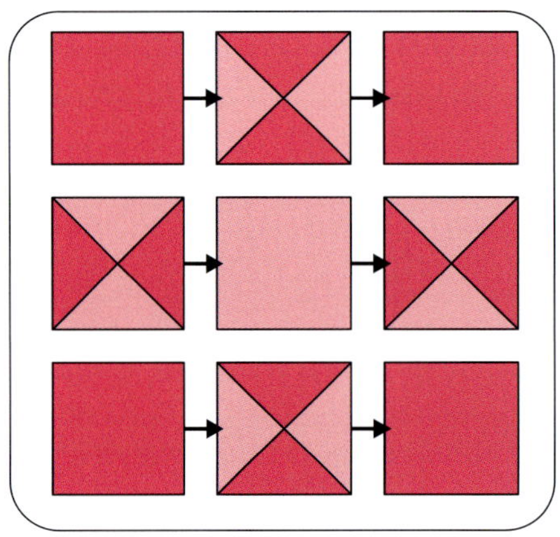

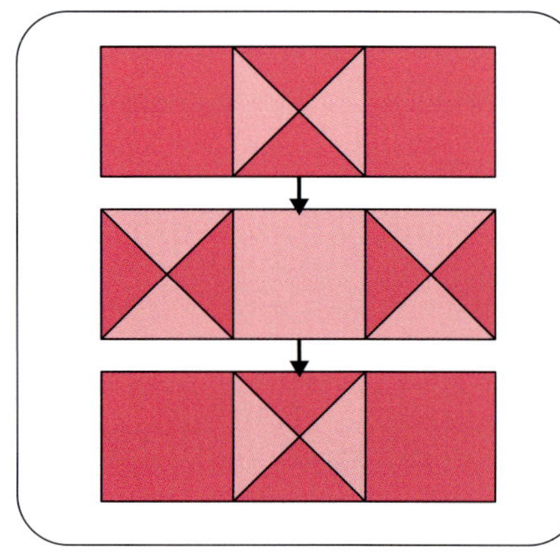

1 Schneiden Sie je zwei Quadrate aus den Stoffen A und B. Teilen Sie jedes Quadrat zweimal diagonal zu je vier rechtwinkligen Dreiecken pro Stoff. Nehmen Sie davon zwei pro Farbe und nähen Sie sie zu einem Quadrat (wie abgebildet) zusammen. Wiederholen Sie dies mit den anderen Dreiecken. Bügeln Sie die fertigen Quadrate und benutzen Sie eines davon als Schablone, um vier Quadrate gleicher Größe aus Stoff A und eines aus Stoff B zuzuschneiden.

2 Legen Sie die Quadrate zu Reihen, die obere und die untere Reihe in der Folge A/zusammengesetztes Quadrat/A, die mittlere Reihe in der Folge zusammengesetztes Quadrat/B/zusammengesetztes Quadrat. Nähen Sie die Quadrate mit 0,6 cm (¹⁄₄ in) Nahtzugabe zu Reihen zusammen.

3 Fügen Sie die Reihen aneinander und legen Sie die Nahtkreuzungen sorgfältig übereinander. Bügeln Sie die Nahtzugaben zu einer Seite.

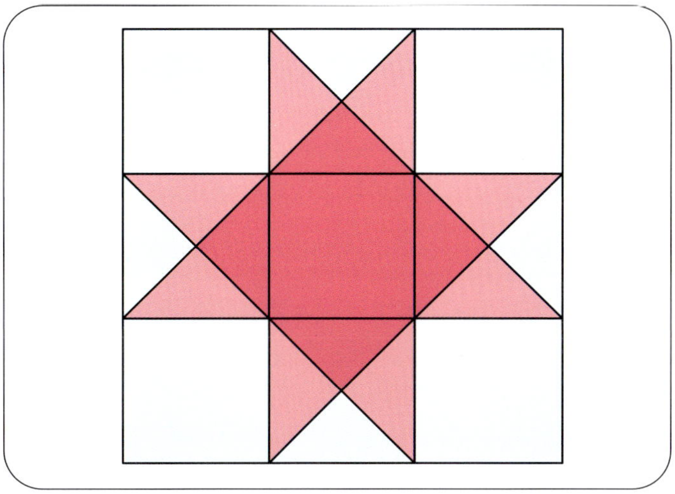

Variabler Stern | Variable Star

Dieser Block wird genauso genäht wie der Ohio-Stern, jedoch sind hier drei Farben anstelle von zweien verwendet. Da das Mittelquadrat die gleiche Farbe wie die angrenzenden Dreiecke hat, wirkt die Mitte wie ein auf Spitze gestelltes großes Quadrat.

Bauernhof | Country Farm

Vier Farben ergeben wieder einen anderen Effekt. Die Ecken und die Dreiecke am Rand sind in einer Farbe, die Spitzen des Sterns in einer anderen und die inneren Dreiecke und Quadrate in der dritten und vierten Farbe. Das Mittelquadrat ist ein einfacher Viererblock. Nähen Sie zuerst alle zusammengesetzten Einheiten und kombinieren Sie sie dann wie den Ohio-Stern-Block.

Kartenkörbchen | Card Basket

Auch dieser Block besteht aus vier Farben, die aber anders geordnet werden. Die Eckquadrate werden aus zwei unterschiedlich farbigen Dreiecken, die Sternenspitzen und das auf Spitze gestellte Mittelquadrat aus dem dritten Stoff genäht, und der vierte Stoff wird für die kleinen Dreiecke um die Mitte und für die inneren Dreiecke des Sterns benutzt, wodurch sich ein auf Spitze gestelltes Quadrat ergibt.

Quadrate aus vier Dreiecken nähen

Wenn sich die Dreiecke Ihrer Quadrate nicht genau diagonal kreuzen, obwohl Sie exakt geschnitten und genäht haben, schneiden Sie sie beim nächsten Mal etwas größer zu und trimmen Sie sie zum Schluss alle auf das gleiche Maß.

Kurven

Muster mit kurvigen bzw. geschwungenen Nähten sind oft kompliziert und mit der Maschine schwierig zu nähen, es sei denn, die Kurven sind sehr flach. Trotzdem sind diese Muster sehr beliebt, denn sie sind ausgesprochen schön und wirken lebendig und schwungvoll. Viele dieser Muster eignen sich auch für die Verwertung vieler ungleicher Stoffreste.

Muschel | Clamshell

Dieses traditionelle Muster ist ziemlich schwierig zu nähen. Am einfachsten ist es mit der englischen Papiermethode zu bewältigen (siehe Seite 95). Die lange Spitze der Muschel wird von den darunterliegenden Bögen überdeckt.

Einen Muschelblock nähen

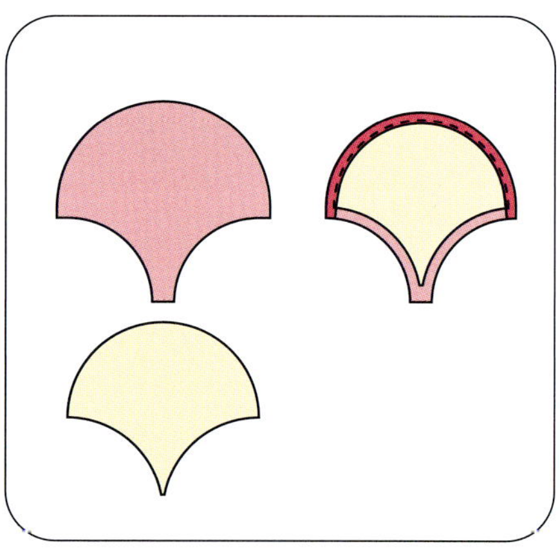

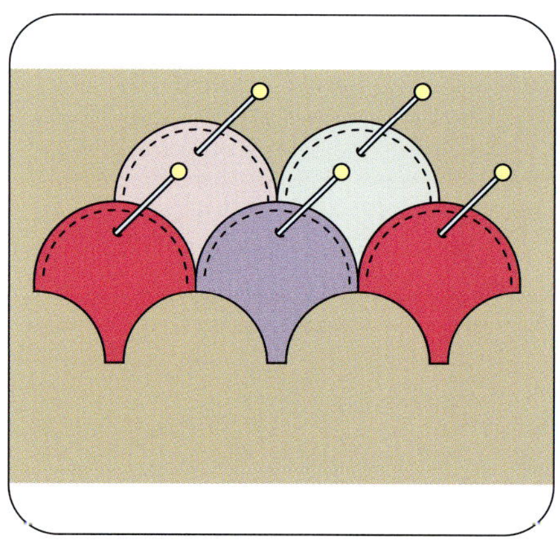

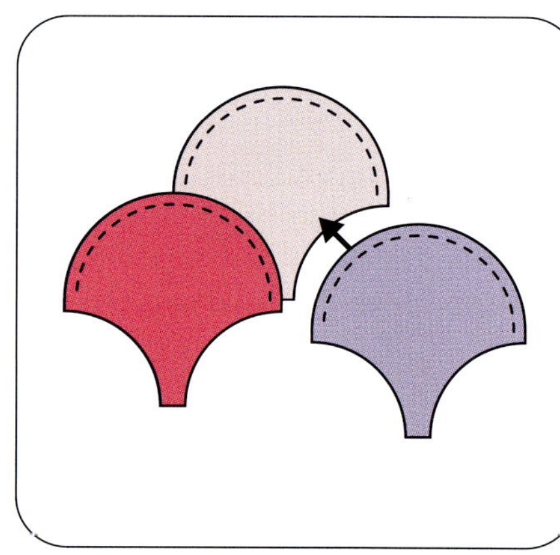

1 Schneiden Sie mehrere Muschelschablonen (siehe Seite 177) aus Papier aus. Stellen Sie eine zweite Schablone her, die 0,6 cm (1/4 in) Nahtzugabe enthält, um damit die Stoffe zuzuschneiden. Stecken Sie auf die linke Seite der zugeschnittenen Stoffe je eine Papierschablone (ohne Nahtzugabe). Falten Sie die Nahtzugaben um die Kanten der Papiere und heften Sie den Stoff um das Papier. Kennzeichnen Sie die obere Mitte jeder Muschelform.

2 Zeichnen Sie mit Hilfe einer der Papierschablonen eine Reihe von Bögen entlang der Unterkante eines Kartons. Stecken Sie eine Reihe von umhefteten Stoffmuscheln entlang der Bogenreihe. Fügen Sie darüber eine zweite Reihe von Muscheln hinzu, die jeweils mittig über den Formen der ersten Reihe liegen – die Bögen der unteren Muscheln liegen in den Lücken zwischen den Muscheln der oberen Reihe. Ordnen Sie die Farben, bis Sie mit der Verteilung zufrieden sind.

3 Vergewissern Sie sich, dass die Kante der ersten Muschel in der zweiten Reihe auf der Mittelmarkierung der ersten Muschel der ersten Reihe liegt. Nähen Sie die beiden Muscheln mit Blindstichen aneinander. Beginnen Sie in der oberen Mitte und nähen Sie an der unteren Kurve der oberen Muschel entlang. Nähen Sie jetzt die nächste Muschelform der unteren Reihe ebenso an.

4 Arbeiten Sie in dieser Folge weiter und nähen Sie immer eine Muschel der oberen und der unteren Reihe im Wechsel. Sind alle auf dem Karton angeordneten Formen genäht, stecken Sie die nächsten zwei Reihen auf und nähen Sie diese wie zuvor zusammen.

Muschelpatchwork
Alle Kurven der Muschelform passen ineinander. Daher können sie auch seitlich gedreht werden, so dass die Spitzen zueinander weisen und die anderen Muscheln in die Lücken an der Seite passen. So entsteht ein interessantes Mosaikmuster.

Muscheln | Shells
Hier sind die Muschelformen in farblich wechselnden Reihen angeordnet. Die Reihen könnten auch diagonal angeordnet sein, wodurch die Muscheln eher wie Dachziegel wirken.

Doppelaxt | Double Axehead
Dieses Motiv ist mit dem Muschelpatchwork verwandt, hat jedoch die Form zweier abgerundeter Enden, die Rundung ist nicht so steil und die Mitte nicht so schlank. Wenn Sie mit der gleichen Kurve die Innen- und die Außenrundung des Motivs zeichnen, schmiegen sich beide wie hier abgebildet aneinander.

Fächer | Fan

Das Fächermuster gibt es in vielen Varianten. Der Fächer selbst kann aus mehreren Feldern bestehen. Vier im Kreis angeordnete Fächerblöcke formen das bekannte Muster „Dresdner Teller/Dresden Plate“. Werden die Fächerblöcke gedreht, ergeben sich interessante Sekundärmuster.

Einen Fächerblock nähen

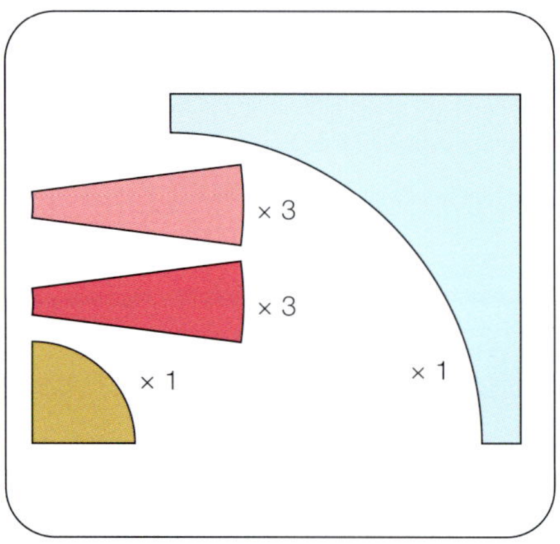

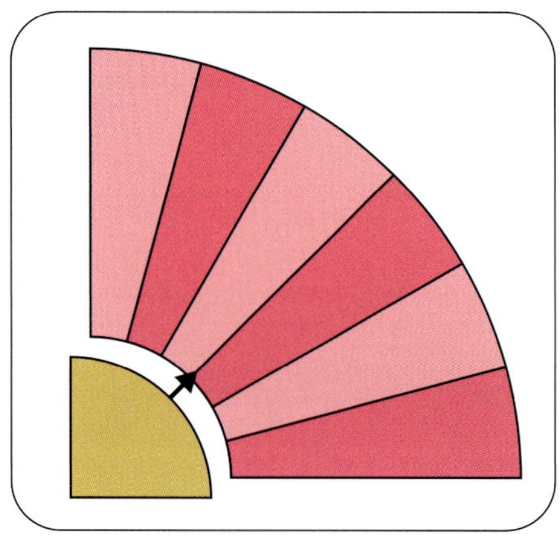

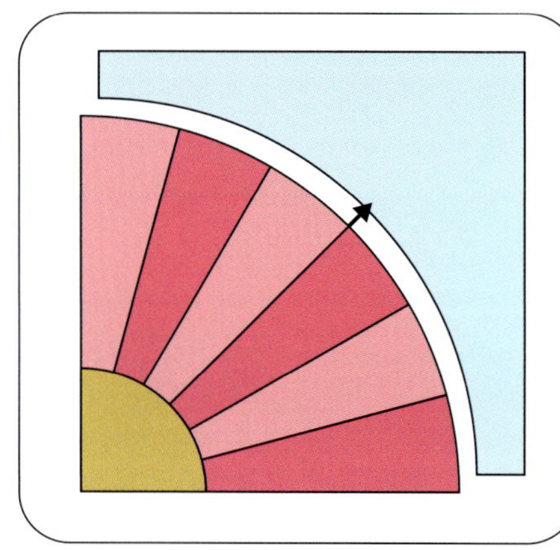

1 Verwenden Sie die Fächerschablonen von Seite 178. Schneiden Sie nach Schablone I je drei Teile aus Stoff A und Stoff B. Nach Schablone II schneiden Sie eine Eckform aus Stoff C sowie nach Schablone III eine Außenform aus Stoff D.

2 Nähen Sie zuerst die Fächerformen aus Stoff A und B mit 0,6 cm (¼ in) Nahtzugabe aneinander. Fügen Sie dann die Paare zum Fächer aneinander. Bügeln Sie die Nahtzugaben auseinander oder zu einer Seite. Fügen Sie die innere Eckform hinzu, ohne dabei die Stoffkante zu dehnen.

3 Nähen Sie nun die Außenform an und achten Sie wieder darauf, die Stoffkanten dabei nicht zu dehnen. Sie können dies von Hand oder mit der Maschine nähen, doch müssen die Nähte flach liegen. Schneiden Sie, wenn nötig, die Nahtzugaben ein.

Einen Fächerblock nähen

Das Eckteil des Fächers kann auch als Applikation gearbeitet werden und die inneren Enden des Fächers verdecken.

Für eine besonders schöne Wirkung sollten die Fächerformen farblich abwechselnd angeordnet sein. Sie können so viele Farben verwenden, wie Sie möchten – eine prima Gelegenheit, viele Reste aufzubrauchen.

Einfacher Dresdner Teller | Simple Dresden Plate

Dies ist ein einfacher Dresdner-Teller-Block, der sehr ansprechend wirkt. Die großen Felder und die wenigen Farben machen das Nähen leicht. Wenn Sie den mittleren Kreis applizieren, brauchen Sie sich um sich treffende Mittelnähte keine Sorgen zu machen.

Dresdner Teller | Dresden Plate

Dies ist eine traditionellere Version des Blocks aus drei verschiedenen Stoffen für den Teller und mit zweierlei Spitzen: rund und spitz. Das Muster war in den Jahren 1920–1930 besonders beliebt.

Schlange in der Grube | Snake in the Hollow

Dieses Muster entsteht aus Blöcken mit je zwei Fächern, von denen jeder dem anderen diagonal gegenüberliegt. Setzt man die Blöcke direkt aneinander, bildet sich ein schlängelndes Kurvenmuster.

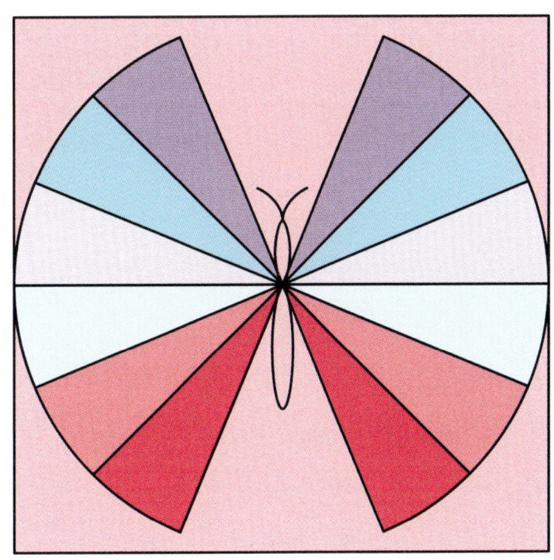

Schmetterling | Butterfly

Mit einem Fächermuster lassen sich auch figürliche Themen darstellen, wie z. B. dieser Schmetterling. Der Fächer kann in Patchworktechnik oder als Applikation genäht werden.

Weg des Betrunkenen
Drunkard's Path

Dieses Muster entsteht aus Quadraten, bei denen eine Ecke als Viertelkreis in Kontrastfarbe gearbeitet ist. Der quadratische Basisblock kann in unendlich vielen Anordnungen gelegt werden. Die versetzte Anordnung erinnert an den Weg eines Betrunkenen, der nach Hause wankt. Die blau-weiße Variation aus dem 19. Jhd. wird als Ausdruck der Sympathie mit der Abstinenzlerbewegung angesehen.

Einen Drunkard's-Path-Block nähen

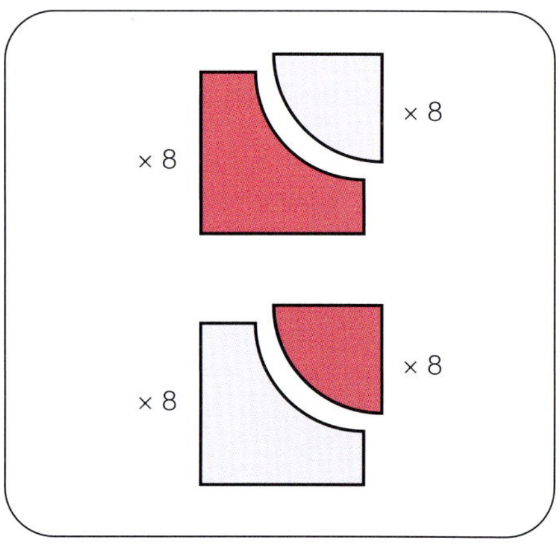

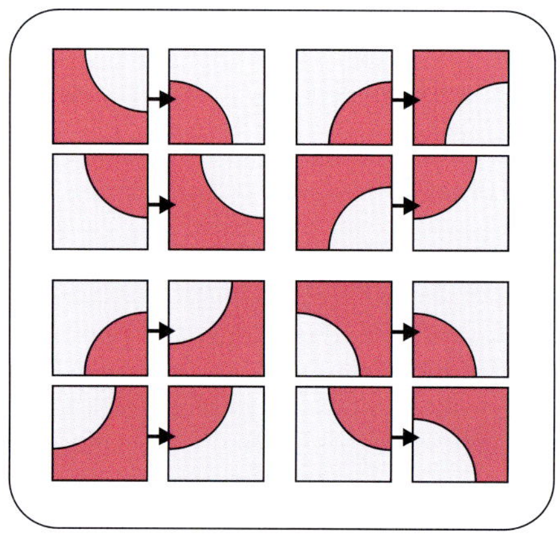

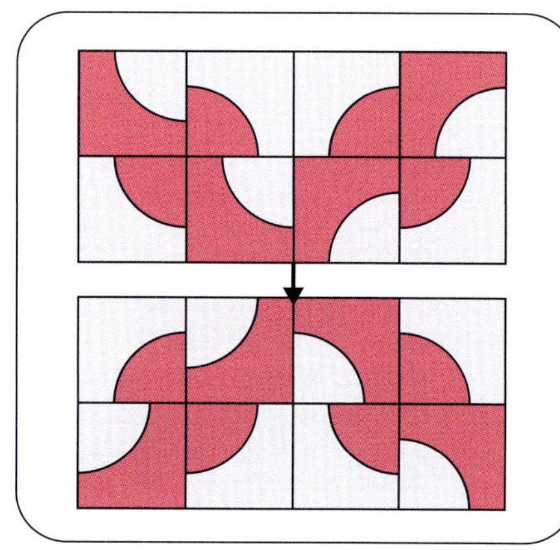

1 Verwenden Sie die Schablonen von Seite 177. Schneiden Sie je acht Teile aus den Stoffen A und B zu. Setzen Sie die kleinen Teile aus A in die großen Formen aus Stoff B ein und umgekehrt. Sie erhalten sechzehn Quadrate, jedes mit einer farblich kontrastierend eingesetzten Ecke. Schneiden Sie die Nahtzugaben ein und bügeln Sie die Nähte flach.

2 Legen Sie die sechzehn Quadrate wie gezeigt aus. Nähen Sie zuerst je zwei Quadrate zu Paaren, dann je zwei Paare zu größeren Quadraten zusammen. Halten Sie sich an die abgebildete Reihenfolge.

3 Nähen Sie nun die vier großen Quadrate zusammen und passen Sie die Nahtkreuzungen sorgfältig aufeinander. Orientieren Sie sich an der Anleitung für Viererblöcke von Seite 130–131.

4 Sobald Sie mehrere Drunkard's-Path-Blöcke ohne Zwischenstreifen direkt aneinandernähen, bildet sich ein komplexes Muster aus sich schlängelnden Kurven.

Stürzende Baumstämme | Falling Timbers

Dieses Muster entsteht aus genau den gleichen Blöcken und in der gleichen Technik wie der Drunkard's Path, jedoch sind die Farben in diagonalen Linien angeordnet und erinnern an umgestürzte Baumstämme auf dem Waldboden. Wenn die hellen und dunklen Farben so gedreht werden, dass sie senkrechte Reihen bilden, ergibt sich das Muster „Band der Freundschaft/Vine of Friendship".

Taube | Dove

Auch diese Variante entsteht aus den gleichen Blöcken wie der Drunkard's Path, die hier jedoch kreisförmig angeordnet sind. Werden weitere Runden um dieses Motiv angelegt, bilden sich in den Ecken genau die gleichen Formen, jedoch um 90° gedreht.

Weltwunder I | Wonder of the World I

Obwohl das Muster dem gleichen Prinzip folgt, ist die Anzahl der Elemente nicht die gleiche wie für den Drunkard's Path, da hier nur vier dunkle Quadrate mit hellen Ecken und zwölf helle Quadrate mit dunklen Ecken verwendet werden.

Weltwunder II | Wonder of the World II

Bei dieser Variante sind die acht hellen und acht dunklen Quadrate zu zwei Windmühlen in diagonal gegenüberliegenden Ecken des doppelten Viererblocks angeordnet. Die Quadrate der anderen beiden Ecken bilden jeweils eine Kreuzform.

Josephinenknoten
Josephine's Knot

Möglicherweise hat dieses Muster seinen Namen von dem „Josephinenknoten“ aus dem Makramee und aus keltischen Ornamenten, doch ist nicht bekannt, wer diese Josephine war. Der Block entsteht aus drei Formen. Die Bänder und Viertelkreise formen in der Mitte eine Art Knoten.

Einen Josephinenknoten-Block nähen

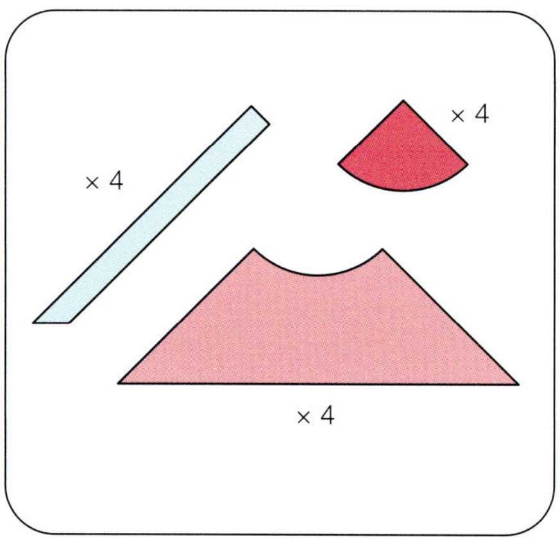

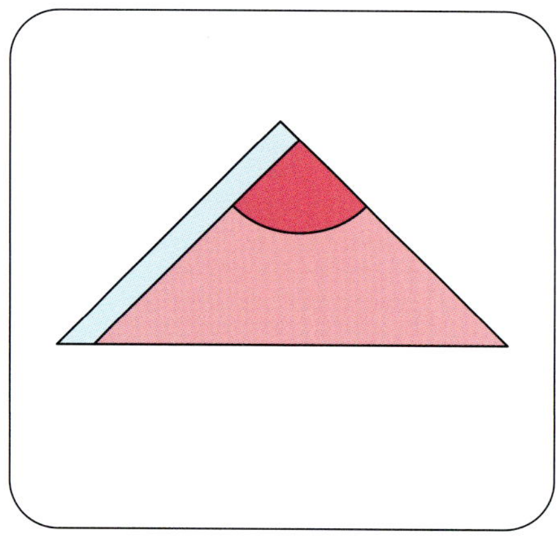

1 Verwenden Sie die Schablonen von Seite 178. Schneiden Sie vier Viertelkreisformen aus Stoff A, vier Streifen aus Stoff B und vier Außenformen aus Stoff C.

2 Nähen Sie den Viertelkreis mit 0,6 cm (¼ in) Nahtzugabe in die Außenform. Achten Sie beim Nähen darauf, die kurvigen Stoffkanten nicht zu dehnen. Setzen Sie dann an die linke Seite der Einheit den Streifen. Wiederholen Sie dies mit den anderen drei Einheiten.

3 Fügen Sie zunächst die vier Einheiten zu Paaren zusammen, danach nähen Sie die beiden Hälften zusammen, achten Sie darauf, dass die Nahtkreuzung exakt übereinanderliegt.

Kurvige Nähte

Beim Zusammensetzen von kurvigen Nähten sind die Stoffkanten im diagonalen Fadenlauf geschnitten. Dehnen Sie also die Kanten nicht.

Oft ist es gut, in die beiden ineinanderpassenden Kanten kleine Kerben zu schneiden. So haben Sie feste Passpunkte, an denen Sie sich orientieren können.

Nachtstück | Nocturno

Die Formen dieses Blocks sind dem Josephinenknoten ähnlich, doch werden sie wie ein Neunerblock (siehe Seite 127) zusammengesetzt.

Schildkröte | Turtle

Diese entzückende Schildkröte hat die gleichen Basisformen wie der Josephinenknoten, doch wurden hier die Streifen für die Darstellung von Kopf und Schwanz der Schildkröte benutzt. Wenn Sie mehrere dieser Blöcke zusammensetzen, sollten Sie zwischen jeden Schildkrötenblock einen Gitterstreifen nähen.

Bildhafte Darstellungen

Quilterinnen haben immer schon gerne Alltagsgegenstände in ihren Quilts dargestellt, und obwohl dies meist Applikationen waren, gibt es auch einige, die in Patchworktechnik entstehen können. Die beiden bekanntesten sind der Korb und das Schulhaus, die es in vielen Variationen gibt.

Korbblock | Basket block

Der Korbblock ist in der Regel aus Dreiecken gearbeitet, doch gibt es auch hier viele Variationen, denn es ist ein ziemlich beliebtes Motiv. Das Muster eignet sich gut, um viele Reste aufzubrauchen, obwohl der Korb selbst besser aus einem einzigen Stoff genäht werden sollte. Der Inhalt des Korbes kann eine Zusammenstellung aus verschiedenen Stoffresten sein.

Einen Korbblock nähen

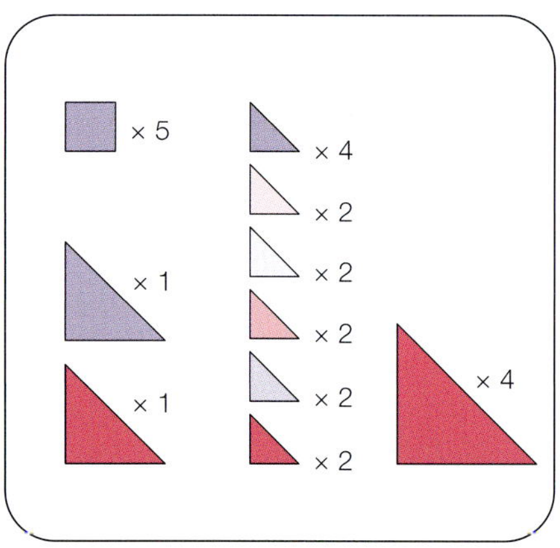

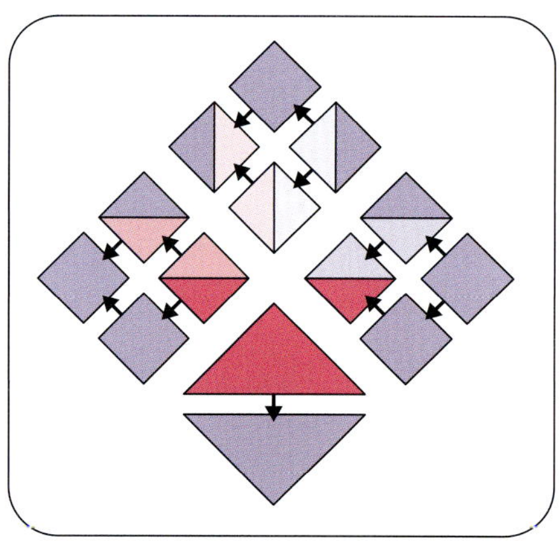

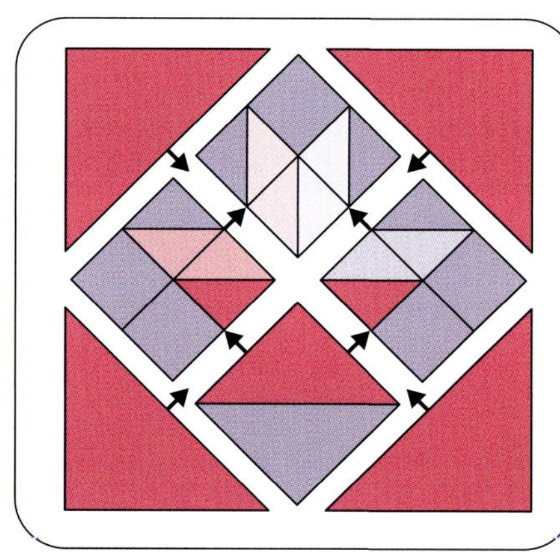

1 Schneiden Sie zwei Quadrate aus Stoff A und je eines aus B, C, D, E und F. Halbieren Sie jedes diagonal. Nähen Sie die Dreiecke als AB, AC, AD, AE, BC, EF und DF zusammen. Mit einem fertigen Quadrat als Schablone schneiden Sie fünf Quadrate aus Stoff A zu. Schneiden Sie je ein mittelgroßes Dreieck aus Stoff A und F (siehe Schritt 2). Schneiden Sie zwei große Quadrate aus Stoff A und halbieren Sie beide diagonal zu vier großen Dreiecken (siehe Schritt 3).

2 Setzen Sie die zwölf Quadrate und die Quadrate, die aus zwei Dreiecken zusammengesetzt sind, zu drei Viererblock-Einheiten (wie abgebildet) zusammen. Nähen Sie die beiden großen Dreiecke an den langen Kanten zum Quadrat. Dieses ist jetzt so groß wie die Viererblöcke.

3 Nähen Sie die vier Blöcke mit 0,6 cm (1/4 in) Nahtzugabe zusammen und legen Sie dabei die Spitzen und Nahtkreuzungen genau aufeinander. Fügen Sie zum Schluss die großen rechtwinkligen Dreiecke an jede Kante des Körbchenblocks, um ihn aufrecht zu stellen. Die Diagonalkanten dieser Dreiecke sind so lang wie die Kanten des Körbchenblocks plus Nahtzugaben. Bügeln Sie die Nahtzugaben zu einer Seite.

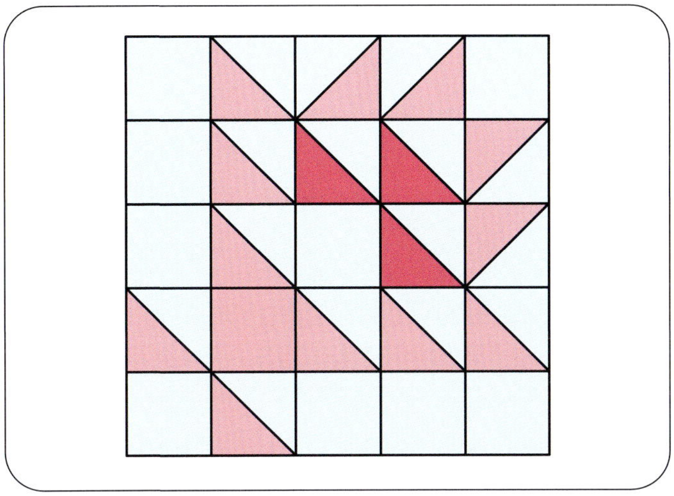

Obstkorb | Fruit Basket

Dieser Block, der aus fünfundzwanzig Quadraten zusammengesetzt ist, besteht nur aus Dreiecken und Quadraten. Arbeiten Sie zuerst die Quadrate aus zwei Dreiecken und schneiden Sie zehn ebenso große Quadrate für den Hintergrund zu. Dann nähen Sie zunächst die Reihen und dann die Reihen zum Block zusammen.

Kuchen-Etagere | Cake Stand

Auch dies ist eine Korbvariation. Sie hat sogar einen Henkel aus Dreiecken und einem schlichten Quadrat. Dieser Block ist mit einem Zwischenstreifen versehen. Wenn Sie ihn auf Spitze anordnen, setzen Sie Fülldreiecke oder Quadrate dazwischen. Einen etwas anderen Etagere-Block finden Sie auf den Seiten 276–280.

Blumenkorb | Basket of Flowers

Dieser maschinengenähte Blumenkorb wird ein wenig anders genäht, da der Korpus aus einem großen Dreieck und der Standfuß aus zwei kleineren Dreiecken besteht. Nähen Sie zuerst drei Quadrate aus je zwei Dreiecken und platzieren Sie sie keilförmig. Legen Sie an der unteren Kante drei Dreiecke hinzu, so dass sich ein großes Dreieck ergibt. Nähen Sie die Teile zusammen. Das große Dreieck des Korbs, das Sie jetzt darunternähen, ist genauso groß. Die restlichen Teile des Blocks werden in Reihen genäht und um die Kante der mittleren Einheit angesetzt. Ein unifarbiges Dreieck bildet die untere Spitze.

Körbchenblöcke

Das Korbmotiv ist sehr beliebt und variationsreich. Der Korb wird in der Regel aus Dreiecken zusammengesetzt, doch können es auch Parallelogramme sein. Bunte Rauten oberhalb des Korbes wirken wie Blumen, die den Korb füllen. Probieren Sie verschiedene Anordnungen aus. Die unterschiedlichen Blöcke können Sie zu einem Sampler-Quilt zusammensetzen.

Schulhaus | Schoolhouse

Der Schulhausblock ist ein traditioneller Block, der als „kleines rotes Schulhaus“ schon immer beliebt war und auch viele Variationen kennt, wie Kirche, Stall und verschiedene öffentliche Gebäude. Die Formen sind wegen der Winkel etwas kniffelig, müssen aber perfekt zusammenpassen. Deshalb sollte man die Stoffteile mit Schablonen zuschneiden. Aber auch das Nähen nach der Foundation-Piecing-Methode (siehe Seite 101) kann die Arbeit erleichtern.

Einen Schulhausblock nähen

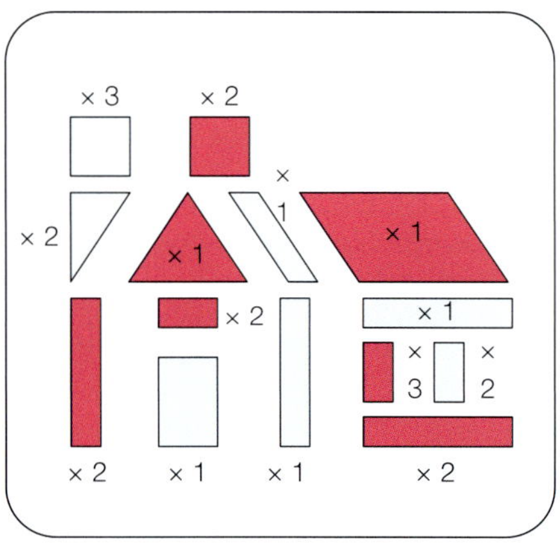

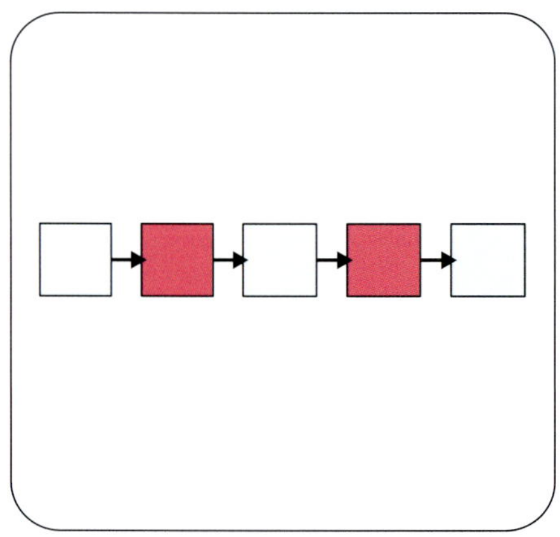

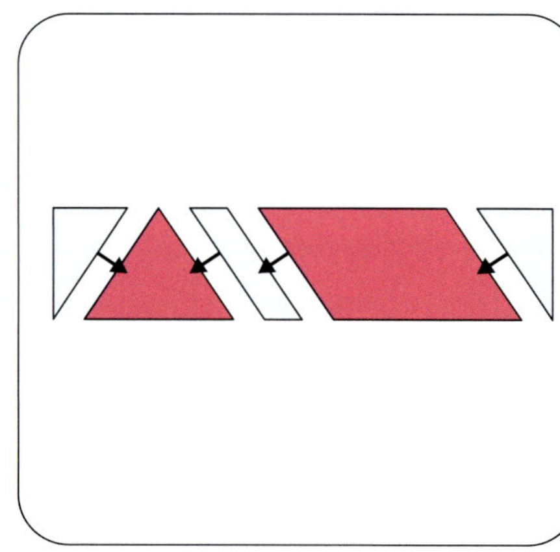

1 Verwenden Sie die Schablonen von Seite 179. Schneiden Sie aus Stoff A je zwei Teile nach den Schablonen I, IV, V und VI, je ein Teil nach den Schablonen II und III und drei Teile nach Schablone VII aus. Schneiden Sie aus Stoff B je ein Teil nach den Schablonen IV, VI, VIII und X, je zwei Teile nach den Schablonen VII und IX und drei Teile nach Schablone I aus. Sie haben nun dreizehn Teile aus Stoff A und elf aus Stoff B, also insgesamt vierundzwanzig.

2 Nähen Sie immer mit 0,6 cm (¼ in) Nahtzugabe. Fügen Sie die Teile I, X und XI zu einem Streifen aneinander.

3 Dann nähen Sie die Teile II, III, IX und XII zu einem Streifen, die Farbfolge ist BABAB, wie abgebildet.

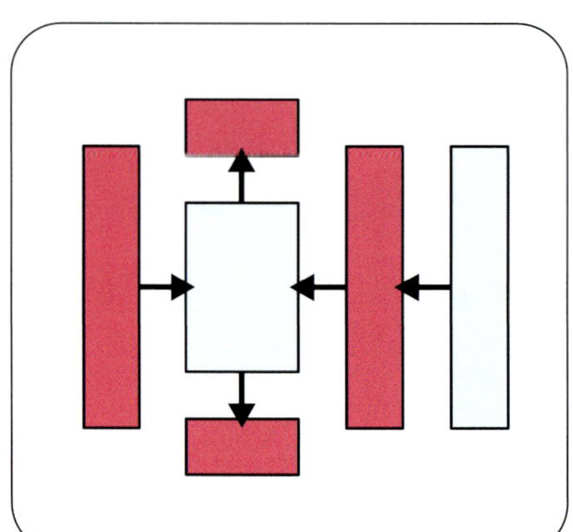

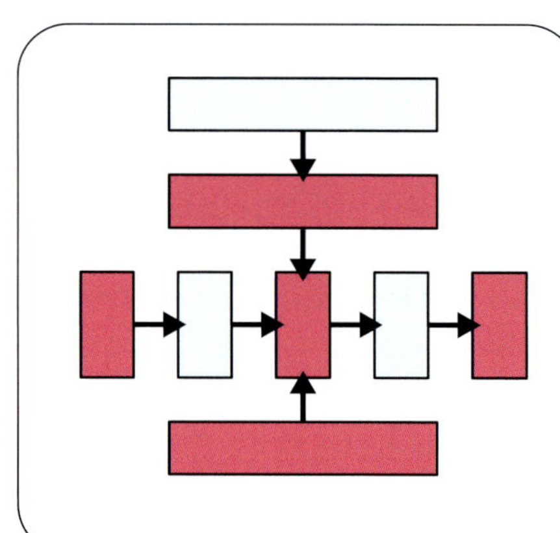

4 Setzen Sie die Teile V und VIII in der Farbfolge ABA übereinander und nähen Sie an die Seiten je ein Teil IV aus A sowie ein weiteres Teil IV aus B an.

5 Nähen Sie die fünf Teile aus Schablone VII in der Farbfolge ABABA zusammen. Setzen Sie die Streifen VI aus Stoff A und B oben und unten an.

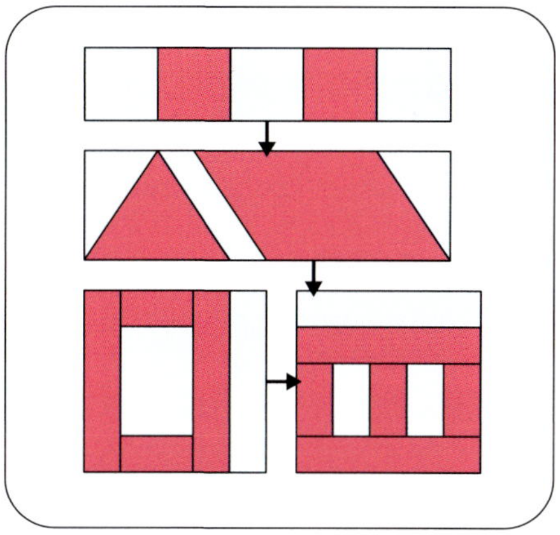

6 Setzen Sie die vier zusammengesetzten Streifen wie abgebildet aneinander und achten Sie darauf, dass alle Nähte vom Kamin bis zur Hausecke exakt aufeinandertreffen.

Schulhaus-Variation

Diese vereinfachte Version des Schulhausblocks ist schnell fertig gestellt, vor allem wenn mit Rollschneider zugeschnitten und mit der Maschine genäht wird.

Kimono

Nach dem gleichen Prinzip können vielerlei einfache Formen gebildet werden. Hier sind Steifen und Dreiecke zu Kimono-Blöcken zusammengesetzt, die mit Zwischenstreifen und roten Ecksteinen kombiniert sind.

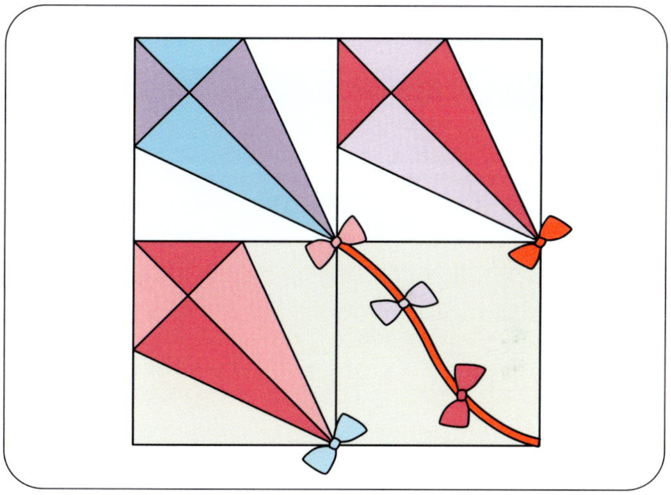

Flugdrachen | Kite

Diese reizenden Drachen sind aus sechs Dreiecken und einem Füllblock genäht, auf den der Drachenschwanz appliziert wurde. Die Schleifen sind aus Bändern geflochten.

Schablonen

Rauten | Diamonds

Vergrößern Sie die Schablone auf das benötigte Maß. Fügen Sie rundum 0,6 cm ($^{1}/_{4}$ in) Nahtzugabe hinzu.

Sechsecke | Hexagons

Vergrößern Sie die Schablone auf das benötigte Maß. Fügen Sie rundum 0,6 cm ($^{1}/_{4}$ in) Nahtzugabe hinzu.

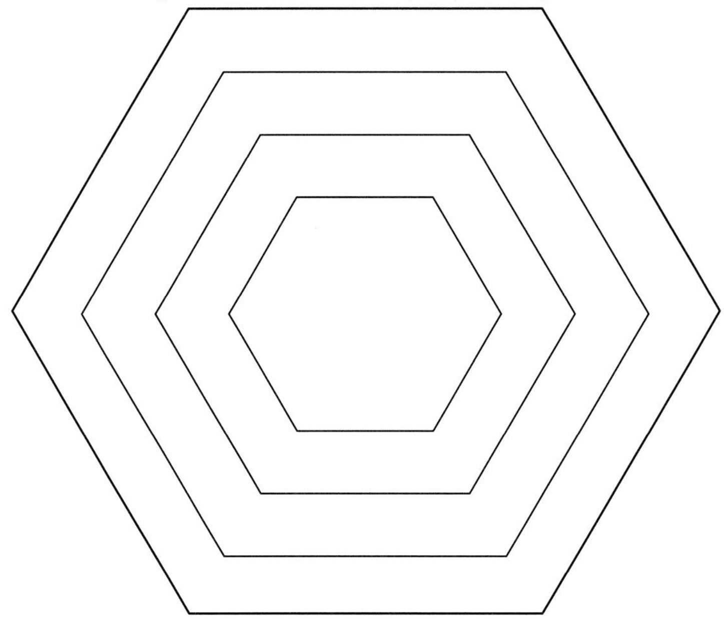

Fünfecke | Pentagons

Vergrößern Sie die Schablone auf das benötigte Maß. Fügen Sie rundum 0,6 cm ($^{1}/_{4}$ in) Nahtzugabe hinzu.

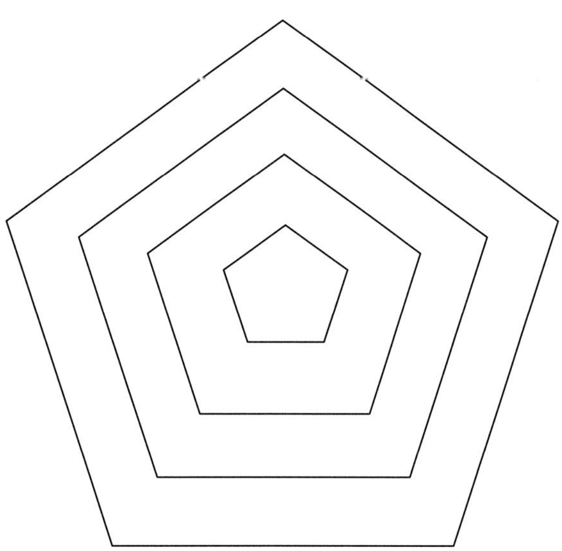

Dreiecke | Triangles

Vergrößern Sie die Schablone auf das benötigte Maß. Fügen Sie rundum 0,6 cm ($^{1}/_{4}$ in) Nahtzugabe hinzu.

Rechtwinkliges Dreieck

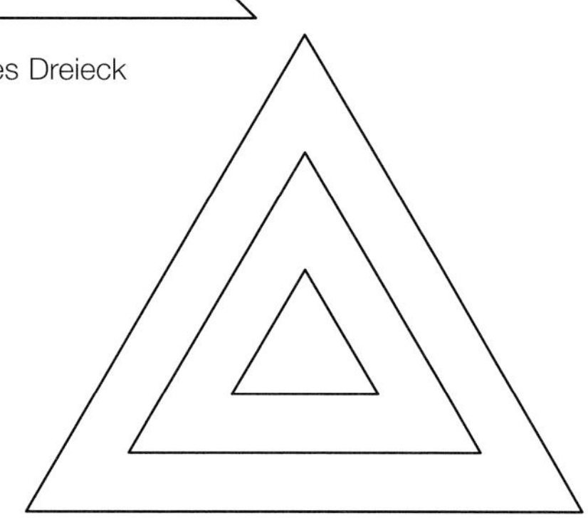

Gleichseitiges Dreieck

Weg des Betrunkenen | Drunkard's Path

Vergrößern Sie die Schablone auf das benötigte Maß. Fügen Sie rundum 0,6 cm (¹/₄ in) Nahtzugaben hinzu.

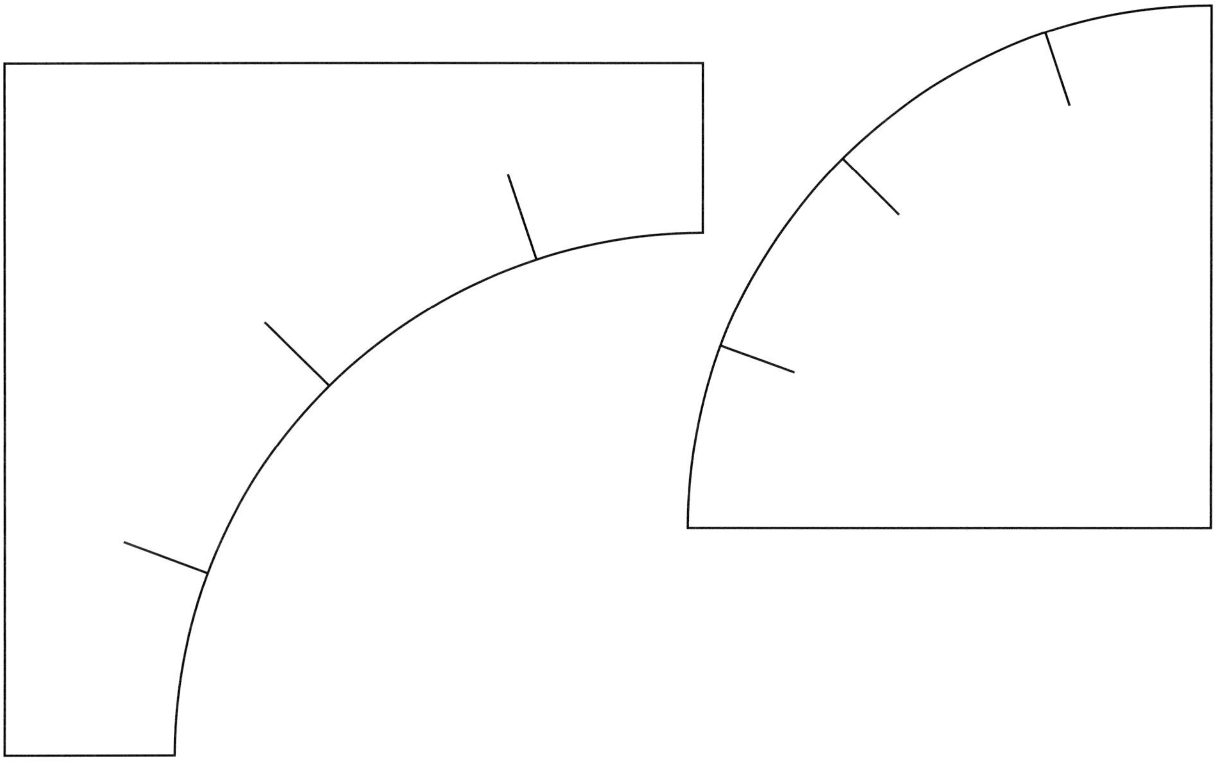

Muschel | Clamshell

Diese Schablone ist für die englische Papiermethode (siehe Seite 164) vorgesehen. Vergrößern Sie die Schablone auf das benötigte Maß. Bei der Zuschneideschablone für den Stoff fügen Sie rundum 0,6 cm (¹/₄ in) Nahtzugabe hinzu.

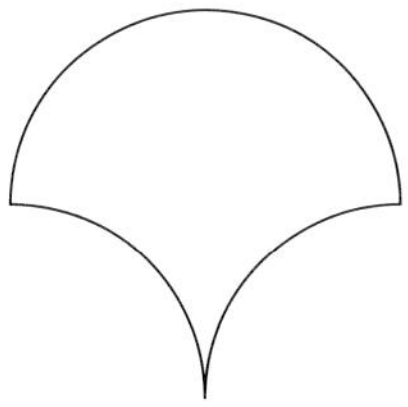

Fächer | Fan

Vergrößern Sie die Schablonen auf das benötigte Maß.
Fügen Sie rundum 0,6 cm ($^1/_4$ in) Nahtzugabe hinzu.

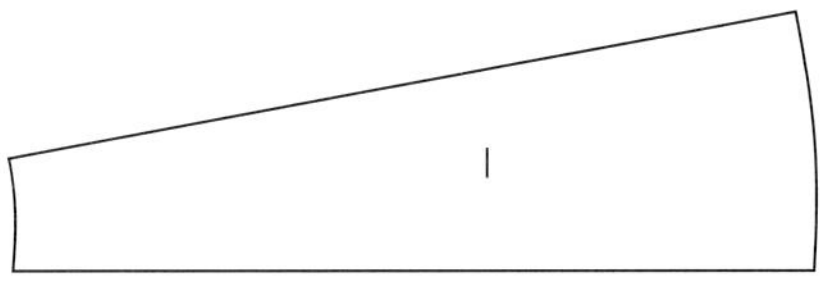

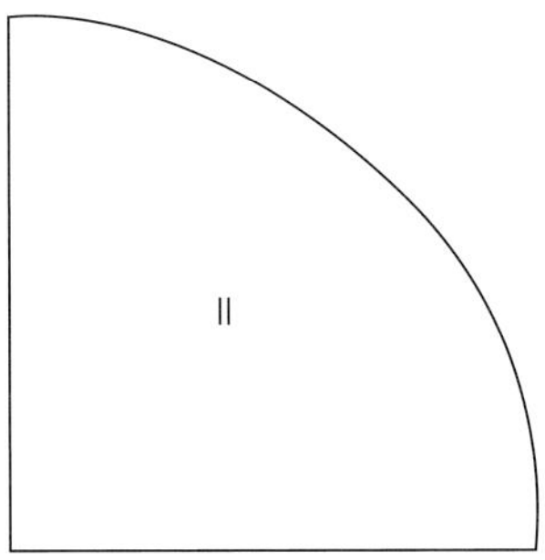

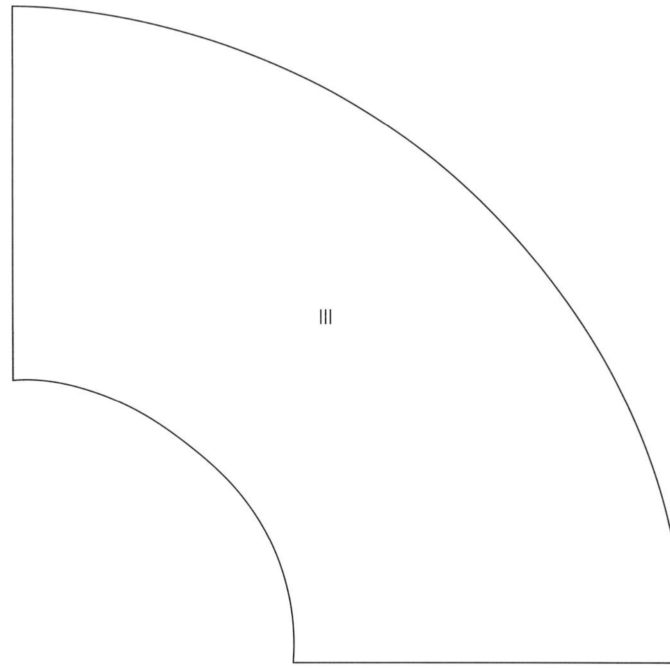

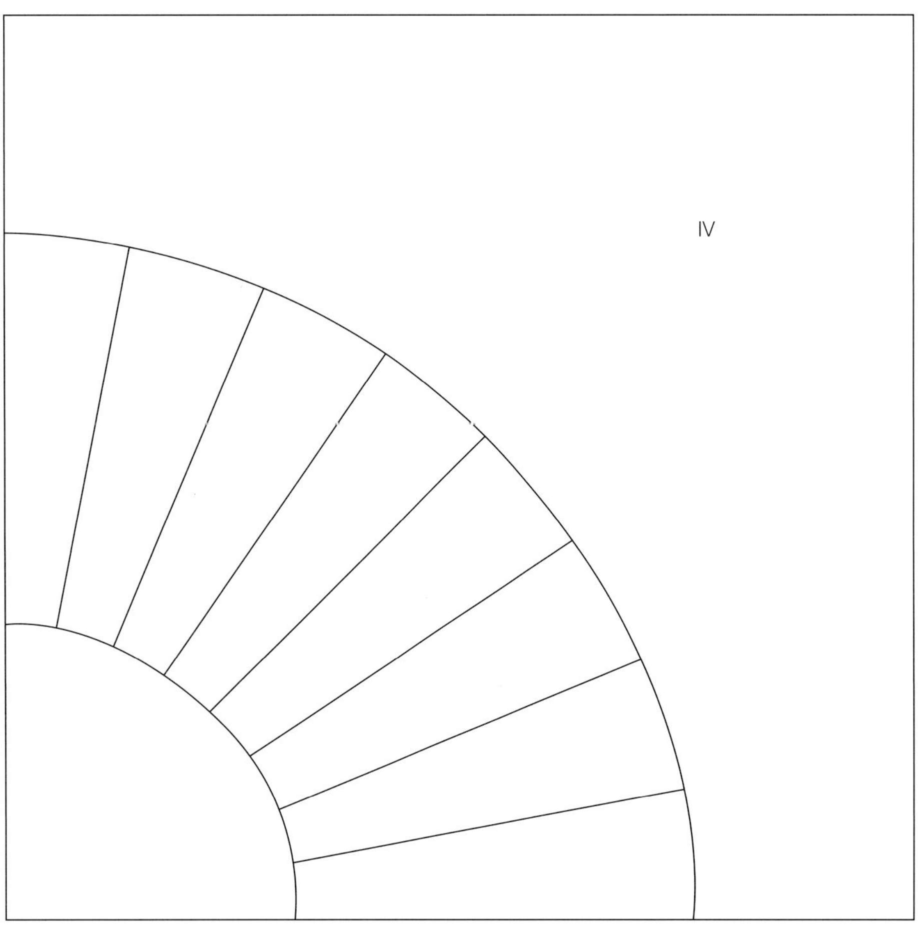

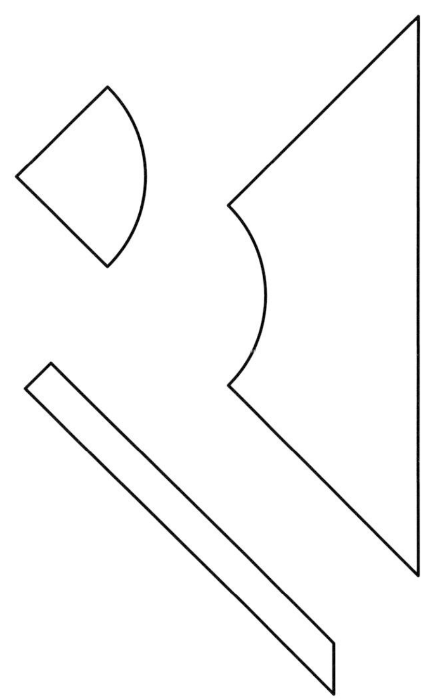

Josephinenknoten

Vergrößern Sie die Schablonen auf das benötigte Maß. Fügen Sie rundum 0,6 cm ($^1/_4$ in) Nahtzugabe hinzu.

Vierzackiger Stern | Four-Pointed Star

Vergrößern Sie die Schablone auf das benötigte Maß. Fügen Sie rundum 0,6 cm (¼ in) Nahtzugabe hinzu.

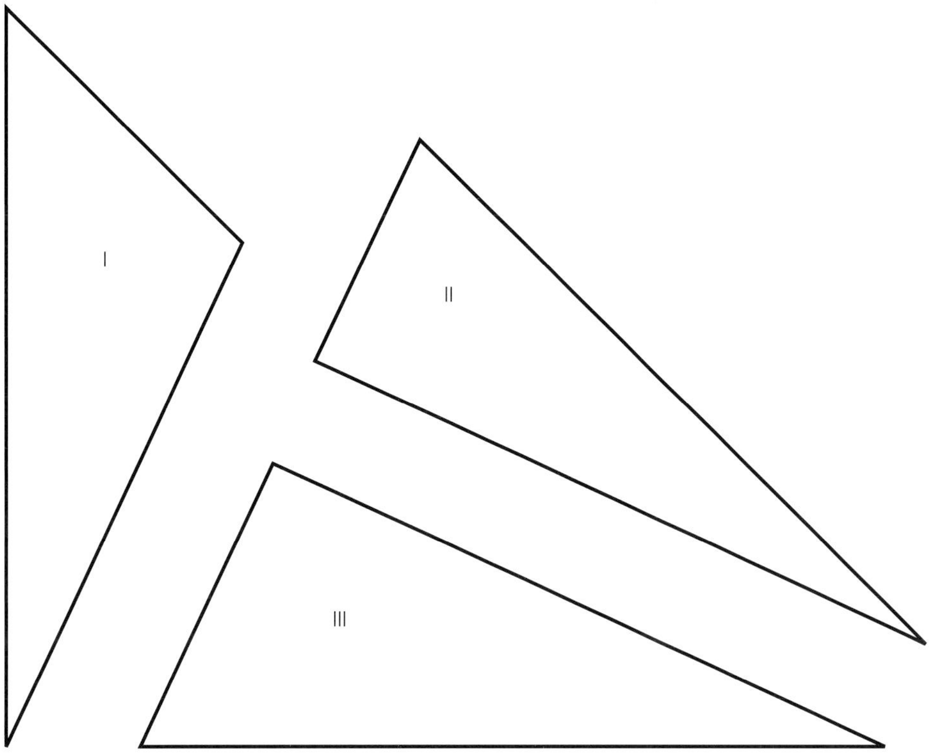

Schulhaus
Schoolhouse

Vergrößern Sie die Schablonen auf das benötigte Maß. Fügen Sie rundum 0,6 cm (¼ in) Nahtzugabe hinzu.

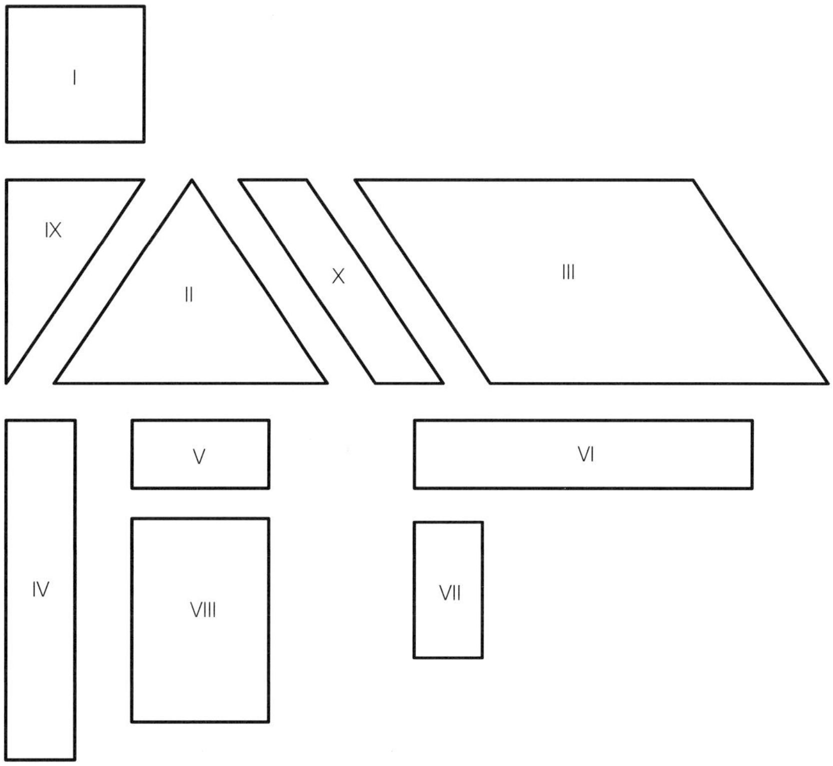

Patchworkquilts

Applikationsquilts

Die Applikation ist eine dekorative Technik, bei der aus Stoff geschnittene Motive oder Teile auf einen Hintergrundstoff aufgenäht werden. Dies wurde schon seit Jahrhunderten zur Dekoration von allen erdenklichen Textilien angewendet. Quilterinnen benutzen Applikationen auf unterschiedlichste Art für ihre Quilts – manchmal nur, um einen bestimmten Bereich des Quilts besonders auszuschmücken, manchmal, um den gesamten Quilt zu bearbeiten.

Applikationstechniken

Die Grundtechnik ist sehr einfach, doch sind aufgrund neuer Hilfsmittel und Materialien noch viel aufwändigere Applikationen möglich. Meist geben der Stoff und die gewünschte Wirkung vor, welche Applikationstechnik geeignet ist. Die Stiche, mit denen die Motive befestigt werden, können funktional oder dekorativ sein.

Applikation von Hand

Die traditionelle Technik ist die Handnähmethode. Die hier beschriebene ist die beste für kleine oder sehr unregelmäßige Formen. Handnähen ist immer entspannend, und viele Quilterinnen ziehen es dem Maschinennähen vor.

Folklore-Applikation | Folk Art

Diese Technik ist auch als Applikation von offenen Kanten (cut-and-sew) bekannt und die einfachste Art der Applikation. Sie eignet sich gut für Filz oder wenn Sie die Stoffe gegen das Ausfransen mit Klebevlies unterbügelt haben.

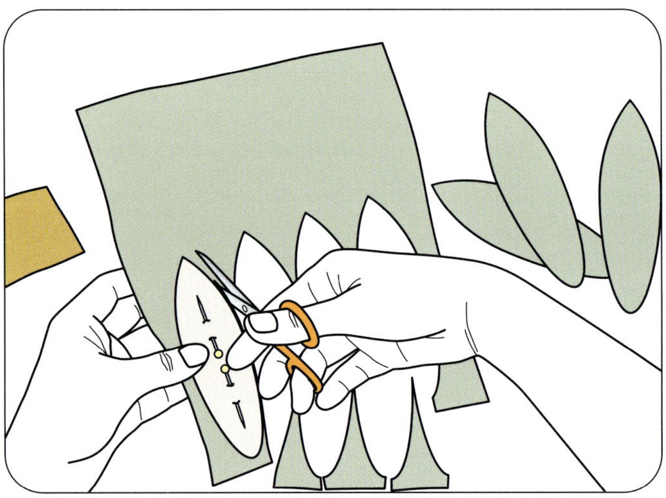

1 Zeichnen Sie das Motiv direkt auf den Stoff oder stellen Sie Schablonen her und zeichnen Sie um die Kontur. Schneiden Sie die Formen mit einer scharfen Schere aus.

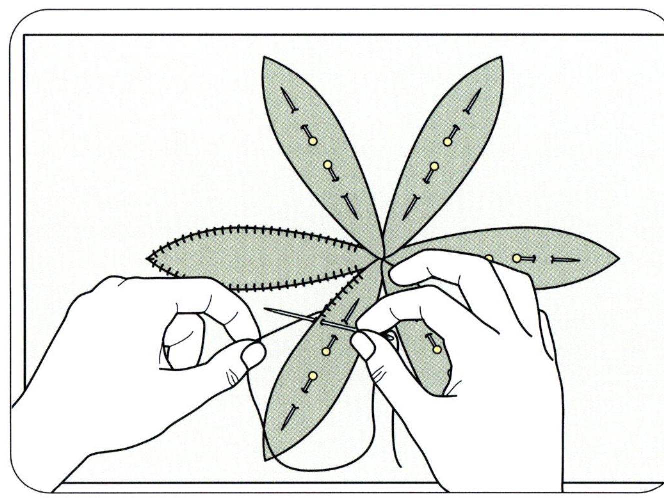

2 Wählen Sie einen geeigneten Stickstich (eine Auswahl von Stickstichen finden Sie auf den Seiten 214–222) und befestigen Sie das Motiv auf dem Hintergrundstoff.

Folkloremotive nähen

Motive aus der Volkskunst sind grundsätzlich in einfacheren Formen gehalten als andere Applikationen. Oft sind es vereinfacht dargestellte Alltagsgegenstände. Pflanzen und Tiere werden so vereinfacht, dass sie auf charmante Art naiv wirken. Auch Herzen sind beliebt, doch werden sie in der Regel nur auf Quilts genäht, die für ein frisch verheiratetes Paar vorgesehen sind.

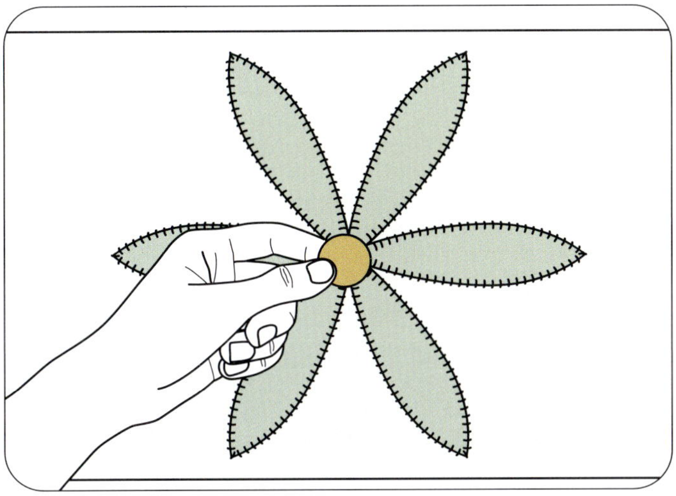

3 Hier treffen die Blütenblätter in der Mitte aufeinander, wodurch das Zentrum etwas unsauber wirken kann. Dies wird durch einen kleinen, aufgesetzten Kreis in anderer Farbe verdeckt, der zugleich die Blütenmitte darstellt.

4 Das Motiv kann noch weiter ausgeschmückt werden, z. B. mit noch mehr Stickerei, Pailletten oder Perlen. Hier sieht es in seiner schlichten Art am besten aus.

Untergeschlagene Kanten 1

Bei der Applikation mit untergeschlagenen Kanten (Needle Turn Appliqué) wird die Stoffkante während des Vorwärtsarbeitens mit der Nadelspitze jeweils ein Stück weit untergeschlagen.

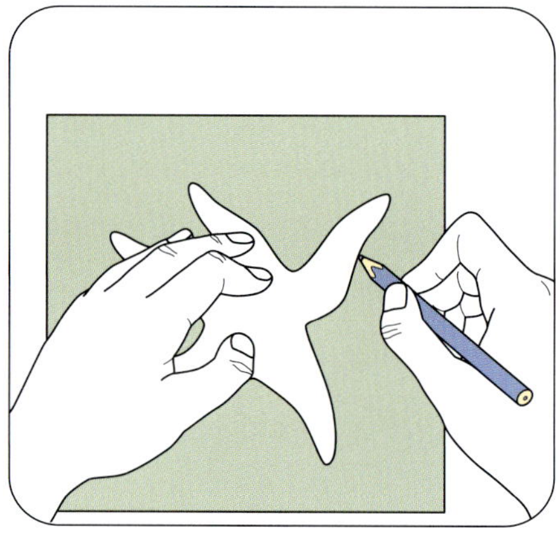

1 Stellen Sie eine Schablone des Motivs her (siehe Seite 90). Legen Sie die Schablone auf die rechte Stoffseite und übertragen Sie die Kontur.

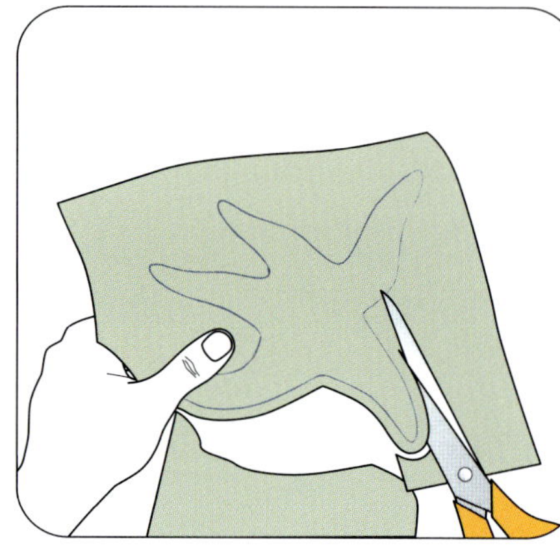

2 Geben Sie rundum ca. 0,6 cm (¼ in) Nahtzugabe hinzu und schneiden Sie das Motiv mit der Schere aus.

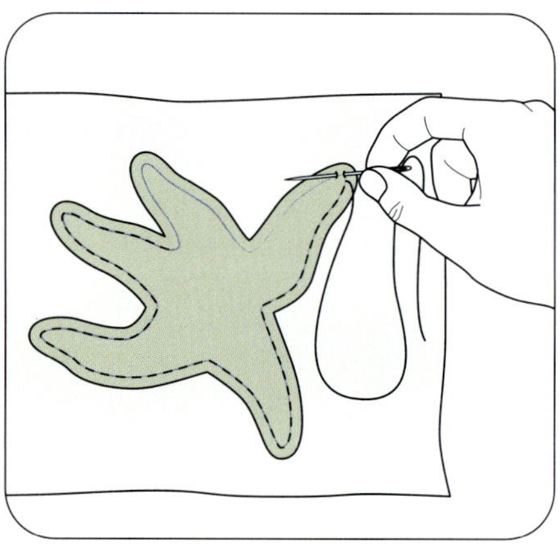

3 Legen Sie das Motiv mit der rechten Seite nach oben auf die rechte Seite des Hintergrundstoffs. Heften Sie es mit einer Linie von Vorstichen 0,6 cm (¼ in) innerhalb der eingezeichneten Kontur des Motivs fest.

4 Schlagen Sie mit der Nadelspitze eine kurze Strecke der Motivkante so weit unter, bis die Stoffkante an die Heftlinie stößt. Nähen Sie die gefaltete Kante mit Blindstichen auf den Hintergrundstoff. Fahren Sie so fort, bis das ganze Motiv festgenäht ist.

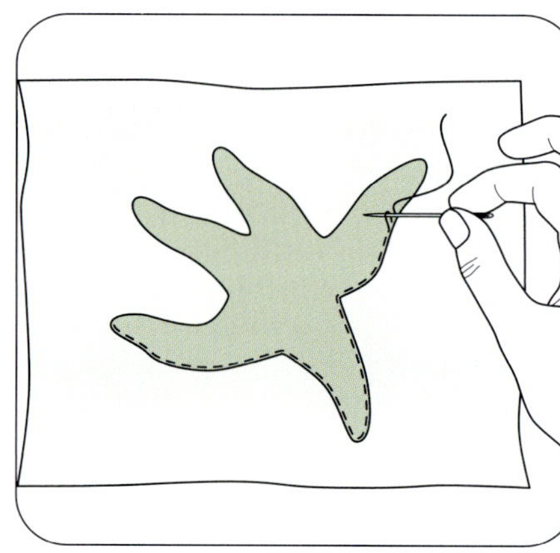

5 Entfernen Sie die Heftfäden und bügeln Sie das Motiv vorsichtig von der Rückseite her. Auf der Vorderseite bleiben die Kanten des Applikationsmotivs weich.

Untergeschlagene Kanten 2

Eine alternative Methode der Applikation mit untergeschlagenen Kanten ist, von der Rückseite her zu arbeiten.

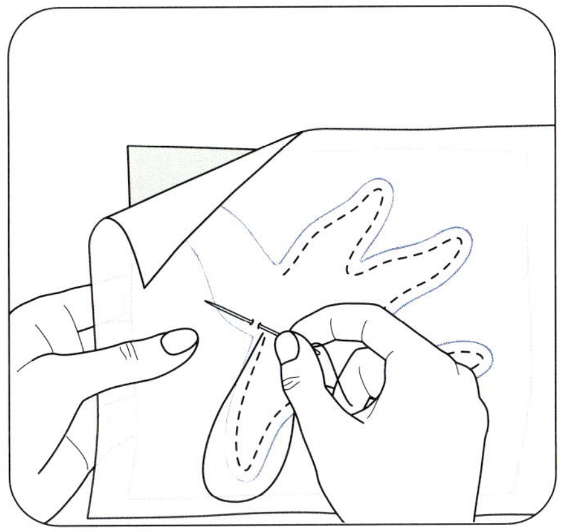

1 Verwenden Sie die Schablone und zeichnen Sie das Motiv auf die linke Seite des Hintergrundstoffs. Legen Sie den Hintergrundstoff mit der rechten Seite nach oben. Schneiden Sie ein Stück Applikationsstoff zu und stecken Sie es an die vorgesehene Stelle. Es liegt mit der rechten Seite nach oben auf der rechten Seite des Hintergrundstoffs und bedeckt das ganze Motiv. Drehen Sie nun die Arbeit und beginnen Sie auf der linken Seite zu arbeiten. Heften Sie den Applikationsstoff mit kontrastierendem Faden im Abstand von 0,6 cm innerhalb der eingezeichneten Kontur fest.

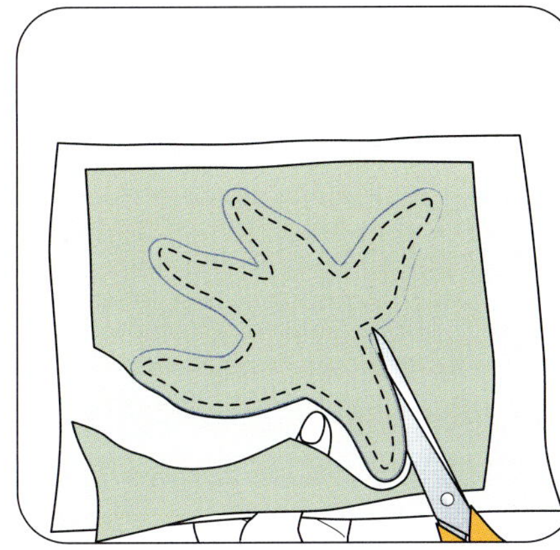

2 Legen Sie den Hintergrundstoff wieder mit der rechten Seite nach oben. Schneiden Sie die Applikationsform 0,6 cm (1/4 in) außerhalb der Heftlinie aus, ohne in den Hintergrundstoff zu schneiden. Nähen Sie weiter, wie in den Schritten 4–5 auf Seite 184 beschrieben.

Applizieren von Hand

Wenn Sie kein Garn in exakt der gleichen Farbe wie die des Stoffs des Applikationsmotivs finden können, gilt die Faustregel: Eher einen Ton heller bei hellem Hintergrundstoff und eher einen Ton dunkler bei dunklem Hintergrundstoff.

Machen Sie die Stiche so klein und ordentlich wie möglich. Sie sollten fast unsichtbar sein, es sei denn, Sie applizieren im Folklorestil und mit dekorativem Stickgarn.

Wenn eine Kante der Applikation von einem anderen Stoffteil überdeckt wird, das später aufgenäht werden soll, brauchen Sie am unteren Stoff keine Kante unterzuschlagen.

Spitzen und Innenkurven

Viele Applikationsmotive haben eine oder mehrere Spitzen, vielleicht auch nach innen weisende Spitzen. Diese sind oft schwierig zu arbeiten. Hier ist eine Lösungsmöglichkeit beschrieben.

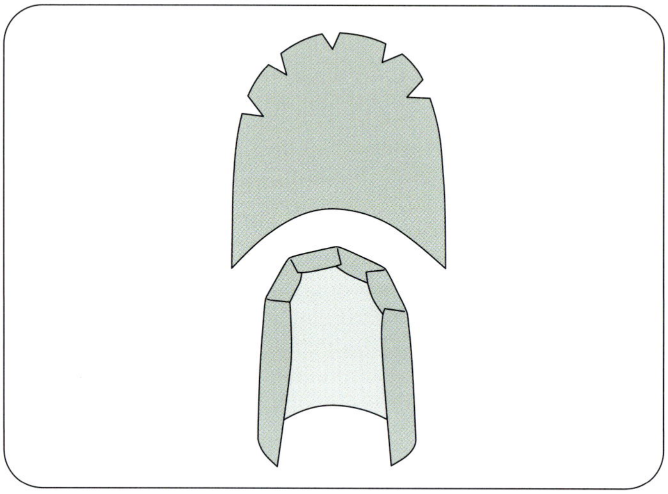

1 Beim Applizieren von Spitzen müssen Sie überschüssigen Stoff vorsichtig entfernen, damit sich eine glatte Kante ergibt. Schneiden Sie kleine Kerben in die Nahtzugabe von Außenkurven, damit sich der Stoff beim Umschlagen an diesen Stellen überlappen kann und weniger aufträgt.

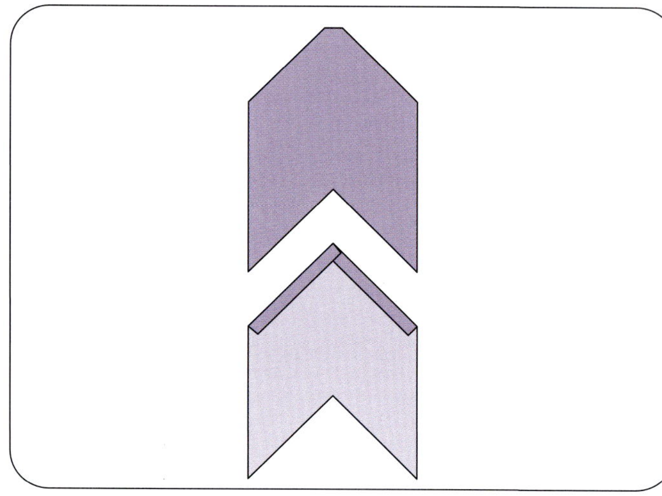

2 Schneiden Sie die Spitze einer steil zulaufenden Stoffspitze bis an die Nählinie heran ab. Wenn dann die Nahtzugabe umgeschlagen wird, ergibt sich hier eine scharfe Spitze.

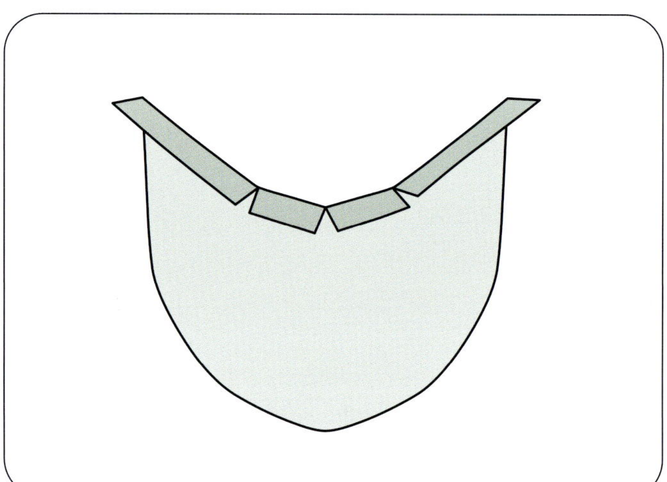

3 Die Nahtzugaben von sanft gerundeten, konkaven Formen sollten nach Bedarf während des Nähens mit Kerben versehen werden. Schneiden Sie die Kerben nicht schon im Voraus, denn sonst lässt sich die Kurve nicht mehr weich und glatt legen.

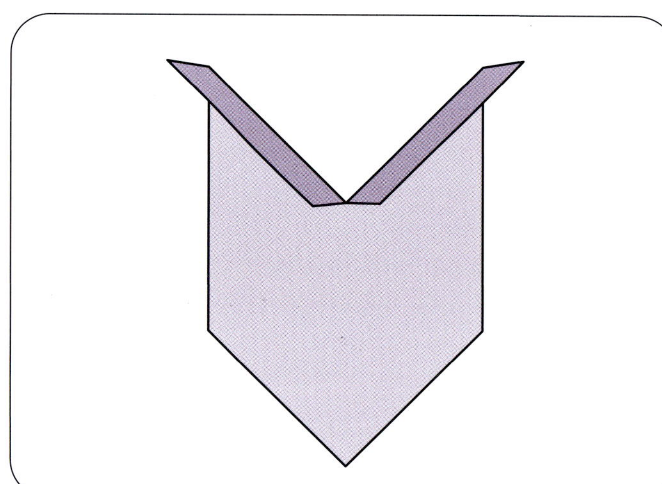

4 Die Nahtzugaben von Innenspitzen sollten bis an die Nählinie heran eingeschnitten werden, damit sie nach beiden Seiten sauber weggefaltet werden können. Wieder machen Sie diesen Schnitt erst, während Sie daran arbeiten.

Freezer-Papier

Das Freezer-Papier (freezer paper) ist zum Einwickeln von Gefriergut gedacht, doch die Quilterinnen haben schnell erkannt, dass es sich gut als Applikationshilfe eignet.

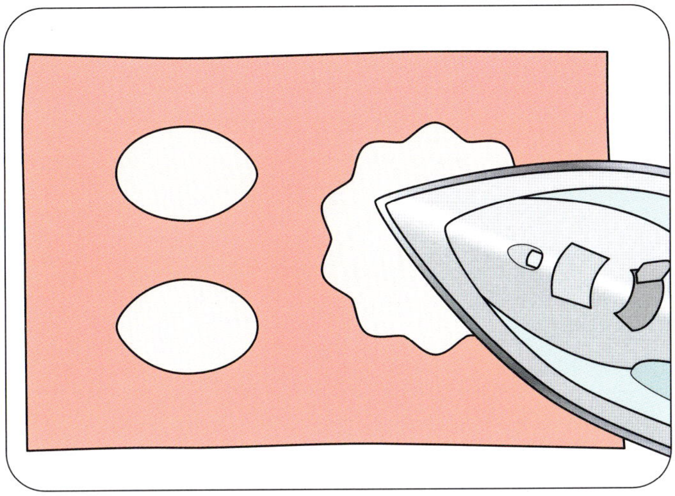

1 Stellen Sie für jede Form eine Schablone her (siehe Seite 90). Legen Sie jede Schablone auf die Papierseite des Freezer-Papiers, übertragen Sie die Kontur und schneiden Sie sie aus. Legen Sie den Applikationsstoff mit der linken Seite nach oben und bügeln Sie die Papierschablonen mit der gewachsten Seite nach unten weisend darauf fest. Schneiden Sie dann die Stoffformen mit rundum 0,6 cm (1/4 in) Nahtzugabe aus.

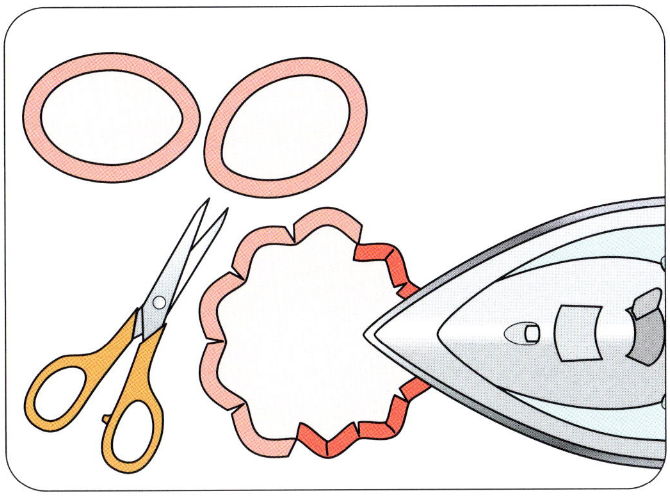

2 Schneiden Sie die Nahtzugaben an runden Kanten und Innenecken ein. Legen Sie die Nahtzugaben eng um die Schablone und bügeln Sie sie. Bei komplizierten Formen ist es einfacher, die Nahtzugaben auf das Papier zu heften. Wenn Sie die die Form gebügelt haben, bleiben die umgelegten Nahtzugaben stabil.

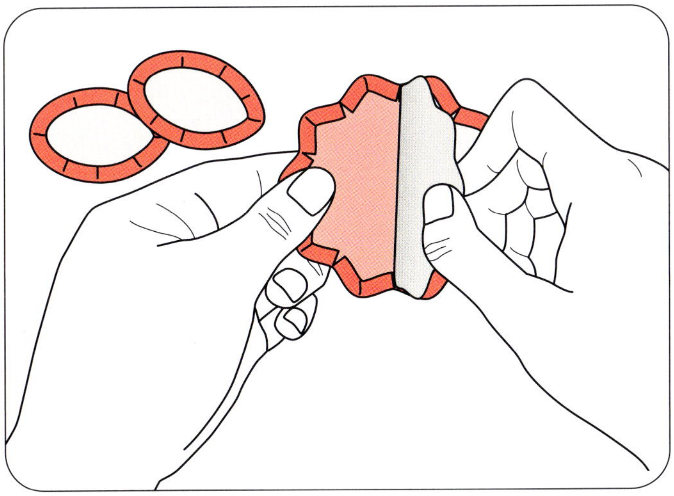

3 Entfernen Sie die Heftfäden und schälen Sie das Freezer-Papier vom Applikationsteil. Sie können das Freezer-Papier auch so lange in der Form lassen, bis das Motiv auf den Hintergrundstoff appliziert werden soll.

4 Entweder heften oder stecken Sie nun jedes Motiv auf den Hintergrundstoff. Legen Sie die Motive in der vorgegebenen Reihenfolge auf.

5 Nähen Sie mit Blindstichen um alle Kanten der Motive. Benutzen Sie farblich passendes Garn und machen Sie kleine Stiche. Wenn die Applikation relativ groß ist, kann man, um die Stofflagen zu reduzieren, den Hintergrundstoff mit genügend Abstand zu den Blindstichen vorsichtig wegschneiden.

6 Bügeln Sie das fertige Motiv von der Rückseite her. Sie können die Teile auch mit der Nähmaschine festnähen, indem Sie den Blindstich und unsichtbares Nylongarn benutzen.

Applikation mit Freezer-Papier

Wenn Sie mit der Freezer-Papier-Technik arbeiten, müssen Sie daran denken, dass die Applikationsform nach dem Bügeln sehr heiß ist. Verbrennen Sie sich nicht die Finger.

Bei der Arbeit auf hellem Hintergrundstoff können Sie die Mustervorlage unter den Stoff legen und als Hilfe beim Auflegen der verschiedenen Teile verwenden. Bei dunklem Hintergrundstoff können Sie vielleicht einen Lichtkasten unter die Vorlage legen, damit das Muster durch den Stoff hindurch sichtbar ist.

Aufgebügelte Applikation

Aufbügelbares, beidseitig haftendes Klebevlies hat das Applizieren schnell und einfach gemacht und eignet sich besonders gut für die Arbeit mit komplizierten Formen.

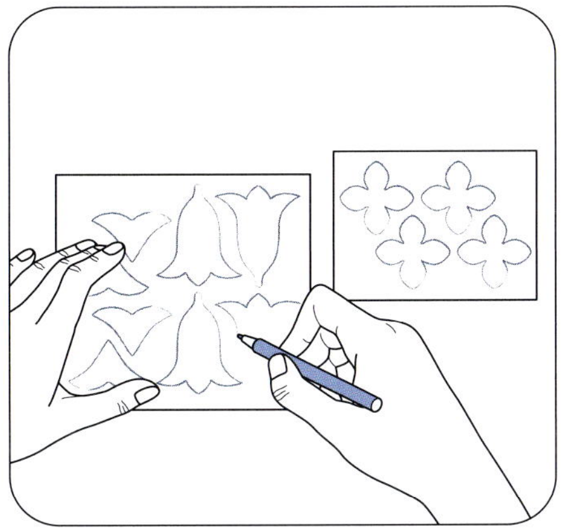

1 Übertragen Sie alle Applikationsformen auf die Papierseite des Klebevlieses – die Formen dürfen, um Stoff zu sparen, ziemlich dicht beieinanderliegen.

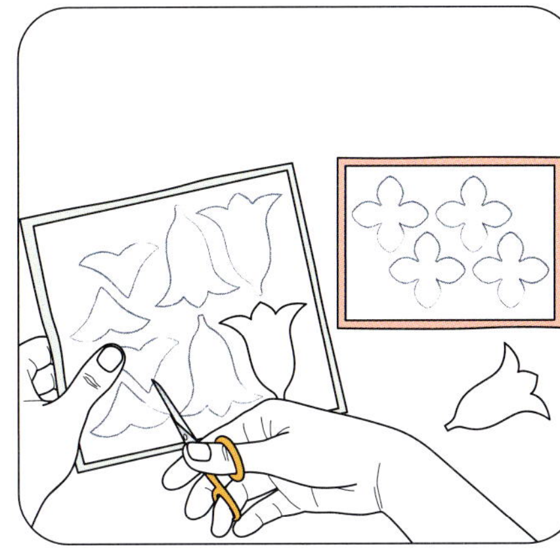

2 Schneiden Sie die Formen mit den Motiven großzügig aus und bügeln Sie sie auf die linke Stoffseite der einzelnen Applikationsstoffe. Danach schneiden Sie die Motive exakt aus.

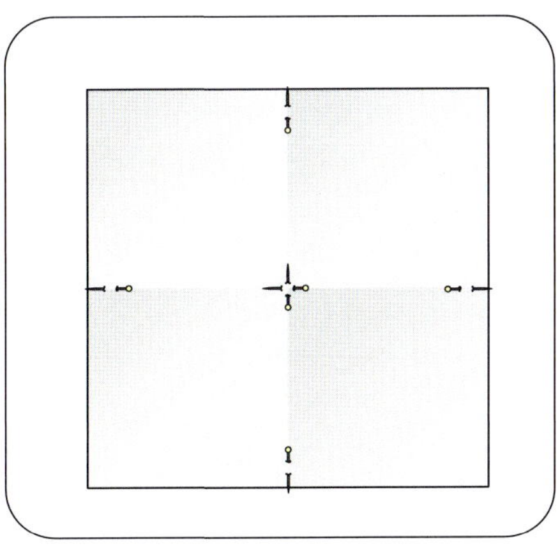

3 Markieren Sie auf dem Hintergrundstoff den Mittelpunkt, um den das Motiv angeordnet werden soll, oder legen Sie die Mustervorlage darunter, wie auf Seite 74 beschrieben.

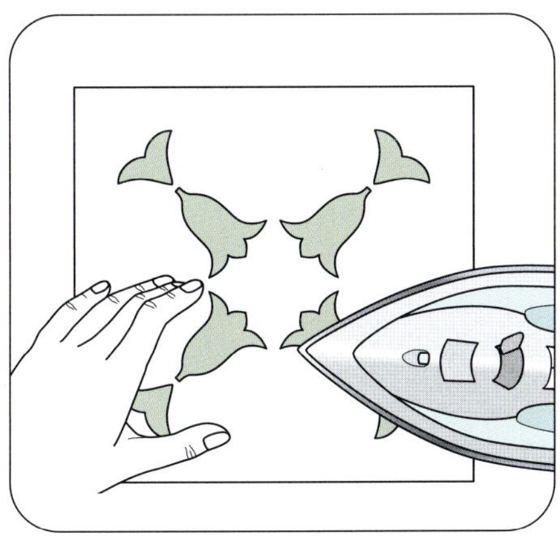

4 Schälen Sie die Papierschicht von den Applikationsmotiven und legen Sie die ersten Teile sorgfältig auf dem Hintergrundstoff in die vorgesehene Position. Bügeln Sie sie fest.

5 Fügen Sie die restlichen Motive hinzu und bügeln Sie sie fest. Sie können die Kanten von Hand umsticken oder mit dem Satinstich der Nähmaschine überdecken.

„Anders herum“ arbeiten

Beachten Sie, dass Sie die Motive auf die Rückseite des Stoffes aufbringen. Das bedeutet, dass ein Motiv nach dem Aufbügeln verkehrt herum erscheint. Das ist bei den meisten Motiven kein Problem, doch Zahlen oder Buchstaben müssen Sie bereits spiegelverkehrt vorzeichnen.

Wenn Sie die Formen auf die Papierseite des Klebevlieses zeichnen, können Sie alle Teile für die gleiche Farbe gruppieren und auf den Stoff bügeln. Das bedeutet, dass Sie nur einmal um jede Formengruppe schneiden müssen.

Reversapplikation

Bei der Reversapplikation werden mehrere Stoffschichten hinter den Hintergrundstoff gelegt. Dieser wird aufgeschnitten, so dass die Farben der darunterliegenden Stoffe sichtbar werden. Manchmal wird auch nur ein kleiner Schlitz geschnitten, durch den Stoff hineingeschoben wird. Dieser wird dann ebenfalls durch nach innen geschobene Nahtzugaben freigelegt.

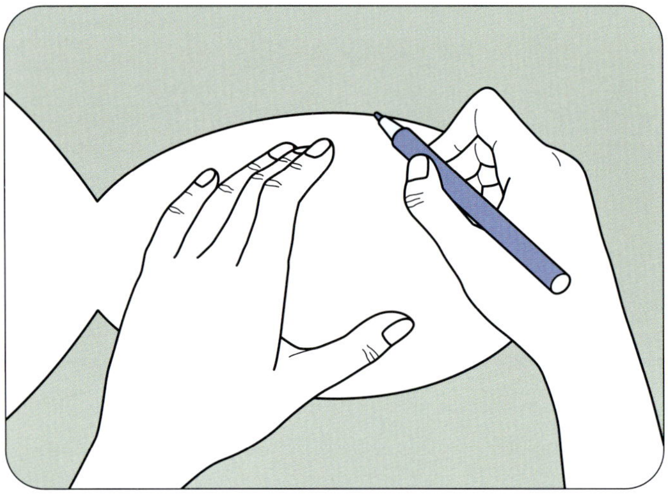

1 Legen Sie die verschiedenen Stoffe in der vorgesehenen Reihenfolge unter den Hintergrundstoff hinter den Bereich des zu bearbeitenden Motivs. Heften Sie die Lagen aufeinander und übertragen Sie die Kontur des Motivs auf den Hintergrundstoff.

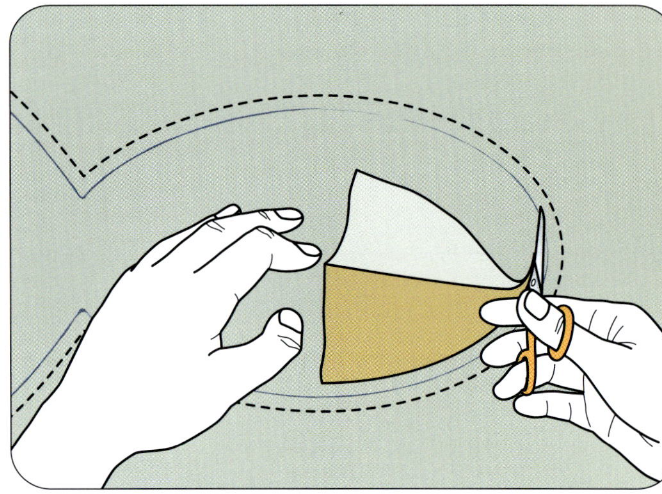

2 Heften Sie durch alle Lagen 0,6 cm (¼ in) außerhalb der Kontur um den Umriss. Schneiden Sie das Motiv nur aus der obersten Stofflage bis 0,6 cm (¼ in) innerhalb gezeichneten Kontur heraus, um den nächsten Stoff freizulegen.

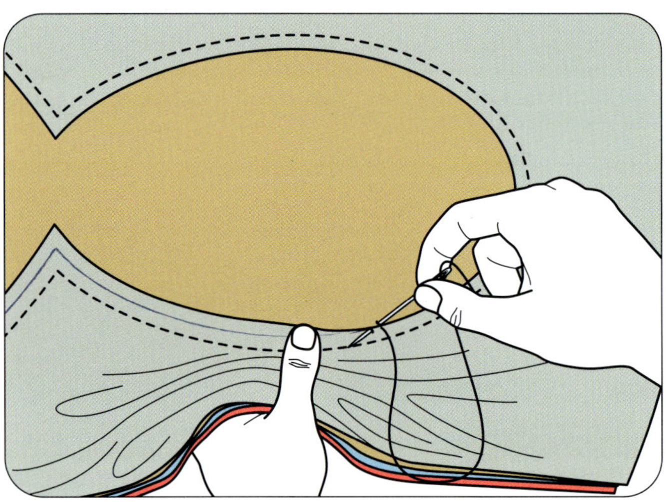

3 Schlagen Sie die Kanten des Hintergrundstoffes entlang der Kontur nach unten, bis sie an die Heftlinie stößt. Nähen Sie die gefaltete Kante mit Blindstichen fest. Stechen Sie dabei möglichst nur in die zweite Stofflage.

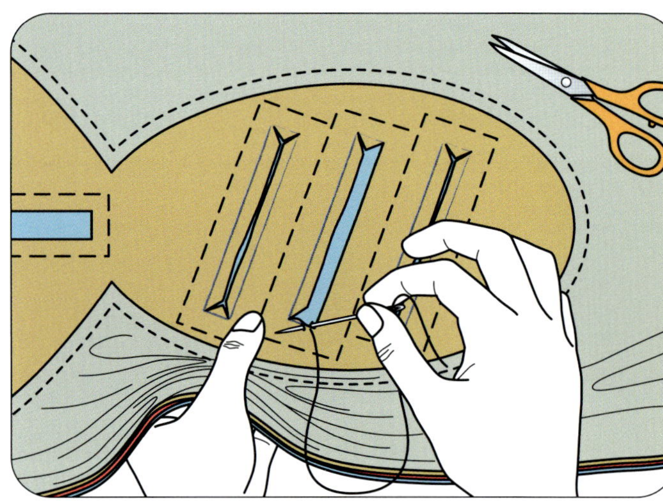

4 Zeichnen Sie die Konturen des nächsten Motivs auf die zweite Stoffschicht. Gehen Sie wie in Schritt 2 und 3 beschrieben vor. Dieses Mal schneiden Sie nur in die zweite Stoffschicht, um die dritte Stoffschicht freizulegen.

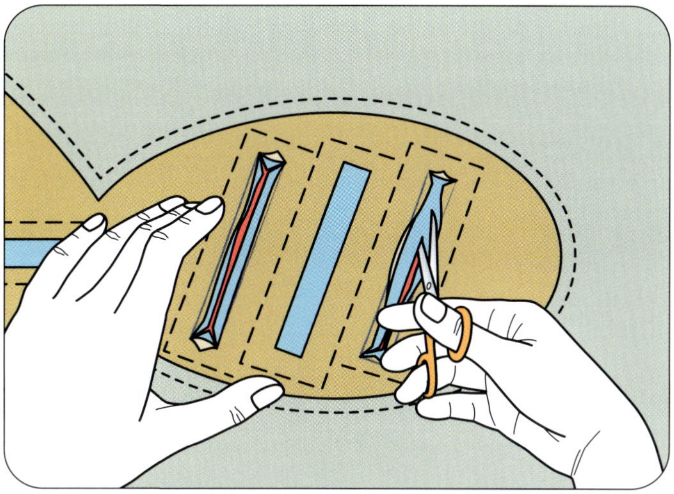

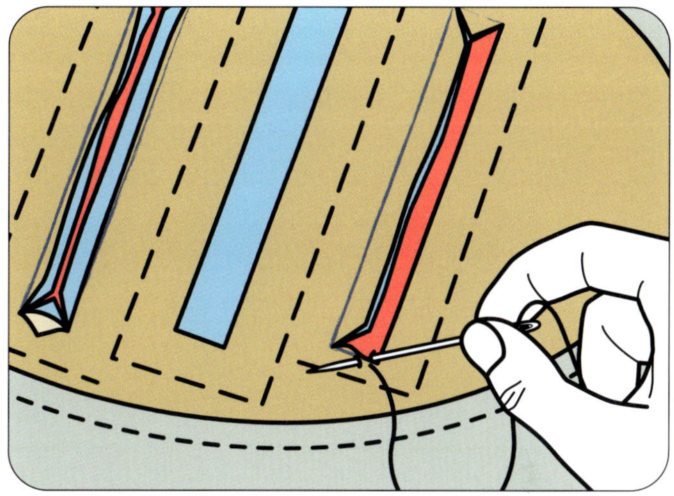

5 Übertragen Sie nun die Konturen für die vierte Stoffschicht innerhalb des Motivs auf der zweiten Stoffschicht. Fahren Sie fort wie in Schritt 2 beschrieben. Schneiden Sie diesmal in die zweite und dritte Stoffschicht, um die vierte Stofflage freizulegen.

6 Schlagen Sie alle offenen Kanten wie zuvor unter. Nähen Sie die gefalteten Kanten mit Blindstichen fest.

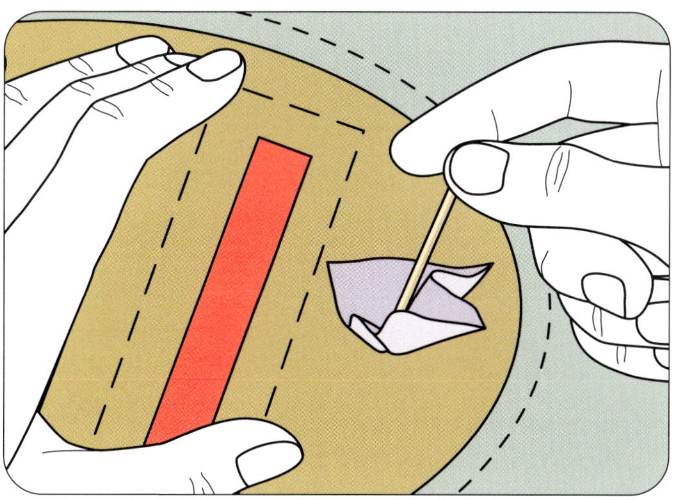

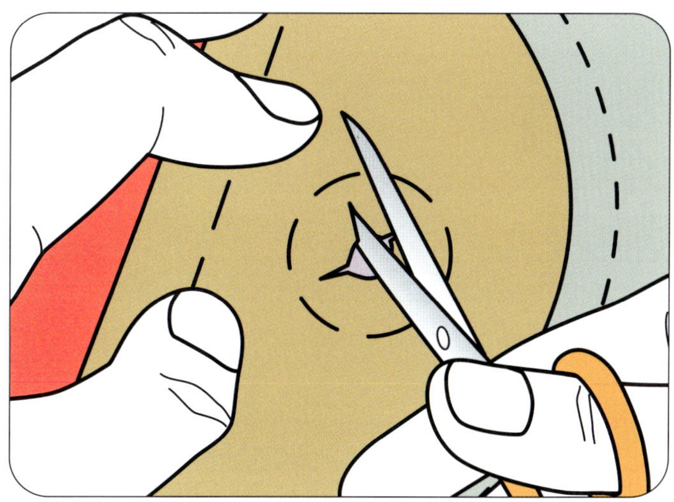

7 Das Auge des Fisches ist sehr klein und benötigt keine eigene Stoffschicht. Schneiden Sie in die zweite Stofflage einen Schlitz, in welchen Sie ein kleines Stoffstück schieben, das die Fläche des Augenlochs und etwas darüber hinaus bedeckt.

8 Zeichnen Sie den Kreis für das Auge auf und schneiden Sie die Nahtzugaben ein. Nähen Sie die untergeschlagene Kante mit Blindstichen wie zuvor fest. Entfernen Sie alle Heftfäden und bügeln Sie das Muster von der Rückseite her.

Intarsienapplikation

Diese Technik ist eine Variation der Reversapplikation. Hier wird ein zusätzlicher Hilfsstoff auf der Rückseite angebracht, um eine Kordel einziehen zu können, die sich auf der Oberseite erhaben abbildet.

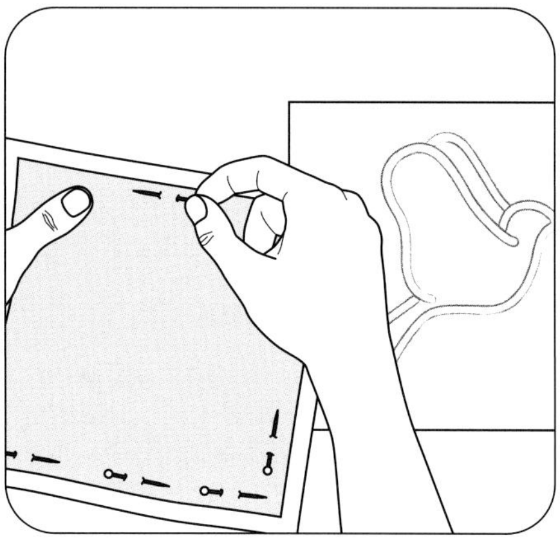

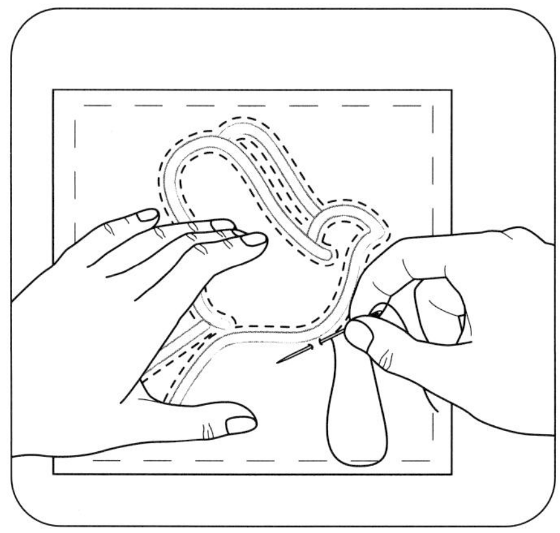

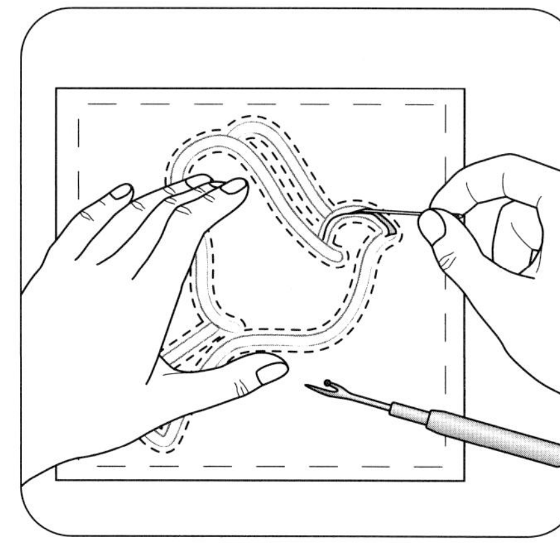

1 Zeichnen Sie die Konturen des Motivs auf den Hintergrundstoff. Schneiden Sie ein Stück kontrastierenden Stoffes aus, das groß genug ist, um das Motiv zu bedecken, heften Sie dieses unter den Hintergrundstoff. Beide Stoffe weisen mit der rechten Seite nach oben.

2 Heften Sie an beiden Seiten der Konturlinie in jeweils 0,6 cm (1/4 in) Abstand entlang. Um die Heftfäden später besser entfernen zu können, wählen Sie ein Garn in einer kontrastierenden Farbe und belassen Sie die Fadenknoten auf der Stoffoberseite.

3 Schneiden Sie den Stoff mit einer spitzen Schere oder einem Nahttrenner entlang der gezeichneten Konturlinie auf. Nach jedem Abschnitt schlagen Sie die Kanten bis an die Heftlinie heran unter. Nähen Sie die gefaltete Kante mit Blindstichen fest.

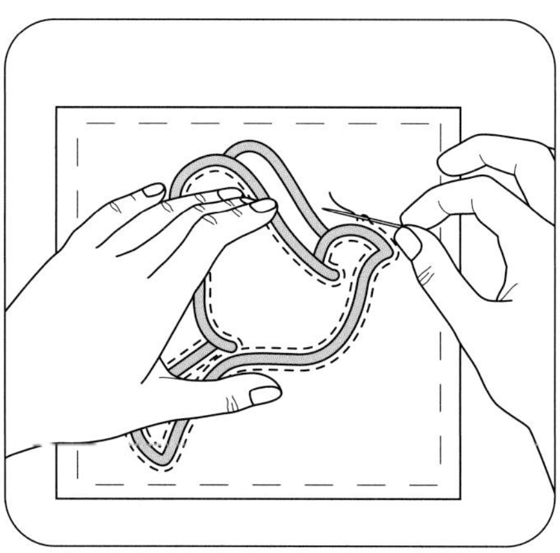

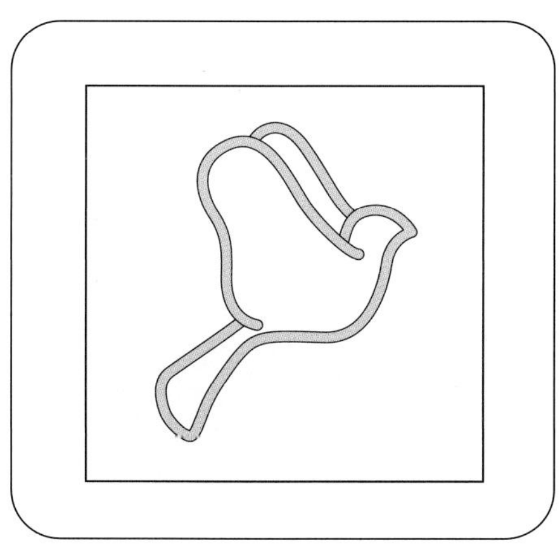

4 Wenn Sie alle Linien des Motivs aufgeschnitten und festgenäht haben, entfernen Sie die Heftfäden. Sollten die Stoffe wellig geworden sein, schneiden Sie den kontrastierenden Stoff auf der Rückseite bis nahe an die Nählinien heran zurück.

5 Bügeln Sie das fertige Motiv vorsichtig von der Rückseite her.

Eine Intarsienapplikation nähen

Einfache Motive wirken am besten, doch wenn Sie mehr Details wünschen, können Sie wie bei der Reversapplikation durch mehrere Stoffschichten arbeiten.

Da Sie den Stoff entlang der vorgezeichneten Linien aufschneiden, brauchen Sie sich keine Gedanken über die Art des Markierstiftes zu machen.

Wie bei den meisten Applikationsmotiven können Sie auch hier weitere Verzierungen anbringen, um die Umrisse zu betonen.

Schattenapplikation

Bei dieser Technik wird ein durchsichtiger Stoff, wie z. B. Organza, über ein Applikationsteil gelegt und umquiltet, was ein leicht verschwommenes Bild ergibt. Diese interessante und effektvolle Technik ist auch für Anfänger geeignet und kann auch mit der Maschine genäht werden. Wählen Sie dafür den Offenen Applikationsfuß.

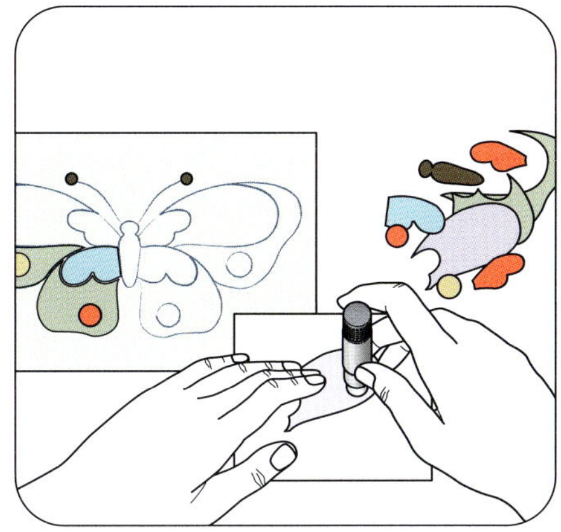

1 Übertragen Sie das Motiv auf den Hintergrundstoff und zeichnen Sie die Linien deutlich nach. Pausen Sie jedes Teil der Applikation auf die Papierseite von Freezer-Papier und gruppieren Sie dabei die Teile gleicher Farbe. Schneiden Sie das Freezer-Papier grob um die Gruppen herum aus.

2 Legen Sie ein Stück Applikationsstoff mit der linken Seite nach oben. Bügeln Sie das entsprechende Teil aus Freezer-Papier mit der gewachsten Seite nach unten darauf. Schneiden Sie nun jede Form knapp innerhalb der Konturlinie sorgfältig aus. Zwischen allen Teilen muss später ein schmaler Streifen des Hintergrundstoffes sichtbar sein.

3 Schälen Sie das Freezer-Papier von den Stoffteilen und legen Sie diese an die dafür vorgesehene Stelle auf den Hintergrundstoff. Kleben Sie alle Applikationsteile mit Stoffkleber auf.

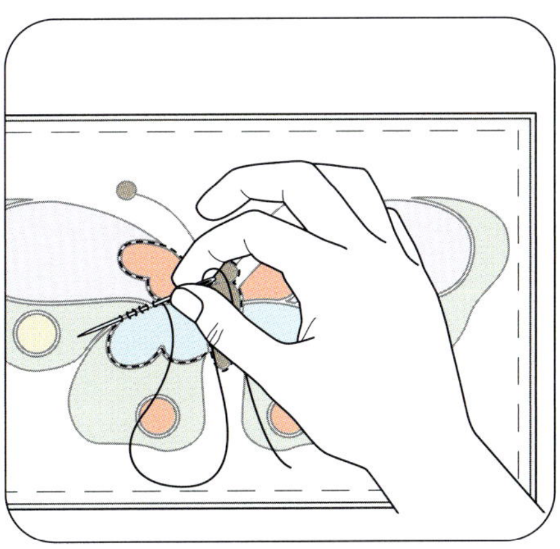

4 Legen Sie ein Stück Organza über das Motiv und heften Sie es an den Kanten fest. Quilten Sie mit Vorstichen um die Umrisse des Motivs und um alle Einzelteile. Benutzen Sie ein feines, kontrastierendes Quiltgarn.

5 Arbeiten Sie weitere Details mit demselben kontrastierenden Garn.

Stoffe

Wählen Sie starke Farben für die Teile der Originalapplikation. Pastellfarben gehen meist völlig unter, sobald sie mit der transparenten Stoffschicht bedeckt werden.

Für die oberste Schicht können Sie jede Art von durchsichtigem Stoff benutzen, auch Tüll, Netzstoff, Voile oder Gaze.

Maschinen-applikation 1

Für diese Applikation benötigen Sie eine Nähmaschine mit einer Zickzack-stichfunktion, bei der Sie die Stichlänge verstellen können, damit der Stich so dicht wie ein Satinstich wird. Viele Maschinen haben auch noch andere dekorative Stiche, die zum Applizieren verwendet werden können.

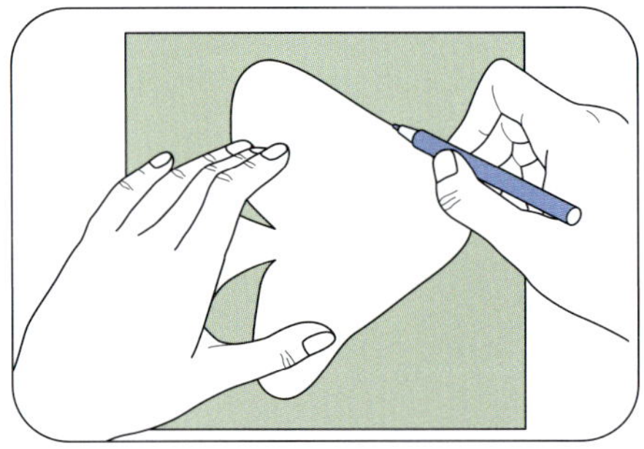

1 Legen Sie den Stoff für die Applikation mit der rechten Seite nach oben und zeichnen Sie mit Hilfe einer Schablone den Umriss auf. Achten Sie darauf, dass die Schablone richtig herum liegt.

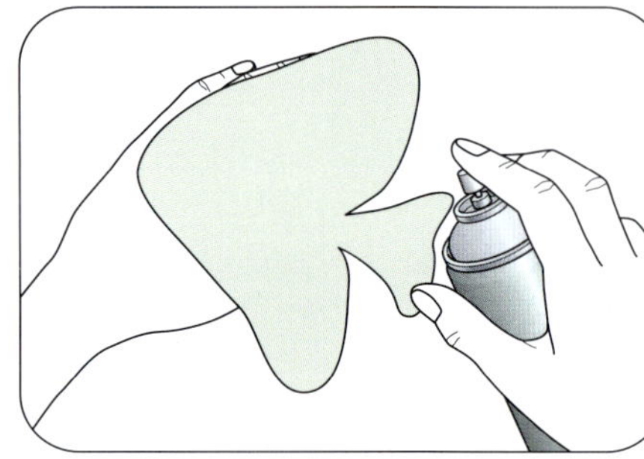

2 Scheiden Sie das Applikationsteil aus und besprühen Sie die Rückseite mit einer dünnen Schicht von temporärem Klebespray, das nur kurzzeitig haftet.

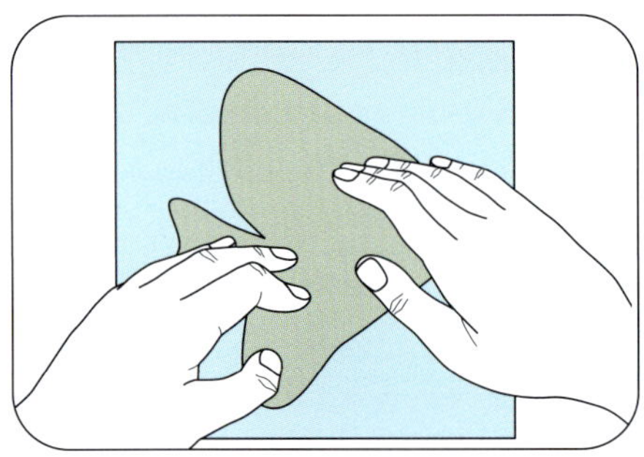

3 Legen Sie das Teil an seinen vorgesehenen Platz und streichen Sie es glatt.

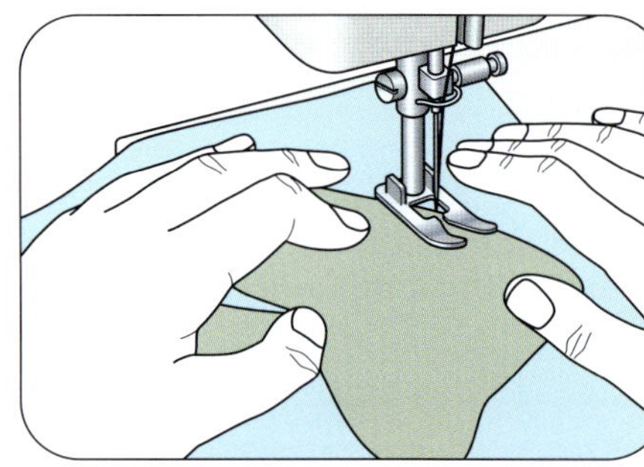

4 Stellen Sie an der Nähmaschine einen schmalen Zickzackstich ein, verringern Sie die Stichlänge und nähen Sie sorgfältig um die Kontur des Applikationsteils.

Maschinen-applikation 2

Sie können die Applikationsteile auch mit aufbügelbarem Klebevlies befestigen, bevor Sie sie mit der Maschine festnähen.

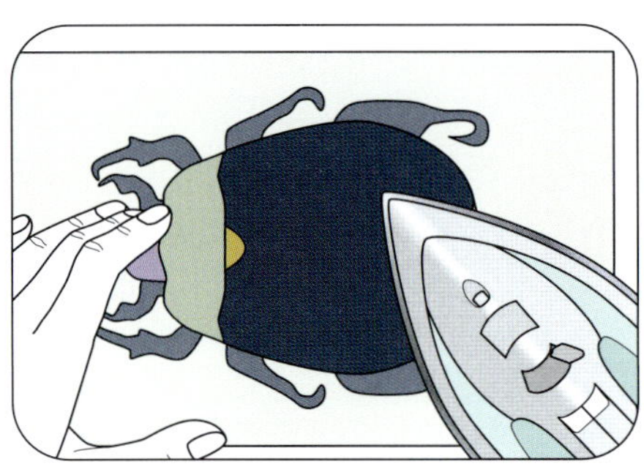

1 Arbeiten Sie die Schritte 1–4 von Seite 189 der Aufbügelapplikation. Legen Sie alle Teile auf den Hintergrund, ohne Abstände dazwischen zu lassen.

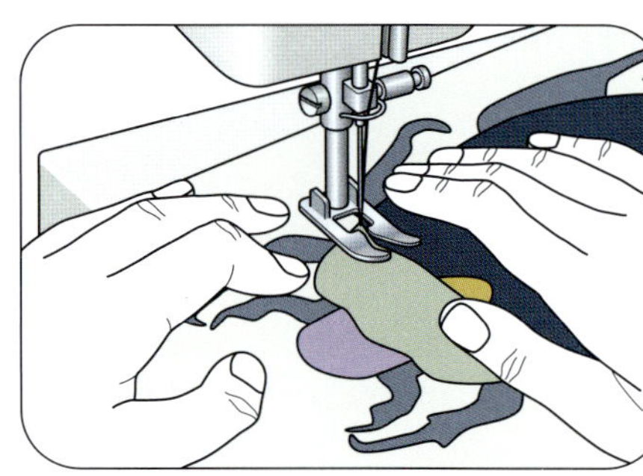

2 Stellen Sie einen schmalen Zickzackstich ein, verringern Sie die Stichlänge und nähen Sie um alle Konturen der Applikation.

Schrägstreifen-applikation

Bei dieser Methode, die auch als „Bleiglasfenster“ bekannt ist, werden die verschiedenen Farben durch Schrägstreifen voneinander abgesetzt. Das Ergebnis hat die Wirkung eines Bleiglasfensters. Sie können schmales Schrägband kaufen oder selbst herstellen (siehe Seite 67).

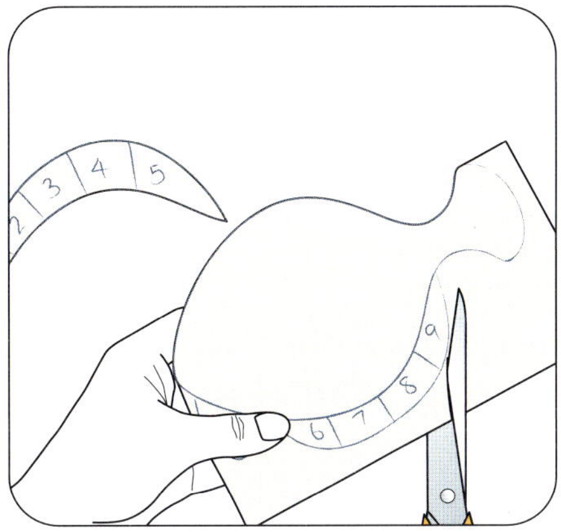

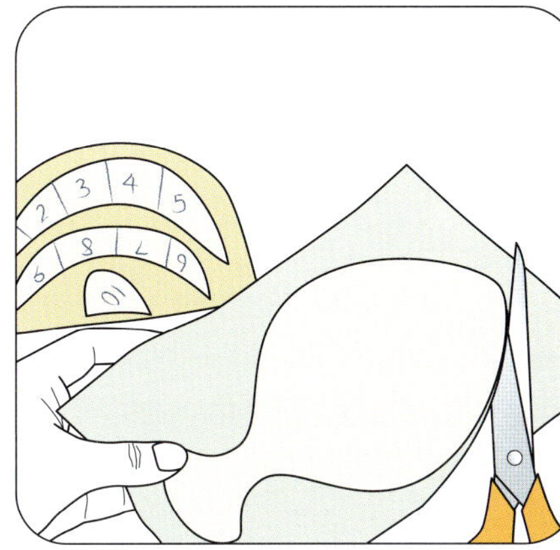

1 Übertragen Sie alle Applikationsteile auf die Papierseite des aufbügelbaren Klebevlieses. Sie brauchen keine Zwischenräume zu berücksichtigen. Die Formen dürfen, um Stoff zu sparen, ziemlich nahe beieinanderliegen.

2 Schneiden Sie den Bereich des Klebevlieses mit einer aufgezeichneten Gruppe von Applikationsteilen aus und bügeln Sie es auf die linke Seite eines Stoffes in der entsprechenden Farbe. Schneiden Sie alle Formen exakt aus.

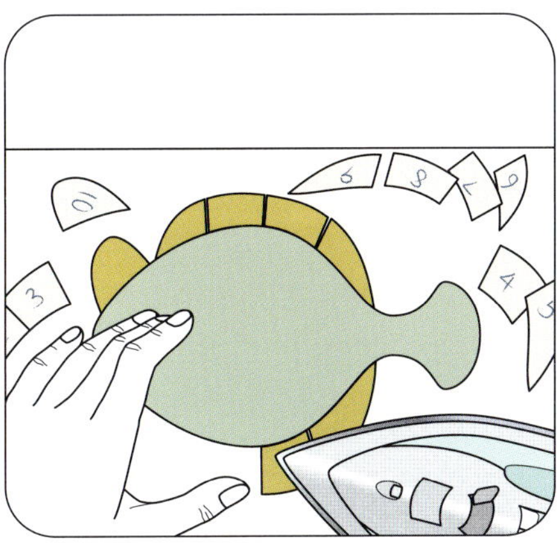

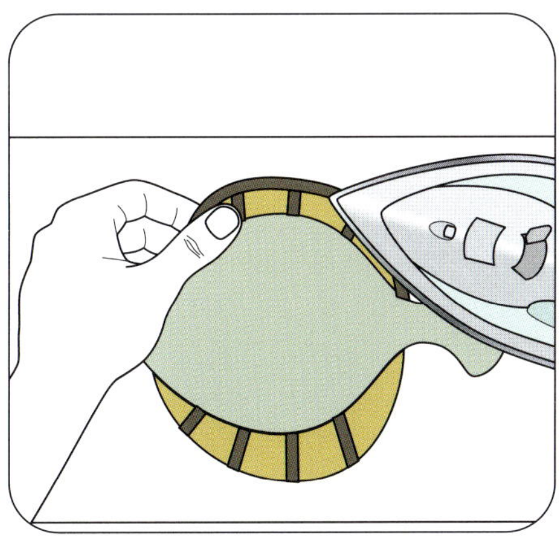

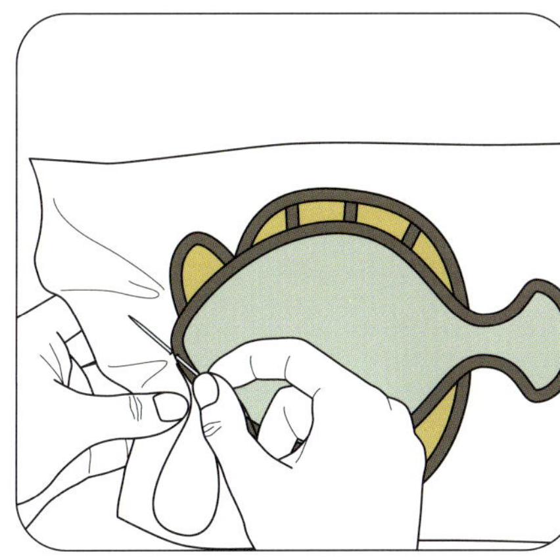

3 Schälen Sie das Trägerpapier von den Motiven und legen Sie die ersten Teile auf den Hintergrundstoff. Bügeln Sie sie fest und fügen Sie die anderen Formen hinzu, bis das Motiv komplett ist.

4 Bedecken Sie die offenen Kanten mit dem Schrägstreifen. Bei Ansätzen muss der durchgehende Streifen oben liegen. Nähen Sie den Streifen mit der Nähmaschine fest.

5 Fügen Sie den letzten Streifen an. Da er im diagonalen Fadenlauf geschnitten ist, wird das Ende nicht ausfransen, doch können Sie es unterschlagen. Befestigen Sie es.

Eine Bleiglasapplikation nähen

Ein ca. 0,6 cm (¼ in) breites, aufbügelbares Schrägband ist im Handel erhältlich. Damit ist eine Bleiglasapplikation schnell und einfach zu nähen – bügeln Sie es auf und nähen Sie es mit der Nähmaschine fest.

Diese Technik wird zwar meist mit schwarzem Schrägstreifen genäht, doch wenn Sie Ihr eigenes herstellen, können Sie auch jede Farbe wählen, die Ihnen gefällt.

Folklore-Decke

Applikationen müssen nicht unbedingt aus komplizierten Mustern entstehen – jede Form ist möglich. Besonders die Folklorearbeiten wirken mit einfachen Formen sehr gut.

Wählen Sie Stoffe in klaren und kräftigen Farben. Auch sollten sie nicht allzu groß gemustert sein. Das unterstreicht die Formen in angenehmer Weise.

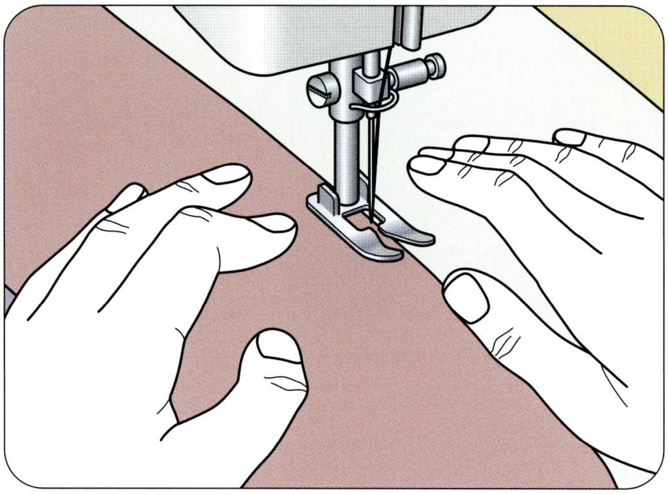

1 Nähen Sie einen Streifenquilt nach der Anleitung von Seite 75. Alternativ dazu können Sie eine schlichte Wolldecke verwenden (in diesem Fall nähen Sie später eine Einfassung aus den für die Applikationen verwendeten Stoffen um die Kanten).

2 Bügeln Sie das beidseitige Klebevlies auf die Rückseite der Applikationsstoffe und schneiden Sie Quadrate zu.

3 Entfernen Sie das Trägerpapier des Klebevlieses und falten Sie rundum 0,6 cm (¼ in) Saum unter.

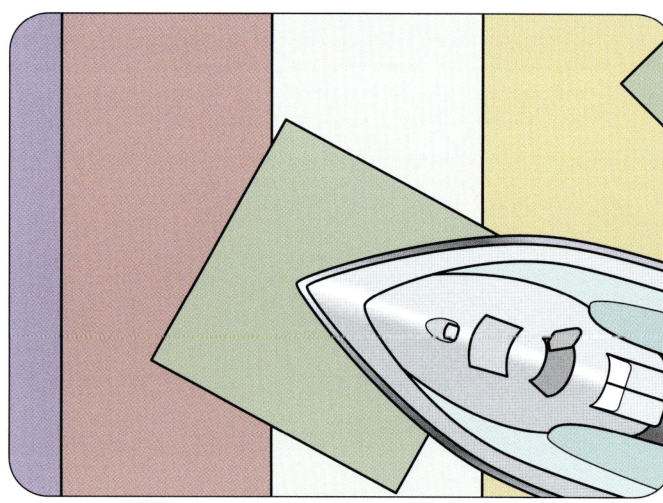

4 Legen Sie die Quadrate mit der rechten Seite nach oben und wie zufällig verteilt über die Decke. Schieben Sie die Teile so lange hin und her, bis Sie mit der Anordnung zufrieden sind. Bügeln Sie die Quadrate fest.

5 Arbeiten Sie mit doppelt gelegtem Stickgarn und nähen Sie mit Festonstichen (siehe Seite 220) um die vier Kanten jedes Quadrats.

6 Nähen Sie zur Dekoration einen Knopf in die Mitte jedes Quadrats.

Eichblatt und Haspel | Oak Leaf and Reel

Das Eichblatt mit Haspel ist eines der bekanntesten traditionellen Applikationsmotive und wird meist in rotem und grünem Stoff auf weißem oder cremefarbenem Hintergrund gearbeitet. Es gibt zwar kleine Variationen, doch ist es immer das zentrale Haspelmotiv, von dem aus vier Eichblätter nach außen führen. Das Muster tauchte erstmals im 19. Jhd. auf und war vor allem an Amerikas Ostküste populär.

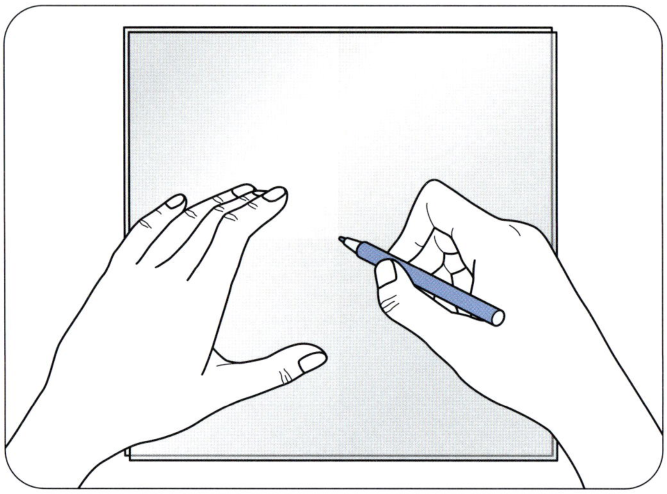

1 Schneiden Sie ein Hintergrundquadrat zu. Falten Sie es einmal längs und quer, um die Mitte zu finden, und breiten Sie es wieder aus. Schneiden Sie ein Stück Plastikfolie in der gleichen Größe zu und legen Sie sie über den Hintergrund. Markieren Sie die Mitte mit einem kleinen Punkt.

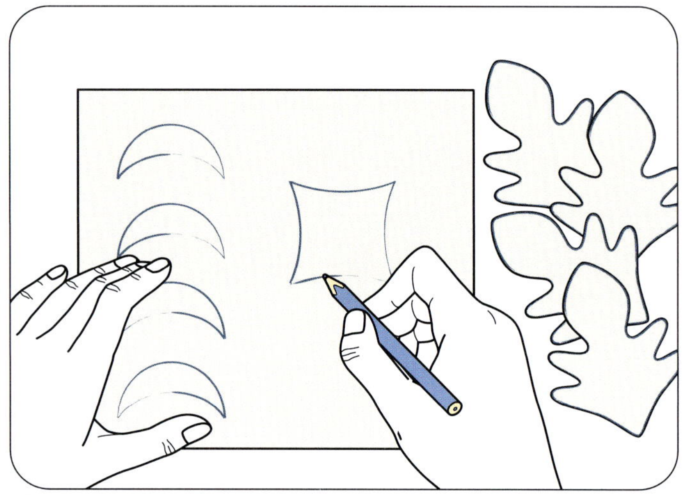

2 Pausen Sie die Schablonen von Seite 208 mit einem Permanentstift auf die Folie durch. Kopieren Sie die Schablonen für die vier Eichblätter, die mittlere Form und die vier Haspelteile auf die Papierseite von Freezer-Papier und schneiden Sie alle aus.

3 Bügeln Sie die Freezer-Papier-Formen auf die rechte Seite der entsprechenden Stoffe in Rot oder Grün. Schneiden Sie alle Formen aus und vergessen Sie nicht, rundum etwas Nahtzugabe stehen zu lassen, die beim Applizieren untergeschlagen wird.

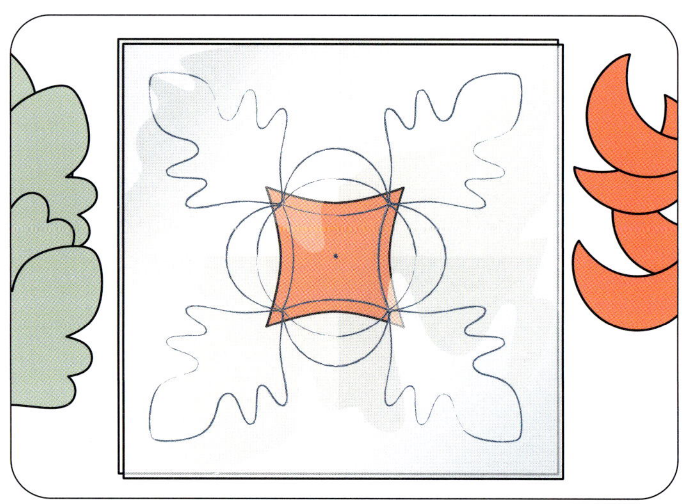

4 Benutzen Sie die Folie, um die Mitte der Haspel genau in die Mitte des Hintergrundstoffes zu platzieren.

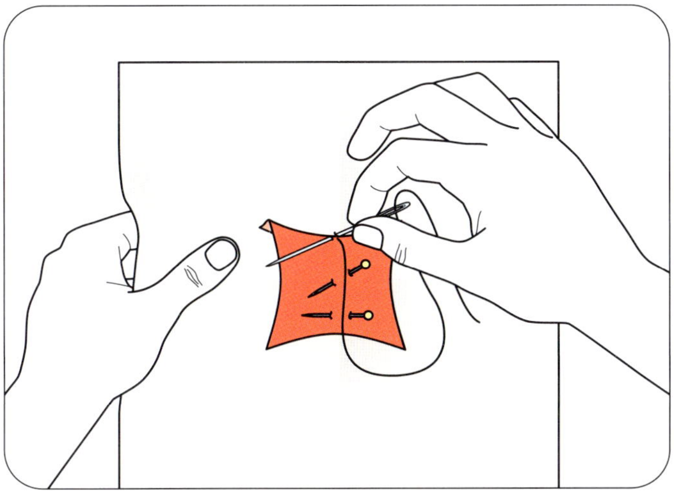

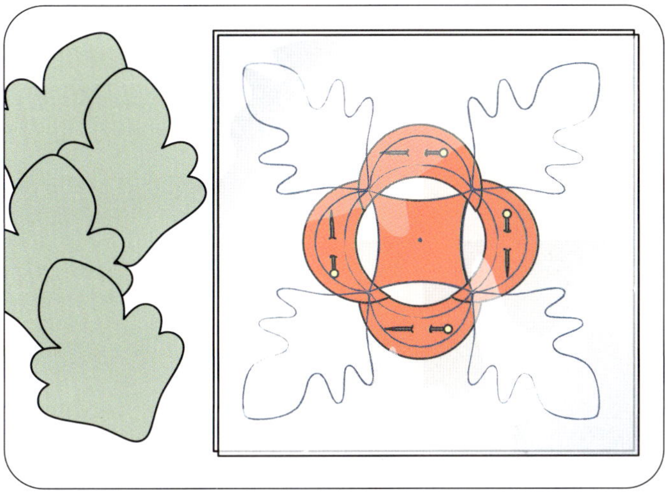

5 Stecken Sie die Mitte der Haspel auf den Hintergrundstoff. Applizieren Sie die Form mit untergeschlagenen Kanten (siehe Seite 185–185) und mit möglichst unsichtbaren Stichen.

6 Wieder benutzen Sie die Plastikfolie, um die vier roten Haspelteile um das Mittelteil richtig anzuordnen. Die Enden der geschwungenen Teile treffen auf die Spitzen des Mittelteiles, doch müssen hier die Kanten nicht untergeschlagen werden, da sie im nächsten Arbeitsgang von den Eichblättern bedeckt werden. Applizieren Sie die Haspelteile auf den Hintergrundstoff.

7 Legen Sie nun die Eichenblätter auf und benutzen Sie wieder die Folie zur Positionierung. Die Enden der Blätter müssen untergeschlagen werden und genau auf den Spitzen der Haspelform liegen sowie auch die Enden der gerundeten Formen bedecken. Applizieren Sie die Blätter auf den Hintergrundstoff.

8 Wenn die Applikation vollendet ist, bügeln Sie sie von der Rückseite her, um die Faltlinien auf dem Hintergrundstoff zu entfernen. Schneiden Sie den Block quadratisch zu, so dass Eichblätter und Haspelmotiv mittig liegen.

Hawaiianische Applikation

Hier wird ein komplexes, symmetrisches Motiv appliziert und mit Echolinien gequiltet. Es kann von Hand oder mit der Maschine gearbeitet werden. Hier wird die Nähmaschinenmethode beschrieben. Als Handnähmethode verwenden Sie die der „Untergeschlagenen Kanten“ (Seite 184). Geben Sie rings um die Schablonen eine Nahtzugabe hinzu.

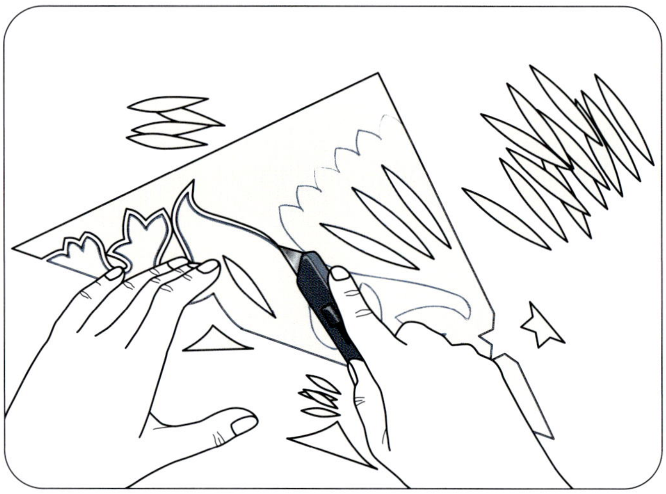

1 Schneiden Sie ein Papierquadrat so groß wie das geplante Motiv zu. Falten Sie es zweimal durch die Mitte, bis Sie ein Dreieck erhalten. Übertragen Sie ein Viertelmotiv von Seite 209 auf das Dreieck und schneiden Sie es entlang der Kontur aus. Schneiden Sie mit einer scharfen Schere durch alle Lagen. Falten Sie das Motiv auf und bügeln Sie es glatt.

2 Schneiden Sie einen unifarbenen Stoff und beidseitiges Klebevlies so groß wie das ganze Mittelmotiv zu. Bügeln Sie das Klebevlies auf die linke Seite des Stoffes und lassen Sie das Trägerpapier noch darauf. Legen Sie das Papiermuster auf die Papierseite des Klebevlieses und befestigen Sie es. Übertragen Sie die Kontur des Motivs mit einem weichen Bleistift.

3 Nehmen Sie das Papiermotiv ab. Legen Sie den unterbügelten Stoff auf eine Schneidematte. Schneiden Sie das Motiv aus. Schneiden Sie einen Hintergrundstoff in Kontrastfarbe zu. Falten Sie ihn zweimal zur Hälfte und einmal diagonal und bügeln Sie die Falten als Markierungslinien fest ein.

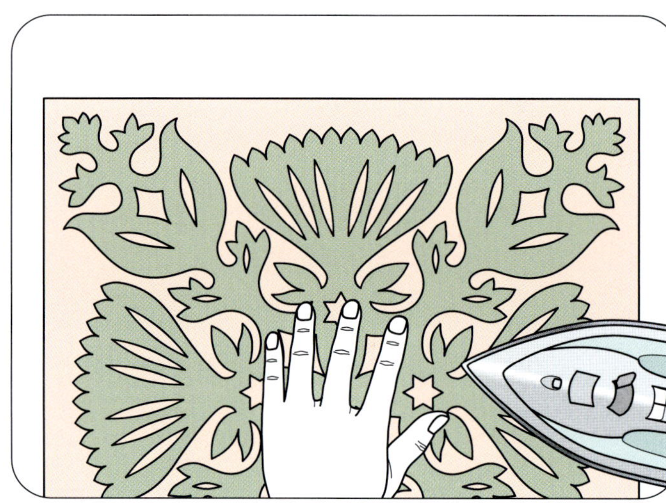

4 Schälen Sie das Trägerpapier von dem Motiv und legen Sie dieses mittig auf den Hintergrundstoff, indem Sie sich an den Bügellinien orientieren. Bügeln Sie das Motiv auf. Schneiden Sie Volumenvlies in der gleichen Größe wie den Hintergrundstoff zu. Bügeln (falls Sie aufbügelbares Vlies verwenden) oder stecken Sie das Vlies auf der Rückseite der Quiltoberseite fest.

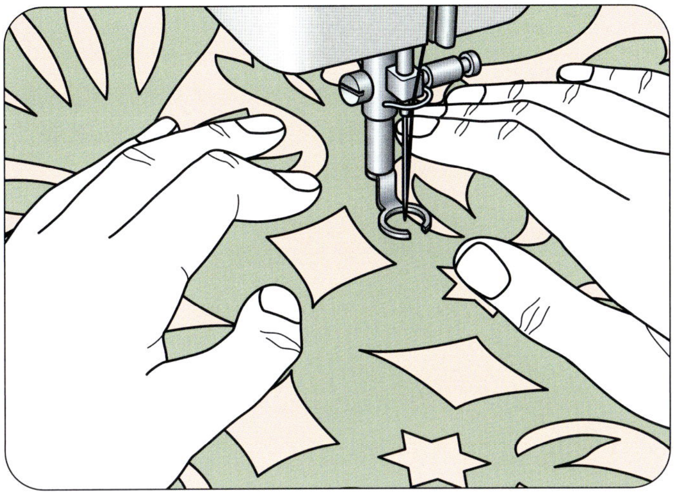

5 Arbeiten Sie mit Garn in der Farbe der Applikation und nähen Sie mit engen Zickzackstichen um alle Kanten des Motivs. Schneiden Sie einen Rückseitenstoff in der Größe der Quiltoberseite zu und heften Sie ihn fest, wie auf Seite 21 beschrieben.

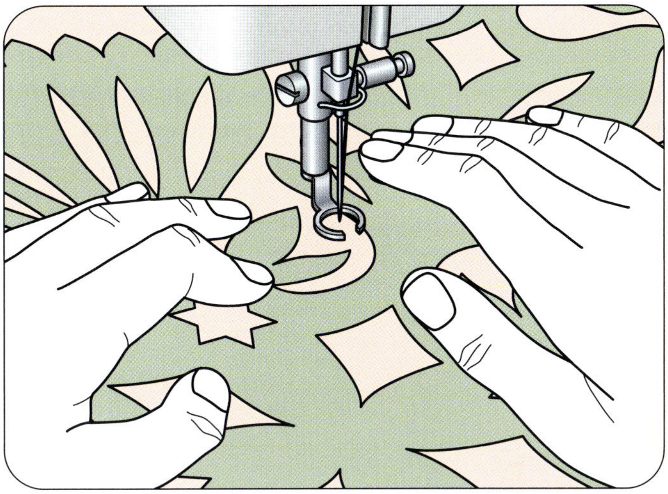

6 Arbeiten Sie mit Garn in der Farbe des Hintergrundstoffs und quilten Sie mit der Maschine über den gesamten Hintergrund. Sie können entweder Echolinien quilten, indem Sie den Konturen des Motivs folgen (siehe Seite 45), oder Sie quilten Mäanderlinien (siehe Seite 51).

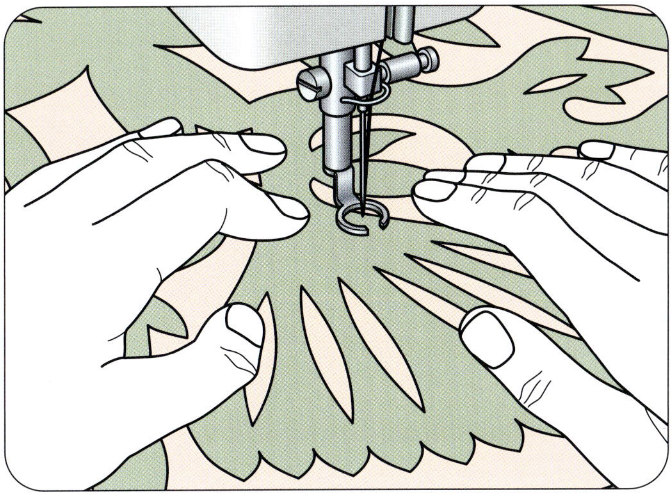

7 Arbeiten Sie mit einem Garn in der Farbe der Applikation und nähen Sie Echolinien innerhalb des Motivs.

8 Stellen Sie den Quilt fertig, wie auf den Seiten 52–69 beschrieben.

Persische Applikation

Die Chintzstoffe, die im 18. und 19. Jhd. aus dem Osten nach Europa importiert wurden, waren noch sehr teuer. Die Motive konnten aber sehr gut ausgeschnitten und auf einen weniger kostbaren Stoff appliziert werden. So konnte ein kleines Stück des teuren Stoffes verlängert werden. Die Technik nannte man Persische Applikation oder Persische Stickerei.

1 Wählen Sie ein passendes Motiv aus einem Stück groß bedruckten Stoffes. Schneiden Sie es sorgfältig aus und lassen Sie rundum 0,6 cm (1/4 in) Nahtzugabe stehen. Wählen Sie einen Hintergrundstoff in ähnlicher Qualität.

2 Stecken und heften Sie die ausgeschnittenen Motive auf die ausgewählten Stellen auf den Hintergrundstoff.

3 Arbeiten Sie mit Garn in der Farbe der Applikationsmotive und nähen Sie sie mit Blindstichen auf den Hintergrund. Schlagen Sie die Kanten während des Applizierens mit der Nadelspitze unter, wie auf den Seiten 184–186 beschrieben.

4 Bügeln Sie die fertige Applikation von der Rückseite her. Sie können die Persische Applikation mit dem Zickzackstich der Nähmaschine oder von Hand mit Festonstich oder einem ähnlichen Stickstich arbeiten. Die Motive können auch mit beidseitigem Klebevlies aufgebügelt werden.

Eine Persische Applikationen nähen

Wählen Sie einzeln stehende Motive, die nicht von anderen Stielen oder den Blättern angrenzender Motive überlagert sind. Es gibt inzwischen Baumwollstoffe, die speziell für die Persische Applikation bedruckt worden sind.

Zusätzliche Details oder feine Ranken, die Sie nicht ausschneiden können, sticken Sie später mit Stickstichen nach.

Mola

Die Mola ist die Textilkunst der Kuna-Indianer aus Panama, eine Mischung aus Reversapplikation und Stickerei. Molas werden meist aus unifarbenen Stoffen genäht und zeigen oft religiöse Themen, Pflanzen- und Tiermotive, aber oft auch überraschend moderne Elemente. Molas können auch in Quilts verarbeitet werden. Hier wird die Nähmaschinenmethode beschrieben.

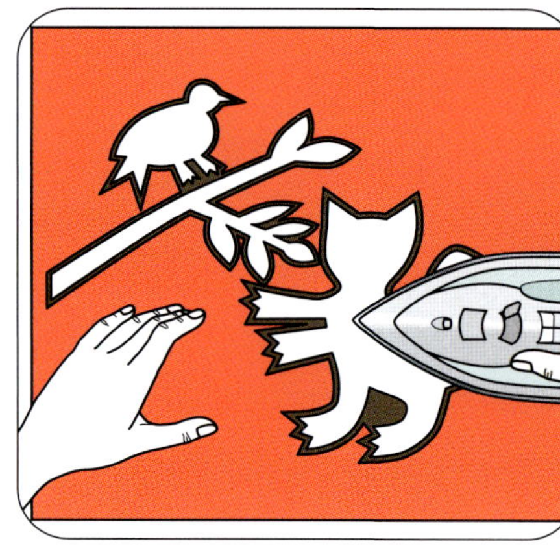

1 Zuerst schneiden Sie alle Stofflagen auf die gleiche Größe zu. Bügeln Sie verstärkendes Vlies auf die Rückseite der untersten Lage und beidseitiges Klebevlies auf die Rückseite aller anderen Stoffe. Pausen Sie die Hauptmotive der Schablonen von den Seiten 210–211 auf das Trägerpapier unter die oberste Stofflage. Schneiden Sie alle Motive mit ca. 0,6 cm (¼ in) Nahtzugabe aus.

2 Legen Sie die oberste Lage über die zweite, beide mit der rechten Seite nach oben weisend. Platzieren Sie die Schablonen in der Mitte jeder ausgeschnittenen Form. Übertragen Sie die Kontur der Schablone auf die zweite Stofflage. Nun schneiden Sie nur auf der zweiten Stofflage um jedes Motiv, genau entlang der Umrisslinien.

3 Schälen Sie das Trägerpapier des Klebevlieses von der Rückseite der obersten Stofflage. Legen Sie sie so auf die zweite Stofflage, dass die ausgeschnittenen Motive übereinanderliegen und dass vom unteren Stoff 0,6 cm (¼ in) innerhalb jeder Form sichtbar sind. Bügeln Sie die beiden Lagen mit dem heißen Bügeleisen aufeinander.

Eine Reversapplikation nähen

Wenn Sie lange an einem großen Projekt mit komplizierten Formen arbeiten, sollten Sie jeweils nur einen so kleinen Bereich ausschneiden, den Sie jeweils bearbeiten können. Andernfalls werden die Kanten ausfransen, bevor Sie dort mit dem Nähen beginnen.

Sie müssen bei einem großen Projekt in vielen Farben nicht alle Stoffe über die gesamte Fläche ausbreiten. Das wäre Stoffverschwendung und die Arbeit würde wellig. Legen Sie jeweils einen Stoff unter die Fläche, die Sie bearbeiten und wo er unter der Applikation hervorschauen soll. Sie können trotzdem durch mehrere Stoffschichten schneiden, um einige Stellen mit wechselnden Farben zu erhalten.

Beim Ausschneiden eines kleinen Motivs müssen Sie nicht den ganzen mittleren Bereich ausschneiden – schneiden Sie nur um die Kanten, so dass Sie diese unterschlagen und so die Form herausarbeiten können.

4 Übertragen Sie die Kontur der Motive und Farbbereiche auf separate Overheadfolien. Schneiden Sie jede Form aus und erhalten Sie so jeweils eine Positiv-Schablone und eine negative Form für die Platzierung. Wählen Sie pro Fläche und pro Motiv eine Farbe. Zeichnen Sie die Kontur jeder Schablone auf die Stoffrückseite und achten Sie darauf, dass jede Form richtig herum liegt.

5 Schneiden Sie die Stoffteile aus. Legen Sie jedes auf den untersten Stoff, ohne dass sich die Teile überlappen. Legen Sie nun die mit Klebevlies beschichteten Lagen aus Schritt 3 oben auf und prüfen Sie die Position. Sind alle Teile perfekt ausgerichtet, schälen Sie das Trägerpapier von der Rückseite und bügeln Sie alle Teile auf dem Unterstoff fest.

6 Legen Sie die Overheadfolien als Positionierungshilfe über die aufeinandergebügelten oberen Lagen und markieren Sie die farbigen Bereiche mit einem wasserlöslichen Stift. Entfernen Sie die Folie und zeichnen Sie regelmäßige längliche Formen auf jeden farbigen Bereich. Schneiden Sie die länglichen Formen sorgfältig mit einem scharfen Messer aus.

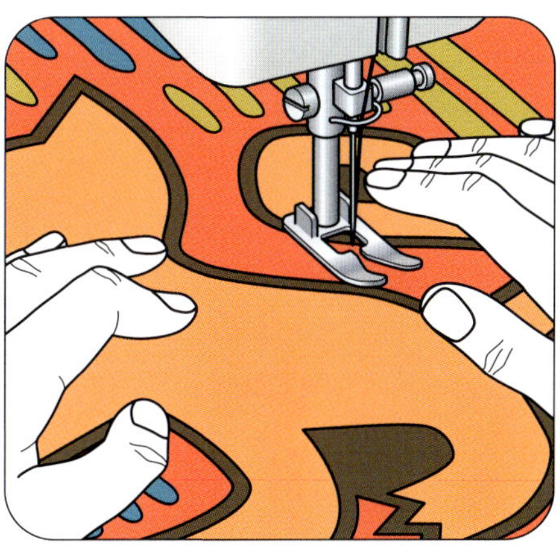

7 Schälen Sie das Trägerpapier von der unteren der aufeinandergebügelten Stofflagen ab. Legen Sie sie über die untere Lage und passen Sie die Formen sorgfältig übereinander. Bügeln Sie sie fest. Arbeiten Sie mit passendem Garn enge Zickzackstiche entlang der offenen Stoffkanten.

8 Vollenden Sie die Mola durch gestickte Details auf den Hauptmotiven (verschiedene geeignete Stickstiche finden Sie auf den Seiten 214–222).

9 Bügeln Sie die fertige Arbeit von der Vorderseite her, doch verwenden Sie unbedingt ein Bügeltuch. Fassen Sie die Mola ein, wie auf den Seiten 64–69 beschrieben.

Applizierte Quadrate

Die modernen Techniken machen es möglich, einen Quilt ganz oder fast ohne Nähen fertig zu stellen. Wählen Sie diese Methode, wenn der Quilt nicht allzu großen Belastungen ausgesetzt sein wird.

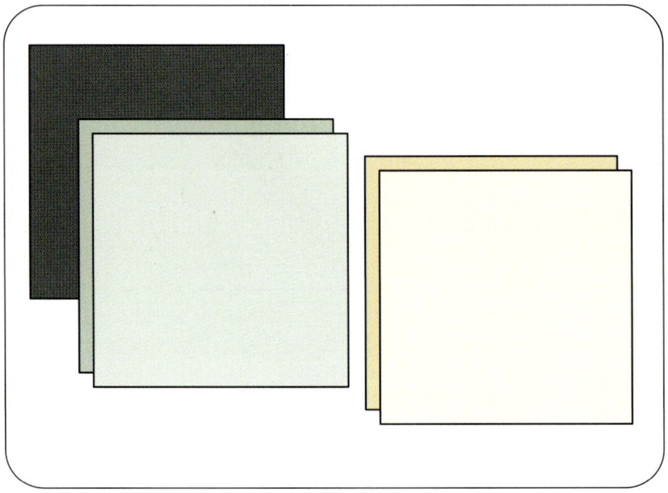

1 Schneiden Sie fünf gleich große Quadrate so groß wie der geplante Block aus kontrastierenden Stoffen in den Schattierungen dunkel, mittel-dunkel, mittel, mittel-hell und hell zu. Das dunkle Quadrat ist der Rückseitenstoff. Bügeln Sie je zwei Stoffe mit einer Schicht beidseitig haftendem Klebevlies links auf links aufeinander: mittel-dunkel auf mittel, mittel-hell auf hell.

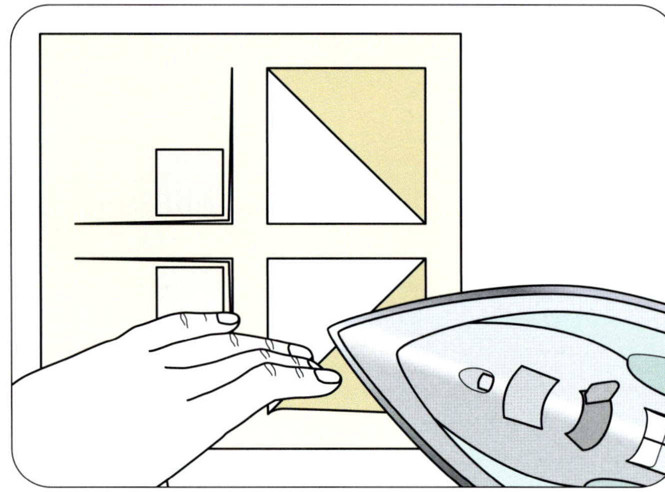

2 Beginnen Sie mit dem hellsten Stoffpaar (mittel-hell auf hell) und schneiden Sie eine winkelförmige Ecke in jedes Viertel. Falten Sie die Ecken zurück und befestigen Sie sie mit je einem kleinen Quadrat aus Klebevlies.

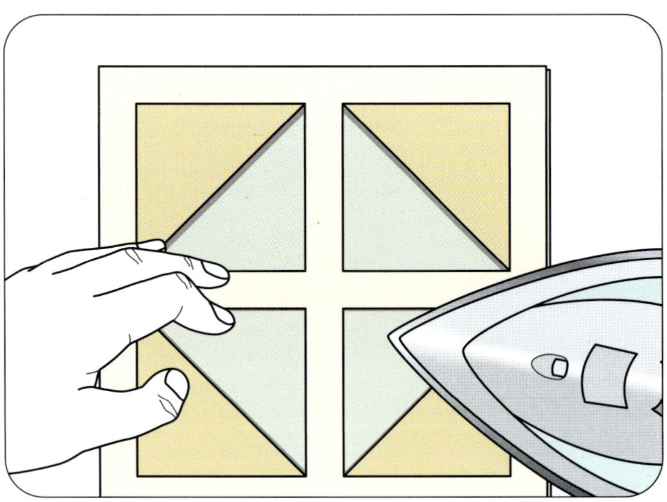

3 Kleben Sie die in Schritt 2 geschnittene Ecken mit je einem Streifen von Klebevlies auf dem zweiten Stoffpaar fest, die Kanten müssen bündig sein.

4 Messen Sie 0,6 cm (¼ in) innerhalb des vorigen Schnittes ab und schneiden Sie eine winkelförmige Ecke in jedes Viertel der unteren Lage. Schneiden Sie nicht in die gefaltete Kante.

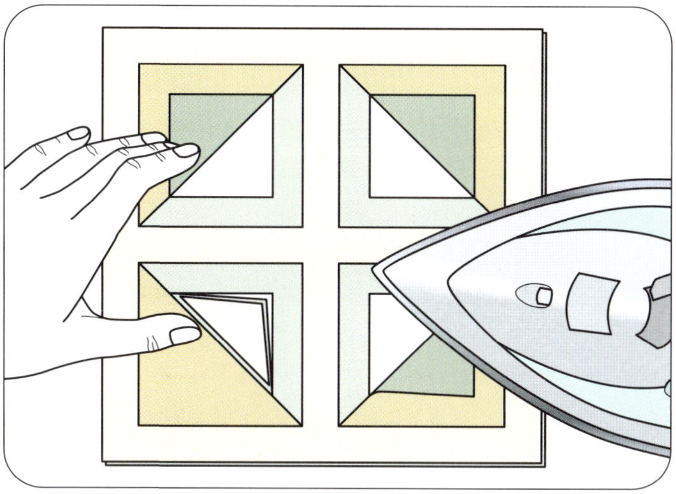

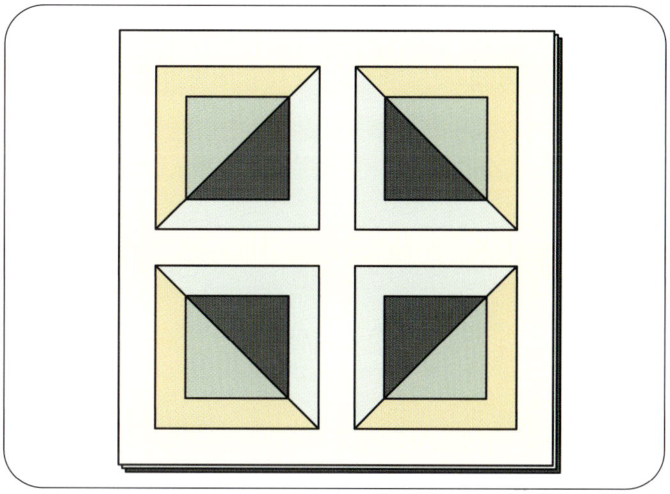

5 Falten nun diese neue Ecke zurück und sichern Sie die Ecken mit kleinen Dreiecken aus Klebevlies.

6 Legen Sie die fertigen Schichten auf den Rückseitenstoff und bügeln Sie sie fest. Stellen Sie verschiedene solcher Blöcke in unterschiedlichen Farbfolgen her und bügeln Sie sie jeweils auf den Rückseitenstoff.

7 Dieses Basismuster kann vielfach variiert werden – versuchen Sie einmal, die Ecken so zu schneiden, wie hier gezeigt, oder verwenden Sie gestreifte Stoffe für ein ganz anderes Bild.

Schablonen

Eichblatt und Haspel

Vergrößern Sie jedes Schablonenteil auf das benötigte Maß.

Hawaiianische Motive

Vergrößern Sie das Motiv Ihrer Wahl auf das benötigte Maß.

Mola

Die Schablonen sind in Originalgröße abgebildet, doch können sie nach Bedarf verkleinert oder vergrößert werden.

Applikationsquilts

Verzierte Quilts

Viele Quilterinnen schmücken ihre Quilts mit kleinen Besonderheiten, auch mit Stickerei, Pailletten und Perlen, manchmal sogar mit Textilfarbe, oder sie färben die Stoffe vor der Verarbeitung. Signatur- und Freundschaftsquilts tragen die Unterschriften oder Namen der Quilterinnen als Teil des Designs. Crazy Quilts sind die am meisten auffallende Art von verzierten Quilts.

Techniken

Es gibt hunderte von verschiedenen Arten, einen Stoff zu verzieren, die wohl bekannteste ist jedoch die Stickerei. Aufgenähte Perlen und Pailletten und das Bemalen von Stoffen sind ebenfalls sehr verbreitet.

Stickerei

Ein spezielles Stickbuch lehrt noch viel mehr Stickstiche, als hier vorgestellt werden kann. Die hier gezeigten Basisstiche sind jedoch sehr gebräuchlich.

Der Beginn

Es gibt mehrere Möglichkeiten, den Anfang eines Stickgarns zu sichern.

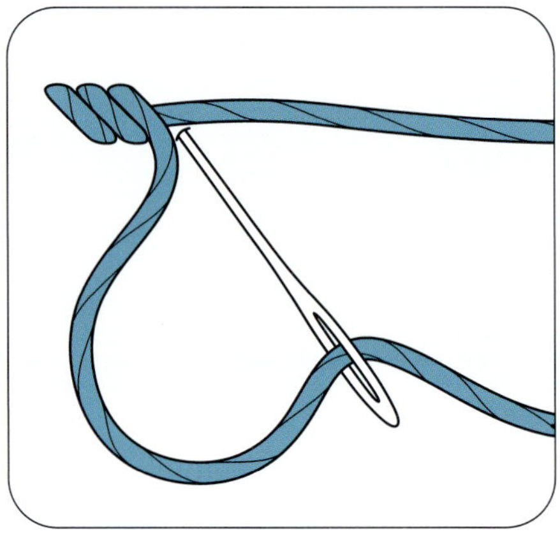

1 Überstechen – Bringen Sie die eingefädelte Nadel durch den Stoff nach oben und lassen Sie ein langes Ende auf der Unterseite. Halten Sie anfangs das Ende gespannt, bis es von den Stichen festgehalten wird.

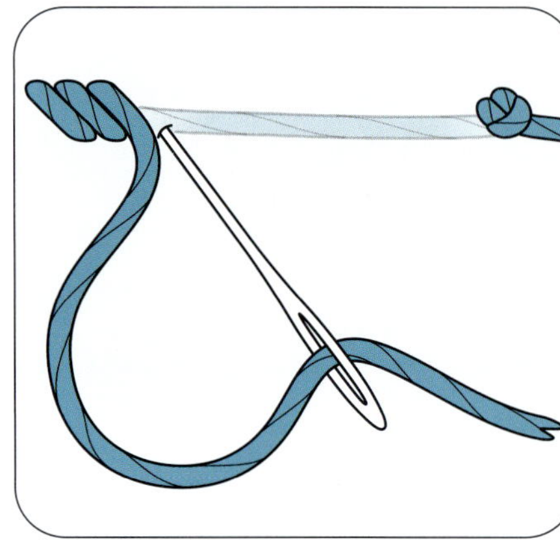

2 Knoten – Machen Sie einen Knoten am Fadenende und stechen Sie die Nadel von oben durch den Stoff. Arbeiten Sie Stickstiche über den Faden auf der Rückseite hinweg, bis er gesichert ist. Dann schneiden Sie den Knoten ab und ziehen das Fadenende zur Rückseite.

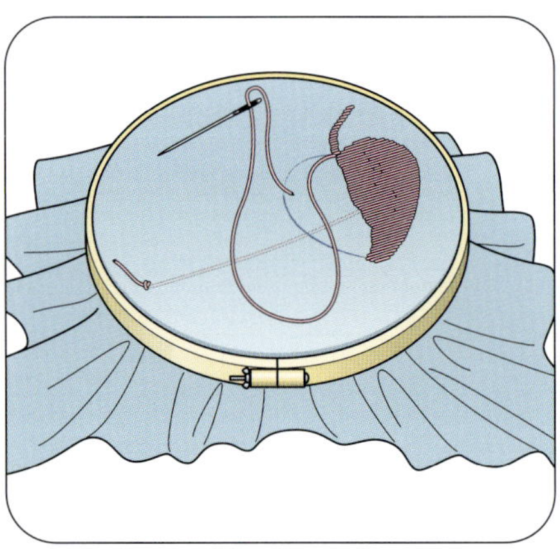

3 Vernähen – Machen Sie einen Knoten am Fadenende und stechen Sie die Nadel durch den Stoff nach unten, so dass der Knoten ca. 15 cm (6 in) von der Einstichöffnung entfernt liegt. Nach Beendigung der Stickarbeit schneiden Sie den Knoten ab und vernähen das Ende auf der Rückseite der Arbeit.

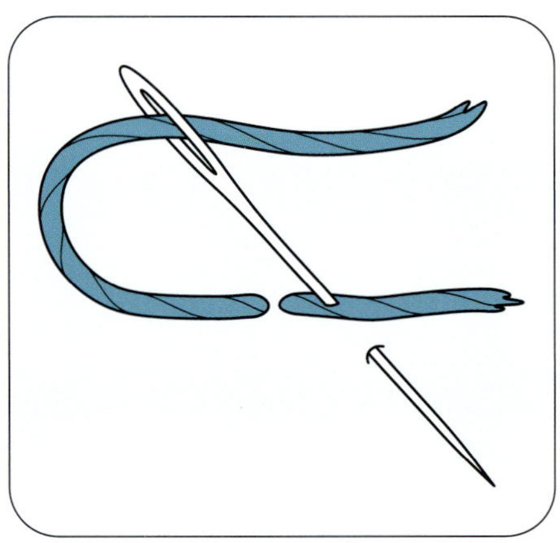

4 Spaltstich – Machen Sie auf der Rückseite einen winzigen Stich und lassen Sie ein kurzes Ende stehen. Arbeiten Sie einen kleinen Spaltstich durch das Fadenende. Diese Technik ist am unsichtbarsten, wenn die anschließende Stickerei den kleinen Spaltstich verdeckt.

Fadenansatz

Wenn der Faden inmitten einer Sticklinie zu Ende geht, wird diese Methode den neuen Ansatz am besten verbergen.

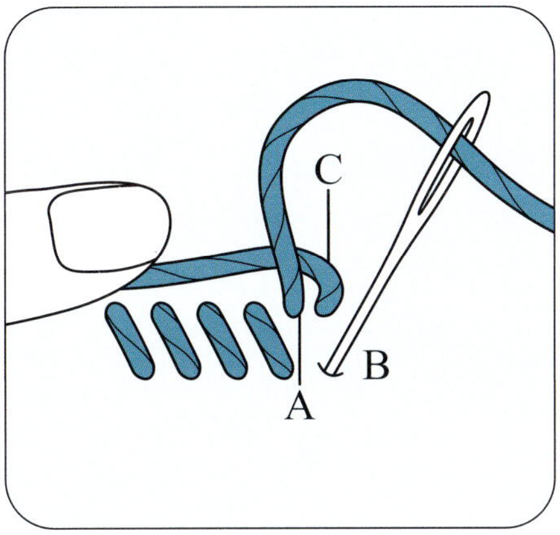

1 Kommen Sie bei A mit dem alten Faden aus dem Stoff. Fädeln Sie einen neuen Faden in eine andere Nadel ein und kommen Sie bei C aus dem Stoff. Halten Sie den Faden fest. Mit der „alten“ Nadel und Faden stechen Sie bei B ein und vernähen dort. Fahren Sie mit dem neuen Faden mit der Stickerei fort.

Fadenende

Am Ende einer Sticklinie muss der Faden fest vernäht werden.

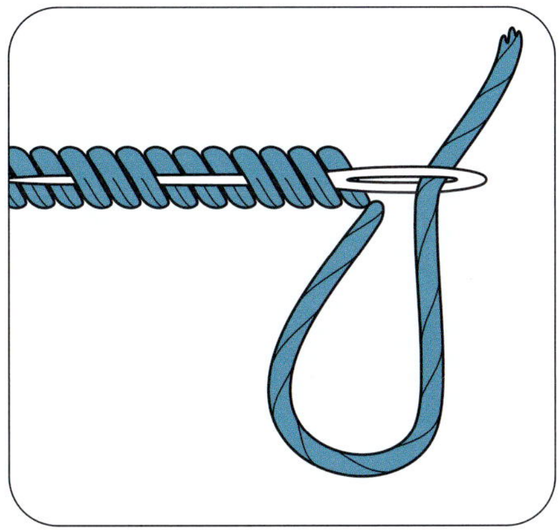

1 Stechen Sie mit Nadel und Faden zur Rückseite der Arbeit. Weben Sie die Nadel durch einige angrenzende Stiche und ziehen Sie den Faden vorsichtig durch.

Vorstich

Dieser einfache Stich gleicht dem Quiltstich, wird aber anders gearbeitet. Er eignet sich ideal für Umrisse und Details.

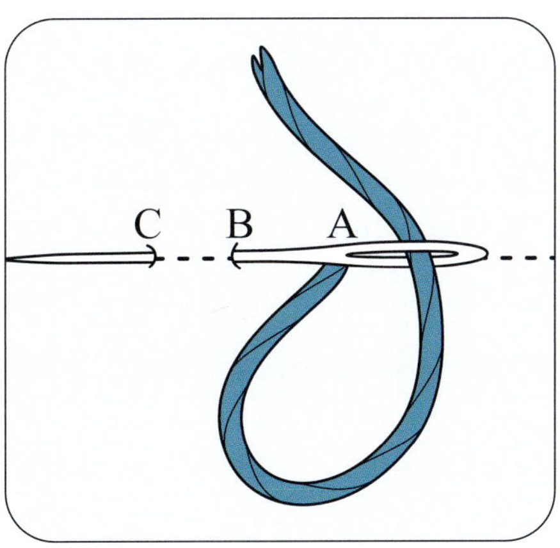

1 Kommen Sie bei A zur Oberfläche und stechen Sie bei B wieder nach unten, dann bei C wieder zur Oberfläche. Ziehen Sie den Faden noch nicht durch.

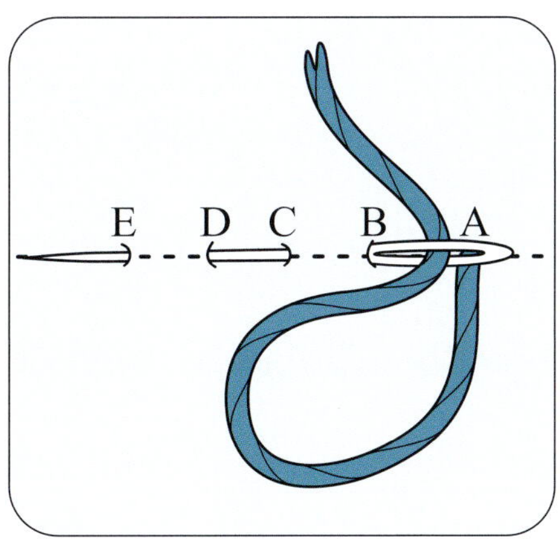

2 Fahren Sie so fort und stechen Sie bei D nach unten und kommen Sie bei E wieder zur Oberfläche. Ziehen Sie den Faden durch, ohne den Stoff zu raffen.

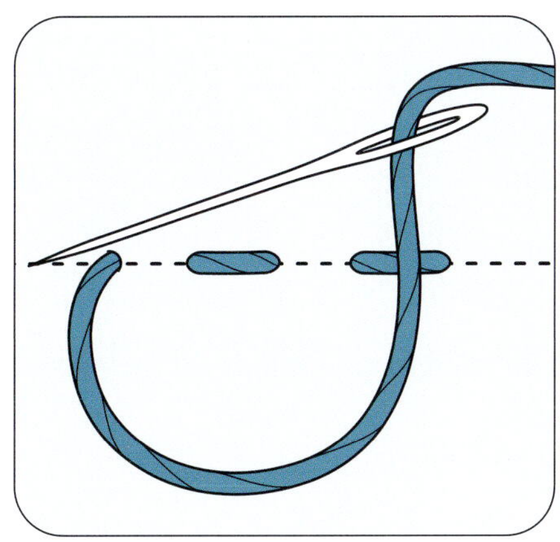

3 Arbeiten Sie die Schritte 1 und 2 entlang der Musterlinie und machen Sie die Stiche glatt und gleichmäßig.

Stielstich

Der Stielstich war schon im alten Ägypten und in Peru bekannt. Er ist ein beliebter Konturstich und ergibt eine weiche Linie.

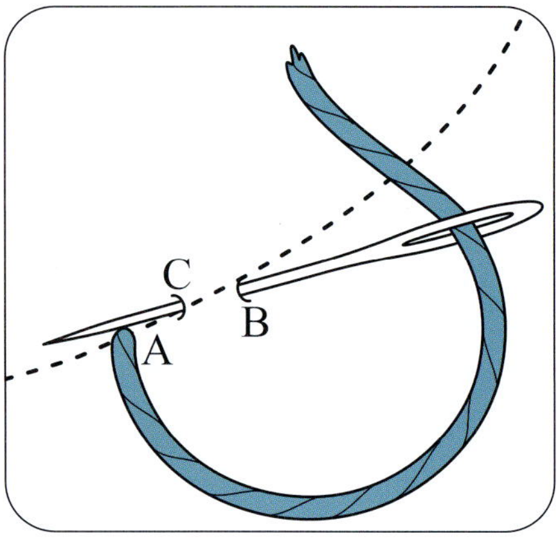

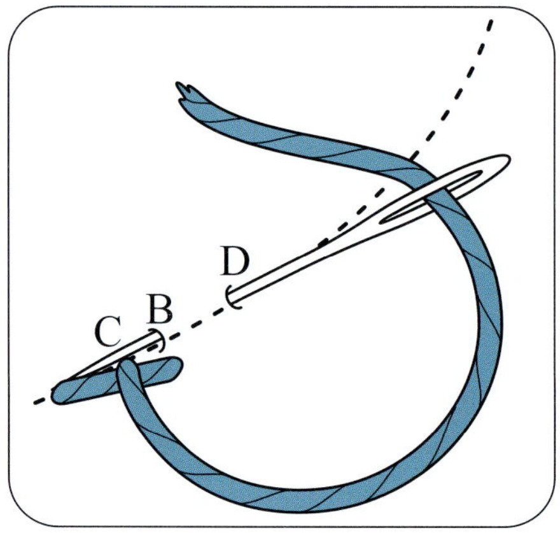

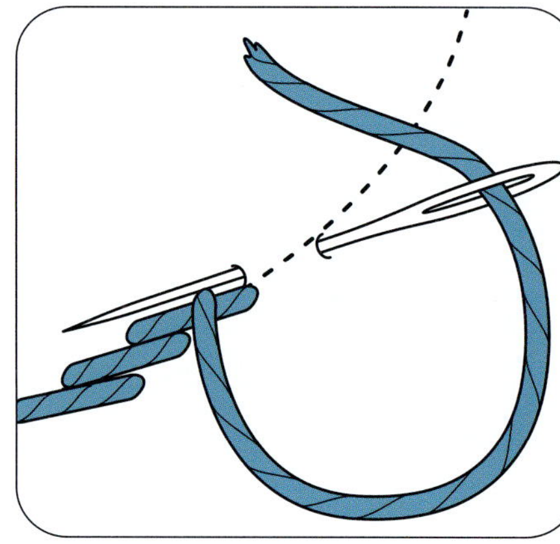

1 Stechen Sie bei A von unten durch den Stoff zur Oberseite und bei B wieder zur Rückseite, dann bei C wieder zur Oberseite. Halten Sie den Faden während der Arbeit unterhalb der Nadel.

2 Stechen Sie nun wieder bei D durch den Stoff zur Rückseite und kommen Sie dicht an der Ausstichöffnung bei B wieder heraus. Die Stiche sollten leicht schräg liegen, jeder überlappt das Ende des vorhergehenden Stiches ein wenig.

3 Arbeiten Sie die Schritte 1 und 2 entlang der ganzen Musterlinie und machen Sie die Stiche glatt und gleichmäßig.

Rückstich

Der Rückstich bildet eine fortlaufende Linie, die auf der Vorderseite wie maschinengenäht aussieht.

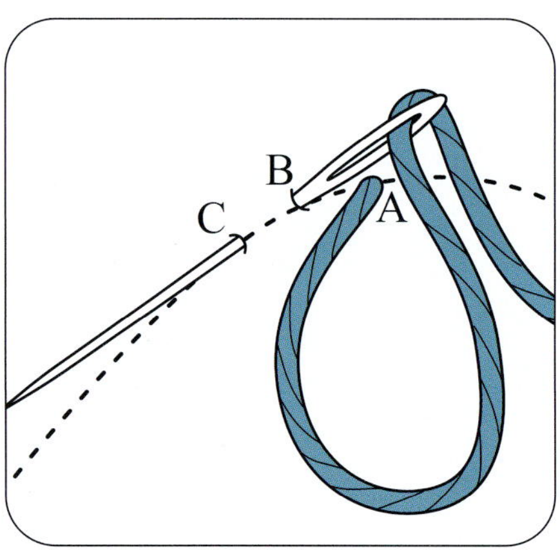

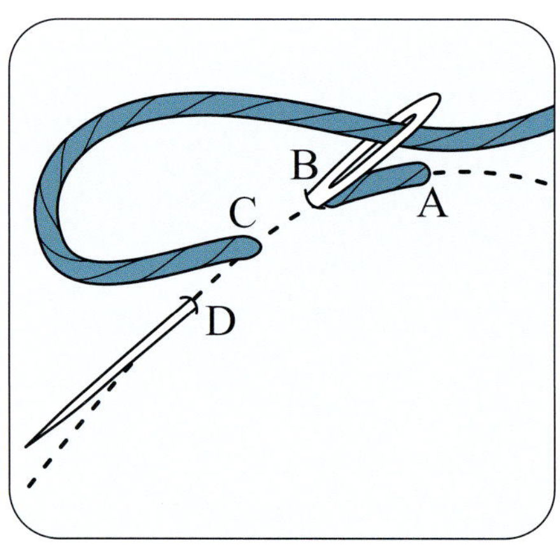

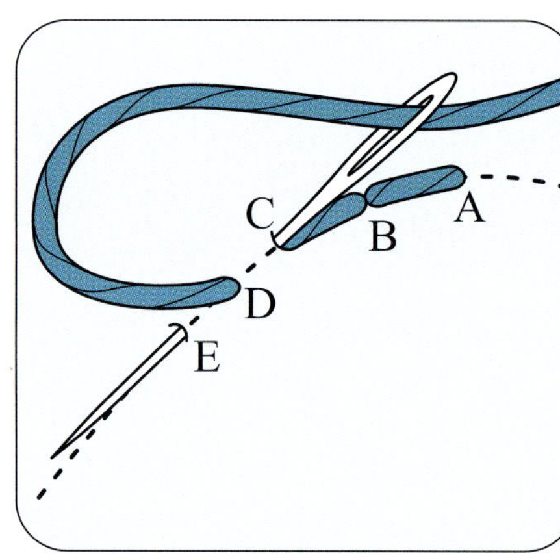

1 Arbeiten Sie von rechts nach links. Stechen Sie bei A durch den Stoff nach oben, bei B nach unten und bei C wieder nach oben. Ziehen Sie den Faden durch.

2 Stechen Sie für den Rückstich bei B nach unten, bei D wieder nach oben als Vorbereitung für den nächsten Stich. Ziehen Sie den Faden durch.

3 Stechen Sie bei C nach unten und bei E wieder nach oben. Arbeiten Sie in dieser Folge immer weiter und formen Sie eine Linie gleichmäßiger Stiche, deren Enden sich berühren.

Kreuzstich

Dieser Stich wird seit Jahrhunderten in verschiedenster Art, in unterschiedlichen Größen und in mehreren Variationen angewendet.

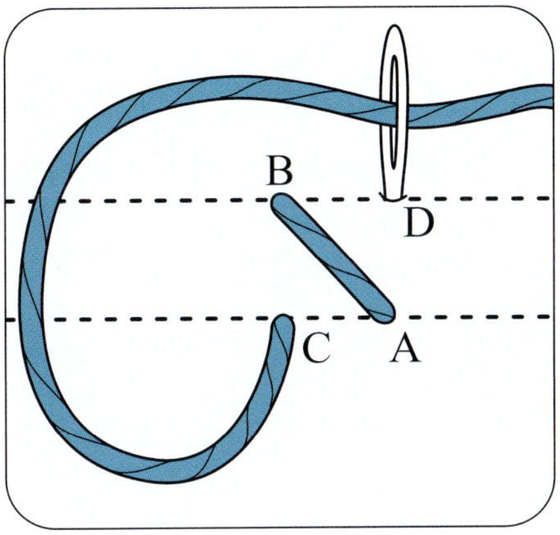

1 Für einen einzelnen Kreuzstich stechen Sie bei A nach oben, bei B hinunter, bei C nach oben und bei D wieder hinunter. Der Stich kann auch so gearbeitet werden, dass die Fäden in der anderen Richtung übereinanderliegen.

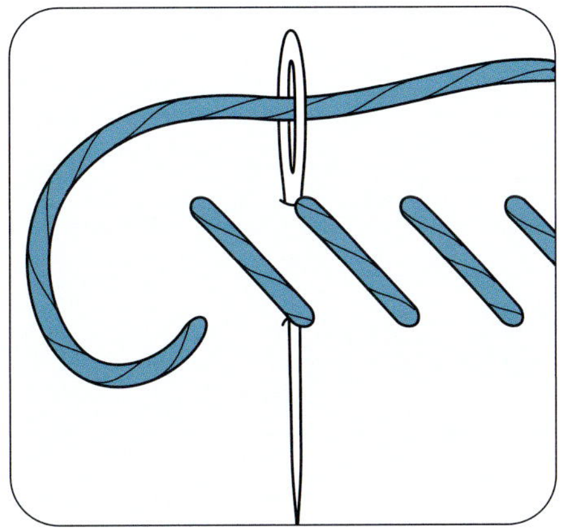

2 Für eine Reihe von Kreuzstichen machen Sie zuerst eine Serie von gleichen, schrägen Stichen, die alle in die gleiche Richtung weisen. Der erste Stich führt in das obere Ende des vorhergehenden Stichs.

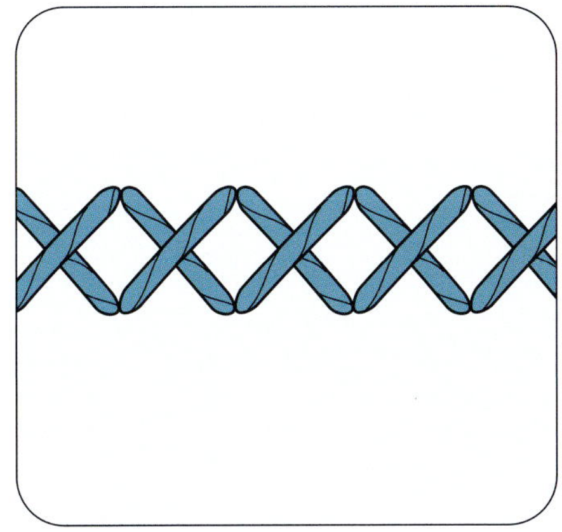

3 Arbeiten Sie schräge Stiche in der anderen Richtung über die bestehende Reihe bis ganz zum Anfang zurück und bilden Sie gleichmäßige Kreuze.

Knötchenstich

Der Knötchenstich besteht aus einem kleinen Knoten auf der Stoffoberfläche. Er verleiht einer Oberfläche Struktur, betont Details und bildet eine gepunktete Linie.

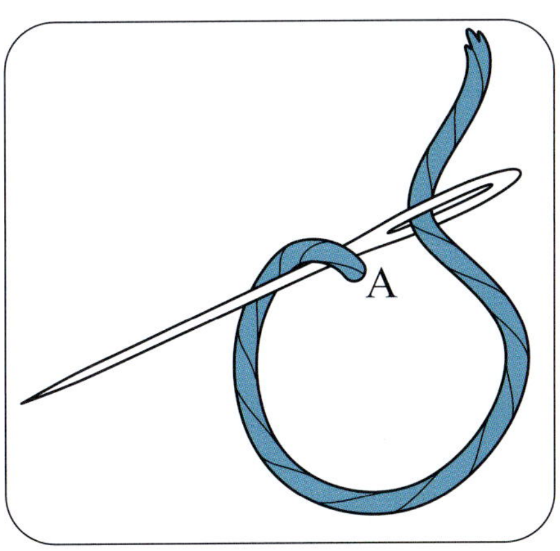

1 Stechen Sie bei A von unten durch den Stoff nach oben und wickeln Sie den Faden einmal gegen den Uhrzeigersinn um die Nadel.

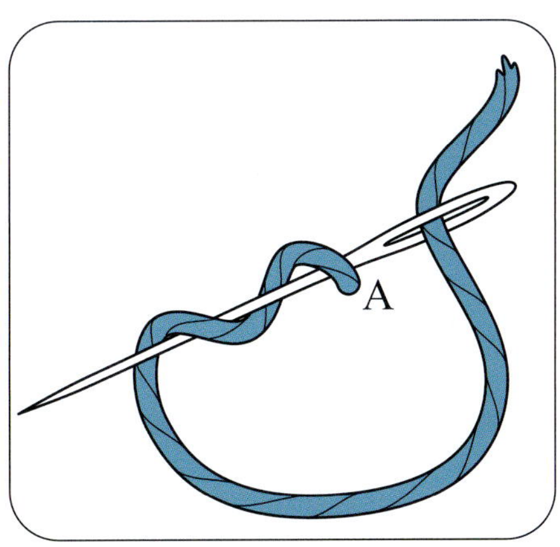

2 Halten Sie die Nadel vom Stoff weg und winden Sie den Faden ein zweites Mal genauso um die Nadelspitze.

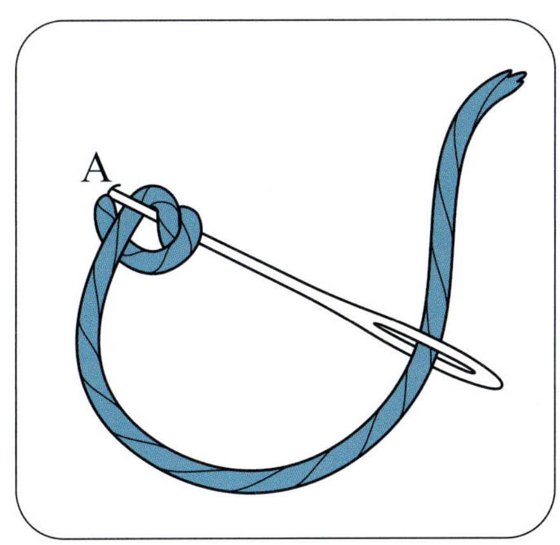

3 Schieben Sie die gewickelten Fäden bis ans Ende der Nadel. Stechen Sie die Nadel dort ein, wo sie aus dem Stoff gekommen ist, und ziehen Sie den Faden durch, bis sich das Knötchen bildet.

Fliegenstich

Der Fliegenstich kann vereinzelt über eine Fläche verstreut gearbeitet werden oder als Linien in waagerechten oder senkrechten Reihen.

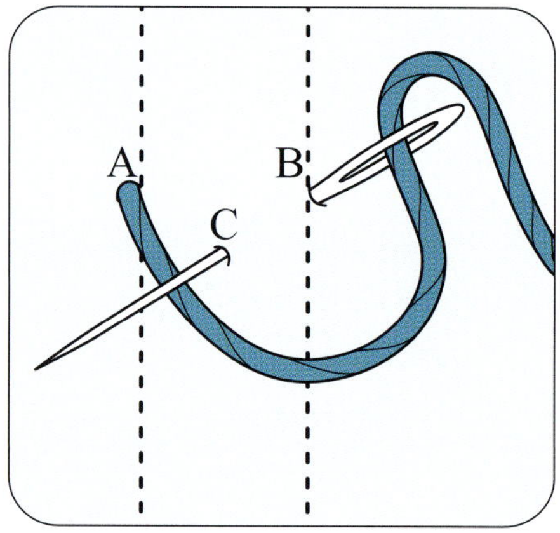

1 Stechen Sie bei A von unten durch den Stoff nach oben, bei B nach unten und bei C wieder zur Oberseite. Halten Sie den Faden unter der Nadelspitze.

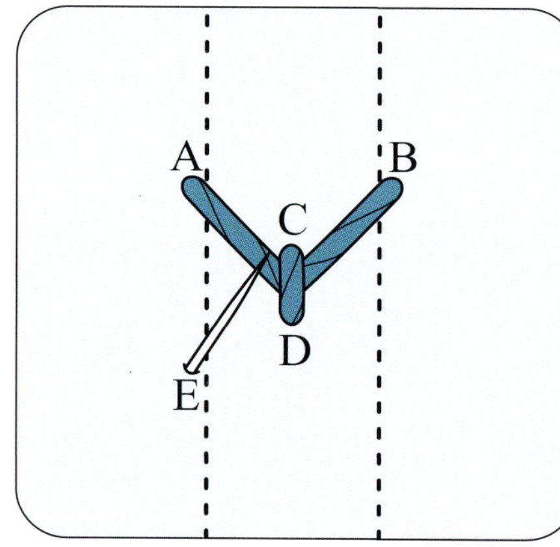

2 Führen Sie die Nadel bei D wieder in den Stoff und formen Sie einen kurzen, geraden Stich, der die soeben gearbeitete Schlaufe befestigt. Stechen Sie für den nächsten Stich bei E wieder zur Oberfläche.

Federstich

Dies ist ein hübscher verzweigter Stich, der früher gerne zum Besticken englischer Smokarbeiten benutzt wurde. Er kann als Linie oder als Füllstich angewendet werden.

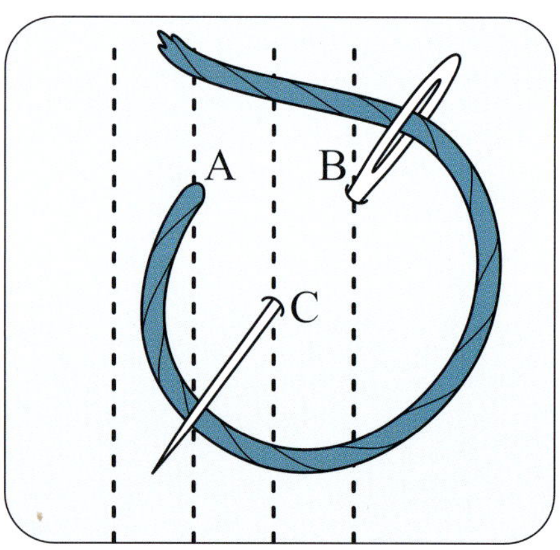

1 Stechen Sie bei A durch den Stoff nach oben, bei B abwärts und bei C wieder zur Oberfläche. Legen Sie den Faden von links nach rechts als Schlaufe unter die Nadelspitze.

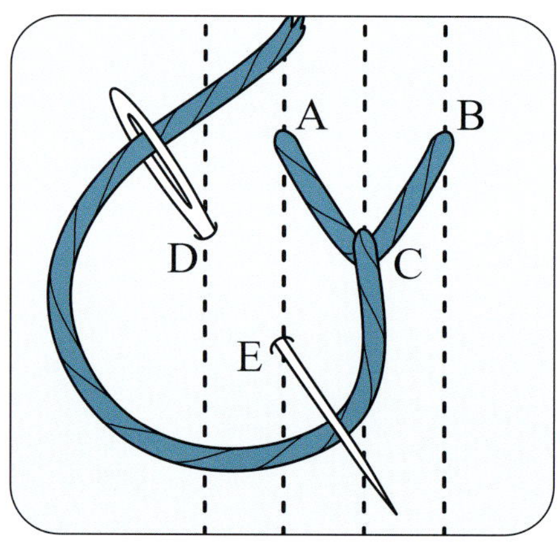

2 Stechen Sie bei D nach unten und bei E wieder nach oben. Legen Sie den Faden von rechts nach links als Schlaufe unter die Nadelspitze.

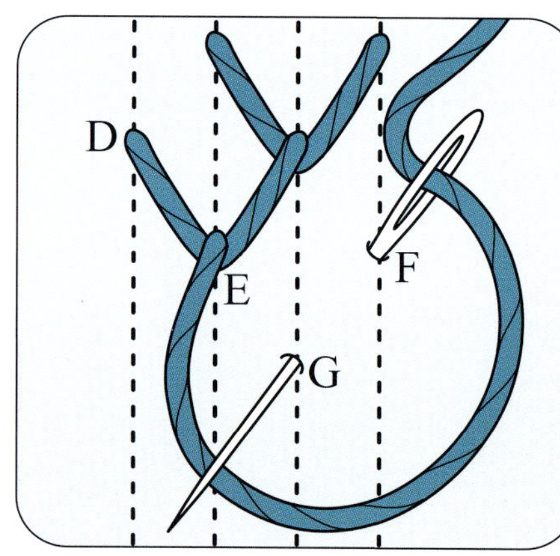

3 Gehen Sie wieder nach rechts bis zu F, stechen Sie dort nach unten und bei G wieder nach oben. Legen Sie den Faden von links nach rechts als Schlaufe unter die Nadelspitze. Fahren Sie so fort.

Hexenstich

Dieser Stich wird oft auf griechischen und indischen Stickereien angewendet und ist eine Variante des Kreuzstichs.

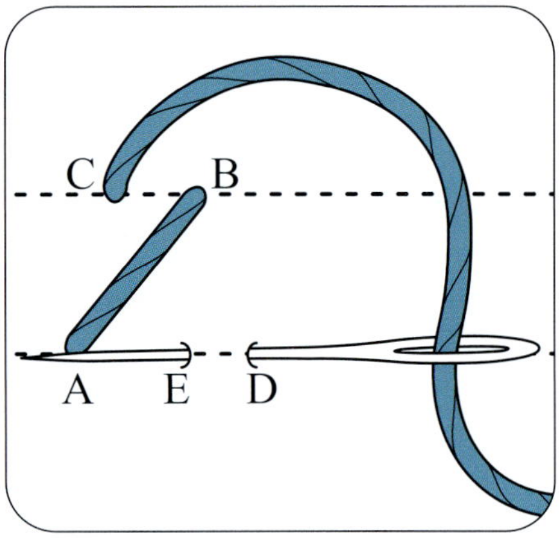

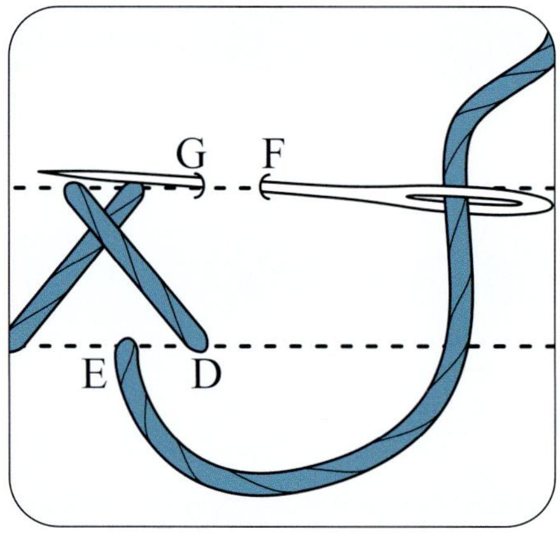

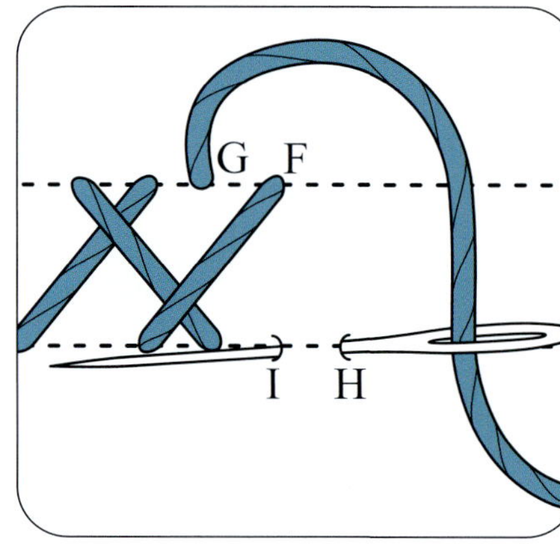

1 Stechen Sie bei A durch den Stoff nach oben, bei B hinab und bei C wieder nach oben. Überkreuzen Sie den soeben gearbeiteten Stich und stechen Sie bei D hinab und bei E wieder zurück. Die Fäden kreuzen sich im oberen Bereich.

2 Überkreuzen Sie den soeben gearbeiteten Stich. Führen Sie die Nadel bei F hinab und bei G wieder heraus. Die Fäden kreuzen sich im unteren Bereich.

3 Überkreuzen Sie den soeben gearbeiteten Stich. Stechen Sie bei H hinab und bei I wieder heraus. Die Fäden kreuzen sich im oberen Bereich. Wiederholen Sie die Schritte 1 und 2.

Festonstich

Er kann dekorativ oder zum Versäubern offener Kanten angewendet werden. Der Knopflochstich wird genauso, jedoch dichter gearbeitet.

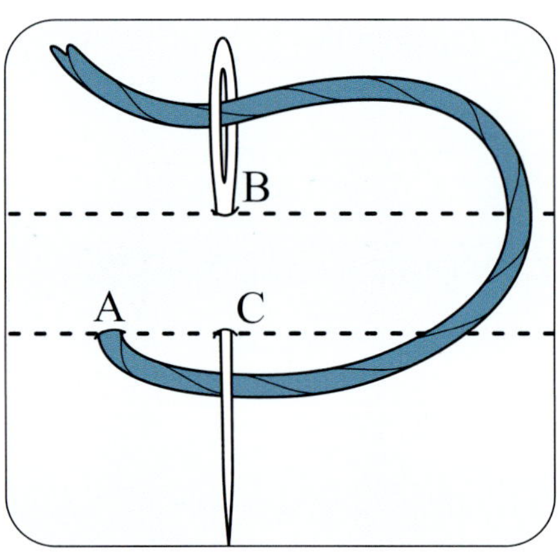

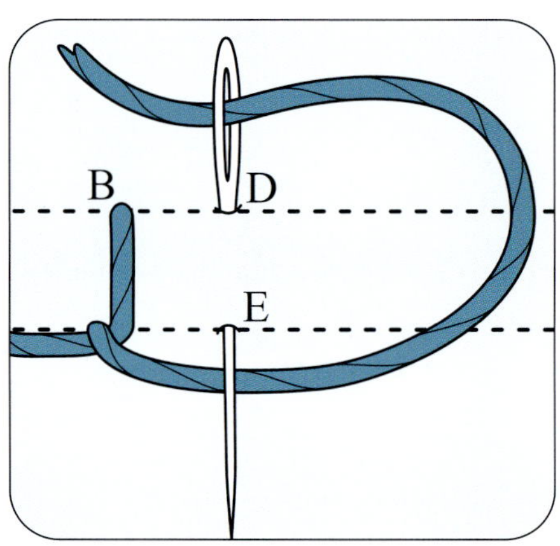

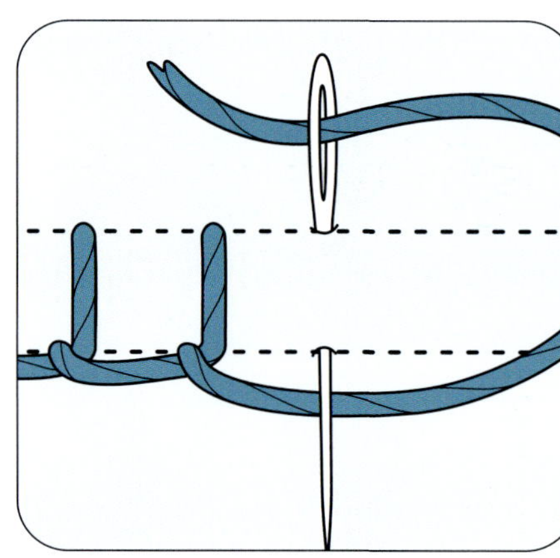

1 Stechen Sie bei A nach oben, bei B nach unten und bei C wieder nach oben. Legen Sie den Faden von links nach rechts als Schlaufe unter die Nadelspitze. Ziehen Sie den Faden durch.

2 Führen Sie die Nadel bei D nach unten und kommen Sie bei E wieder zur Oberfläche. Legen Sie den Faden wieder unter der Nadelspitze zur Schlaufe.

3 Fahren Sie so fort, immer entlang der Kante oder der Linie. Arbeiten Sie die Stiche gleich groß und in gleichen Abständen.

Kettenstich und Margeritenstich

Dies ist ein dekorativer Stich, der entweder als Linie oder im Kreis zu einer Blüte angeordnet gestickt werden kann.

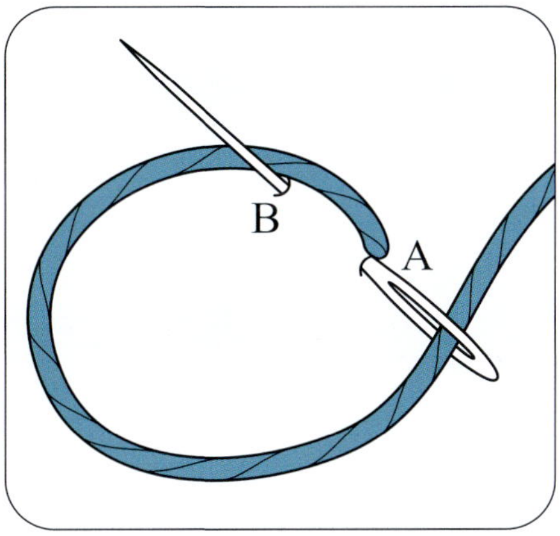

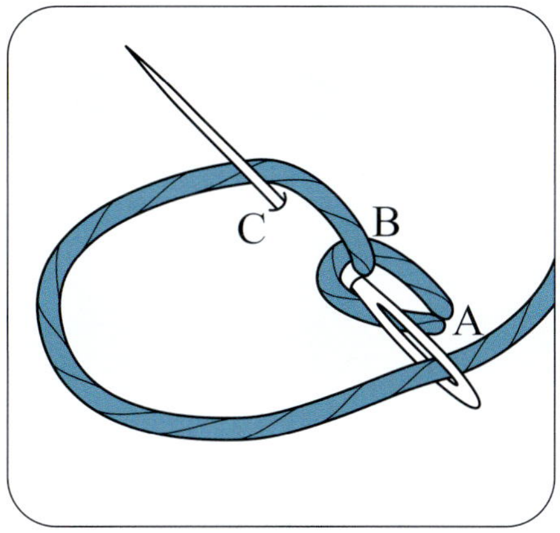

1 Stechen Sie bei A durch den Stoff nach oben und dann knapp links davon wieder bei A hinab, um bei B wieder zur Oberfläche zu kommen. Legen Sie den Faden als Schlaufe von rechts nach links um die Nadelspitze.

2 Ziehen Sie den Faden durch. Beginnen Sie das nächste Kettenglied, indem Sie knapp neben B, aber innerhalb der Kette, wieder nach unten stechen und bei C wieder nach oben kommen. Legen Sie den Faden wieder unter der Nadelspitze zur Schlaufe.

3 Für eine Blütenform arbeiten Sie den ersten Kettenstich wie in Schritt 1 und ziehen Sie den Faden durch. Dann machen Sie einen kleinen Haltestich über die Schlaufe. Legen Sie fünf Stiche zum Kreis.

Umstochener Verbindungsstich

Er heißt auch geknoteter Stäbchenstich oder Fagottstich und kann zwei Stoffstücke an den Kanten miteinander verbinden.

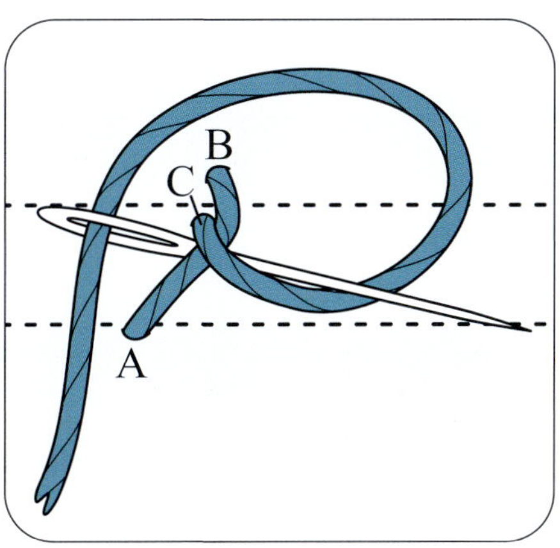

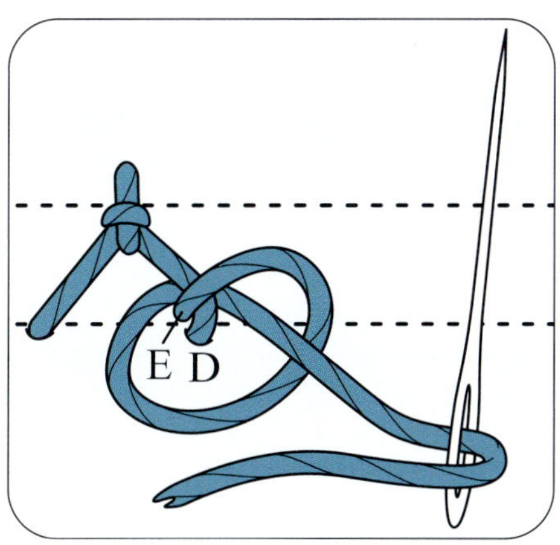

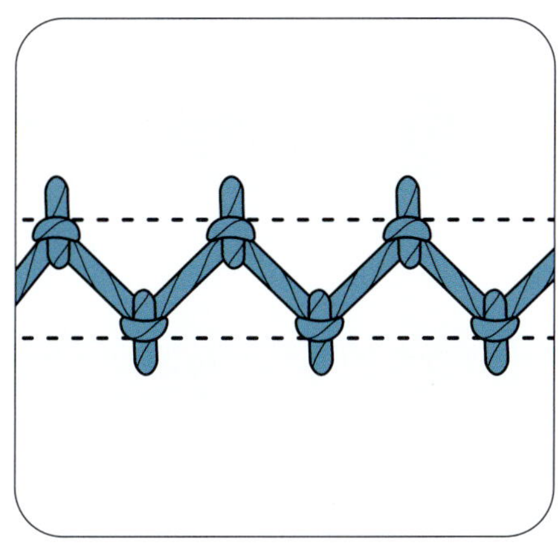

1 Stechen Sie bei A aus dem Stoff, bei B hinunter und bei C wieder zur Oberfläche. Legen Sie den Faden von links nach rechts um den gespannten Stich. Schieben Sie die Nadel unter dem Stich hindurch und über den Arbeitsfaden.

2 Stechen Sie bei D nach unten, bei E nach oben. Formen Sie eine Schlaufe und schieben Sie die Nadel von links nach rechts hinter beide Fäden und durch die Schlaufe, an der sich ein Knoten bildet. Wiederholen Sie ab B.

3 Wenn Sie mit diesem Stich zwei Stoffstücke aneinandersetzen, bezeichnen die gestrichelten Linien die gesäumten Stoffkanten. Halten Sie die Kanten ca. 0,6–1,2 cm (¼–½ in) weit auseinander.

Gefiederter Kettenstich

Er wird als Bordüre von oben nach unten gearbeitet und ist eine Kombination aus Ketten- und Federstich. Zeichnen Sie die vier parallelen Orientierungslinien ein, um die Bordüre gerade zu halten.

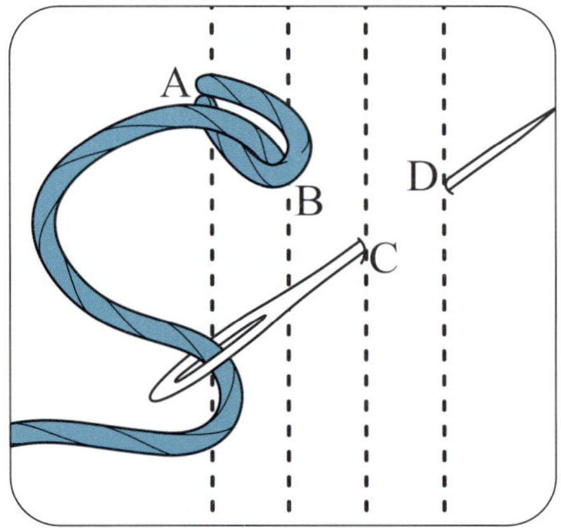

1 Stechen Sie bei A nach oben, formen Sie eine Schlaufe und stechen Sie knapp neben A wieder nach unten. Kommen Sie bei B durch die Schlaufe wieder zur Oberfläche. Stechen Sie bei C nach unten und bei D wieder nach oben.

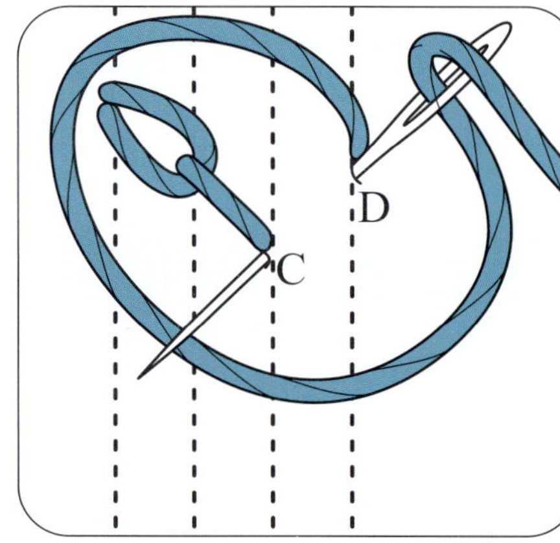

2 Ziehen Sie den Faden durch und stechen Sie knapp neben D nach unten. Kommen Sie bei C wieder zur Oberfläche. Legen Sie den Faden unter der Nadelspitze zur Schlaufe.

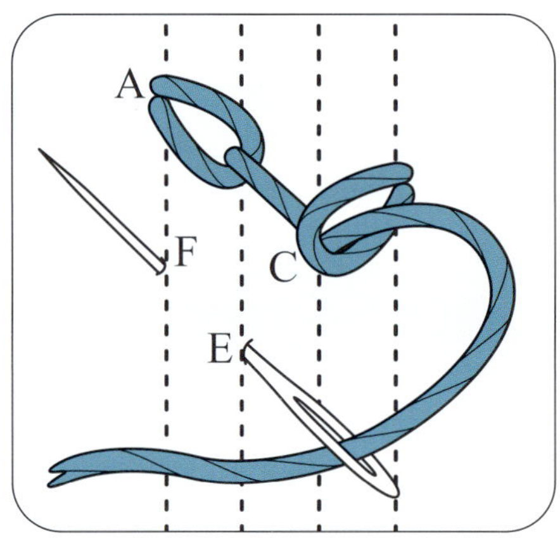

3 Lenken Sie die Nadel nach links und stechen Sie bei E in den Stoff hinab, um bei F wieder aufzutauchen. Dies ergibt einen geraden Stich.

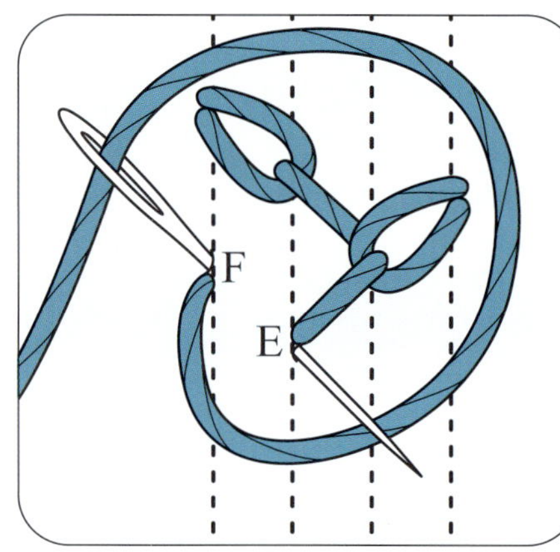

4 Ziehen Sie den Faden durch und stechen Sie knapp neben F wieder in den Stoff, um bei E wieder zur Oberfläche zu kommen. Legen Sie den Faden unter der Nadelspitze zur Schlaufe. Fahren Sie so fort.

Stickerei

Arbeiten Sie immer mit einem Stickgarn in bester Qualität – ein schlechter Faden könnte ausfärben. Stimmen Sie die Garnart auf die Stoffart ab.

Eine Stickerei ist leichter zu arbeiten, wenn der Stoff gespannt ist. Ein Stickrahmen hält den Bereich, an dem Sie gerade arbeiten, straff und sorgt dafür, dass der Stickfaden immer gleichmäßig glatt aufliegt.

Verzierungen

Es gibt noch andere Verzierungen, die auf einem Quilt angewendet werden können, doch sind sie vielleicht nicht so verbreitet wie die Stickerei. Generell sind solche Verzierungen für Wandquilts gedacht, nicht für viel benutzte Gebrauchsquilts.

Perlen

Perlenstickerei eignet sich wunderbar für Oberflächen. Perlen funkeln und bringen Farbe auf jede Stoffart. Es gibt sie in vielen Größen, Farben und Formen, wodurch Sie leicht die richtige Sorte für Ihr Projekt finden werden.

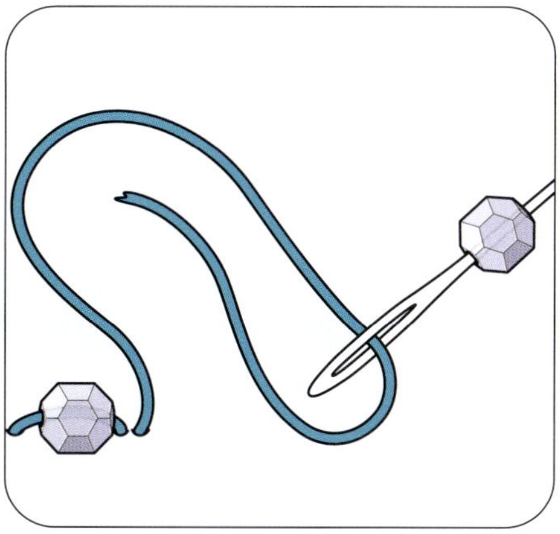

1 Einzelne Perle – Stechen Sie den Faden von unten nach oben durch den Stoff und durch die Perle. Führen Sie die Nadel nahe der Perle wieder nach unten. Machen Sie unter dem Stoff einen Spannstich bis zu der Stelle, an der die nächste Perle angenäht werden soll. Wiederholen Sie diese Schritte wie benötigt.

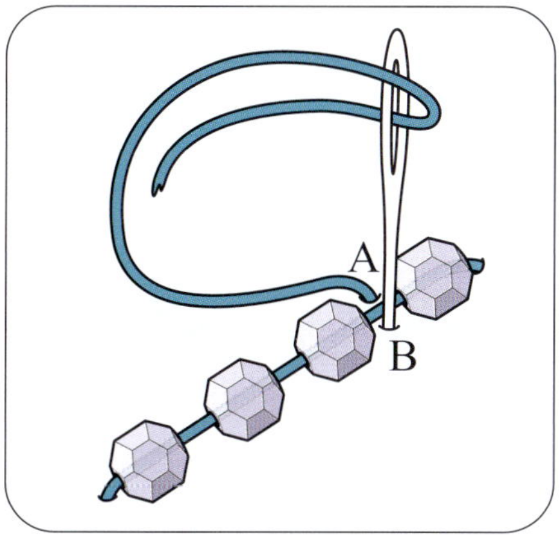

2 Perlenreihe – Stechen Sie den Faden von unten durch den Stoff nach oben. Fädeln Sie einige Perlen auf die Nadel. Schieben Sie die Nadel durch die Perlen und stechen Sie am Ende der Perlenreihe wieder in den Stoff. Machen Sie einen kleinen Stich, um den Faden zu befestigen. Um die Perlenreihe zu befestigen, stechen Sie bei A nach oben und bei B nach unten. Wiederholen Sie dies nach jeder dritten oder vierten Perle.

Pailletten

Pailletten gibt es in verschiedenen Formen und Größen sowie mit oder ohne Facetten zu kaufen. Alle haben ein Loch in der Mitte, durch das sie festgenäht werden. Es gibt zwei Arten der Befestigung.

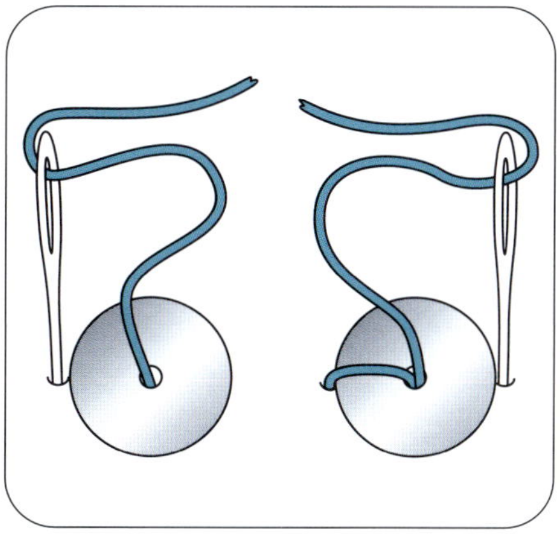

1 Arbeiten Sie mit einer Garnfarbe, die zur Paillette passt. Stechen Sie durch den Stoff und durch das Loch der Paillette nach oben. Führen Sie die Nadel neben dem Rand der Paillette nach unten. Wiederholen Sie dies auf der anderen Seite der Paillette, so dass die beiden Stiche gerade über die Fläche verlaufen.

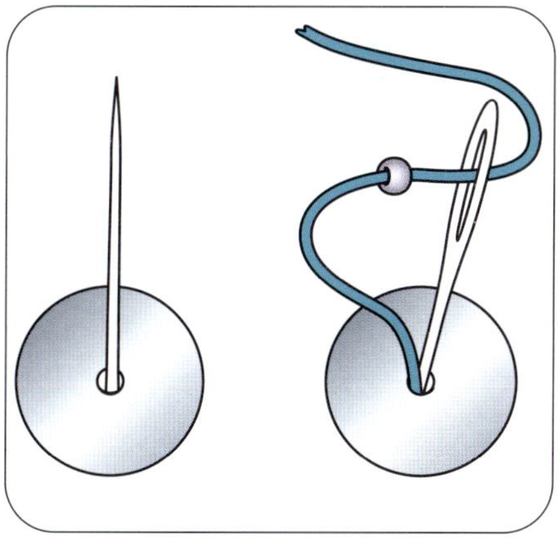

2 Arbeiten Sie mit einer Garnfarbe, die zur Paillette passt. Stechen Sie durch das Loch nach oben und fädeln Sie eine kleine Glasperle auf die Nadel. Die Perle muss etwas größer sein als das Loch in der Paillette. Ziehen Sie den Faden durch die Perle und stechen Sie durch das Loch der Paillette wieder nach unten.

Verzierte Quilts

Shisha-Spiegelchen

Shisha-Spiegel sind kleine Stücke von spiegelnder Folie, die in Stickereien vor allem im Orient eingearbeitet werden.

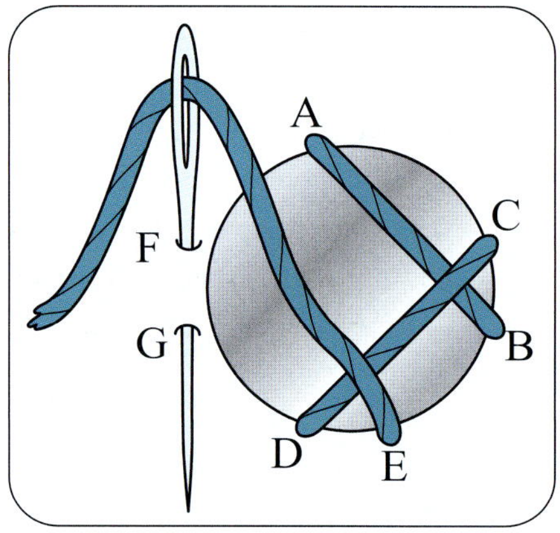

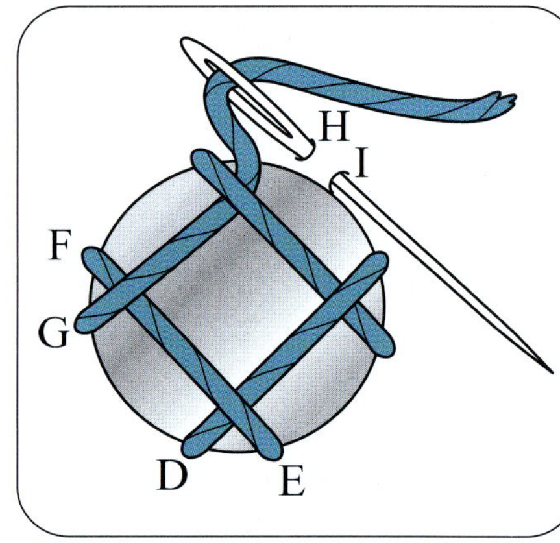

1 Bringen Sie den Faden von unten durch A nach oben. Arbeiten Sie die ersten vier Stiche über den Spiegel, wie hier gezeigt, und bilden Sie ein auf Spitze stehendes Quadrat aus Spannfäden, die den Spiegel festhalten.

2 Um die Stiche gleichmäßig zu halten, schieben Sie die Nadel unter das Ende des ersten Stiches, sobald Sie eine Runde genäht haben.

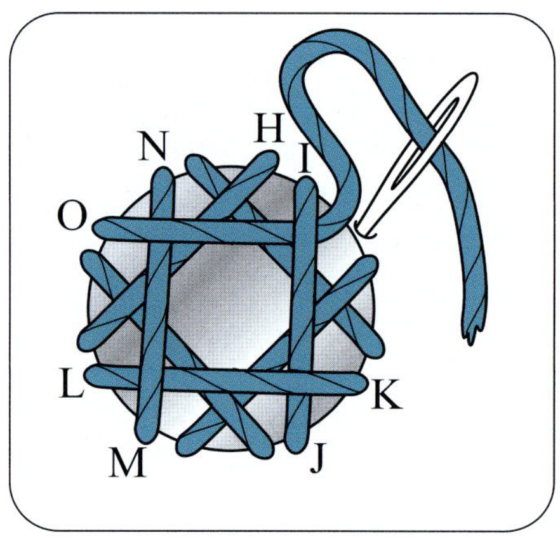

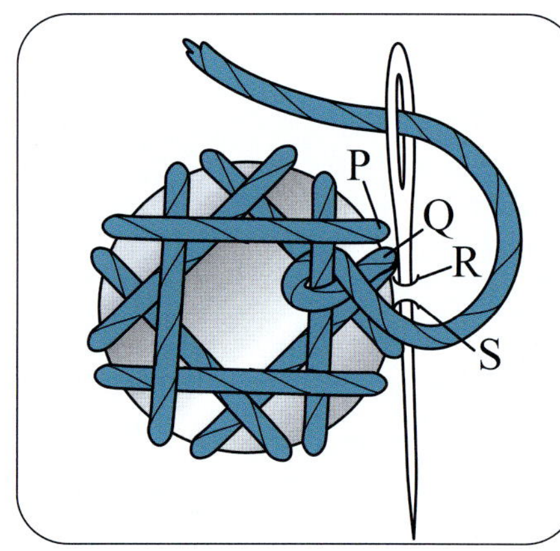

3 Arbeiten Sie vier weitere Stiche über die ersten, aber um einen Stich versetzt, so dass das Gitter gedreht ist und das Quadrat aus Spannfäden aufrecht steht.

4 Stechen Sie sehr nahe der Stelle in den Stoff, an welcher der letzte Stich gemacht wurde. Weben Sie die Nadel über und unter die Kreuzung des waagerechten und senkrechten Stichs und wieder zurück in den Stoff, knapp neben der Stelle, an der Sie nach oben gekommen sind. Machen Sie einen kleinen Stich vorwärts. Arbeiten Sie immer so weiter, bis alle Kanten des Spiegels bedeckt sind.

Auswahl der Perlen

Glasperlen sind schwerer als Plastikperlen, aber sie schmelzen nicht, falls Sie mit dem heißen Bügeleisen daran kommen.

Wenn der Quilt gewaschen werden muss, sollten auch die Perlen eine Wäsche vertragen können.

Stoff schmelzen

Eine der neuesten Methoden in der Textilkunst ist, mit einem Lötkolben zu schneiden, zu kleben und zu ätzen. Die meisten synthetischen Textilien schmelzen bei relativ hohen Temperaturen. Dies kann für interessante Effekte benutzt werden. Es können verschiedene Lagen bearbeitet und als dreidimensionale Elemente oder ganze Flächen auf einem Stoffstück angeordnet werden. Sie können den so bearbeiteten Stoff auf einen Quilt sticken oder wie einen normalen Block einnähen. Solche Elemente sind empfindlich und sollten nur auf Quilts angewendet werden, die der Dekoration dienen.

Mit einem Lötkolben arbeiten

Diese Methode funktioniert am besten, wenn der Stoff dick genug ist, um die Lötkolbenspitze „hineingraben" zu können. Benutzen Sie einen Lötkolben mit einer feinen Spitze.

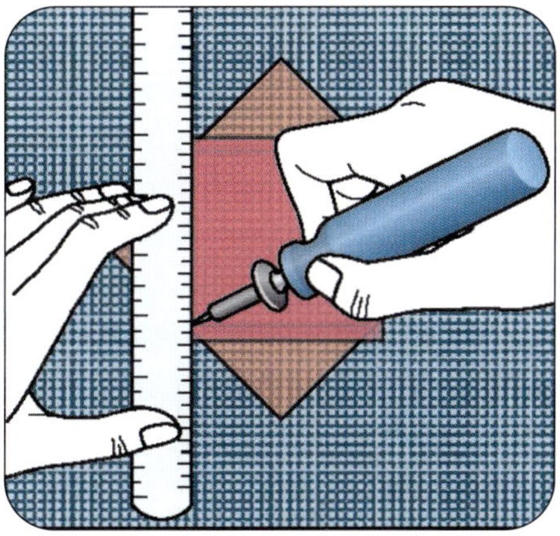

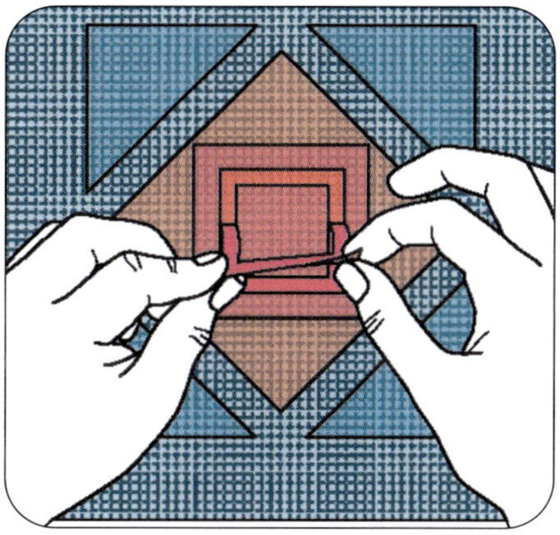

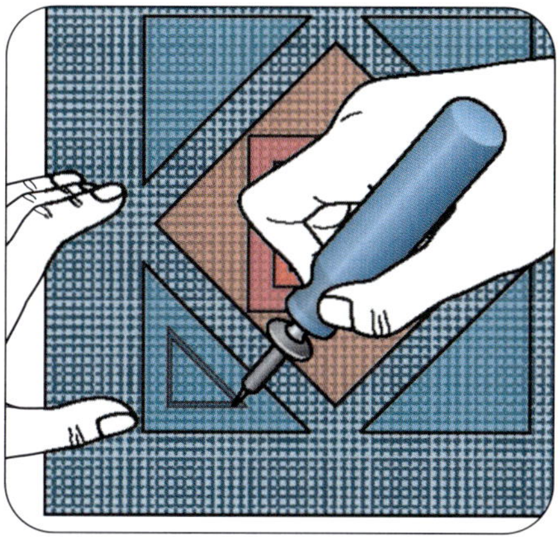

1 Legen Sie mehrere Lagen von Synthetikstoff aufeinander und halten Sie sie mit einem Metalllineal fest. Arbeiten Sie auf hitzefestem Untergrund. Fahren Sie mit der Spitze des heißen Lötkolbens an der Linealkante entlang.

2 Wenn Sie fest aufdrücken, können Sie durch mehrere Lagen schneiden, doch die geschmolzenen Kanten kleben die Stoffschichten aufeinander. Wenn Sie mehrere Lagen bearbeitet haben, können Sie einige Schichten abreißen oder abschneiden, um die untenliegenden Farben freizulegen.

3 Sie können mit der Spitze des heißen Lötkolbens auch Muster auf den Stoff „zeichnen". Die Linien werden etwas plastisch und können andere Farben haben, entweder von der Verbrennung oder durch den darunterliegenden Stoff, der freigelegt wurde. Freihändig gezogene Linien wirken leichter und weniger massiv als die am Lineal entlanggeführten Linien.

Tipps zum Schmelzen von Stoffen

Synthetische Stoffe sondern beim Schmelzen Dämpfe ab. Tragen Sie daher eine Schutzmaske und arbeiten Sie am geöffneten Fenster.

Nylon-Organza eignet sich sehr gut für diese Schmelztechnik. Es ist glatt, transparent und in vielen Farben erhältlich.

Halten Sie den Lötkolben eher wie einen Federhalter, nicht wie ein Messer, um genauer arbeiten zu können.

Arbeiten Sie auf einer hitzefesten Unterlage und stellen Sie den Lötkolben in eine geeignete Halterung, sobald Sie ihn aus der Hand legen. Er kann großen Schaden anrichten, wenn Sie unachtsam sind.

Stoffe färben

Sie können verschiedene Effekte erzielen, die Farbe ändern und einzelne Bereiche bemalen oder färben. Stoff lässt sich sehr einfach färben, solange Sie die richtigen Farben für das richtige Material wählen. Bestimmte Stoffe können überhaupt nicht gefärbt werden, bei anderen Stoffen ergibt sich durch das Färben nur eine leichte Tönung. Die meisten Hersteller bieten eine große Auswahl von Farben an, doch können Sie diese zum gewünschten Farbton auch selbst mischen.

Es gibt Stoffmalfarben in vielen Farben und für unterschiedliche Stoffqualitäten. Vergewissern Sie sich, dass der Stoff die Farbe gut annimmt, und testen Sie dies auf einem Probestück. Diese Farben werden in der Regel mit Hitze fixiert.

Stoff bemalen

Stoffmalfarben eignen sich gut, um auf kleineren Flächen Details und extra Farbe aufzutragen.

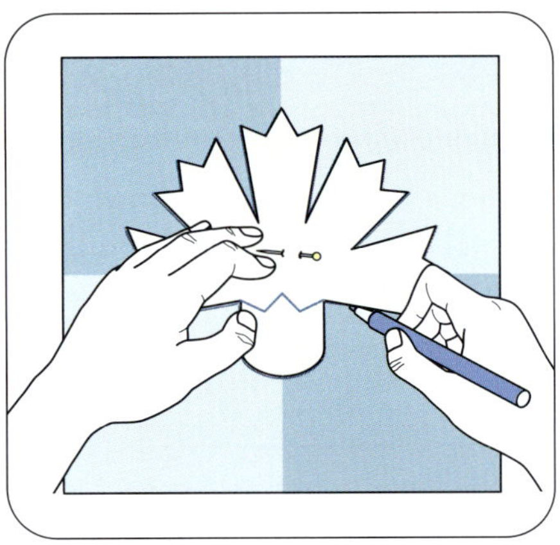

1 Stellen Sie für das gewünschte Motiv eine Schablone her (siehe Seite 90). Legen Sie sie auf den Stoff und übertragen Sie den Umriss mit einem geeigneten Stift.

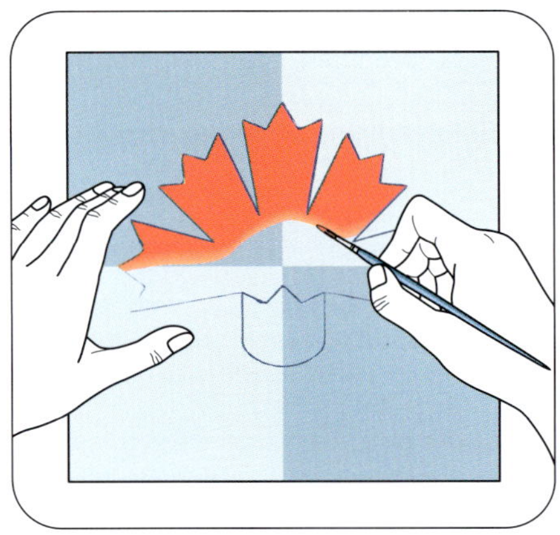

2 Malen Sie innerhalb der Konturen des Motivs. Vielleicht benötigen Sie mehrere Farbaufträge, um satte Farben zu erzielen. Sie können mit einer anderen Farbe Schattierungen auftragen, so als würden Sie auf Papier malen.

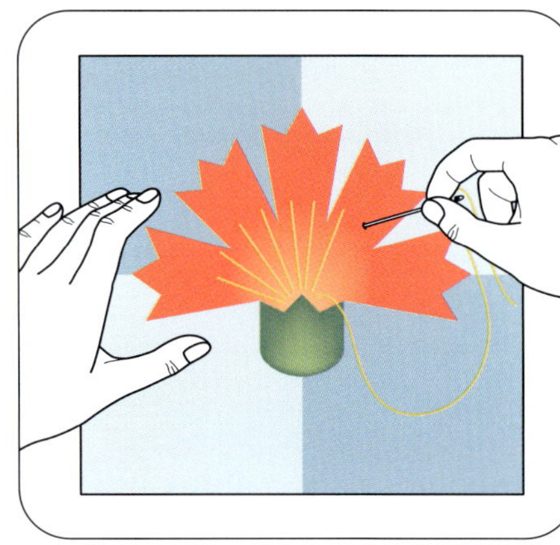

3 Fixieren Sie die Farbe nach Anweisung des Herstellers. Fügen Sie Details mit Stickerei und anderen Verzierungen hinzu.

Stoffmal- und Färbefarben

Wiegen Sie den noch trockenen Stoff, um die benötigte Farbmenge berechnen zu können. Folgen Sie beim Mischen den Anweisungen des Herstellers. Bewahren Sie die Färbeutensilien getrennt von anderen Haushaltsgegenständen auf. Arbeiten Sie mit Gummihandschuhen und schützen Sie Kleidung und Arbeitsfläche.

Bevor Sie mit dem Färben beginnen, waschen Sie die Stoffe gründlich vor. Appretur oder Schmutz führen dazu, dass der Stoff die Farbe nicht gut annimmt.

Sie können Stoffe auch mit Bleichmittel aufhellen und so das gleiche Stoffmuster in hell erhalten, wie z. B. im Quilt „Amöben" auf Seite 88.

Tauchfärbung

Durch eine Tauchfärbung können Sie einen Stoff abgestuft von dunkel nach hell färben. Der dunklere Bereich wird beim Färben am längsten mit Farbe durchtränkt.

1 Lösen und mischen Sie die Farbpigmente nach Anleitung des Herstellers in einem Gefäß aus Edelstahl.

2 Tauchen Sie nur eine Kante des Stoffes in die Färbelösung und lassen Sie die Flüssigkeit einsaugen. Die Farbe steigt nach und nach in den Bereich über dem Wasserspiegel. Sobald Sie mit der Intensität und der Fläche der Färbung zufrieden sind, nehmen Sie den Stoff heraus und hängen ihn zum Trocknen auf, jedoch nicht ins direkte Licht.

3 Spülen Sie den Stoff so lange in kaltem Wasser, bis es klar bleibt. Dann waschen Sie den Stoff separat in heißem Wasser und mit normalem Waschmittel. Wolle und Seide waschen Sie lauwarm. Fixieren Sie die Farbe nach Anweisung des Herstellers.

Bindebatik

Bei dieser Reservemethode nimmt der Stoff ungleichmäßig Farbe auf – die Farblösung kann an den abgebundenen Bereichen den Stoff nicht erreichen, wodurch er dort heller oder ganz weiß bleibt.

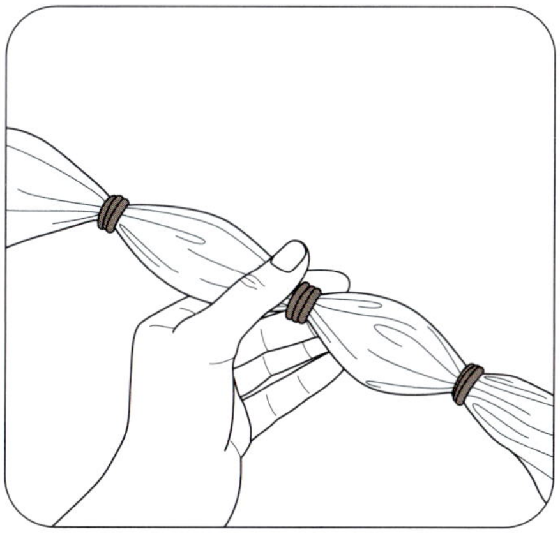

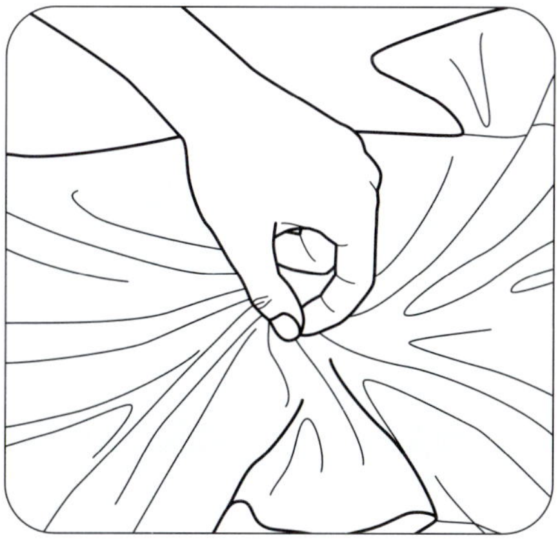

1 Lösen und mischen Sie die Farben nach Anweisung des Herstellers in einem Edelstahlgefäß. Falten, raffen oder drehen Sie den Stoff und binden Sie ihn mit Schnur oder Gummibändern fest ab.

2 Für das traditionelle Kreismuster breiten Sie den Stoff aus und ziehen Sie eine Spitze dort nach oben, wo der Kreis geplant ist. Zwirbeln Sie den Stoff zu einer Spirale und binden Sie ihn mit einer Schnur oder einem Gummiband fest ab. Legen Sie den Stoff in die Färbelösung und fixieren Sie ihn.

Rotstickerei | Redwork

Es wurde zwar oft Stickerei zum Ausschmücken von Quilts angewendet, aber nur selten ist sie das Hauptthema – bis Ende des 19. Jhds. die Rotstickerei in Mode kam. Für das Redwork eignet sich jeder Zierstich, der eine schöne Linie bildet: Rückstich, Stielstich und Spaltstich (wie Stielstich, doch wird beim Ausstechen der Faden des vorherigen Stichs durchstochen). Meist werden die Motive mit rotem Garn auf weißem oder naturfarbenem Baumwollstoff gearbeitet (daher der Name), doch sind auch andere Farben möglich, wie Blau, Grün oder Schwarz.

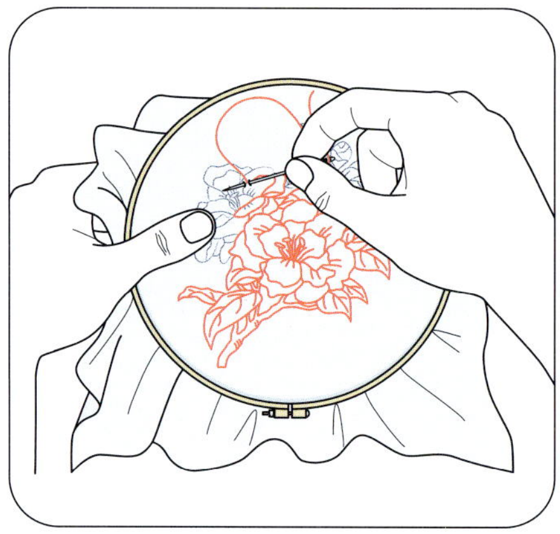

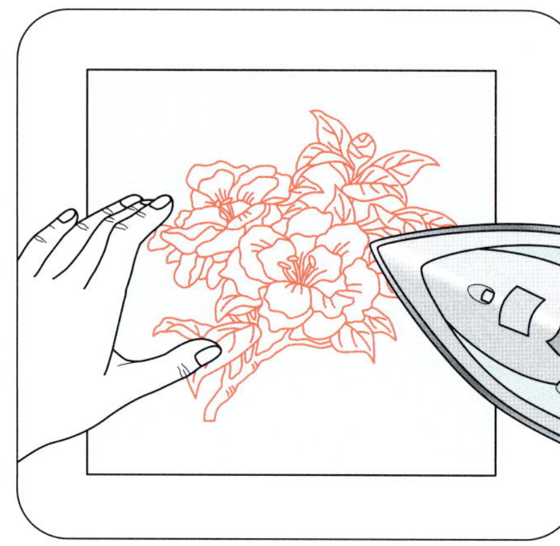

1 Wählen Sie ein Motiv von den Vorlagenseiten 232–233. Übertragen Sie das Muster mit einer geeigneten Methode auf ein Quadrat aus unifarbener Baumwolle.

2 Spannen Sie den Stoff in einen Stickrahmen. Sticken Sie an allen Linien des Motivs entweder mit Rückstich oder Stielstich entlang (siehe Seite 216).

3 Bügeln Sie den fertigen Block. Besticken Sie einige Blöcke mit kombinierbaren Motiven und nähen Sie sie entweder Kante an Kante oder mit Zwischenstreifen aneinander.

Freundschaftsquilts

Ein Freundschaftsquilt, auch Signaturquilt oder Albumquilt genannt, wird von mehreren Personen für eine besondere Gelegenheit oder als Abschiedsgeschenk für jemanden, der wegzieht, genäht. Die Signaturen auf den Quilts werden entweder mit waschfester Tinte geschrieben oder gestickt (z. B. mit Stielstich).

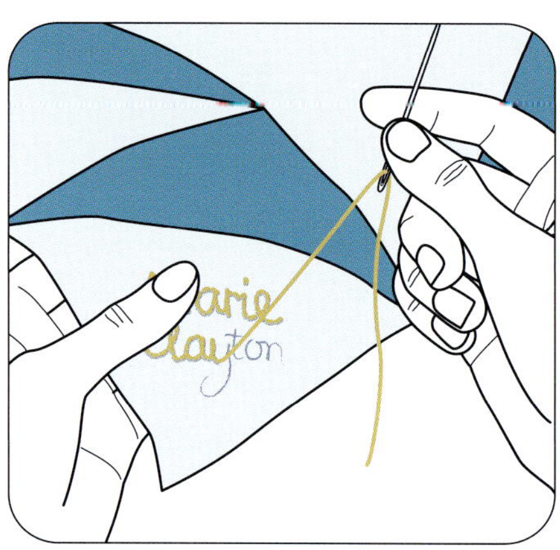

1 Nähen Sie den Basisblock. Dafür eignet sich fast jedes Muster, solange es genügend Platz für eine Signatur bietet.

2 Schreiben Sie die Signaturen mit einem feinen Stift vor. Sticken Sie mit Rück- oder Stielstichen.

3 Der fertige Block kann mit Füllblöcken oder mit Zwischenstreifen zur kompletten Quiltoberseite genäht werden.

Sashiko

Das Sashiko wird traditionell mit dickem weißen Garn in vielen geometrischen Mustern und stilisierten Motiven auf indigoblauem Stoff gearbeitet. Es gibt spezielle, gröber gewebte Stoffe für Sashiko. Darauf lassen sich die Muster besser nähen als auf den normalen, fein gewebten Patchworkstoffen.

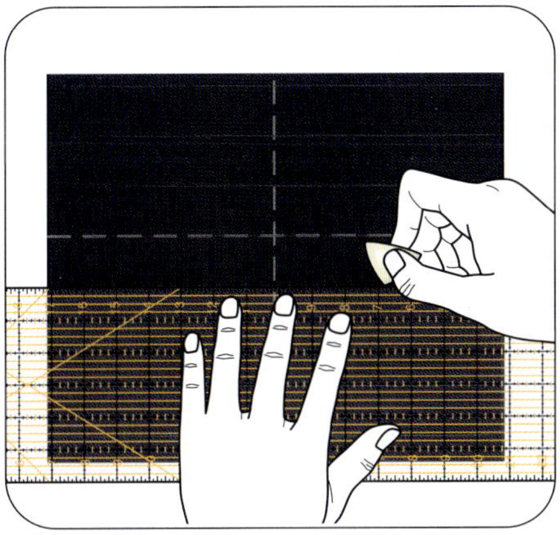

1 Übertragen Sie das Muster mit einer geeigneten Methode auf den Stoff (siehe Seiten 40–42). Legen Sie Oberstoff und Unterstoff aufeinander – Sashiko muss nicht zwingend mit Vlieseinlage gearbeitet werden.

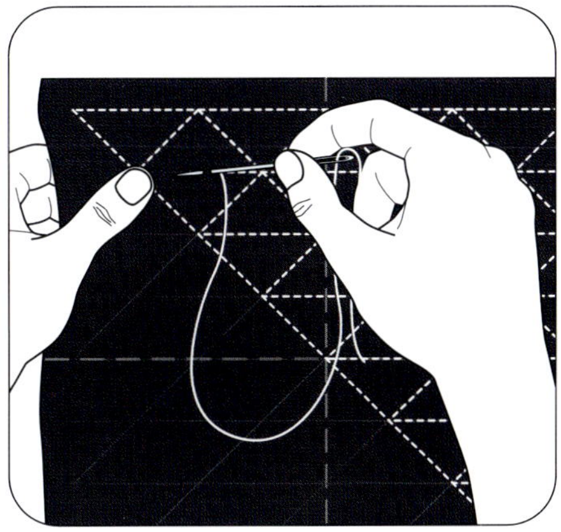

2 Fädeln Sie eine Nadel mit speziellem Sashiko-Garn oder mit Stickgarn ein und nähen Sie Vorstiche entlang der Linien. Arbeiten Sie längere Stiche mit größeren Abständen als beim Quilten, aber halten Sie die Stiche und Abstände gleichmäßig.

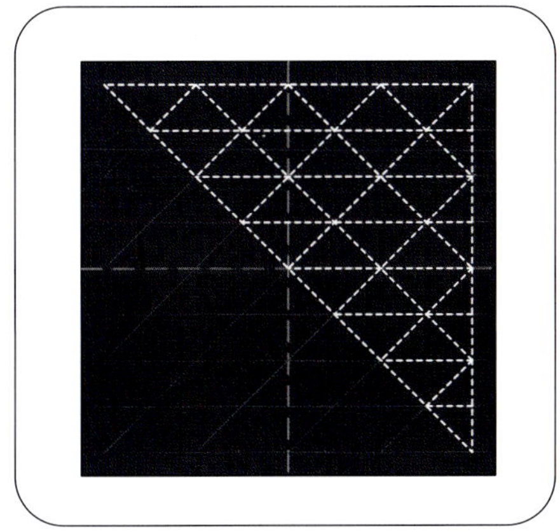

3 Das fertige Muster kann als Block in einen Quilt eingearbeitet werden oder zu einem Kissen, einer Tasche oder einem Wandbehang genäht werden.

Sashiko und Kantha nähen

Obwohl Sashiko in der Regel mit weißem Garn auf indigofarbenem Stoff genäht wird, kann es auch in Blau auf rotem Stoff oder in Blau oder Rot auf weißem Stoff gearbeitet werden. Auch das spezielle Sashiko-Garn ist in vielen Farben erhältlich.

Sashiko-Muster sind einfach, aber elegant. Es kommt darauf an, die Muster schlicht und zurückhaltend zu arbeiten.

Kantha-Quilting (siehe Seite 49) wird üblicherweise in leuchtenden Farben genäht, um die traditionellen, bildhaften Motive von dem hellen Untergrund hervorzuheben. Die traditionellen Farben sind Rot, Gelb, Schwarz und Blau.

Bilderquilt

Bildhafte Quilts gibt es von sehr einfachen, stilisierten Motiven bis zu unglaublich komplexen Themen, die fast fotorealistisch wirken. Hier wurden handgefärbte Stoffe für die Darstellung einer Berglandschaft benutzt.

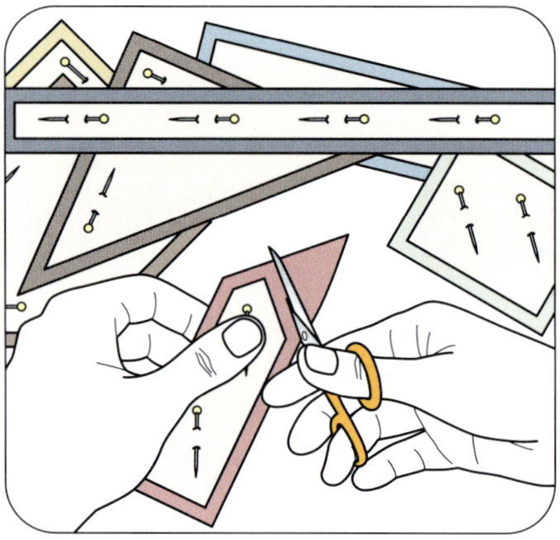

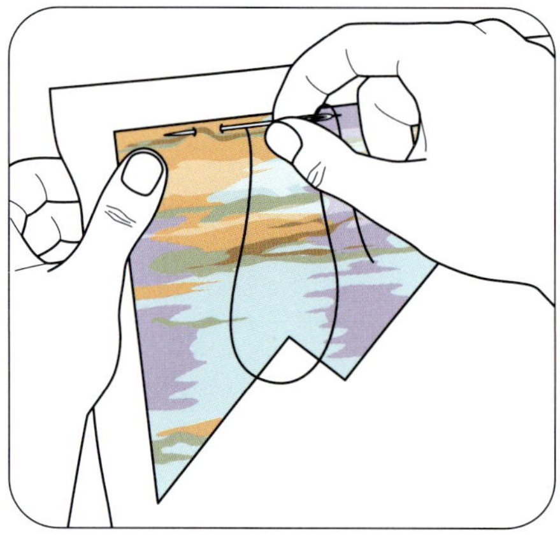

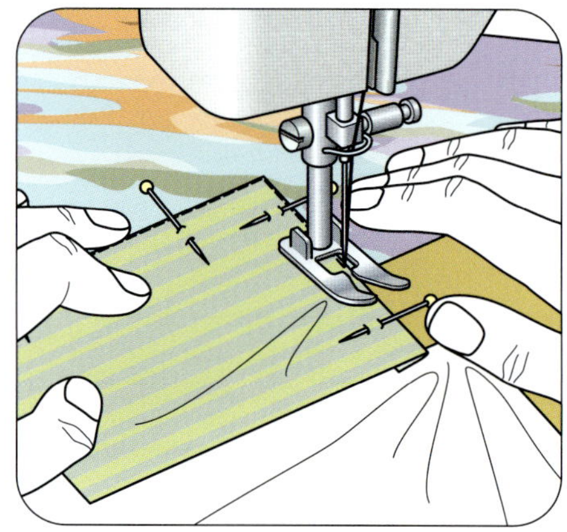

1 Färben Sie die Stoffe nach einer der Methoden, wie auf den Seiten 226–227 beschrieben. Kopieren Sie die Schablonen von den Seiten 236–237 und schneiden Sie die einzelnen Teile auseinander. Geben Sie an allen Kanten 0,6 cm (¼ in) Nahtzugabe hinzu. Stecken Sie die Schablonenteile auf die entsprechenden Stoffe und schneiden Sie sie aus. Schneiden Sie Vlies und Rückseitenstoff in der Größe des fertigen Motivs zu. Legen Sie das Vlies mittig auf die linke Seite des Rückseitenstoffes und heften Sie beides aufeinander.

2 Legen Sie den „Himmel" mit der rechten Seite nach oben auf das Vlies. Es müssen keine Kanten untergeschlagen werden, da die offenen Kanten von den nachfolgenden Teilen bedeckt werden.

3 Schlagen Sie an den Oberkanten der anderen Teile die Nahtzugabe unter – wieder wird die untere Kante von den nachfolgenden Stoffen bedeckt. Legen Sie die Teile in der richtigen Reihenfolge auf das Vlies und nähen Sie mit der Nähmaschine nahe der gefalteten Kante entlang.

4 Bügeln Sie das fertige Stück und nähen Sie die Einfassung an. Alternativ dazu können Sie es, zusammen mit anderen Blöcken, in einer Quiltoberseite verwenden oder eine Kissenhülle daraus arbeiten.

Einen Bilderquilt nähen

Bildhafte Quilts können aus allen möglichen Inspirationsquellen kommen, z. B. von Fotos, Postkarten, Zeichnungen oder aus Zeitschriften. Vielleicht finden Sie nicht sofort das perfekte Bild in der richtigen Größe, Sie können jedoch die Abbildungen sammeln, die Ihnen gefallen, und diese dann in verschiedenen Kombinationen ausprobieren. Vergrößern oder verkleinern Sie Teile des Bildes so lange, bis Sie zufrieden sind.

Crazy-Patchwork

Bei dieser Technik werden Stoffreste in verschiedenen Formen und Größen verwendet. Auch luxuriöse Stoffe, wie Samt, Seide und Satin, sind gut geeignet. Die Nähte werden mit Stickerei, Perlen oder Pailletten bestickt.

1 Zeichnen Sie als Hilfslinie den Umriss des Bereiches auf den Basisstoff, den Sie bearbeiten möchten. Die Teile sollten etwas über diese Linie hinausragen. Legen Sie Stoffreste bereit, so dass Sie stets eine Auswahl haben.

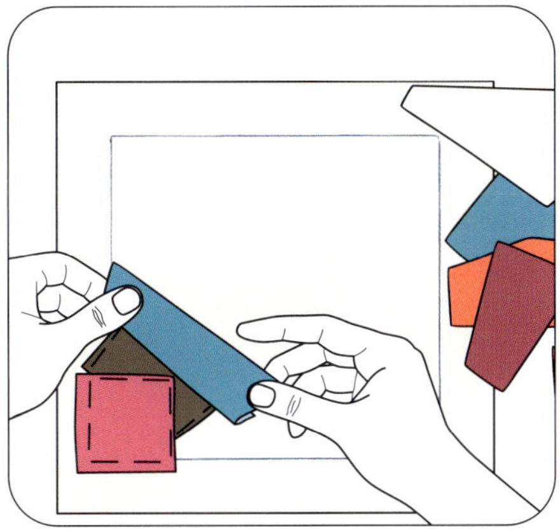

2 Beginnen Sie in einer Ecke und heften Sie das erste Stoffstück auf den Basisstoff. Falten Sie die offene Kante des nachfolgenden Teils unter, um das Ausfransen zu verhindern. Legen Sie das nächste Teil mit der umgeschlagenen Kante auf, so dass die offene Kante des bereits aufgelegten Teils bedeckt wird. Heften Sie es fest. Fahren Sie so fort, bis der vorgezeichnete Bereich vollständig bedeckt ist.

3 Sichern Sie die Stoffteile, indem Sie von Hand schöne Stickstiche über alle Kanten arbeiten. Eine Auswahl von Stickstichen finden Sie auf den Seiten 214–222. Stechen Sie durch alle Stofflagen und durch den Basisstoff.

4 Entfernen Sie die Heftfäden und bringen Sie weitere Verzierungen, wie Stickmotive, Perlen, Pailletten oder Spitze, an.

Crazy-Patchwork nähen

Je mehr Dekoration, desto wirkungsvoller der Quilt. Die Frauen der Viktorianischen Zeit benutzten Bänder, Spitze, Perlen, Knöpfe und massenhaft Stickerei für einen möglichst luxuriös wirkenden, beeindruckenden Quilt.

Die Stoffreste können auch zuerst zu kleinen Flächen zusammengesetzt, dann auf den Basisstoff genäht und später erst in einzelnen Blöcken zum Quilt komponiert werden. Oft sind auch Zwischenstreifen eingefügt. Diese Technik war eher in Amerika verbreitet. In England wurden die Stoffreste direkt auf einen großen Stoff appliziert.

Schablonen

Rotstickerei | Redwork

Verkleinern oder vergrößern Sie das gewünschte Motiv auf das benötigte Maß.

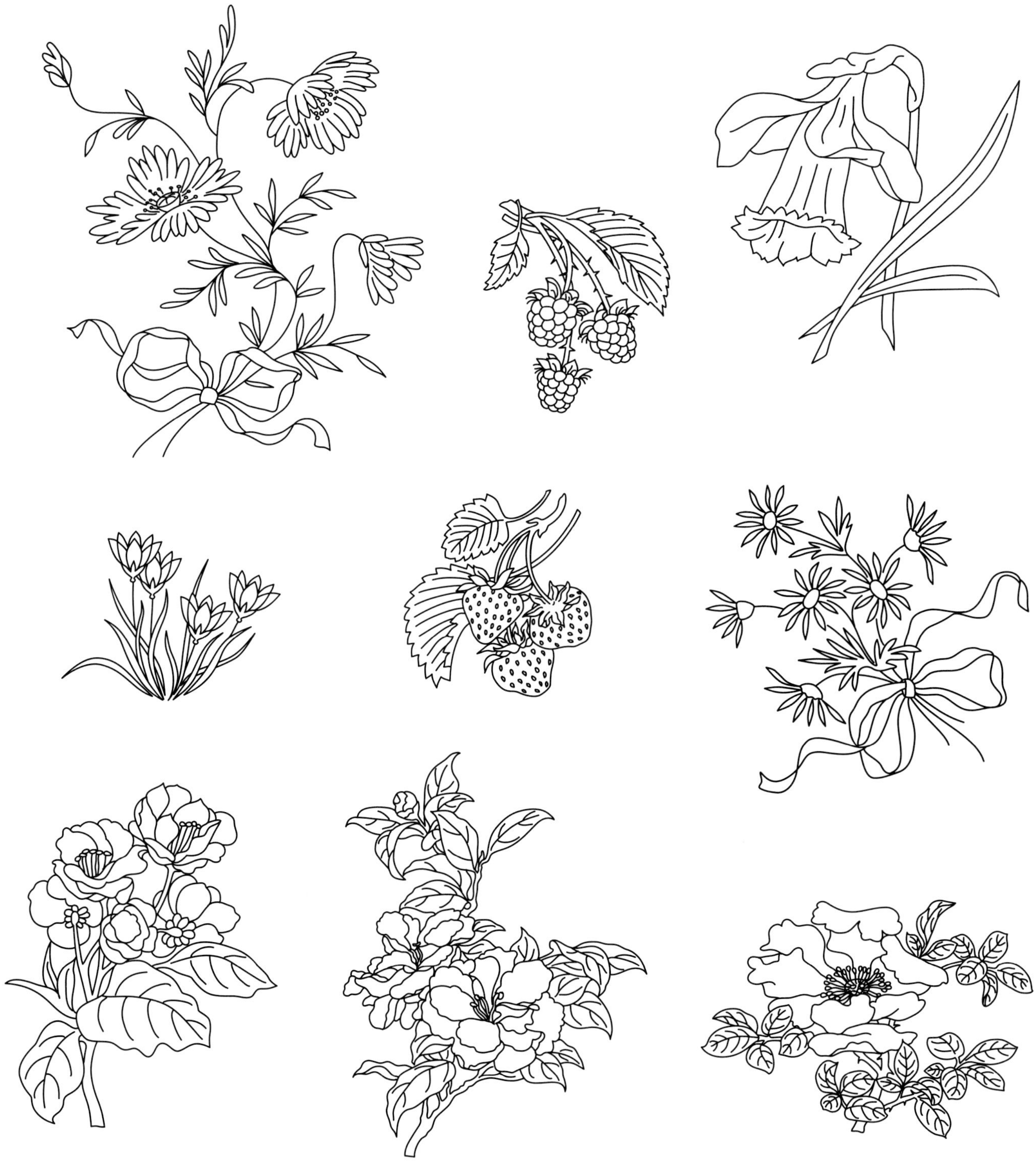

Sashiko

Verkleinern oder vergrößern Sie das gewünschte Motiv auf das benötigte Maß.

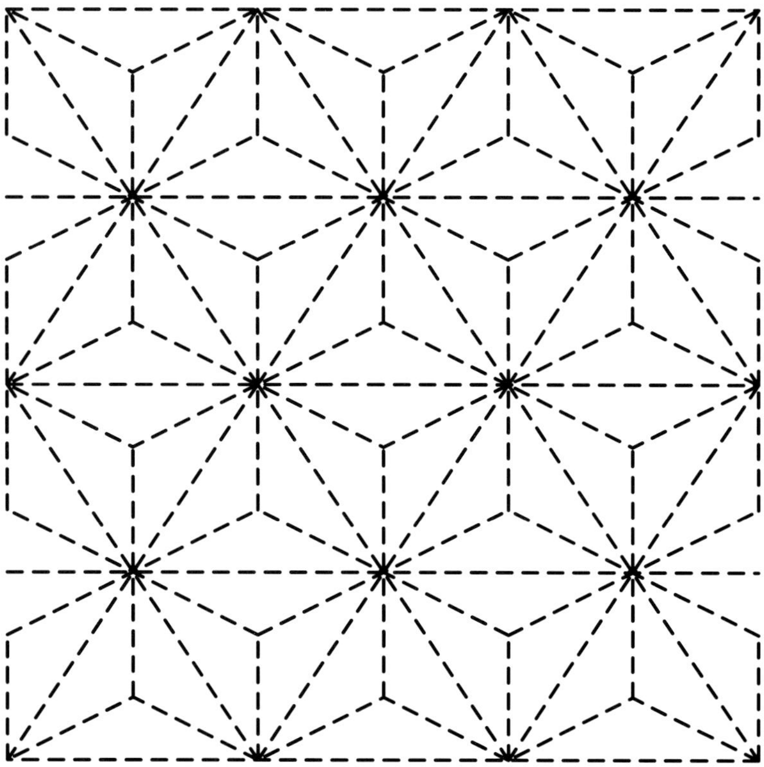

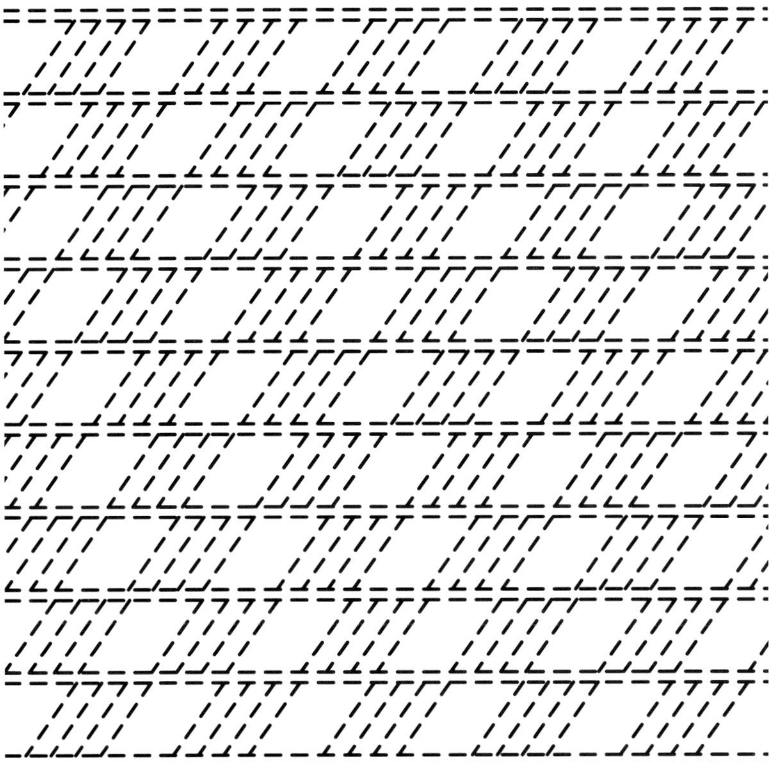

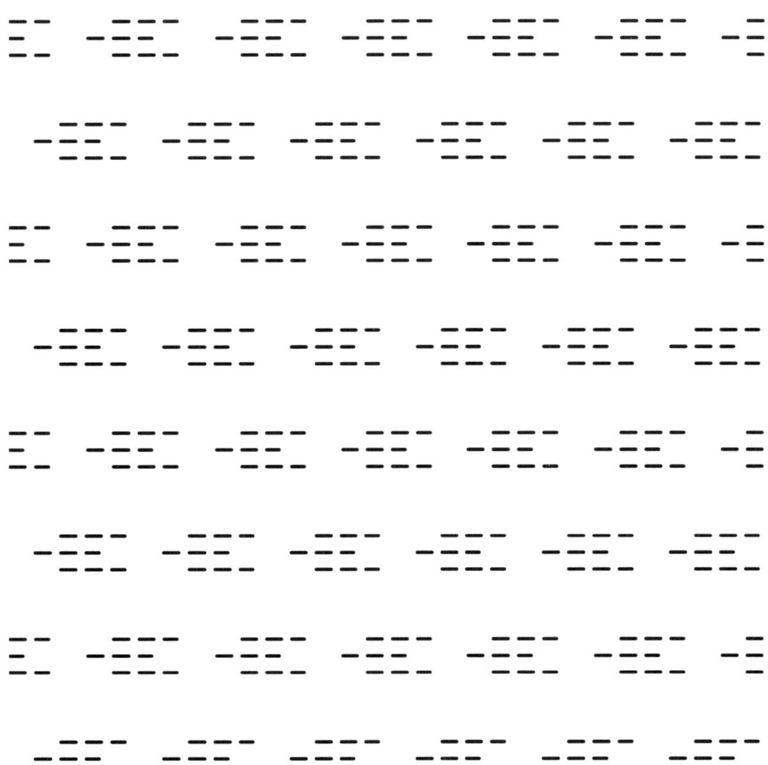

Berglandschaft

Kopieren Sie jedes Teil der Schablone auf das benötigte Maß und geben Sie 0,6 cm (¹⁄₄ in) Nahtzugabe um alle Kanten hinzu.

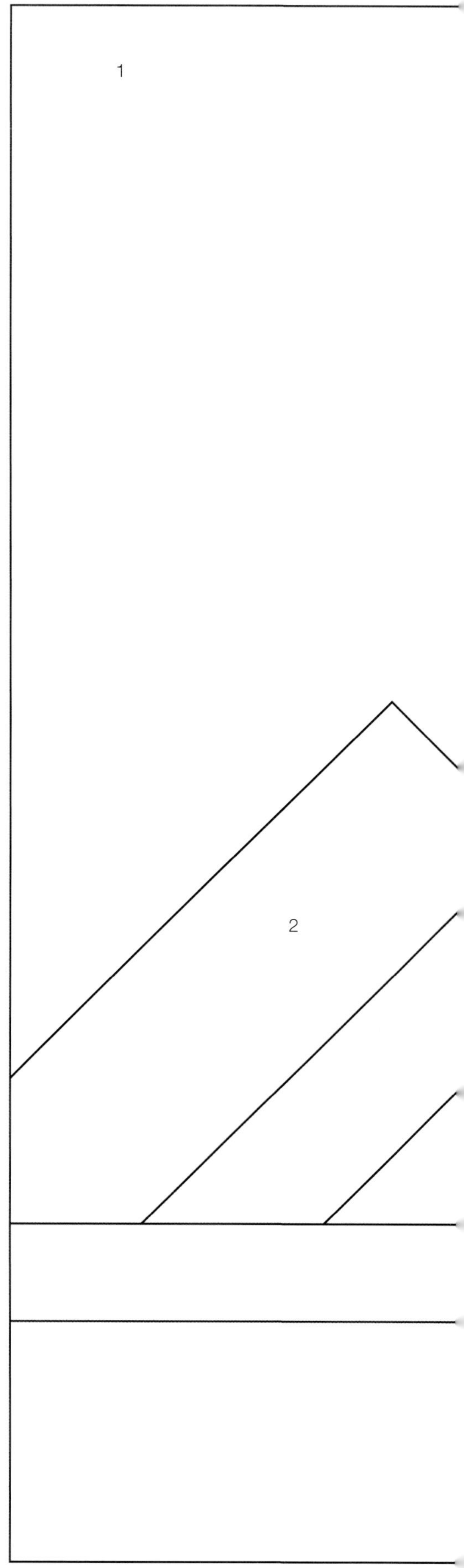

Verzierte Quilts

Quilts in Falttechniken

Seit die Menschen mit Stoffen umgehen, haben sie auch damit experimentiert. Faltungen ergeben nicht nur zusätzliche wärmende Lagen, sondern bilden auch interessante Formen und Oberflächen. Gefaltete Kanten fransen nicht aus, und somit ergibt sich manchmal sogar eine Zeitersparnis beim Nähen.

Die Entwicklung der Falttechniken

Falttechniken können außergewöhnliche Wirkungen haben. Nicht nur, dass sie durch Licht und Schatten eine weitere Dimension auf eine Oberfläche bringen, sie heben auch kontrastreiche, untergelegte Stoffe hervor.

Falten und Raffungen wurden zuerst auf Kleidungsstücken angewendet. Sie dienten der Weitenregulierung und dem Anpassen auf eine bestimmte Figur, doch wurden schnell die dekorativen Möglichkeiten erkannt. Unglücklicherweise zerfällt eine Textilie viel leichter und schneller als andere Materialien, und so lässt sich schwer abschätzen, seit wann gefaltete Stoffe verwendet wurden. Einige Abbildungen in ägyptischen Gräbern zeigen Frauengestalten mit exquisit in Falten gelegten Kleidern. Die Chinesen entwickelten schon vor Jahrhunderten eine Version des gefalteten Cathedral Window (siehe Seiten 242–243), doch da es keine schriftlichen Dokumente gibt, ist die Technik schwer zu datieren. Andere Versionen des Cathedral Window wurden in verschiedenen Ländern der Erde entdeckt. Ein Besucher der Weltausstellung 1933 in Chicago liefert die Beschreibung eines Quilts, die sich sehr nach Cathedral Window anhört, das Muster kam jedoch erst ab 1950 in Mode. Bis vor etwa zehn Jahren war das Muster auch unter anderen Namen bekannt, wie z. B. Margeritenblock (Daisy block), falsche Orangenblüten (Mock Orange Blossoms), Dachfenster (Attic Window) oder Nervensäge (Pain in the Neck).

Eine Falttechnik, die sich in verschiedenen Ländern der Welt ganz unabhängig voneinander entwickelt hat, ist das Zusammenfalten von Quadraten oder Rechtecken zu kleinen Dreiecken, die dann auf einen Basisstoff genäht werden (Anleitung dafür auf Seite 257). Ein ähnlicher Effekt ergibt sich durch das Falten von Bändern. Die dekorativen Spitzen können als Kantenabschlüsse verwendet werden, oder sie werden in Reihen und Kreisen aufgenäht oder bedecken sogar, übereinandergestaffelt, eine ganze Fläche. Die Frauen der Lisu, eine ethnische Minderheit in Thailand, arbeiten mit dieser Technik geometrische Dekorationen für Kleidung und Accessoires. In Indien entwickelte sich eine ähnliche Technik für die zeremoniellen Rüstungen der Tiere, und in Russland wird sie als Dekoration und für besonders dick gepolsterte, hitzefeste Textilien, wie z. B. Topflappen, verwendet. Mit einer ähnlichen Technik werden in Brasilien deutlich größere Stoffstücke zu Badematten verarbeitet – die zusätzliche Stoffschicht in den Spitzen saugt das Wasser gut auf. Diese Falttechnik hat überall einen anderen Namen, je nachdem, wie sie verwendet wird: Prairie Points, Sägezahnkante, Somerset-Patchwork, Quill-Patchwork, Spanische Spitzen, Artischockentechnik und Faltstern-Patchwork.

Auch ein traditioneller Patchworkblock kann in Falttechnik gestaltet werden, z. B. das gefaltete Log-Cabin-Muster (siehe Seiten 244–245). Hier werden Streifen gefaltet und reihum auf Basisstoff genäht, wobei das Gefaltete mehr eine Variante der Konstruktion als eine Mustervariante ist. Ein Vorteil dieser Technik ist, dass die gefalteten Kanten die Nählinien der einzelnen Runden verdecken, die somit nicht zu sehen sind. Die fertigen Blöcke sind steif und dick und eignen sich für Bettdecken ohne Vlieseinlage. Sie sind aber extrem schwierig zu quilten.

Moderne Quilterinnen haben die Idee der gefalteten Stoffe in ganz neue und interessante Bereiche übertragen. Die Grundidee des Cathedral Window kann für verschiedene mosaikartige Formen benutzt werden, indem die eingelegten Stoffe weggelassen werden oder zwei Dreiecke auf unterschiedliche Weise umgeklappt werden und somit plastische Effekte hervorrufen. Eine große Anzahl von Origami-Falttechniken – manche sind in Stoff sogar leichter zu arbeiten als in Papier – lassen sich bei nicht-traditionellen Blöcken anwenden. Einige davon sind in diesem Kapitel beschrieben. Dazu kommt noch eine große Anzahl von Biesen, Falten und gedrehten Falten, die zur Oberflächengestaltung herangezogen werden können. Parallele Faltenreihen können in verschiedene Richtungen flach genäht werden und ergeben, besonders in Kombination mit andersfarbigen Streifen, ganz außergewöhnliche Farbspiele.

Das fertige, in Falttechnik genähte Teil kann mit Hilfe verschiedener Applikationstechniken (siehe Seiten 182–195) auf die Quiltoberseite genäht werden. Es kann auch als einzelner fertiger Block mit anderen Blöcken kombiniert und zusammengesetzt werden. Manche der Falttechniken sind eine große Stoffverschwendung, doch andere ergeben Blöcke, die bereits fertig und mit Rückseite versehen sind, wodurch sich die Arbeitszeit verkürzt. In diesem Kapitel finden Sie eine große Auswahl von verschiedenen Falt-Ideen, die Ihnen eine Vorstellung davon vermitteln, auf wie viele Arten diese einfache Technik angewendet werden kann.

Kathedralfenster
Cathedral Window

Das Kathedralfenster sieht kompliziert aus, besonders wenn ein kontrastierender Stoff im Zentrum platziert wird. Da dieses Patchwork aus mehreren Lagen besteht, braucht es weder Vlies noch Rückseite. Ähnliche Methoden sind die Japanische Falttechnik und die Chinesische Münze.

1 Schneiden Sie vier große Quadrate aus dem Hauptstoff, jedes etwa so groß wie der geplante fertige Block.

2 Falten Sie die vier Kanten der Quadrate jeweils um 0,6 cm (¼ in) um. Drücken Sie die Kanten mit dem Finger fest. Formen Sie die Ecken so sorgfältig wie möglich.

3 Falten Sie jedes Quadrat zweimal diagonal, um die Mitte zu finden. Klappen Sie jeweils alle vier Ecken bis zu diesem Mittelpunkt und stecken Sie die Ecken fest.

4 Falten Sie noch einmal alle vier Ecken zur Mitte und fixieren Sie sie mit einem kleinen Stich in farblich passendem Garn. Dieser Stich bleibt sichtbar.

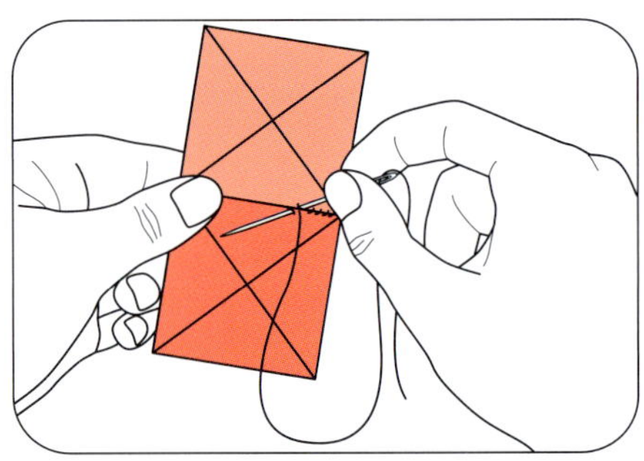

5 Sie haben nun vier gefaltete Einheiten, die jeweils ein Viertel so groß sind wie die ursprünglichen Quadrate. Nähen Sie die Einheiten mit Überwendlichstichen aneinander. Diese Naht wird nicht sichtbar bleiben.

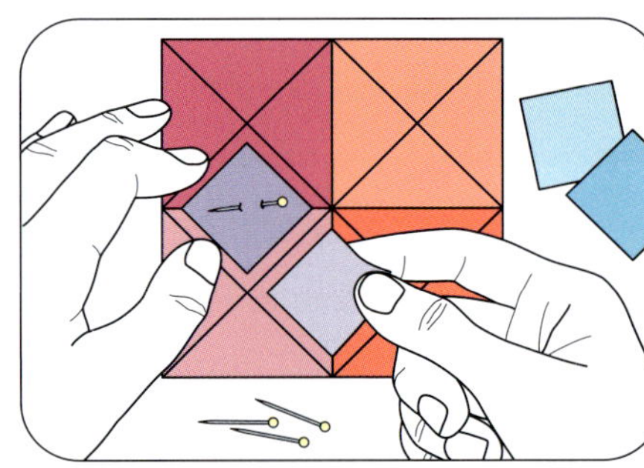

6 Schneiden Sie vier Quadrate in kontrastierendem Stoff, jedes ist etwas kleiner als eine der gefalteten Einheiten. Legen Sie sie auf Spitze stehend über die Überwendlichnaht aus Schritt 5.

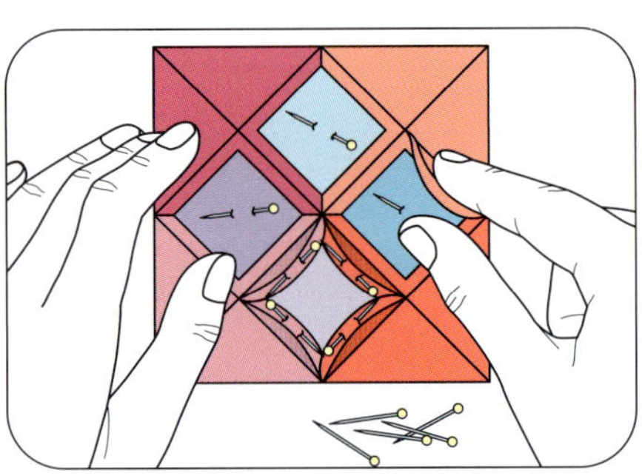

7 Rollen Sie die gefalteten Kanten der Einheiten über die offenen Kanten des eingelegten Stoffquadrats. Nähen Sie die gefalteten Kanten mit Blindstichen fest. Die Nähte sollen nicht zu sehen sein (siehe Bild rechts).

Geheimer Garten
Secret Garden

Dies ist die Rückseite des Kathedralfensters. Folgen Sie den Schritten 1–3 und legen Sie dann das Quadrat in Kontrastfarbe in die Mitte des gefalteten Quadrats, bevor Sie mit den Schritten 4 und 5 fortfahren. Überspringen Sie Schritt 6. Wenn die Kanten in Schritt 7 aufgerollt werden, wird der kontrastierende Stoff in jeder Einheit als „X" sichtbar.

Chinesische Münze
Chinese Coin

Dies ist eine andere Variation des Kathedralfensters. Obwohl angenommen wird, dass das Cathedral Window ursprünglich aus China stammt, ist dies nur eine sparsamere Version der gleichen Technik. Wählen Sie dicht gewebten Stoff, der während der Verarbeitung die Form hält und sich gut falten und bügeln lässt.

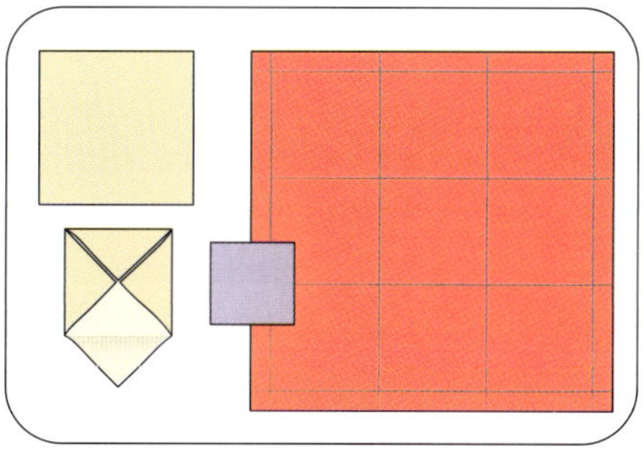

1 Schneiden Sie Stoffquadrate zu und falten Sie die Ecken zur Mitte. Schneiden Sie einige (kleine) Quadrate zu, die etwas kleiner sind als die gefalteten, sowie ein großes Quadrat in Kontrastfarbe für die Rückseite.

2 Legen Sie den Rückseitenstoff mit der rechten Seite nach oben. Ordnen Sie darauf die gefalteten Quadrate in Reihen an, die Kanten stoßen aneinander. Heften Sie die gefalteten Quadrate nur an den Ecken fest.

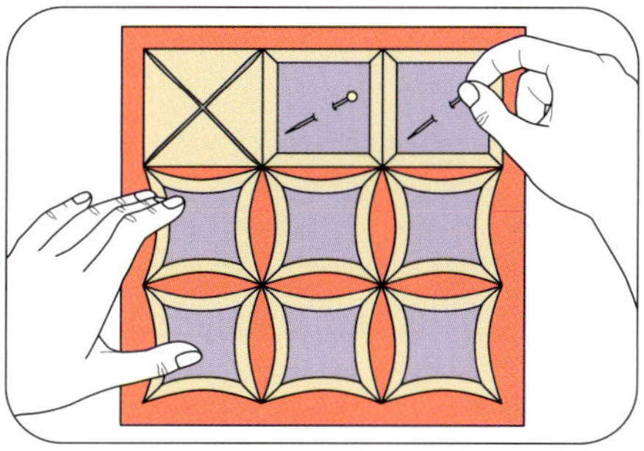

3 Stecken Sie die kleinen Quadrate mit der rechten Seite nach oben auf jedem der gefalteten Quadrate fest. Rollen Sie die gefalteten Kanten über die kleinen, aufgelegten Quadrate, um ihre Kanten zu verdecken.

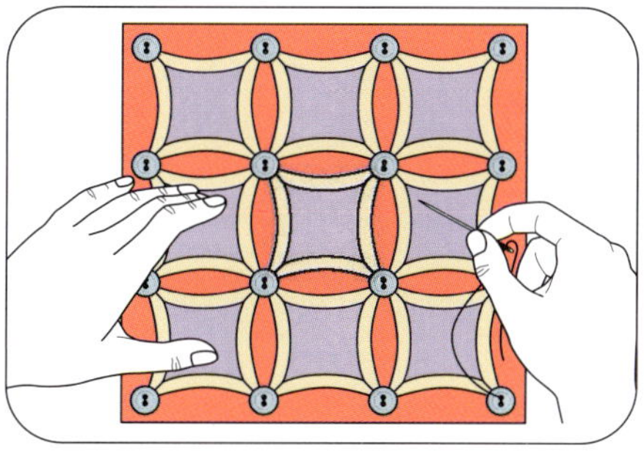

4 Die gefalteten Quadrate aus Schritt 1 haben keine untergeschlagenen Kanten. Am Treffpunkt der Spitzen ist deshalb eine offene Kante sichtbar, was unordentlich wirkt und ausfransen kann. Bedecken Sie diese Stellen jeweils mit einem kleinen Filzkreis oder einer Perle.

5 Das Kathedralfenster heißt in China auch Glücksmünze oder Alte Münze, denn das Muster erinnert an eine Reihe von chinesischen Münzen, die in der Mitte ein quadratisches Loch hatten.

Gefaltetes Blockhaus

Das Blockhaus/Log Cabin ist eines der beliebtesten traditionellen Muster, da es so vielseitig ist. Die hier beschriebene Falttechnik kann für jede der Anordnungen von Seite 109–120 angewendet werden.

1 Schneiden Sie ein Mittelquadrat zu – traditionell in Rot. Schneiden Sie die Streifen etwas breiter zu als das Mittelquadrat. Sie benötigen Streifen in hellen und in dunklen Stoffen.

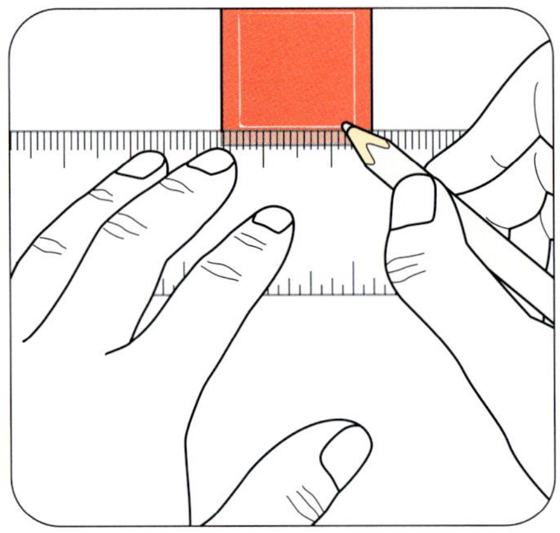

2 Messen und markieren Sie eine Nahtzugabe von 0,6 cm (¼ in) um alle Kanten des Mittelquadrats.

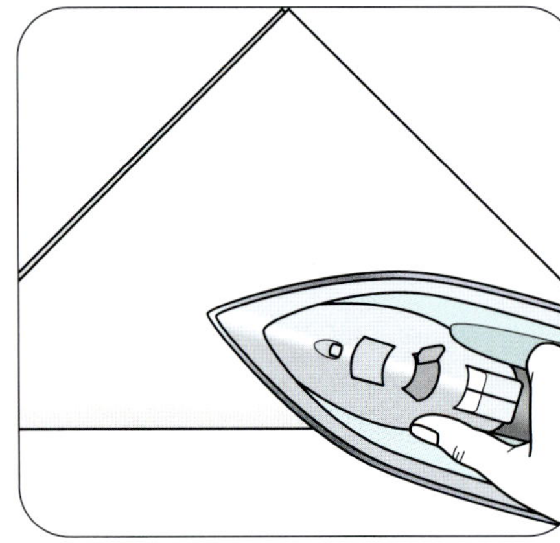

3 Schneiden Sie ein Hintergrundquadrat in der Größe des geplanten Blocks zu. Falten Sie es zweimal diagonal und bügeln Sie es, um den Mittelpunkt zu finden. Falten Sie die Stoffstreifen der Länge nach links auf links und bügeln Sie sie.

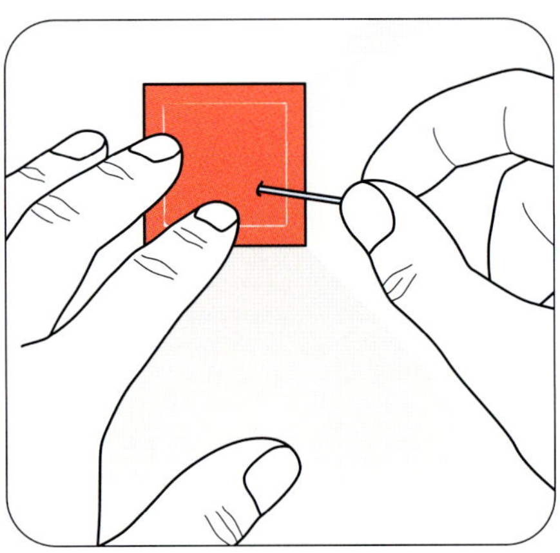

4 Stecken Sie das Mittelquadrat im Zentrum des Hintergrundquadrats fest und orientieren Sie sich dabei an den eingebügelten Linien aus Schritt 3.

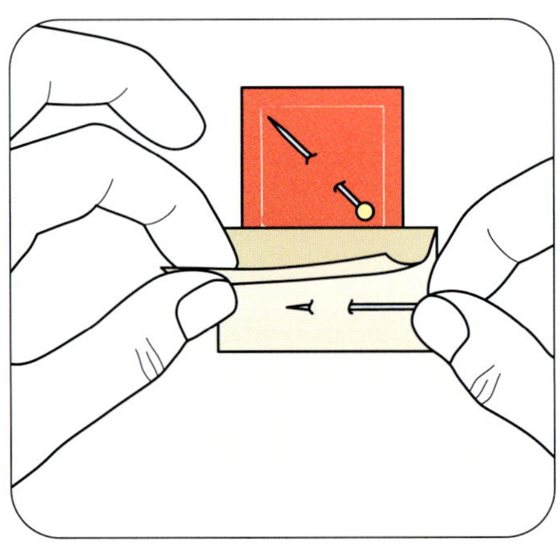

5 Legen Sie den Falz des ersten gefalteten Streifens auf die eingezeichnete Nählinie des Mittelquadrats. Öffnen Sie den Streifen und nähen Sie auf dem Falz entlang.

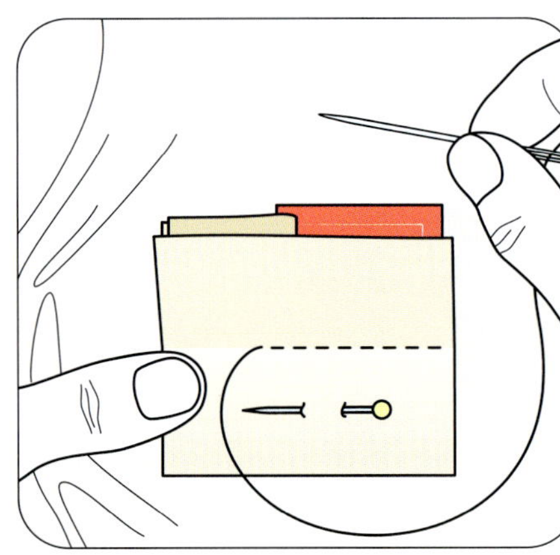

6 Falten Sie den Streifen wieder zurück und streichen oder bügeln Sie ihn flach. Drehen Sie das Hintergrundquadrat um 90° nach rechts und fügen Sie den nächsten Streifen genauso an. Der zuvor genähte Streifen muss flach darunter liegen.

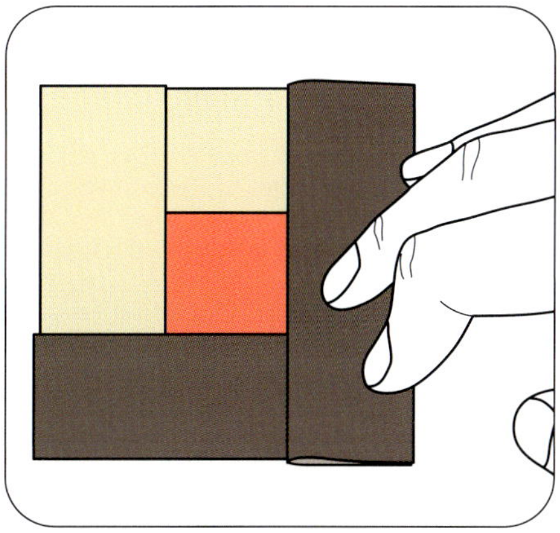

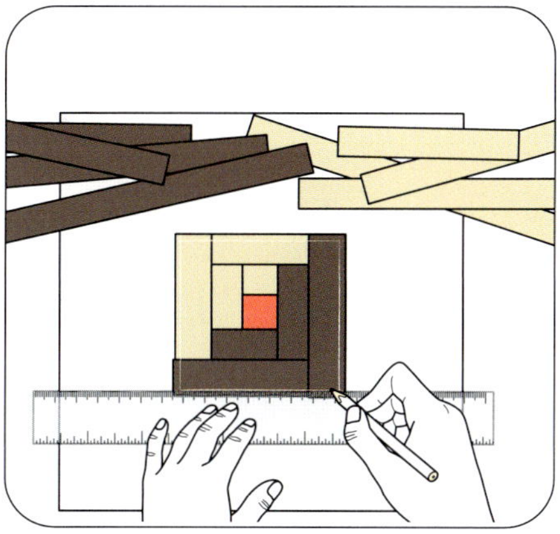

7 Arbeiten Sie gegen den Uhrzeigersinn weiter rund um das Mittelquadrat. Achten Sie dabei auf die richtige Folge von hellen und dunklen Streifen.

8 Nach jeder fertigen Runde zeichnen Sie wie in Schritt 2 eine neue Nahtzugabe rund um die Kanten der zusammengeklappten Streifen.

9 Diese Technik kann auch mit der Nähmaschine genäht werden. Achten Sie darauf, dass die Streifen flach liegen.

Japanische Falttechnik

Die Japanische Falttechnik ist hierzulande auch als Atarashi oder Kirchenfenster bekannt. Dieses Muster wirkt wie das Kathedralfenster (Cathedral Window), ist aber viel unkomplizierter zu nähen. Hier kann problemlos eine Schicht Vlies in jede Einheit gelegt werden, wodurch der Quilt wärmer wird. Es gibt zwei verschiedene Methoden, diese Einheiten zu nähen.

Kreis-und-Quadrat-Methode

Für diese Methode werden ein Kreis und ein Quadrat benötigt. Sie ist etwas weniger verschwenderisch als die Zwei-Kreis-Methode. Die Kanten können mit feinen Vorstichen festgenäht werden, wie hier gezeigt, oder Sie nähen mit Blindstichen, die nahezu unsichtbar sind.

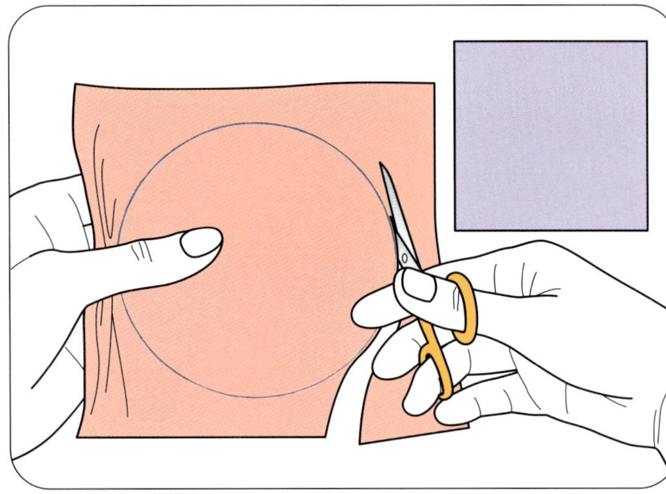

1 Schneiden Sie einen Kreis und ein Quadrat in zwei Farben zu. Das Quadrat sollte etwa so groß sein wie die fertige Einheit, der Kreis groß genug, um das Quadrat und etwas Zugabe zu bedecken. Wenn Sie Vlies einlegen möchten, schneiden Sie ein Quadrat zu, das etwas kleiner als das Stoffquadrat ist.

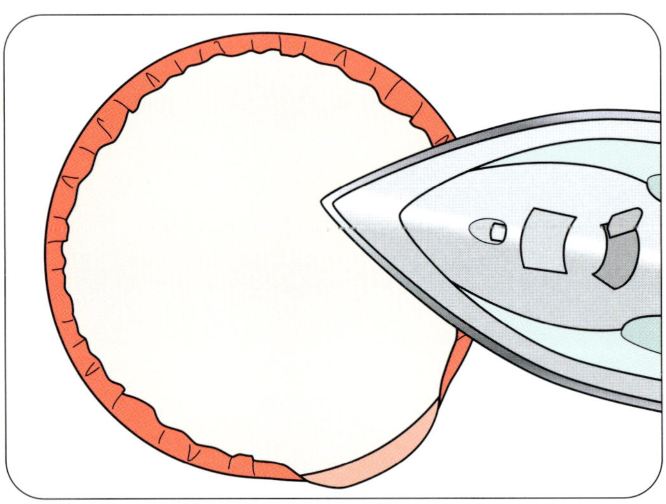

2 Falten und bügeln Sie die Kanten über eine kreisförmige Pappschablone zur linken Stoffseite (vgl. Englische Papiermethode, Seite 95). Ein auf der Mitte der Nahtzugabe eingezogener Heftfaden, der um die Schablone gezogen wird, erleichtert das Bügeln. Danach nehmen Sie die Pappe wieder heraus.

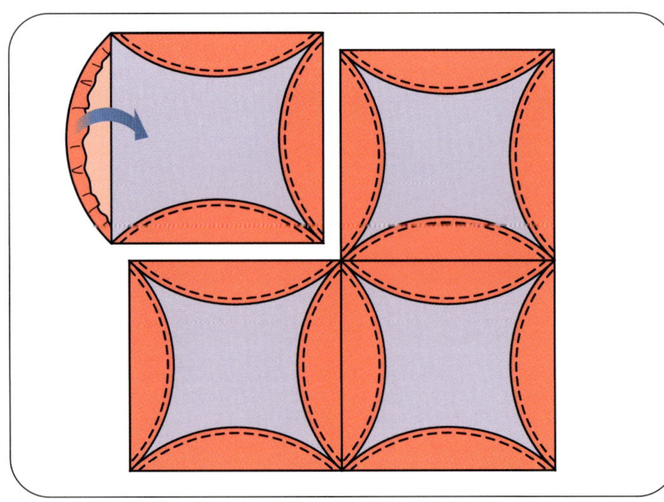

3 Legen Sie das Vlies auf die linke Seite des Kreises, das Stoffquadrat mit der rechten Seite nach oben darüber. Falten Sie den Kreis an allen vier Seiten gleichmäßig über die offenen Stoffkanten des Quadrats. Nähen Sie die Kreiskanten fest. Verbinden Sie die fertigen Blöcke mit Überwendlichstichen.

Zwei-Kreis-Methode

Hier verwenden Sie zwei Stoffkreise. Diese Methode ist noch einfacher als die erste, nur das Einschieben des Vlieses in die Einheiten ist ein wenig mühsam.

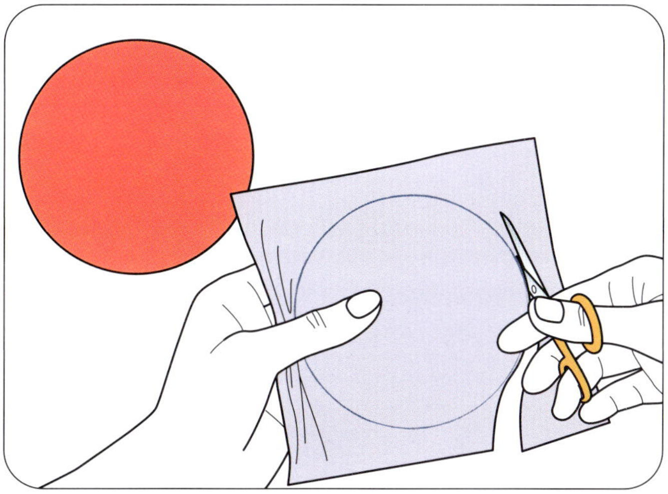

1 Schneiden Sie zwei gleich große Stoffkreise in kontrastierenden Farben zu. Die Kreise sollten groß genug sein, um die Fläche der geplanten Einheit plus Nahtzugabe zu bedecken. Wenn Sie Vlies einlegen möchten, schneiden Sie ein Quadrat zu, das etwas kleiner als die geplante Einheit ist.

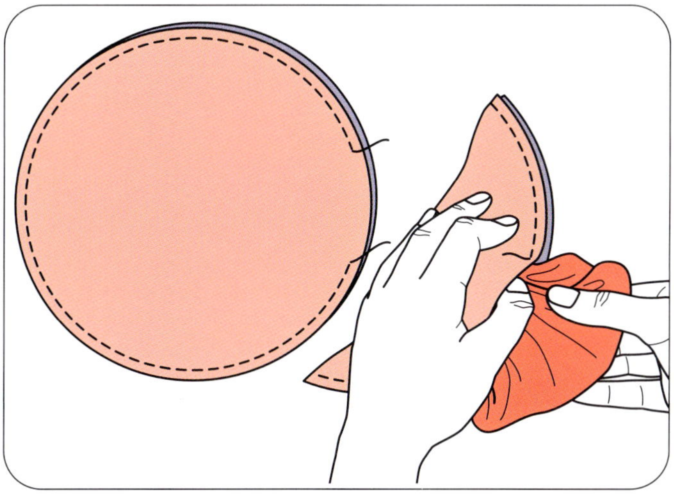

2 Legen Sie die beiden Stoffkreise kantenbündig rechts auf rechts und nähen Sie rundum entlang der Nählinie. Lassen Sie eine kleine Öffnung zum Wenden frei. Wenden Sie das Teil und schieben Sie das Vliesquadrat (falls gewünscht) in das Innere und stecken Sie es mittig fest. Schließen Sie die Wendeöffnung mit Blindstichen.

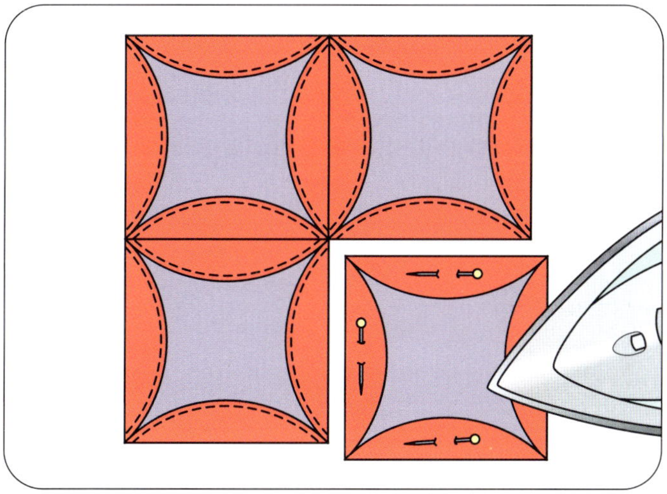

3 Schlagen Sie nun die Kanten des Kreises an allen vier Seiten zur Mitte um, um ein Quadrat zu formen. Bügeln und stecken Sie sie fest. Nähen Sie die Kanten entweder mit Blindstichen oder Vorstichen fest. Arbeiten Sie drei weitere Einheiten auf die gleiche Weise und fügen Sie sie mit Überwendlichstichen zusammen.

Falten

Wenn Sie Falten mit andersfarbigen Streifen kombinieren, bietet sich eine große Anzahl von ganz neuen Effekten an. Die Falten können in gleichmäßigen Abständen oder unregelmäßig genäht sein. Auch die Streifen zwischen den Falten können verschiedene Breiten haben.

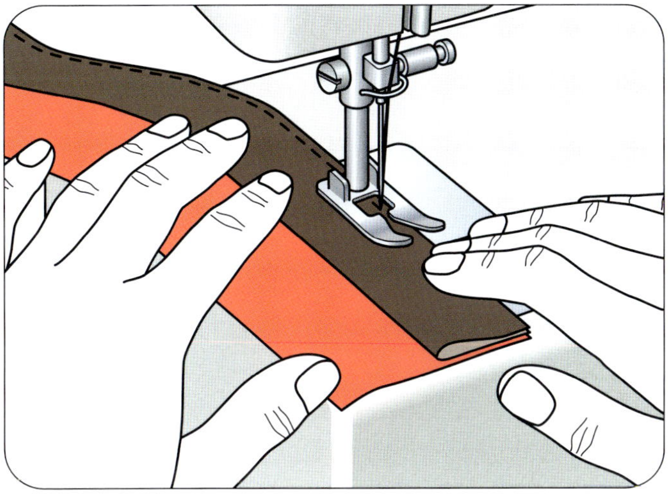

1 Sie können entweder farbige Falten vor einem schwarzen Hintergrund arbeiten, so wie hier gezeigt, oder schwarze Falten mit unifarbenen, farbigen Streifen dazwischen gestalten, wie in den folgenden Schritten beschrieben.

2 Sie benötigen farbige sowie viele dunkle Streifen. Falten Sie den dunklen Streifen der Länge nach links auf links zur Hälfte und legen Sie ihn kantenbündig auf die rechte Stoffseite eines farbigen Streifens. Nähen Sie an der offenen Kante entlang.

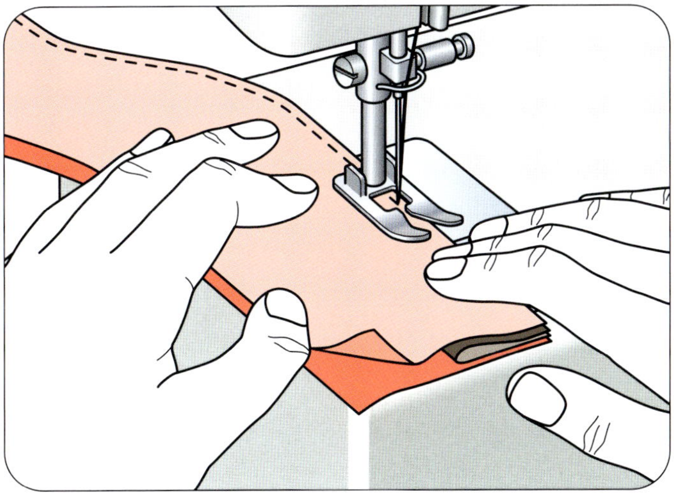

3 Legen Sie einen weiteren farbigen Streifen mit der rechten Seite nach unten kantenbündig darüber. Nähen Sie den Streifen fest.

4 Fahren Sie so fort, bis Sie eine Einheit aus verschiedenen farbigen Streifen haben, die von gefalteten Paspelstreifen in jeweils der gleichen anderen Farbe voneinander getrennt sind.

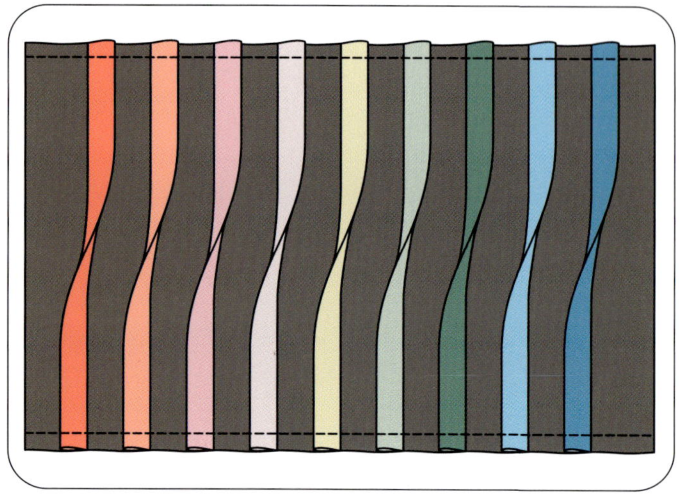

Wellenförmige Falten

Bügeln Sie alle farbigen Falten in eine Richtung. Nähen Sie am oberen und unteren Rand des Blockes sowie einmal durch die Mitte, so dass die Falten flach liegen. Markieren Sie die Mitte zwischen der mittleren Nählinie und den äußeren Nählinien. Nähen Sie nun in der entgegengesetzten Richtung und legen Sie dabei die Falten in diese Richtung.

Gedrehte Falten

Diese Technik wirkt bei schmalen Falten besonders gut. Bügeln Sie die Falten in eine Richtung und nähen Sie sie an einer Kante entlang flach. Am anderen Ende der Streifen bügeln Sie die Falten in die andere Richtung und nähen Sie an dieser Kante in der neuen Richtung entlang, um die Falten zu fixieren.

Gefalteten Stoff nähen

Von der englischen Quilterin Louise Mabbs stammt folgende schnelle Methode, gefaltete Streifeneinheiten zu nähen. Nähen Sie alle Streifen, abwechselnd einen farbigen und einen schwarzen, mit einfachen Nähten aneinander. Entscheiden Sie, ob Sie die farbigen oder die schwarzen Streifen als Falte haben möchten, nähen Sie nun die beiden angrenzenden Nähte aufeinander.

Gerade Falten einsetzen

Mit dieser Technik setzen Sie gerade, gefaltete Streifen in kontrastierender Farbe in einen Hintergrund.

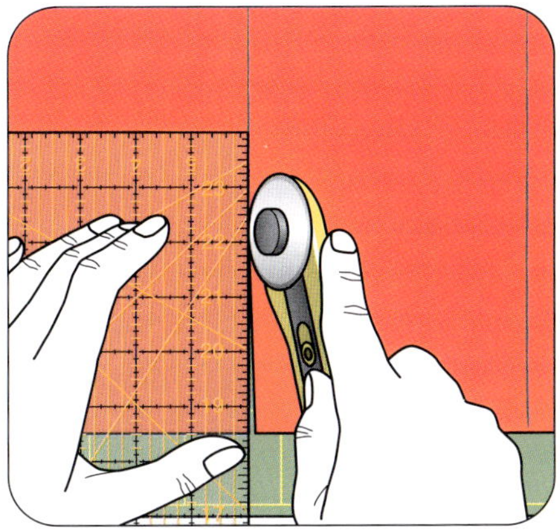

1 Markieren Sie gerade Linien dort auf dem Hintergrundstoff, wo Sie die Falten einsetzen möchten. Schneiden Sie den Stoff mit Hilfe von Lineal und Rollschneider an diesen Linien auf.

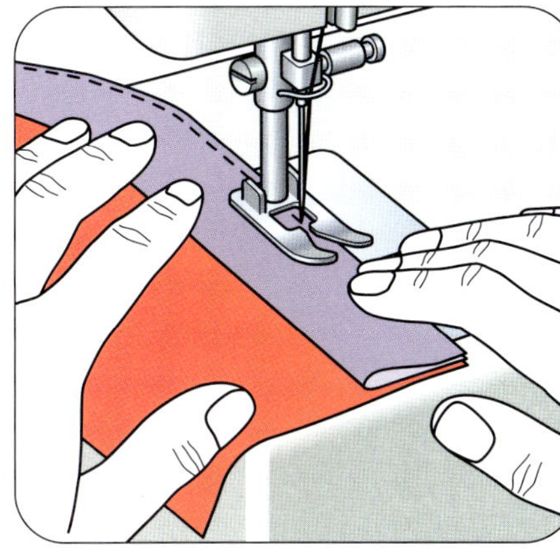

2 Falten Sie den Streifen für die Falte der Länge nach links auf links und bügeln Sie ihn. Nähen Sie ihn an die rechte Kante eines Hintergrundstreifens, die offenen Kanten liegen genau aufeinander.

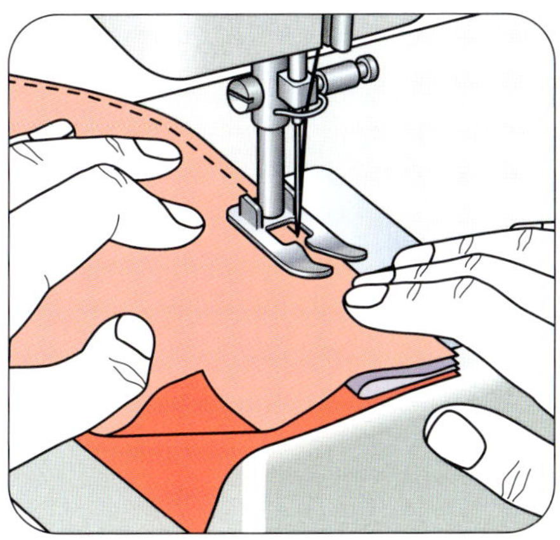

3 Legen Sie den nächsten Hintergrundstreifen mit der rechten Stoffseite nach unten kantenbündig darüber, die offenen Kanten weisen nach außen. Nähen Sie ihn fest.

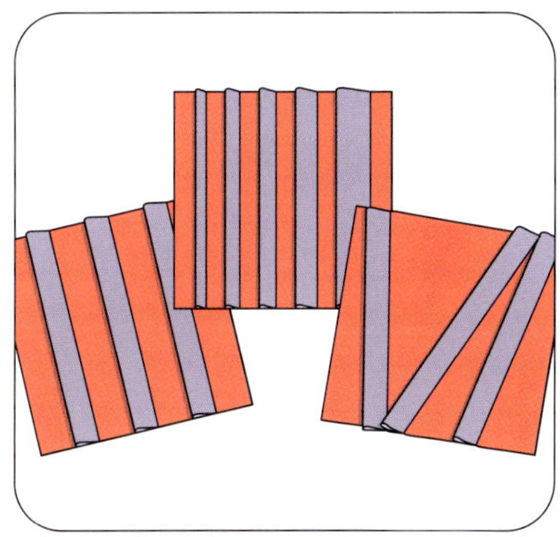

4 Wiederholen Sie dies mit den anderen Falten. Indem Sie die Breiten der Falten variieren oder die Schnitte schräg setzen, können Sie unterschiedliche Wirkungen erzielen.

Im schrägen Fadenlauf nähen

Schräge oder geschwungene Schnitte durch den Hintergrundstoff ergeben diagonale Kanten. Zeichnen Sie alle 5 cm (2 in) kleine Passstriche entlang der geplanten Linie, bevor Sie zu schneiden beginnen. Beim Nähen dehnen Sie die Kanten des Hintergrundes etwas, während Sie den Streifen normal gespannt halten.
Dehnen Sie den nächsten Hintergrundstreifen so, dass die Markierungen auf die des vorigen Hintergrundstreifens passen. Dann nähen Sie ihn an. Die Nähte sehen anfangs etwas wellig aus, entspannen sich aber mit der Zeit.

Geschwungene Falten einsetzen

Falten müssen nicht unbedingt gerade verlaufen – Sie können auch Kurven und flache S-förmige Kurven nähen.

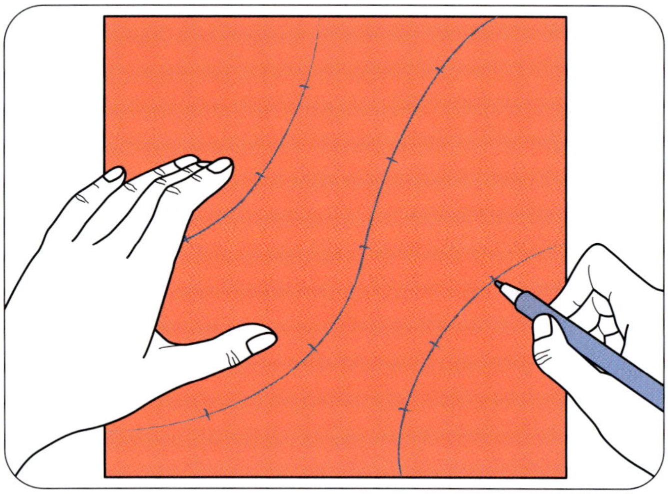

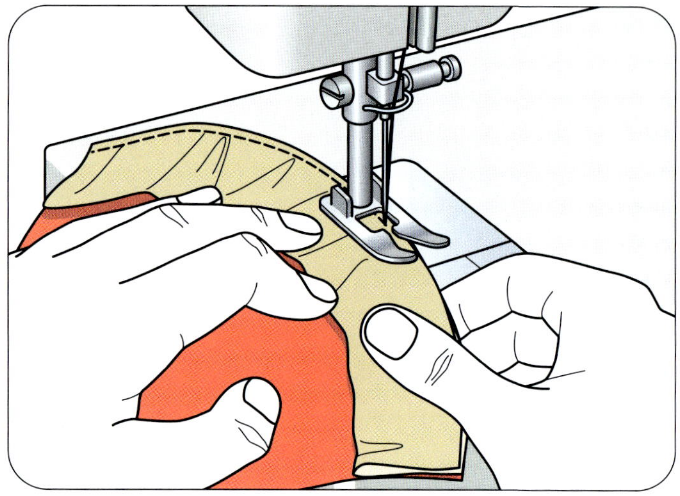

1 Zeichnen Sie die geschwungenen Linien freihändig an der Stelle auf das Hintergrundquadrat, an der Sie die Falten einnähen möchten. Machen Sie alle 5 cm (2 in) Passstriche entlang der Linien. Schneiden Sie den Hintergrundstoff mit Hilfe des Rollschneiders an den Linien auseinander.

2 Schneiden Sie den Stoffstreifen für die Falte zu und bügeln Sie ihn der Länge nach links auf links zur Mitte. Legen Sie ihn bündig an die rechte Kante des ersten Hintergrundstoffs. Nähen Sie ihn fest und dehnen Sie dabei den Hintergrundstoff. Halten Sie den gefalteten Streifen normal gespannt.

3 Legen Sie das nächste Hintergrundteil oben auf, die rechten Seite zur Falte weisend und die Kanten aufeinandergelegt. Dehnen Sie auch diesen Hintergrund leicht, so dass die Markierungen auf die des unteren Hintergrundstoffes treffen. Nähen Sie. Die Nähte liegen glatt, während sich die Falten leicht kräuseln.

Spiralen aufnähen

Wenn Sie auf einen Basisstoff eine Spirale aus einem gefalteten Streifen aufnähen, bekommen Sie einen dreidimensionalen Block.

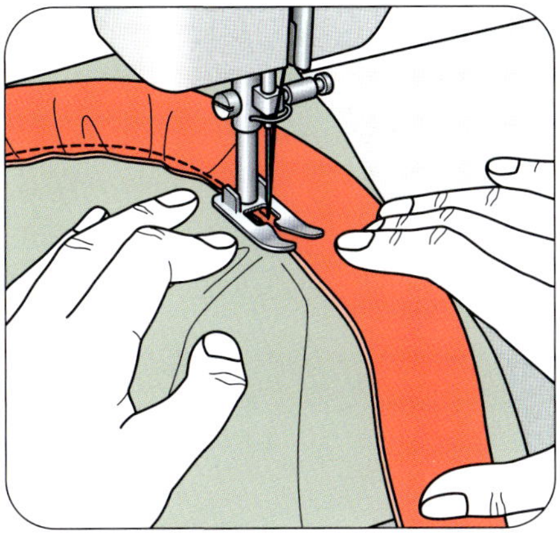

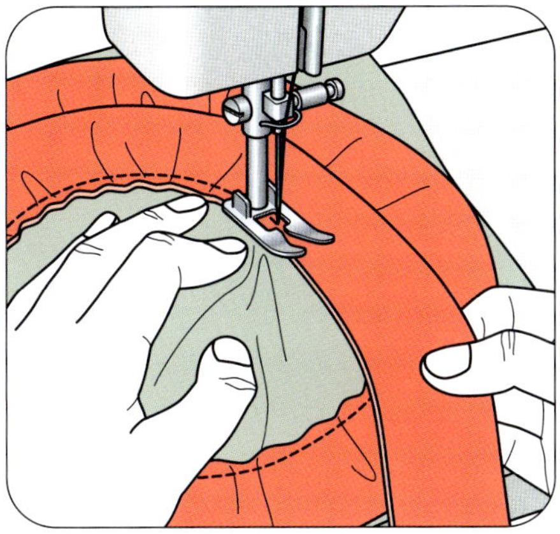

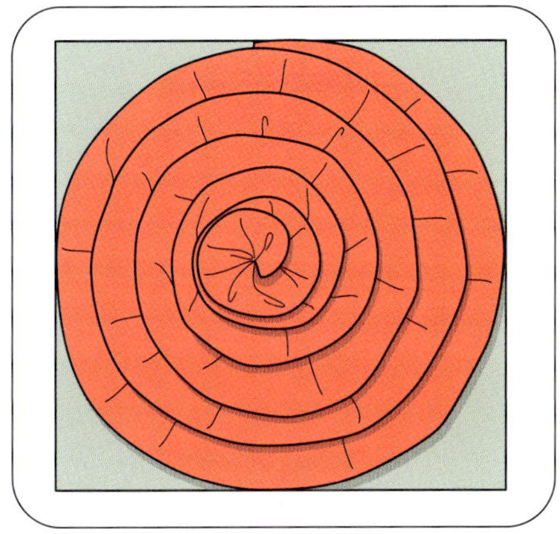

1 Stellen Sie einen sehr langen Schrägstreifen her (siehe Seite 68). Bügeln Sie den Streifen der Länge nach links auf links und falten Sie ein Ende um. Markieren Sie die Nahtzugabe an allen Kanten des Blocks. Beginnen Sie am umgeschlagenen Ende des Streifens und legen Sie den Streifen mit der gefalteten Kante an der Nahtzugabenlinie der Seitenkante entlang. Beginnen Sie, den Streifen an seinen offenen Kanten spiralförmig anzunähen.

2 Halten Sie den Streifen während des Nähens ein, so dass die gefaltete Kante so flach wie möglich liegt und die offene Kante etwas gerafft wird. Auf diese Weise wird der Streifen flach und bedeckt die offenen Kanten der vorhergehenden Runde.

3 Bevor Sie die Mitte erreichen, falten Sie das Ende des Streifens unter und nähen dann den Rest fest. Sie können auch in der Mitte des Blocks beginnen und den Streifen spiralförmig nach außen nähen. Die Spirale sieht dann ein wenig anders aus.

Streifen in Falten aufnähen

Hier liegt die gleiche Idee zugrunde wie bei der oben beschriebenen Spirale, die Stoffstreifen wurden jedoch gerade zugeschnitten, nicht als Schrägstreifen. Um die Nährichtung zu ändern, wurde der Streifen jeweils in Falten gelegt, wodurch die Spirale eckig wirkt.

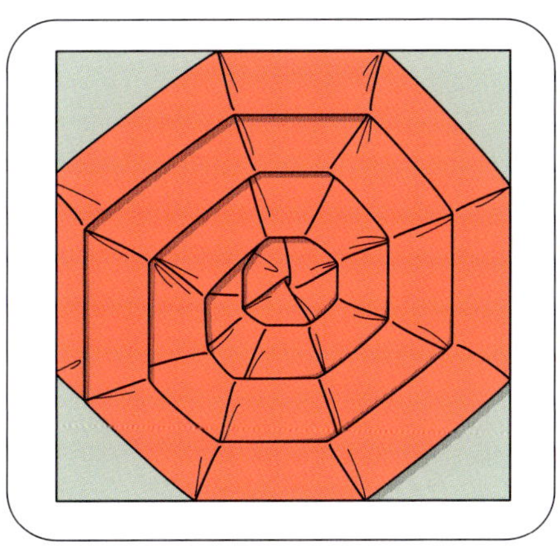

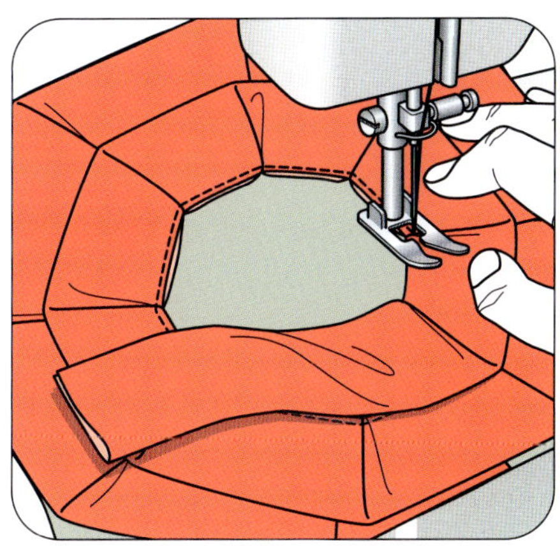

1 Hier wurde die Spirale nach außen hin gearbeitet. Beginnen Sie in der Mitte und legen Sie während des Nähens bei jedem Richtungswechsel jeweils eine Falte bis zur Außenkante hin.

2 In diesem Block wird die Spirale von außen nach innen genäht. Beginnen Sie an der Außenkante und legen Sie bei jedem Richtungswechsel eine Falte. Arbeiten Sie so bis zur Mitte hin.

Gefaltetes Windrad

Diese gedrehte Faltung wird oft beim Origami angewendet, welches von einigen Quilterinnen in verschiedener Weise auch in Stoff umgesetzt wird. Die hier gezeigte Technik wurde von der englischen Textilkünstlerin Wendy Lowes entwickelt. Das Ergebnis ist ein Windrad, das nur schwer in klassischem Patchwork zu nähen wäre – obwohl es dann mehr als nur eine Farbe haben könnte.

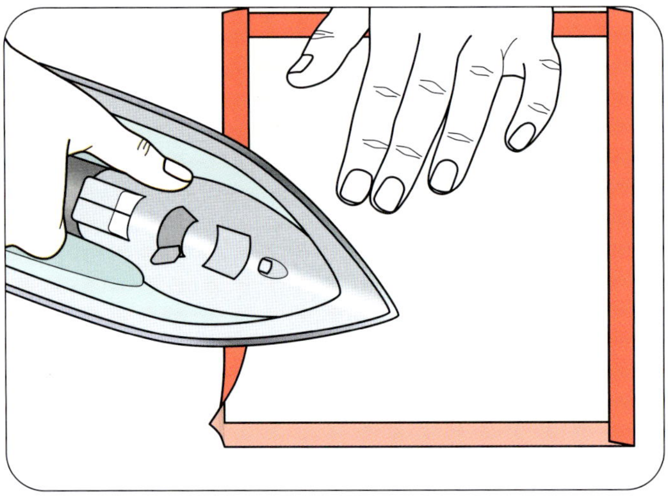

1 Schneiden Sie ein Stoffquadrat zu, das doppelt so breit und lang wie der fertige Block ist. Falten Sie an allen Kanten 0,6 cm (1/4 in) Nahtzugabe um. Nehmen Sie dafür ein Quadrat aus Pappe zu Hilfe, das 1,2 cm (1/2 in) kleiner ist als das Stoffquadrat, und bügeln Sie die Nahtzugaben über die Kanten.

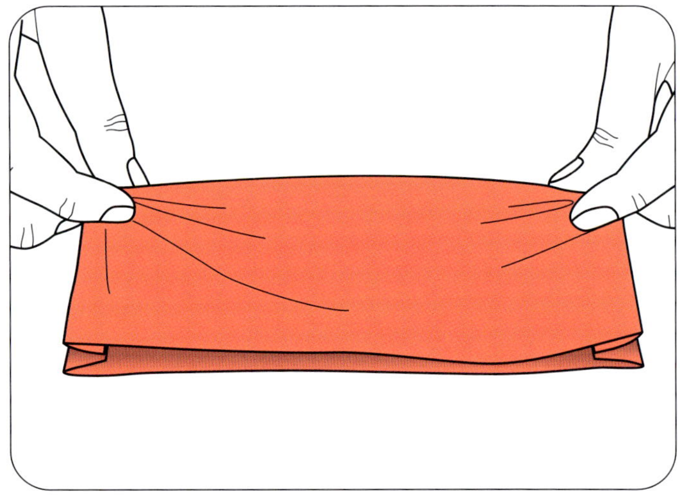

2 Falten Sie das Quadrat links auf links zur Hälfte. Bügeln Sie – mit dem Fingernagel oder dem Bügeleisen – nur die äußersten Enden als Markierung. Bügeln Sie nicht die ganze Falte. Wiederholen Sie dies auch in der anderen Richtung.

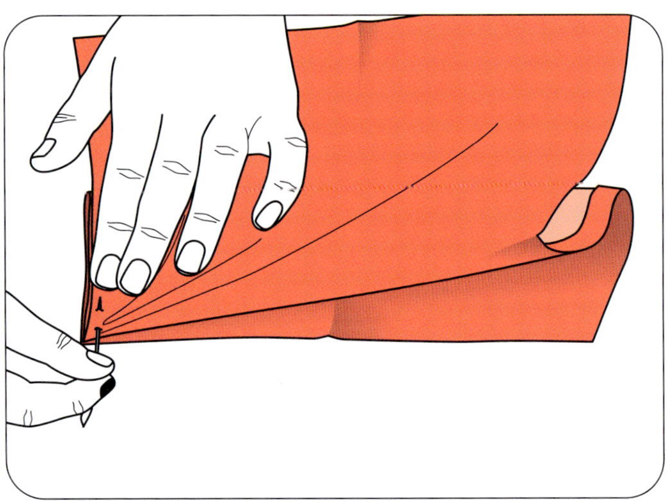

3 Breiten Sie das Quadrat aus, greifen Sie eine der Bügelmarkierungen und falten Sie sie nach oben bis an die andere Ecke. Stecken Sie eine kleine Stecknadel an die Ecke, um die Lagen zu fixieren.

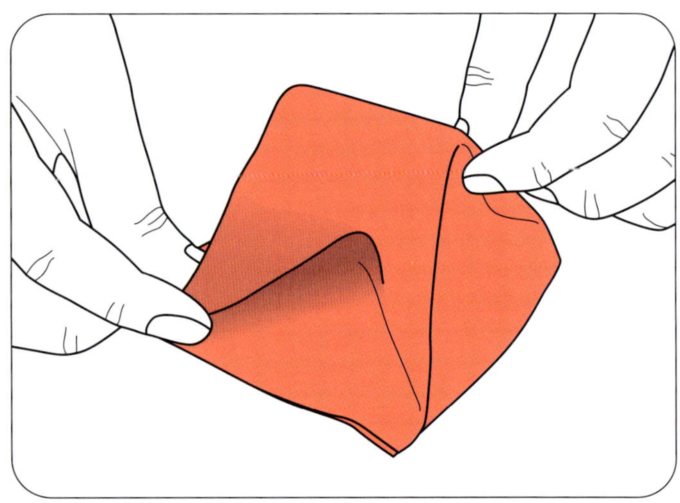

4 Wiederholen Sie Schritt 3 mit den anderen drei Bügelmarkierungen. Sie müssten jetzt ein kleines Gewölbe aus Stoff haben, das über einem kleineren Quadrat steht.

5 Drücken Sie nun das Gewölbe vorsichtig flach. Es formt sich ein auf Spitze stehendes Quadrat, das mittig auf dem unteren Quadrat liegt. Bügeln Sie das mittlere Quadrat.

6 Heben Sie eine Ecke des mittleren Quadrats an und falten Sie sie zu einer neuen Kante, die von der Spitze des Quadrats bis zur gegenüberliegenden Spitze weist.

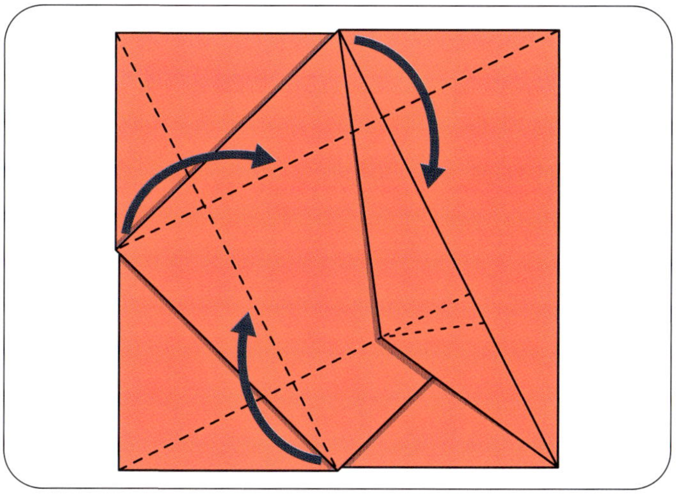

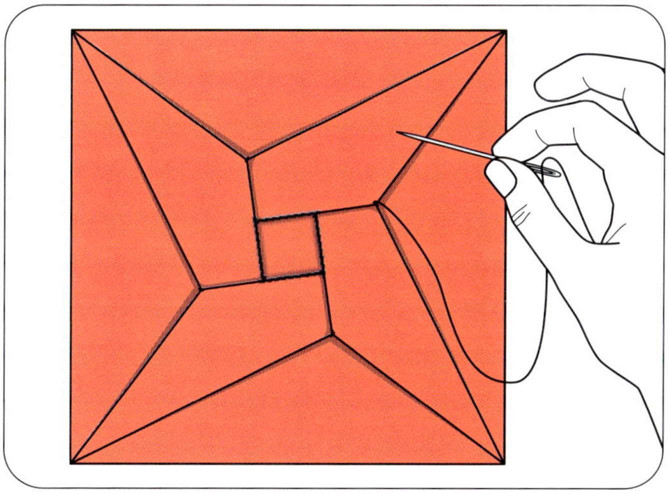

7 Wiederholen Sie dies mit den anderen drei Ecken des mittleren Quadrats. Dieses Origami-Diagramm zeigt die erste Faltung von Schritt 8 sowie gestrichelte Linien und Pfeile in die Richtung, in welche die anderen drei Kanten gelegt werden müssen.

8 Schieben Sie das Ende der letzten Falte unter die erste. So wird das Muster symmetrisch. Machen Sie je einen kleinen Fixierstich an den acht Punkten, an denen sich die gefalteten Kanten berühren.

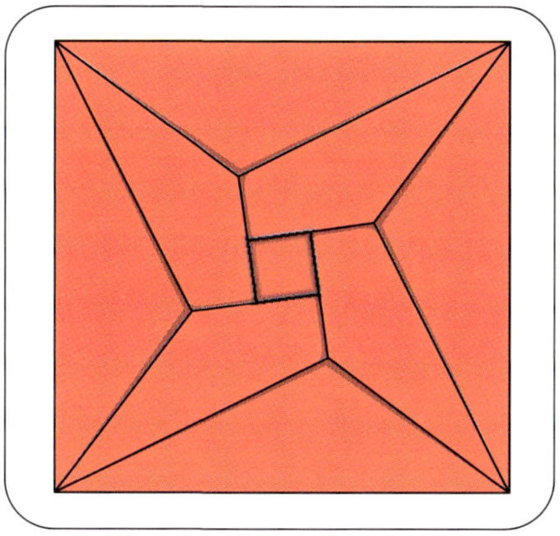

9 Die Linien des fertigen Windradblocks zeigen ein stark grafisches Bild in einer einzigen Farbe. Mit gestreiften Stoffen gefaltet, wirkt der Block verblüffend komplex.

Jo-Jo (Yo-Yo)

Die Jo-Jos oder auch „Suffolk Puffs“ sind kleine plastische Stoffkreise, die an ihren Kanten zu einer durchbrochenen Tagesdecke zusammengesetzt werden können. Sie können aber auch als Verzierung dienen. Normalerweise werden sie ohne Vlies gearbeitet, obwohl es keinen Grund gibt, nicht einen kleinen Vlieskreis einzulegen, bevor das Jo-Jo zusammengezogen wird.

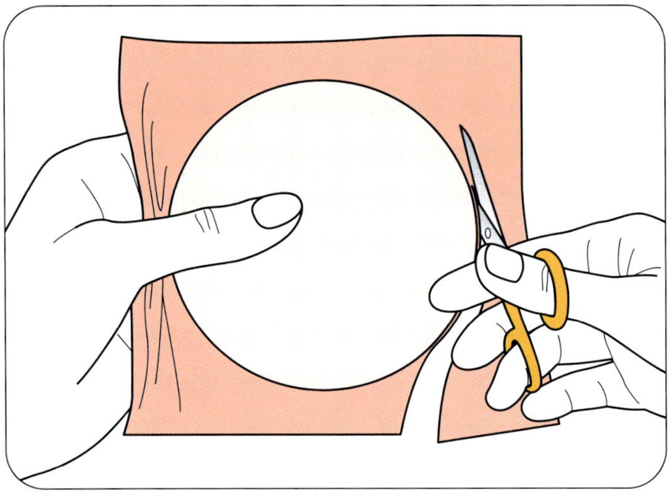

1 Schneiden Sie einen Kreis aus Pappe zu, der zweimal so groß ist wie das gewünschte fertige Jo-Jo. Benutzen Sie diese Schablone zum Zuschneiden von Stoffkreisen, geben Sie aber rundum noch 0,6 cm (¼ in) Nahtzugabe hinzu.

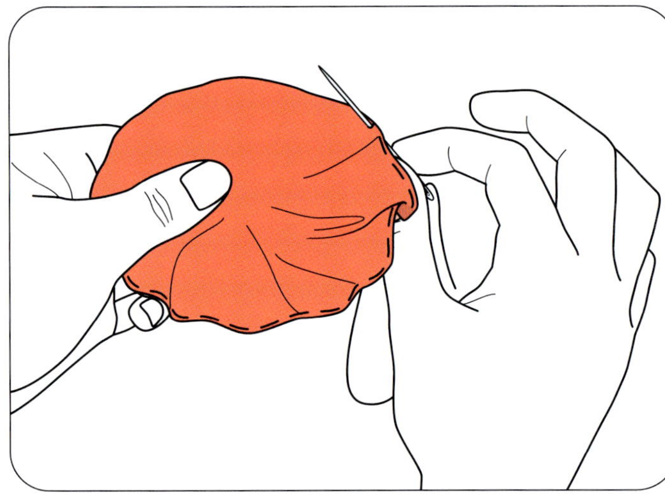

2 Legen einen Stoffkreis mit der rechten Seite nach unten und legen Sie die Pappschablone mittig darauf. Falten Sie die Nahtzugaben mit Hilfe des Bügeleisens über die Pappe. Nehmen Sie die Pappe heraus. Arbeiten Sie eine Runde von Vorstichen um die Kante des Kreises, um den Saum zu fixieren. Vernähen Sie das Fadenende jetzt noch nicht.

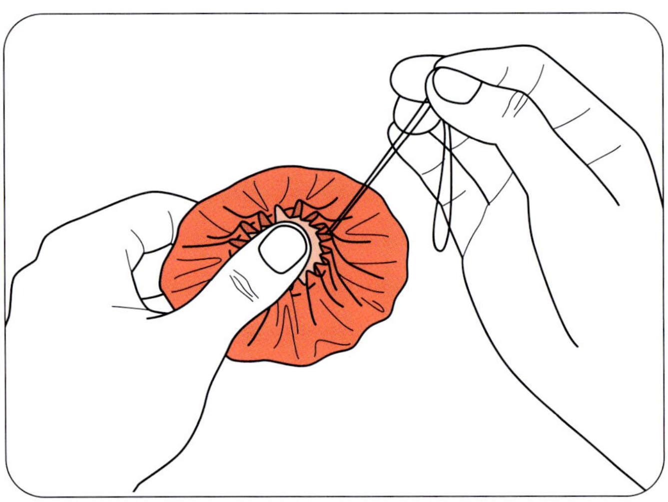

3 Ziehen Sie am Fadenende, um die Kanten des Stoffkreises zur Mitte zu raffen. Dann vernähen Sie den Faden unsichtbar im Inneren des Saums. Verteilen Sie die Fältchen gleichmäßig und drücken Sie das Jo-Jo mit den Fingern flach.

Jo-Jos verarbeiten

Wenn Sie Jo-Jos als Verzierung verwenden, können Sie sie entweder mit Blindstichen auf dem Hintergrundstoff annähen oder einen Zierstich verwenden.

Beim Zusammennähen vieler Jo-Jos für eine Decke legen Sie sie alle mit der gekräuselten Seite nach oben und verbinden Sie die Stellen, an der sich die Jo-Jos berühren.

Somerset-Patchwork

Dieser Faltstern ist auch als Somerset-Patchwork bekannt. Die Technik verbraucht Unmengen von Stoff und wird daher nur selten für große Projekte angewendet. Aber sie ist ideal für kleinere Dinge, wie Zierkissen, für den Deckel einer Schmuckdose oder als kleiner Bereich in einem größeren Projekt.

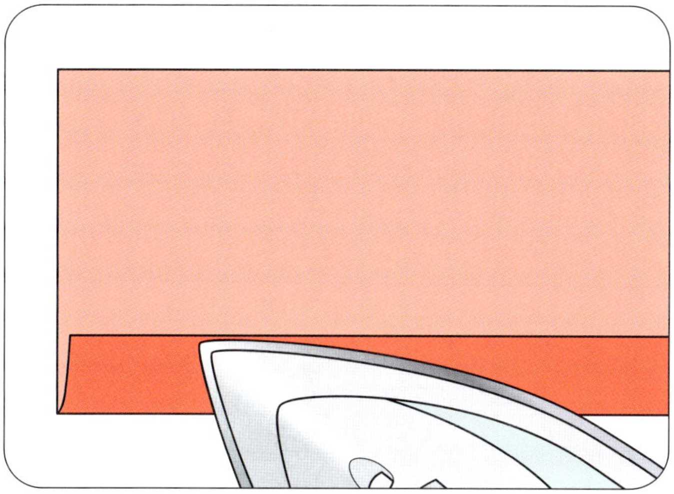

1 Schneiden Sie ein kleines Rechteck aus Stoff zu. Falten Sie die untere lange Kante nahtzugabenbreit nach oben und bügeln Sie sie.

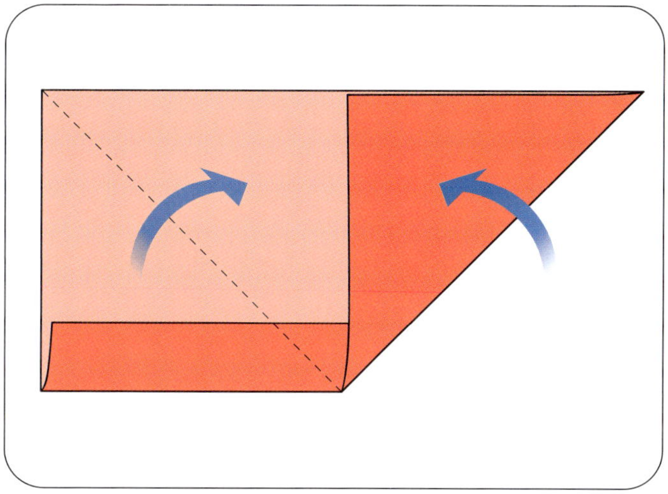

2 Finden Sie die Mitte der gefalteten Kante und falten Sie von diesem Punkt aus die Ecke nach oben, so dass jetzt die gefaltete Kante senkrecht entlang der Mitte verläuft. Wiederholen Sie dies mit der anderen Ecke.

3 Legen Sie vier gefaltete Spitzen im Kreis, die Kanten berühren sich, und nähen Sie sie entlang der Unterkante auf einen Hintergrundstoff. Fügen Sie weitere konzentrische Kreise an, so dass die Spitzen jeweils auf der Mitte der vorigen liegen. Bedecken Sie dabei die Unterkante der vorigen Runde.

Spanische Spitzen

Bei dieser Variation wird das Dreieck schmaler und hat keinen mittleren Schlitz.

Beginnen Sie wie in Schritt 1. In Schritt 2 schlagen Sie die Ecke jedoch weiter nach innen, so dass die Kante in einem größeren Winkel liegt. Wenn dann die zweite Ecke nach innen gefaltet wird, überlappen sie sich komplett. Die obere offene Kante ist nicht gerade, sondern hat zwei kleine Spitzen, die Sie entweder abschneiden oder die durch das Annähen der nächsten Runde mit den nächsten Spitzen verdeckt werden.

Techniken für Fortgeschrittene

In diesem Kapitel finden Sie einige Ideen zum Ausprobieren. Die meisten basieren auf den bisher beschriebenen Techniken, sind jedoch auch für erfahrene Quilterinnen eine Herausforderung – sie könnten beispielsweise kleinere Teile verwenden oder die Nähte noch komplizierter nähen und falten.

Computerdesign

Die meisten von uns besitzen einen Computer oder haben Zugriff auf einen PC. Es gibt verschiedene Möglichkeiten, Muster einfacher und schneller zu entwerfen. Selbst mit dem einfachsten Zeichenprogramm können Sie Grundformen entwerfen, die Sie als Schablonen für Patchwork und Applikationen nutzen können. Es gibt Programme, die speziell für Quilterinnen entwickelt wurden. Auch ein Scanner und eine Digitalkamera sind für Entwürfe nützlich und machen Ihren PC vielseitig einsetzbar.

Ein Zeichenprogramm nutzen

Jedes Zeichenprogramm, mit dem Sie Linien und Formen zeichnen können, eignet sich als Entwurfsprogramm für Patchworkblöcke, ja selbst für freie Formen. Mehr Informationen gibt Ihnen das Manual des Programms oder die „Hilfe"-Taste auf dem Bildschirm.

Der Vorteil ist, dass Sie jeden Block nur einmal konstruieren müssen und diesen dann beliebig oft kopieren und wieder einfügen können. So können Sie mit wenig Aufwand die gewünschte Blockanordnung kolorieren, verändern und besser beurteilen.

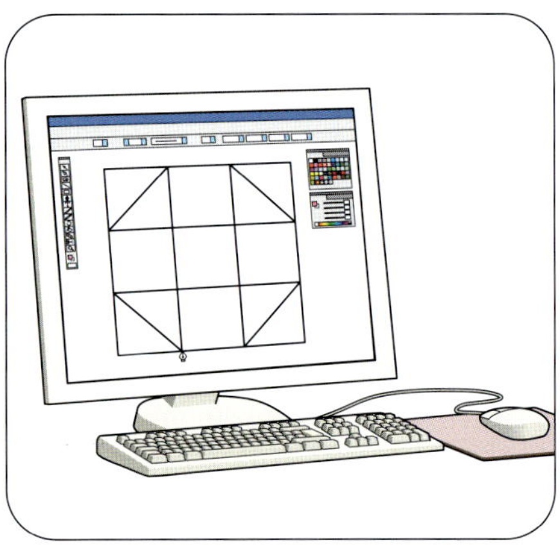

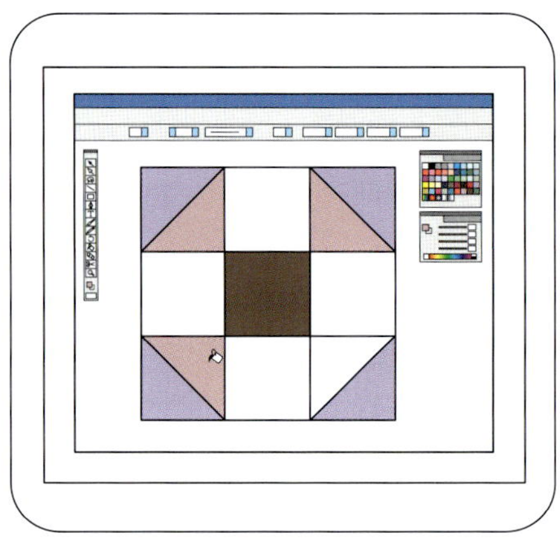

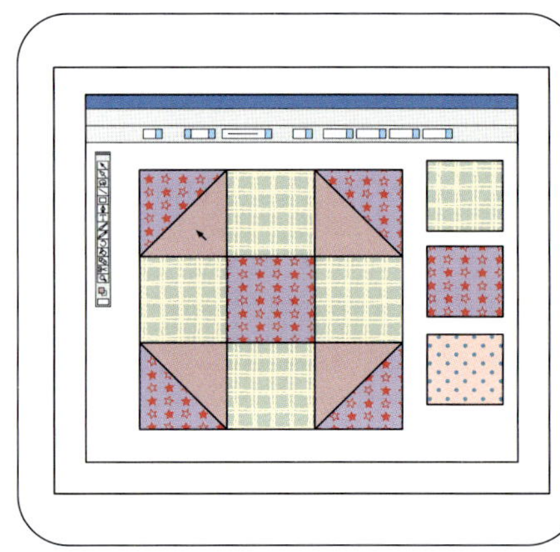

1 Zeichnen Sie das Muster und achten Sie darauf, dass die Linien keine Unterbrechung haben, damit die Flächen mit Farbe gefüllt werden können.

2 Klicken Sie auf jede Form und füllen Sie sie mit einer der verfügbaren Farben aus der Farbpalette.

3 Wenn Sie ein Digitalfoto eines Stoffes verwenden, können Sie es verkleinern oder vergrößern, so dass der Stoffdruck eine realitätstreue Proportion zur Grafik hat.

Mit dem Scanner arbeiten

Mit einem Scanner können Sie Bilder in den PC übertragen. Sie können diese digitalen Bilder als Basis für den Entwurf verwenden oder in Stoff für einen Quilt umwandeln. Ein anderer Vorteil eines Scanners ist, dass Sie die Stoffe, die Sie gerne in Ihrem Quilt verwenden möchten, einscannen können. Wenn Sie diese in Ihren Entwurf einbauen, können Sie sie gegenüberstellen und sehen, ob sie gut zusammenpassen.

Bilder auf Stoff übertragen

Ein gescanntes bzw. digitalisiertes Bild kann auf Stoff übertragen werden. Sie können dies mit Hilfe von Fototransferpapier tun, wie hier beschrieben, oder das Bild direkt auf Stoff ausdrucken. Im Handel sind dafür auch speziell vorbereitete Stoffe auf dünnem Trägerpapier erhältlich. Stellen Sie zum Beispiel am Computer Ihre Druckvorlage zusammen. Diese kann schwarz-weiß oder farbig sein! Sie können Fotos, Notenblätter, Zeitungsausschnitte oder Geschenkpapiere einscannen und Ihren ganz persönlichen Erinnerungsquilt kreieren.

Bilder mit Hilfe von Fototransferpapier auf Stoff übertragen

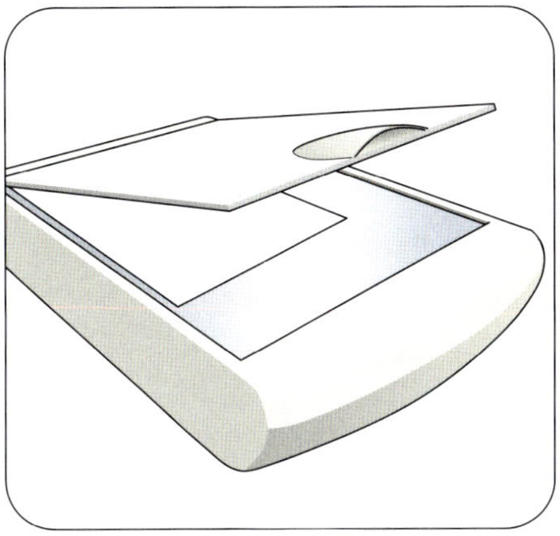

1 Scannen Sie das Bild oder den Gegenstand ein oder finden Sie ein passendes digitales Bild. Laden Sie die Datei in Ihren PC. Verkleinern oder vergrößern Sie die Abbildung auf die gewünschte Größe.

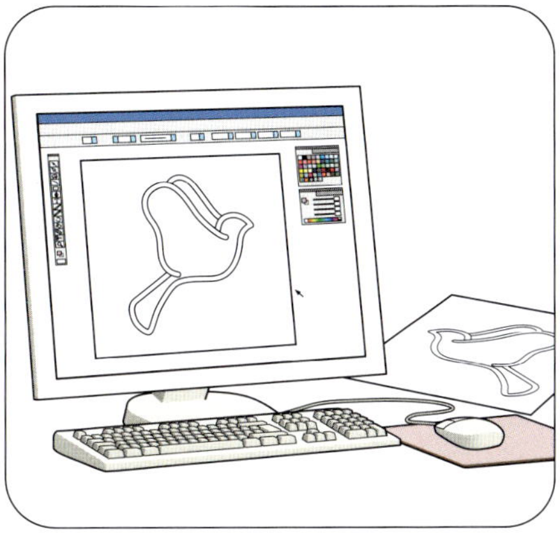

2 Denken Sie daran, dass das Bild spiegelverkehrt auf dem Stoff erscheint. Spiegeln Sie es also zuerst auf dem Bildschirm und drucken Sie das fertige Bild in der gewünschten Größe auf Fototransferpapier aus. Wenn Sie das Bild jedoch direkt auf Stoff drucken, braucht das Bild nicht gespiegelt zu werden.

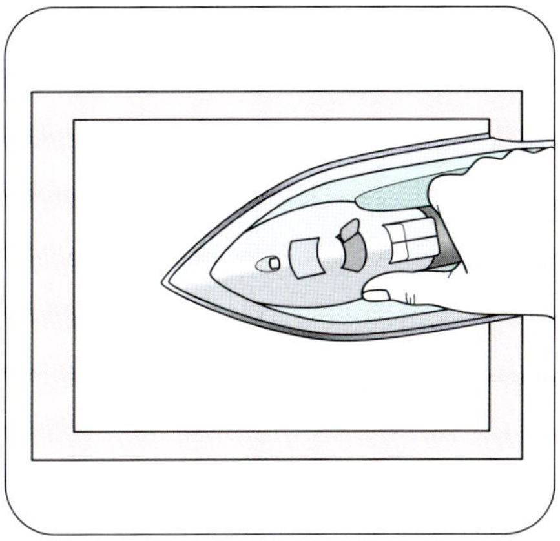

3 Legen Sie das Fototransferpapier mit dem Bild nach unten auf den Stoff. Bügeln Sie vorsichtig über die Rückseite des Papiers, wie vom Hersteller verlangt, und übertragen Sie so das Bild.

Bilder spiegeln

Ist ein Bild erst mal in Ihrem Computer, kann es ganz einfach gespiegelt werden. Die verschiedenen Bildprogramme haben leicht unterschiedliche Befehle. Schauen Sie mal nach unter „Werkzeuge/tools“, „Bearbeiten/edit“ oder „Objekt (transformieren)/object (transform)“ auf der oberen oder unteren Menüleiste. Wählen Sie „Horizontal spiegeln/flip horizontal“ oder „Bild spiegeln/reverse image“. Sie können möglicherweise das Bild auch beim Druckbefehl spiegeln, suchen Sie diese Befehle im Handbuch des Druckers.

Bilder auf Stoff ausdrucken

Manche Stoffe können direkt mit digitalen Bildern aus dem PC bedruckt werden. Sie benötigen einen Tintenstrahldrucker, ein Laserdrucker ist nicht geeignet. Eine spezielle Lösung, die „Bubble Jet Set 2000", macht den Stoff bedruckbar. Die Flüssigkeit kann nur auf Seide, Baumwolle oder Acetat verwendet werden. Der Stoff kann anschließend gewaschen werden, ohne dass das Bild Schaden nimmt.

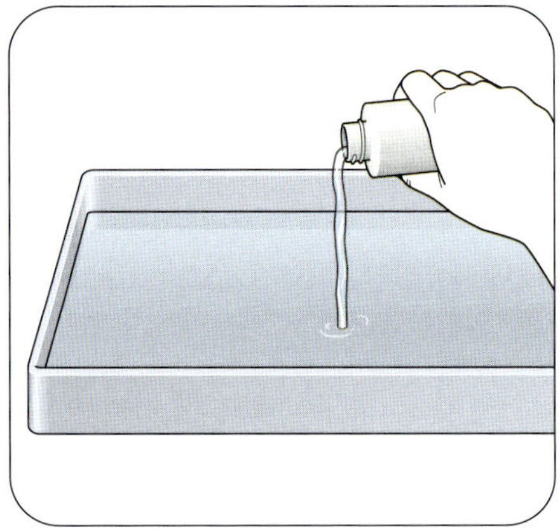

1 Waschen und trocknen Sie den Stoff und schneiden Sie ihn in so große Teile, dass sie durch den Drucker passen. Schütteln Sie die Flasche mit dem „Bubble Jet Set 2000" gründlich und gießen Sie die benötigte Menge (nach Anweisung des Herstellers) in eine flache Schale. Tränken Sie die Stoffe mindestens 5 Minuten lang in der Lösung.

2 Heben Sie den Stoff langsam heraus, ohne ihn zu falten, und lassen Sie die überschüssige Lösung ablaufen. Wringen Sie den Stoff nicht aus! Legen Sie den Stoff flach auf ein Handtuch und lassen Sie ihn vollständig trocknen. Sie können diesen Prozess mit Hilfe eines Haarföhns beschleunigen (nicht den Wäschetrockner benutzen).

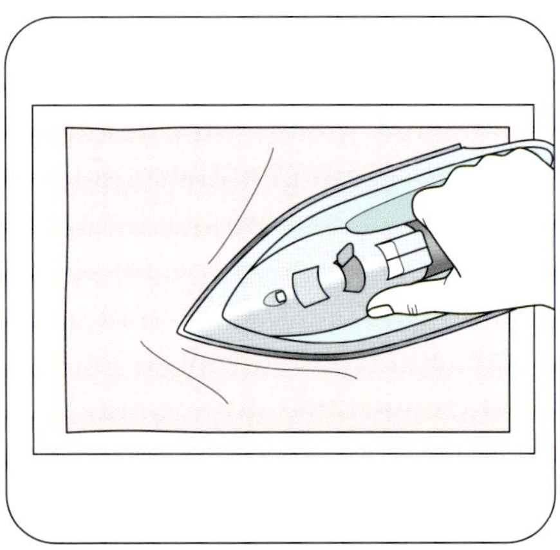

3 Versteifen Sie den Stoff, indem Sie Freezer-Papier darunterbügeln. Schneiden Sie das Papier etwas größer zu als den Stoff und bügeln Sie die glänzende Seite auf den Stoff. Schneiden Sie überstehendes Freezer-Papier und evtl. abstehende Fadenenden ab, damit sie nicht im Drucker hängen bleiben.

4 Drucken Sie das Digitalbild aus dem Computer auf den Stoff. Lassen Sie den Stoff mindestens 30 Minuten lang ruhen (ideal sind 24 Stunden).

5 Nun muss überschüssige Tinte ausgespült werden. Ziehen Sie den Stoff vom Freezer-Papier ab und weichen Sie ihn in einer Lösung aus „Bubble Jet Rinse" oder „Synthrapol" ein (siehe Tipp im Kasten auf der nächsten Seite), jeweils nach Anweisung des Herstellers. Lassen Sie den Stoff flach auf einem Handtuch trocknen.

Tipps für den Ausdruck

„Synthrapol“ ist eine milde, konzentrierte Lösung, die bei niedriger Temperatur die überschüssige Farbe entfernt, die nicht in den Stoff eingedrungen ist.

Das Auswaschen des Stoffes mit der speziellen Lösung und das Fixieren der Tinte sind wichtige Schritte für den Transfer, denn sie machen das Bild auf dem Stoff haltbar. Dies muss direkt nach dem Druckvorgang geschehen und nicht erst, wenn der Stoff im Quilt verarbeitet ist.

Vergewissern Sie sich, dass die Farbe absolut trocken ist, bevor Sie mit der Spülung mit der Speziallösung beginnen. Warten Sie mindestens 30 Minuten oder bis zu 24 Stunden, damit das Ergebnis gut wird.

Spülen Sie die bedruckten Stoffe einzeln und legen Sie sie zum Trocknen flach und einzeln aus, damit die Abbildung nicht als Geisterbild auf das nächste Stoffstück durchfärbt.

Wenn der Stoff regelmäßig gewaschen werden soll, verwenden Sie Färbetinte (die meisten normalen Tintenpatronen enthalten säurefreie Färbetinten). Wie bei vielen gefärbten Stoffen wird die Farbe bei häufigem Waschen und im Sonnenlicht verblassen. Waschen Sie daher den Stoff von Hand in kaltem Wasser, um seine Lebensdauer zu erhöhen.

Für Wandbehänge, die nicht gewaschen werden müssen, sind Pigmenttinten die bessere Wahl. Die Farben sind intensiver, dürfen aber nicht gerubbelt werden. Diese Drucke müssen sehr vorsichtig von Hand gewaschen oder chemisch gereinigt werden.

Bedrucken Sie Stoff am besten mit der Funktion „Hochglanzpapier/Glossy Paper“.

Quiltsoftware

Speziell auf die Bedürfnisse angepasste Quilt-Software gibt es von ganz einfachen und preisgünstigen Programmen bis hin zu den Programmen für Fortgeschrittene mit vielen Funktionen. Die einfachen Programme bieten fertige Blöcke aus einer Bibliothek an, die Sie mit Standardfarben kolorieren können. Sie können mit dem Muster spielen, die Ausrichtung ändern, Zwischenstreifen und Ränder ansetzen und die Farben abstimmen, bis Sie mit dem Ergebnis zufrieden sind.

Manche Programme erlauben, dass Sie Ihre eigenen Stoffe einscannen, so dass Sie sehen können, wie der ausgewählte Stoff in einem Block wirkt, oder zeichnet und druckt Schablonen von Standardblöcken und für Quiltmuster aus.

Die professionelleren Programme können all dieses und noch mehr. Sie verarbeiten sogar eigene Entwürfe von der Skizze an und zeigen, wie der fertige Quilt aussehen wird. Das fertige Muster wird verkleinert als Vergleichszeichnung ausgedruckt, Schablonen werden in Originalgröße gedruckt und sind somit gebrauchsfertig für das Ausschneiden der Stoffe. Manche Programme berechnen sogar den Stoffverbrauch für das fertige Muster. Wenn möglich, sollten Sie sich das Programm vor dem Kauf vorführen lassen und selber einmal ausprobieren, damit Sie sehen, welche Funktionen Sie wirklich benötigen und ob Sie mit der Menüführung zurechtkommen.

Ein Quiltprogramm kaufen

Bevor Sie ein Quiltprogramm kaufen, müssen Sie die Anforderungen an Ihren PC kennen. Die professionelleren Programme benötigen eine beachtliche Menge an Arbeitsspeicher und laufen unter Umständen nicht auf einem alten Computer. Manche Programme sind mit MAC-Systemen nicht kompatibel oder benötigen Zusatzsoftware.

Anspruchsvolle Applikationen

Antike Applikationsquilts sind bekanntermaßen sehr aufwändig gearbeitet. In diesem Kapitel werden jedoch betont grafische Muster– inspiriert von den Quilts aus der Sammlung von Patricia Cox, einer Quiltkünstlerin und -sammlerin – vorgestellt. Dadurch wirken sie sehr aktuell und passen gut in eine modern eingerichtete Wohnung.

Mexikanische Rose
Mexican Rose

Der Name dieses Blocks erinnert an den Mexikanischen Krieg (1846–1848) zwischen den USA und Mexiko. Der Originalquilt ist in Rot und Grün, den populären Quiltfarben im 19. Jhd., gearbeitet. Er besteht aus fünf applizierten Blöcken, je einer in den Ecken und einer in der Mitte, mit dazwischengesetzten Füllblöcken. Er ist von einer doppelten Randbordüre umgeben – die innere ist rot und die äußere grün – und schmal mit Grün eingefasst.

1 Kopieren Sie die Schablonen von Seite 288. Vervollständigen Sie das Motiv und vergrößern Sie es auf die gewünschte Größe. Schneiden Sie ein naturweißes Hintergrundquadrat zu. Übertragen Sie die Vorlage auf die Rückseite des Hintergrundstoffes; auf die Vorderseite übertragen Sie nur die geraden Linien.

2 Schneiden Sie einige Schrägstreifen aus grünem Stoff zu, jeder sollte viermal breiter sein als die aufgezeichneten Stiele.

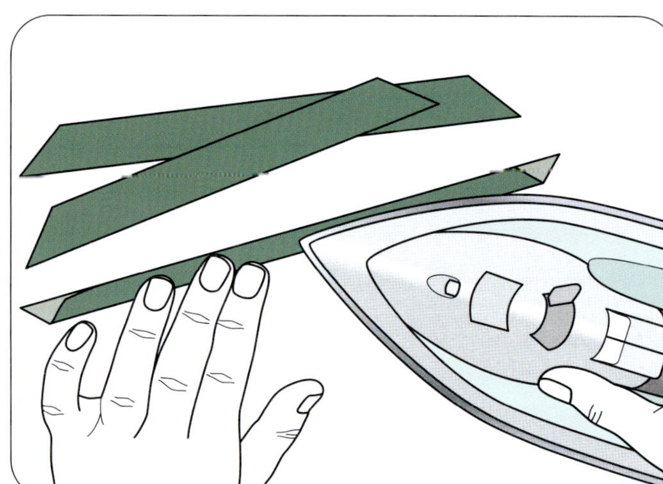

3 Bügeln Sie alle Schrägstreifen der Länge nach links auf links durch die Mitte, ohne sie zu dehnen.

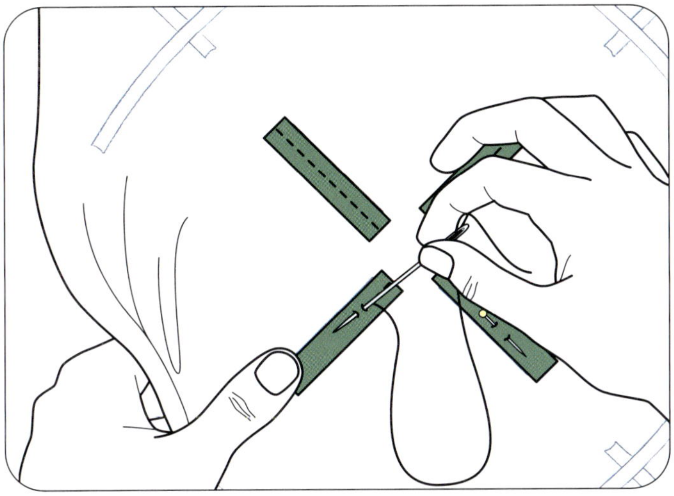

4 Legen Sie einen gefalteten Streifen mit den offenen Kanten entlang der gezeichneten mittleren Stängel-Linien. Nähen Sie Vorstiche der Länge nach durch die Mitte der Streifen.

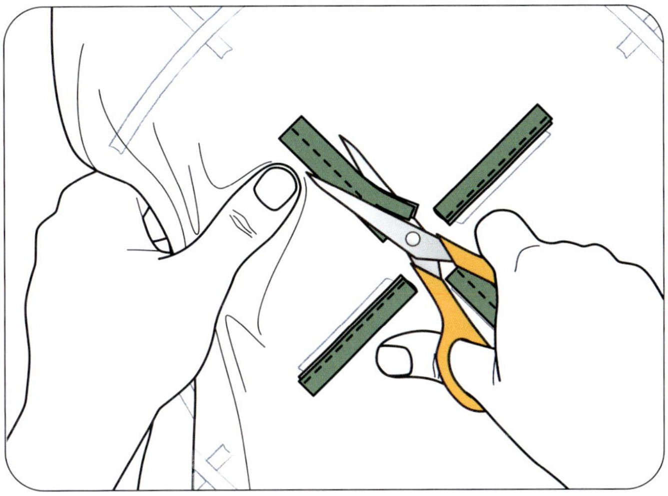

5 Schneiden Sie die offenen Kanten bis knapp an die Nählinie heran ab, um Beulen von unnötigen Stoffmengen zu vermeiden.

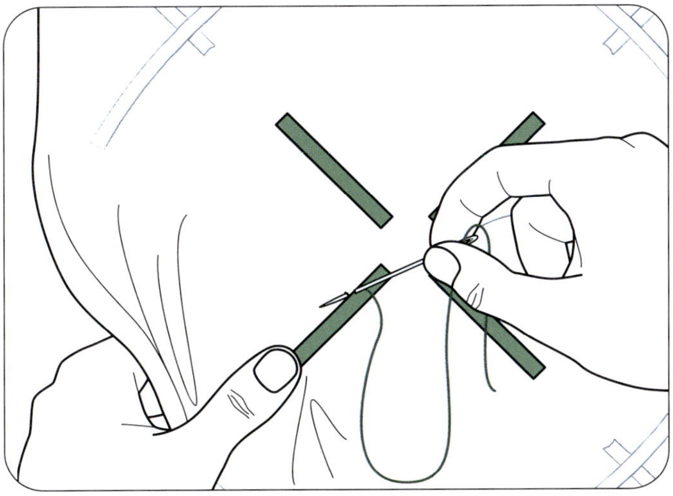

6 Drücken Sie die geschlossene Kante flach und bügeln Sie sie, so dass rechts und links der Nählinie eine geschlossene Kante liegt. Nähen Sie die Kanten mit Blindstichen unsichtbar fest.

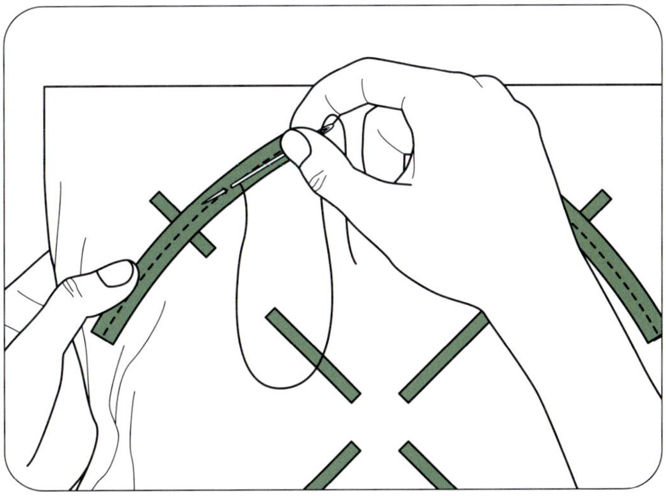

7 Wiederholen Sie die Schritte 4, 5 und 6 für alle geraden Stängel. Dann arbeiten Sie die geschwungene Stängel. Die Enden der Stängel werden von nachfolgenden Teilen bedeckt und müssen daher nicht untergeschlagen werden.

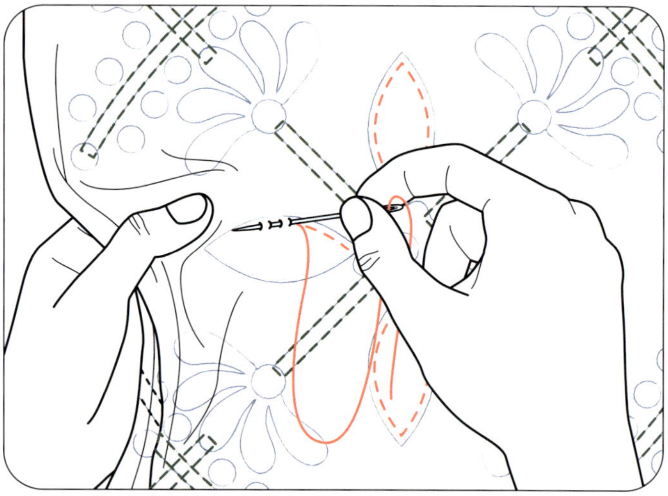

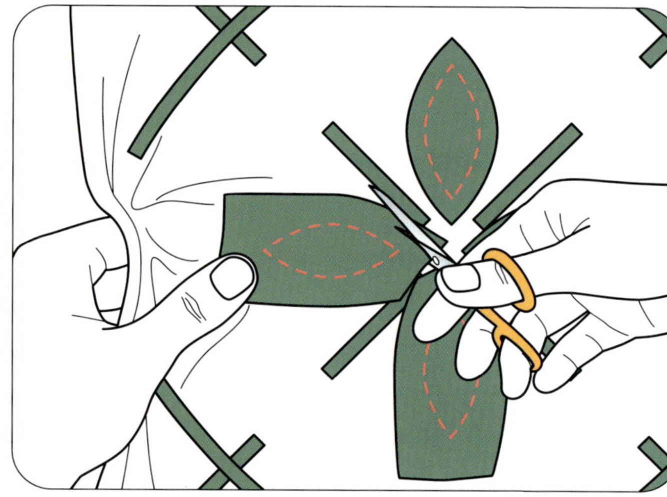

8 Schneiden Sie ein Stück Stoff zu, das groß genug ist, um die Blattform zu bedecken. Legen Sie diesen Stoff mit der linken Seite nach unten auf die rechte Seite des Hintergrundstoffs, so dass es über der aufgezeichneten Blattform liegt. Wenden Sie den Block, die linke Seite liegt oben, und heften Sie innerhalb der Linien um die Blattform, Verwenden Sie einen kontrastierendes Garn.

9 Auf der rechten Seite schneiden Sie nun den Stoff bis auf 0,6 cm (¼ in) an die Heftlinie der Blattform heran ab. Applizieren Sie das Blatt mit untergeschlagenen Kanten (siehe Seite 184–185) und verwenden Sie ein Garn in der Farbe des Blattes. Wiederholen Sie dies mit den anderen drei Blättern.

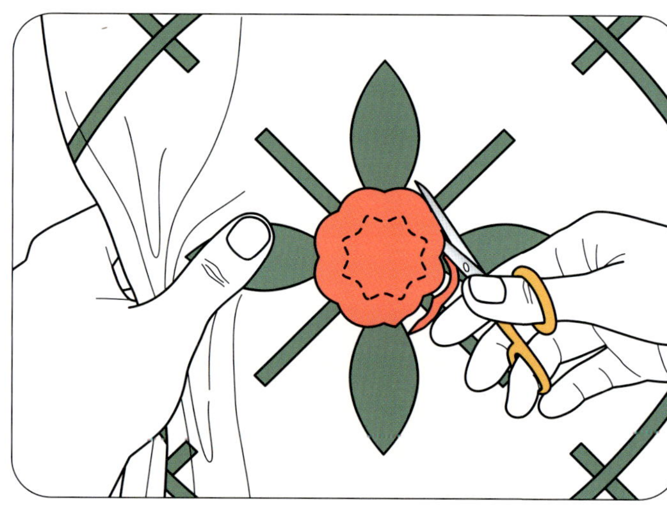

10 Auf der Rückseite sollten die Stiche genau den aufgezeichneten Linien des Motivs folgen. Entfernen Sie die Heftfäden.

11 Fügen Sie die mittlere Rose und die vier Rosen an den Enden der Stiele hinzu. Arbeiten Sie mit der gleichen Technik wie für die Blätter, jedoch mit rotem Stoff. Applizieren Sie auch die Blütenblätter der inneren Blumen.

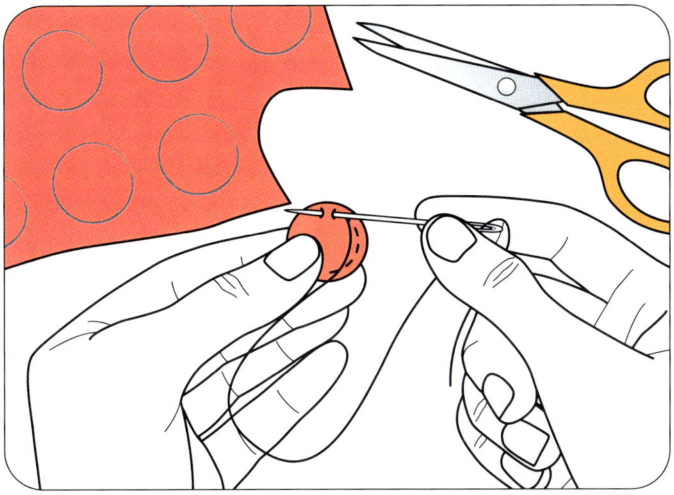

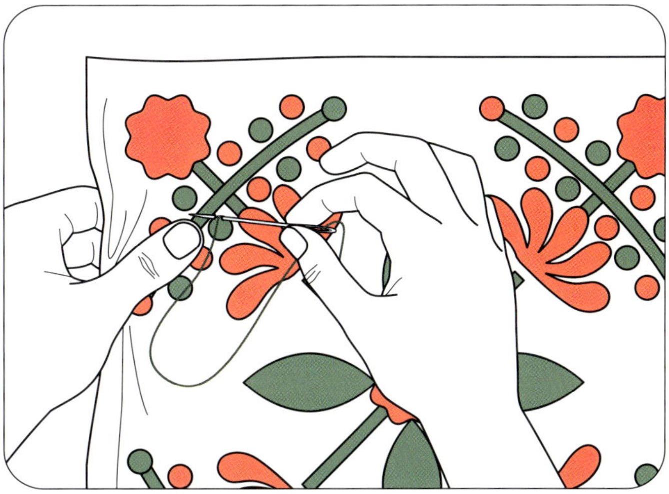

12 Verwenden Sie die Vorlagen von Seite 288. Verdoppeln Sie das Maß von einem der Punkte und benutzen Sie diese Schablone zum Zuschneiden der Stoffkreise in Rot und Grün. Arbeiten Sie mit passendem Garn Vorstiche um den Umriss. Raffen Sie den Rand zur Mitte. Drücken und bügeln Sie den Kreis flach zu einem perfekten Punkt.

13 Nähen Sie den Punkt mit Blindstichen auf und verwenden Sie dafür das Fadenende, mit dem Sie den Stoffkreis gerafft haben. Die Stiche dürfen nicht zu sehen sein. Wiederholen Sie dies mit allen roten und grünen Punkten des Motivs.

14 Schneiden Sie mit Hilfe derselben Kreisschablone gelbe Stoffkreise aus. Raffen Sie diese und nähen Sie sie auf die Mitte der roten Blumen. Verdecken Sie dabei die offenen Enden der Blütenblätter und der vier angrenzenden Stiele.

15 Ziehen Sie alle Heftfäden und vernähen Sie die Fadenenden. Entfernen Sie noch sichtbare Markierungslinien. Bügeln Sie den fertigen Block von der Rückseite her.

Techniken für Fortgeschrittene

Mohnblumen | Poppies

Dieses Muster ist besonders schwierig und stellt auch erfahrene Quilterinnen auf die Probe. Im Originalquilt befindet sich je ein großes Mohnblütenmotiv in den Ecken und je ein etwas kleineres an den Seiten. Die Arbeitsschritte zeigen, wie Mohnblüte und Blätter in der gleichen Technik genäht werden. Die kurvigen Quiltkanten sind rot eingefasst.

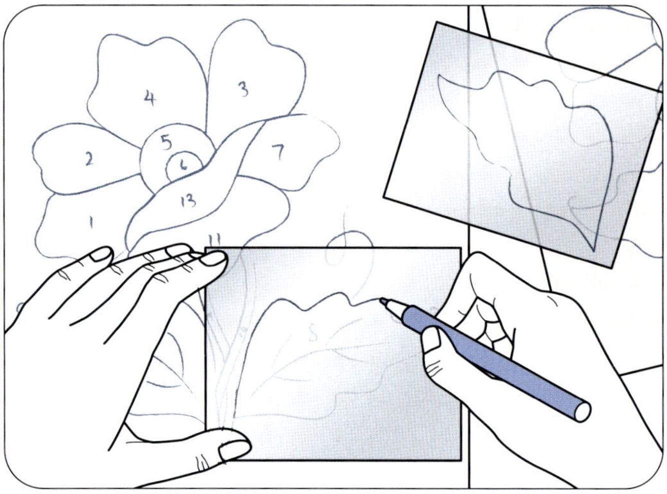

1 Schneiden Sie ein Quadrat aus cremefarbenem Stoff zu. Verwenden Sie die Schablonen von Seite 291. Übertragen Sie das mittlere Mohnblumenmotiv auf die rechte Seite des Hintergrundstoffs. Pausen Sie jedes einzelne Teil der Blüte auf Schablonenplastik und stellen Sie einzelne Schablonen her (siehe Seite 90).

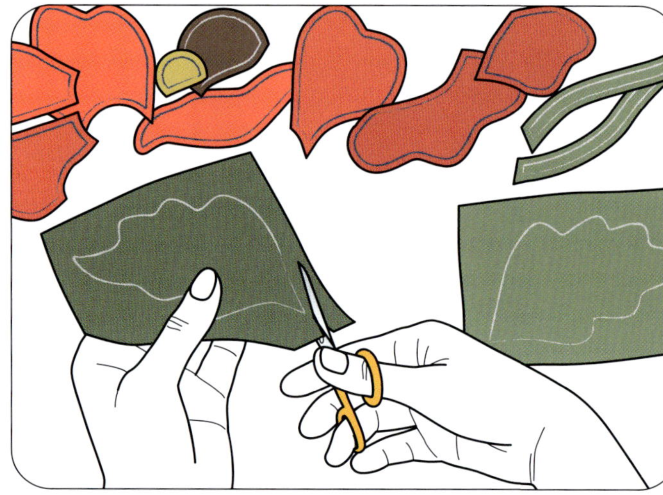

2 Mit Hilfe der Schablonen zeichnen Sie nun jedes Teil des Motivs auf einen Stoff in entsprechender Farbe. Geben Sie rundum 0,6 cm (¹/₄ in) Nahtzugabe hinzu und schneiden Sie die Formen aus.

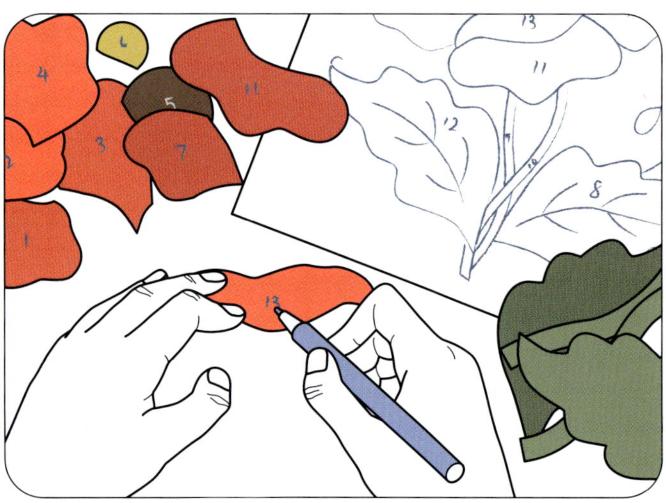

3 Nummerieren Sie die Stoffteile auf der Rückseite, wie auf der Vorlage Seite 291 angegeben. Beachten Sie dabei, dass manche Teile sehr ähnlich aussehen.

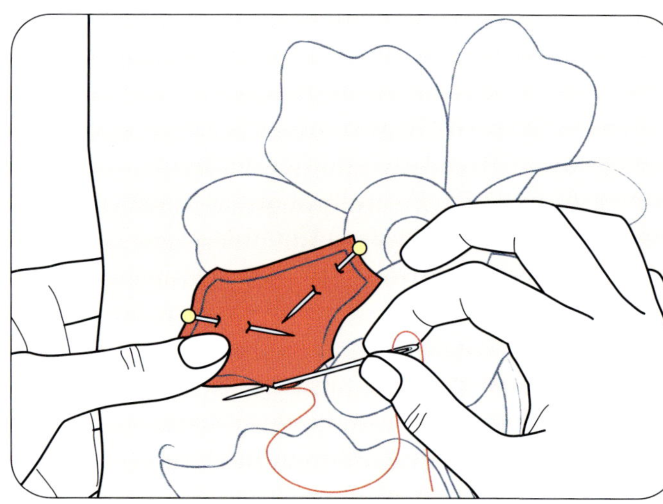

4 Stecken Sie Stoffteil Nr. 1 mittig auf die entsprechende Stelle des Hintergrundstoffs, so dass rundum gleich viel Nahtzugabe übersteht. Applizieren Sie den Stoff mit untergeschlagenen Kanten (siehe Seiten 184–185). Bereiche, die später von anderen Stoffteilen bedeckt werden, müssen Sie nicht umnähen.

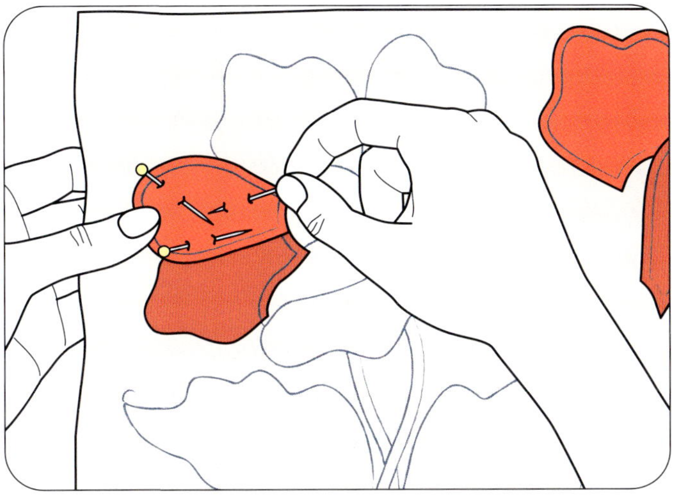

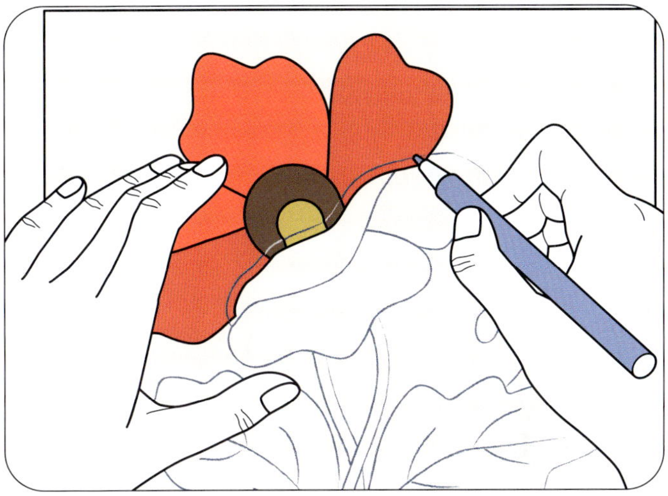

5 Fügen Sie die nächsten drei nummerierten Stoffteile in gleicher Weise an. Es ist sehr wichtig, dass Sie die Reihenfolge einhalten, damit sich die richtigen Teile überlappen.

6 Zeichnen Sie die Nählinie auf die rechte Stoffseite als Hilfslinie für das Unterschlagen der Kante und zum Anlegen des nachfolgenden Teils.

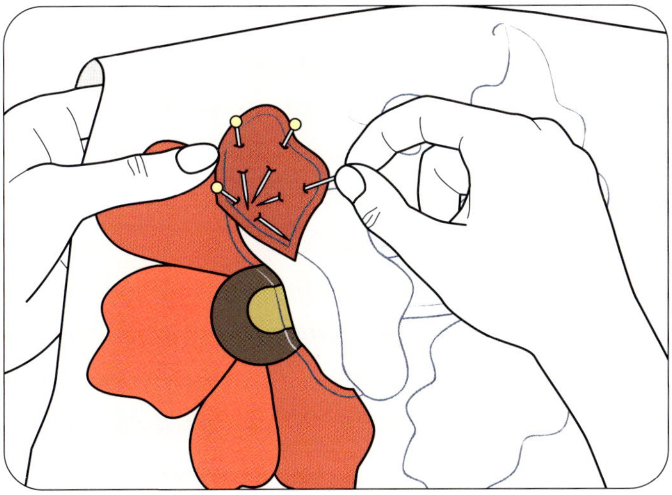

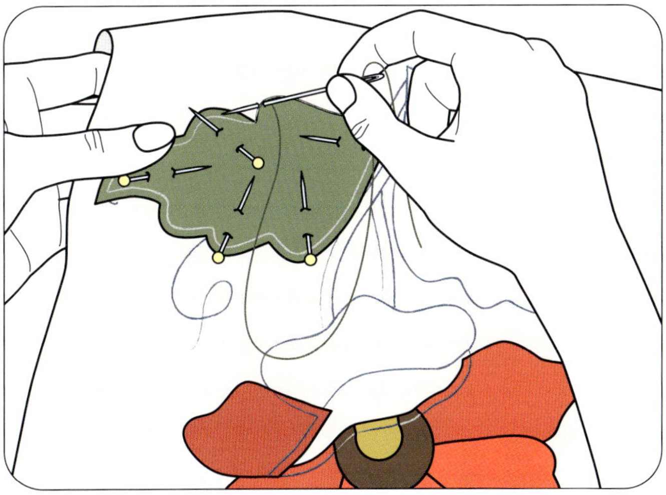

7 Befestigen Sie jedes Teil zunächst mit Stecknadeln, damit es während des Applizierens nicht verrutscht. Hier wird gerade Blütenblatt Nr. 7 angefügt.

8 Nun folgt das erste Blatt in dunklerem Grün. Das untere Ende wird von einem Stängel bedeckt werden.

9 Applizieren Sie die beiden Stängel. Nähen Sie den untenliegenden zuerst, dann den darüberliegenden. Bedecken Sie das untere Ende des Blattes mit dem Stängel.

10 Das unterste Blütenblatt bedeckt die offene Kante von Teil Nr. 7 und die oberen Enden der Stängel.

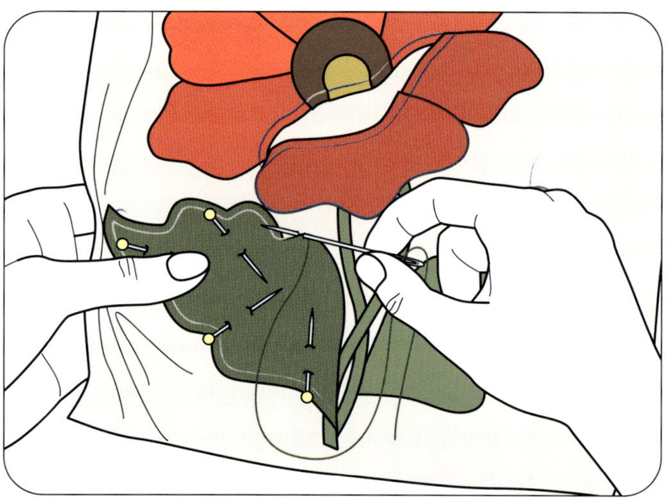

11 Nähen Sie das zweite Blatt auf und achten Sie darauf, die Kante rundum sehr sorgfältig anzunähen, damit die ursprüngliche Blattform erhalten bleibt.

12 Das letzte Blütenblatt liegt ganz oben auf und sollte alle noch offenen Kanten verdecken.

13 Orientieren Sie sich an der Gesamtvorlage, um alle Blattadern auf den beiden Blättern einzuzeichnen. Helle Linien sind auf allen Soffen gut zu erkennen.

14 Sticken Sie die Adern und die kleine Ranke oberhalb des Blattes mit Stielstich in grünem Stickgarn.

15 Die fertige Mohnblüte ist das Hauptmotiv des Mohnblumenquilts. Für das gesamte Muster benutzen Sie die Schablone von Seite 290. Arbeiten Sie die anderen Musterbereiche auf die gleiche Weise.

Vorlagen übertragen

Die Schablonen für die mittlere Mohnblüte, die in diesen Arbeitsschritten beschrieben wurde, sowie das Gesamtmotiv finden Sie auf den Seiten 290–291.

Sie können die Schablonen für Ihr Projekt vergrößern oder verkleinern.

Schreiben Sie die Nummern mit weichem Bleistift oder mit einem löschbaren Stift auf die Rückseite jedes Stoffteils, denn es darf später keine Beschriftung auf die rechte Stoffseite durchbluten.

Der Originalquilt hat eine Bogenkante mit roter Einfassung. Beim Einfassen einer Bogenkante müssen Sie den Einfassstreifen im diagonalen Fadenlauf zuschneiden (siehe Seiten 67–68), damit er sich dehnen und leicht um die Kurven legen lässt. Planen Sie die Bogen sorgfältig und verteilen Sie sie gleichmäßig. An den Ecken sollte jeweils ein schöner Dreiviertelkreis liegen.

Anspruchsvolles Patchwork

Auch wenn die Grundformen relativ einfach sind, wird das Zusammensetzen schwierig, sobald Sie viele kleine Teile haben und womöglich noch geschwungene Nähte dabei sind. Abgesehen davon werden die beiden Muster in diesem Kapitel wie sonst auch gearbeitet und wie auf den Seiten 88–179 mit den Patchworktechniken beschrieben.

Ehering | Wedding Ring

Der Block, der auch als Double Wedding Ring bekannt ist, wird von erfahrenen Quilterinnen gerne genäht, um ihr Können zu beweisen. Das Muster entwickelte sich im frühen 12. Jhd., war jedoch während der Großen Depression am weitesten verbreitet, da sich hier viele kleine Stoffreste verarbeiten lassen.

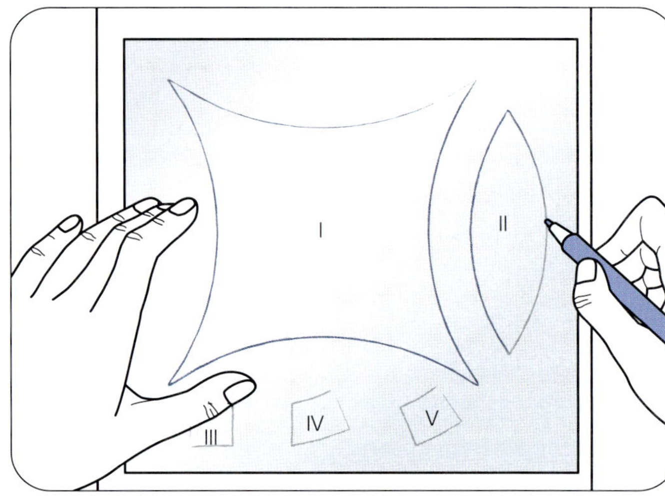

1 Übertragen Sie alle Teile der Vorlagen von Seite 289 einzeln auf Schablonenplastik und geben Sie rundum 0,6 cm (¼ in) Nahtzugabe hinzu. Schneiden Sie für jeden Block ein mittleres Viereck (Teil I) und vier Ovale (Teile II) aus schlichtem Unistoff zu.

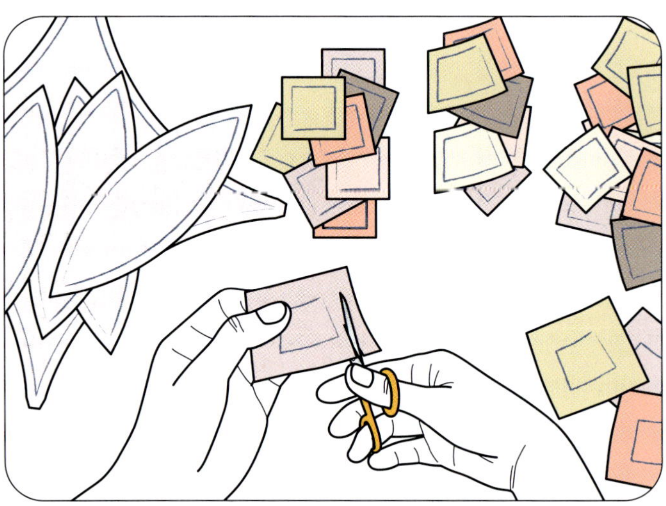

2 Schneiden Sie aus verschiedenen gemusterten Stoffen je acht Teile nach Schablone III, sechzehn nach Schablone IV und zweiunddreißig nach Schablone V. Lassen Sie die Stoffteile in einzelnen Stapeln sortiert, damit Sie nicht durcheinanderkommen.

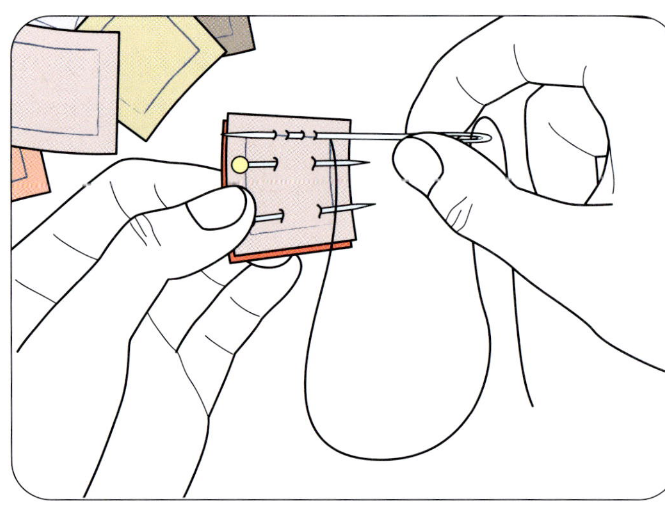

3 Zeichnen Sie auf die Rückseite jedes Stoffteils die Nählinie ein. Stecken Sie zwei Teile V rechts auf rechts. Nähen Sie die beiden Stoffstücke auf der Nählinie mit Vorstichen zusammen.

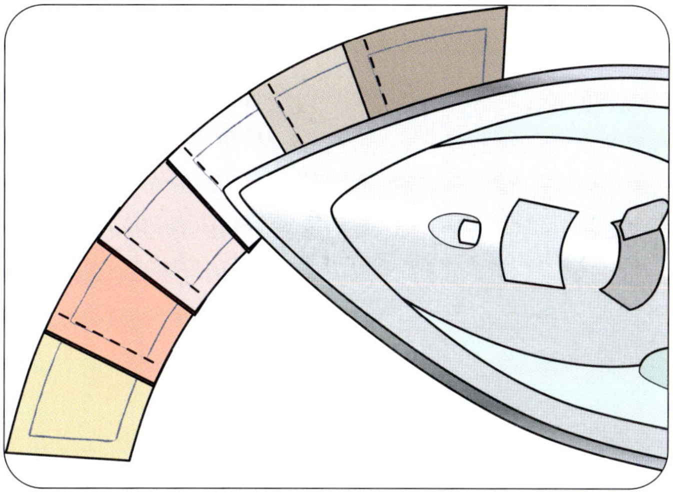

4 Setzen Sie zwei weitere Teile V an und fügen Sie an jedes Ende dieses Streifens ein Teil IV. Wiederholen Sie dies für acht geschwungene Streifen. Bügeln Sie alle Nahtzugaben zu einer Seite.

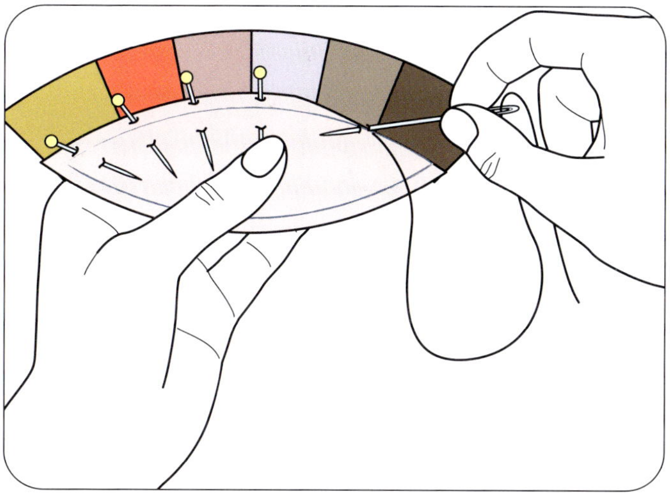

5 Passen Sie einen der geschwungenen Streifen mit der Innenkante an eine der ovalen Formen. Dehnen Sie die geschwungene Kante nicht. Stecken Sie in kleinen Abständen und nähen Sie. Bügeln Sie die Nahtzugabe zu einer Seite.

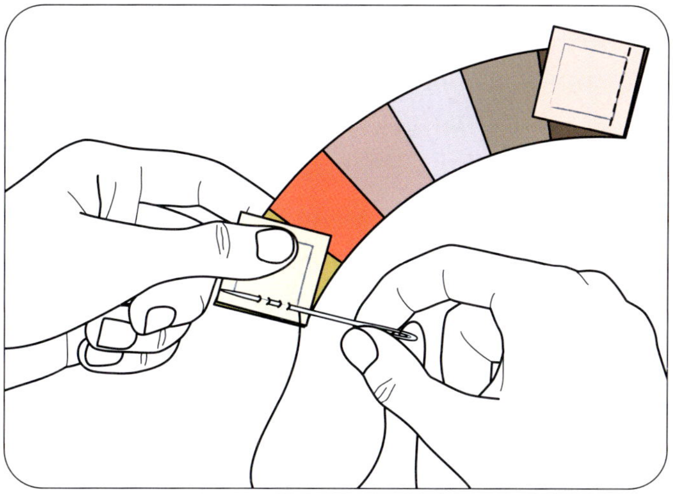

6 Wiederholen Sie Schritt 4 mit den anderen drei ovalen Formen. Nehmen Sie einen der verbleibenden geschwungenen Streifen und nähen Sie an jedes Ende ein Teil III. Wiederholen Sie dies mit den anderen drei Streifen.

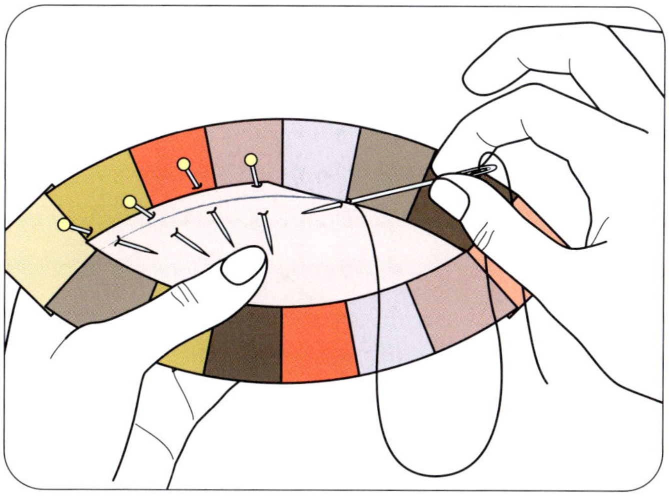

7 Stecken und nähen Sie einen der längeren Streifen aus Schritt 6 an die noch freie Seite der Einheit aus Schritt 5. Passen Sie die geschwungenen Nählinien genau aufeinander. Nähen Sie sehr sorgfältig.

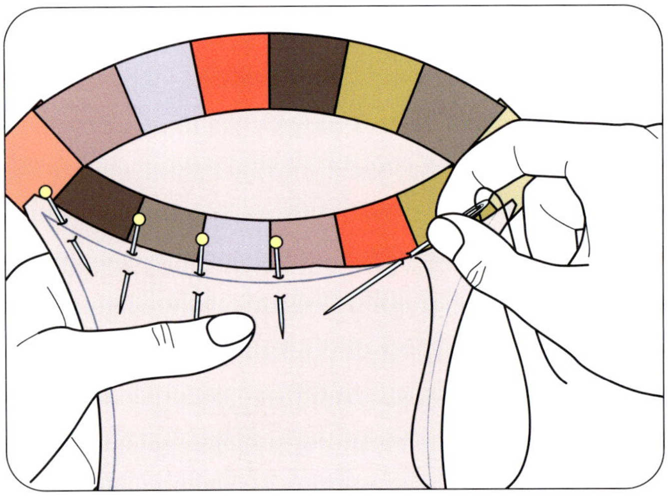

8 Bügeln Sie die langen Nähte der ovalen Form zu einer Seite. Stecken Sie eine der ovalen Einheiten an eine Kante des mittleren Vierecks. Die Nähte zwischen den Teilen III und IV müssen genau auf die Ecken des Vierecks treffen, damit die Kreisform geschlossen ist.

9 Wiederholen Sie diese Schritte und nähen Sie die anderen drei ovalen Einheiten an die Kanten der mittleren Viereckform.

10 Die Eheringe müssen sich auf der Quiltoberfläche verflechten. Jeder Block, der an den mittleren kompletten Ring angeschlossen ist, wird mit drei ovalen Einheiten genäht.

Einen Wedding-Ring-Quilt nähen

Als eine einfachere Version des Wedding Rings können Sie den Block quadratisch arbeiten, bei dem sich die vier Bögen als „X“ in der Mitte treffen. Das bedeutet, dass die mittlere Vierecksform aus zwei Hälften zusammengesetzt wird, was nach dem Quilten jedoch nicht mehr zu sehen sein wird.

Die amerikanische Quilterin Eleanor Burns hat eine besonders einfache Art für die Konstruktion eines Double Wedding Rings gefunden. Sie befestigt die Ringe mit Klebevlies und näht sie dann auf den Hintergrund auf. Das Ergebnis wirkt sehr echt.

Kuchen-Etagere | Cake Stand

Der Cake-Stand-Block wird nur aus Dreiecken genäht – meist sind je zwei zu einem Quadrat zusammengesetzt. Komplizierter ist der Henkel, der aus vielen kleinen Dreiecken besteht. Im Originalquilt sind sechsundfünfzig Cake-Stand-Blöcke in Weiß und Grün genäht. Zweiundvierzig quadratische rosa Füllblöcke und rosa Randdreiecke vervollständigen das Muster. Seltsam ist, dass die Blöcke gerade angeordnet sind, also die Körbe auf der Seite liegen, anstatt aufrecht zu stehen.

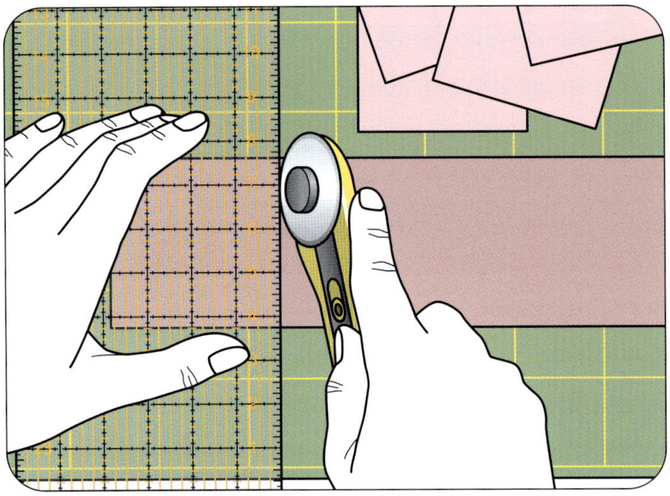

1 Beginnen Sie mit den Quadraten aus zwei Dreiecken für die Henkel. Schneiden Sie einen Streifen in Malvenrot und einen in Rosa. Teilen Sie diesen Streifen in Quadrate auf. Für zwei Blöcke benötigen Sie neun Quadrate.

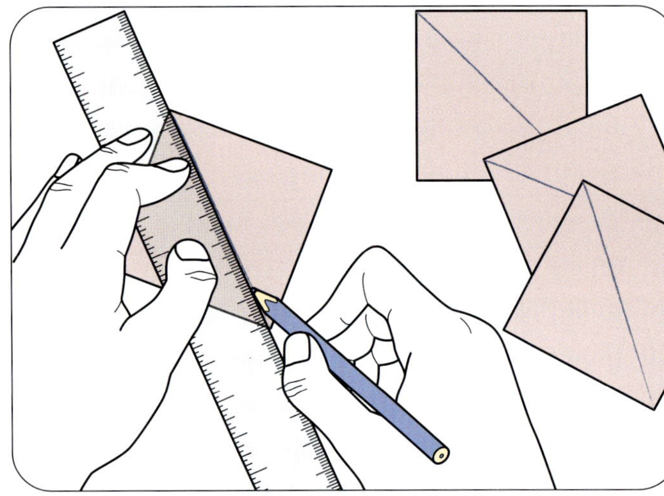

2 Zeichnen Sie auf die linke Seite aller malvenfarbenen Quadrate die Diagonale von Ecke zu Ecke. Verwenden Sie einen Bleistift oder einen feinen Markierstift. Stapeln Sie alle rosafarbenen und alle malvenfarbenen Quadrate voneinander getrennt.

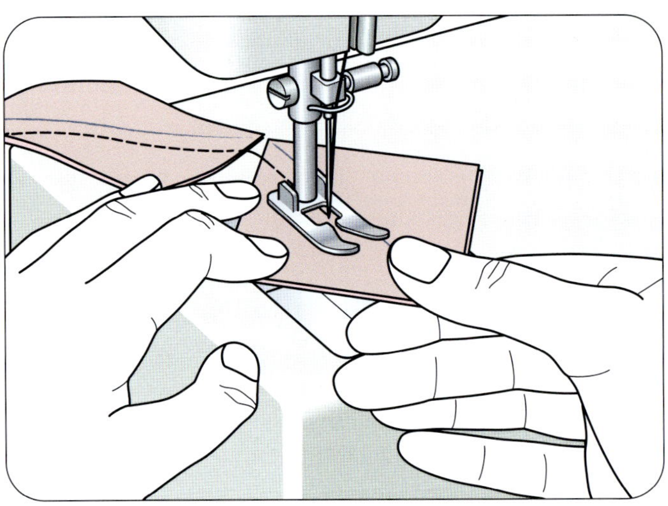

3 Greifen Sie ein rosa Quadrat und legen Sie ein malvenfarbenes rechts auf rechts darüber. Nähen Sie 0,6 cm (¼ in) neben der gezeichneten Diagonale entlang. Nähen Sie in Kette (siehe Seite 97), bis alle Quadrate genäht sind. Dann drehen Sie die Kette um und nähen auf der anderen Seite mit 0,6 cm (¼ in) Nahtzugabe neben der Diagonalen wieder zurück.

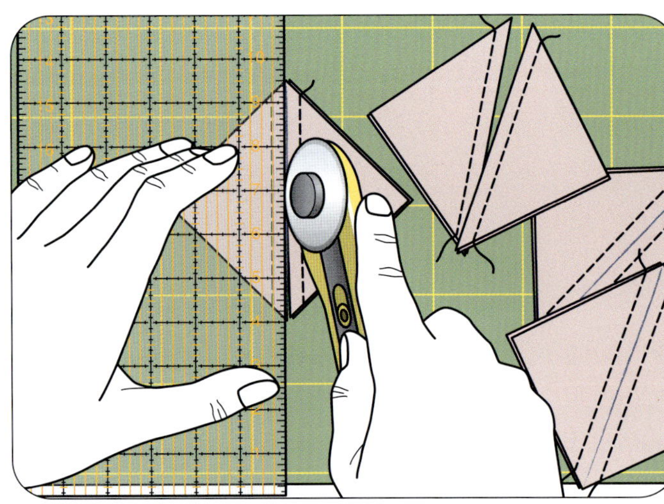

4 Schneiden Sie die Fäden zwischen den Einheiten ab und schneiden Sie jedes Quadrat genau auf der gezeichneten Diagonale durch. Verwenden Sie dafür Rollschneider und Quiltlineal.

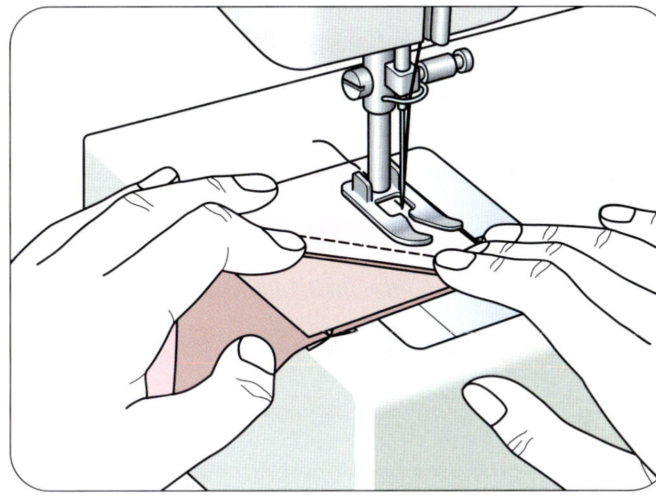

5 Falten Sie die Einheiten auf und bügeln Sie sie. Schneiden Sie die überstehenden kleinen Spitzen der Nahtzugaben ab.

6 Setzen Sie vier der Einheiten zu einem Streifen aneinander, so dass alle malvenfarbenen Dreiecke in die gleiche Richtung weisen.

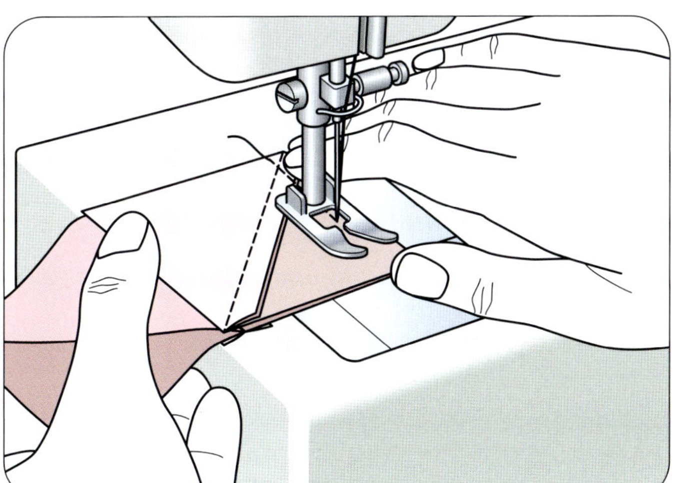

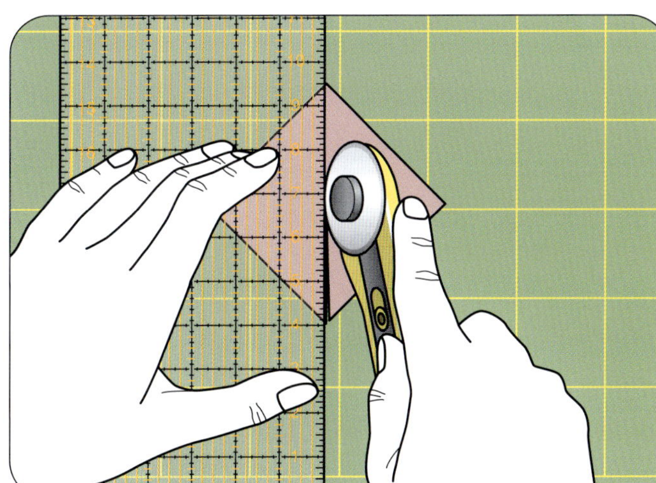

7 Wiederholen Sie dies mit den anderen Einheiten und nähen Sie einen weiteren Streifen. Dieses Mal weisen die malvenfarbenen Dreiecke wie beim ersten Streifen in die andere Richtung. Wiederholen Sie Schritt 6 und 7 für den Henkel des zweiten Blocks.

8 Schneiden Sie ein Quadrat aus malvenfarbenem Stoff und teilen Sie es diagonal zu zwei Dreiecken für die Basis eines der Cake-Stand-Blöcke.

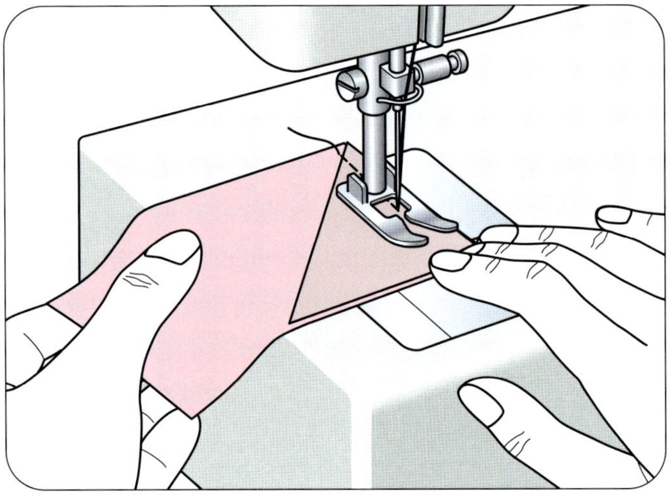

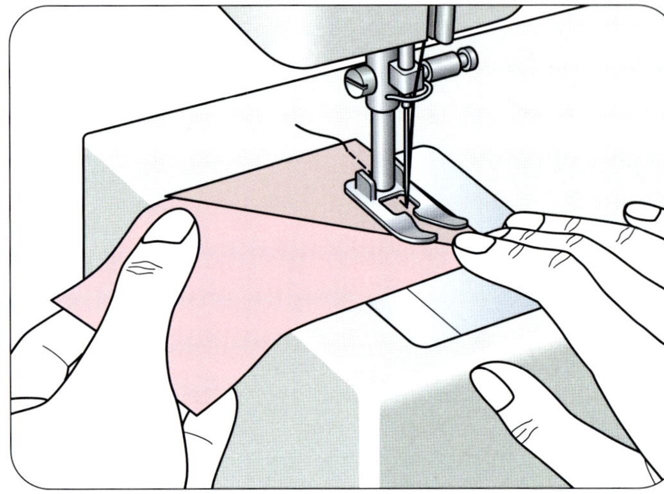

9 Schneiden Sie zwei Rechtecke in Rosa zu. Nähen Sie die gerade Kante eines der malvenfarbenen Dreiecke aus Schritt 8 an eine kurze Seite des Rechtecks. Die rechtwinklige Ecke des Dreiecks stößt an die Ecke des Rechtecks.

10 Nähen Sie eine zweite solche Einheit aus Schritt 9, jedoch spiegelbildlich zur ersten. Bügeln Sie die Nahtzugaben zum malvenfarbenen Dreieck hin. Wiederholen Sie die Schritte 8, 9 und 10 für den anderen Cake-Stand-Block.

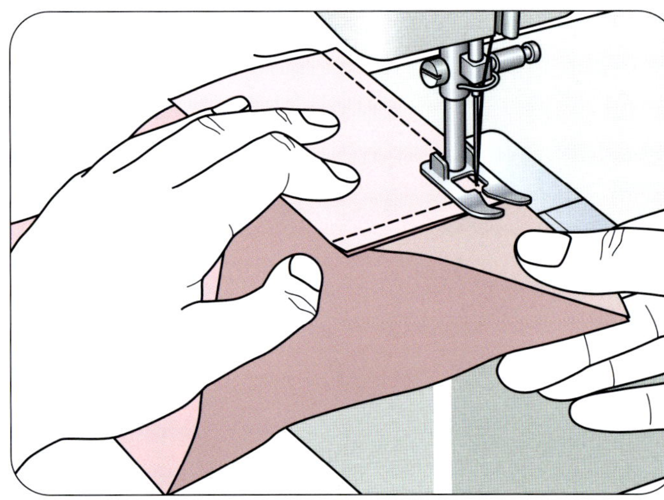

11 Schneiden Sie je ein großes Quadrat aus beiden Farben zu. Zeichnen Sie auf der Rückseite des rosafarbenen Stoffes die Diagonale von Ecke zu Ecke ein und legen Sie ihn rechts auf rechts auf das malvenfarbene Quadrat. Nähen Sie an beiden Seiten der Diagonale mit 0,6 cm (¼ in) Nahtzugabe entlang. Schneiden Sie den Stoff auf der Diagonale auseinander.

12 Nehmen Sie eine der Einheiten aus zwei Dreiecken und legen Sie es vor sich, das malvenfarbene Dreieck weist nach unten. Setzen Sie einen der in Schritt 9–10 genähten Streifen an die rechte Kante des großen malvenfarbenen Dreiecks, das kleine malvenfarbene Dreieck am Streifen weist nach unten. Nähen Sie.

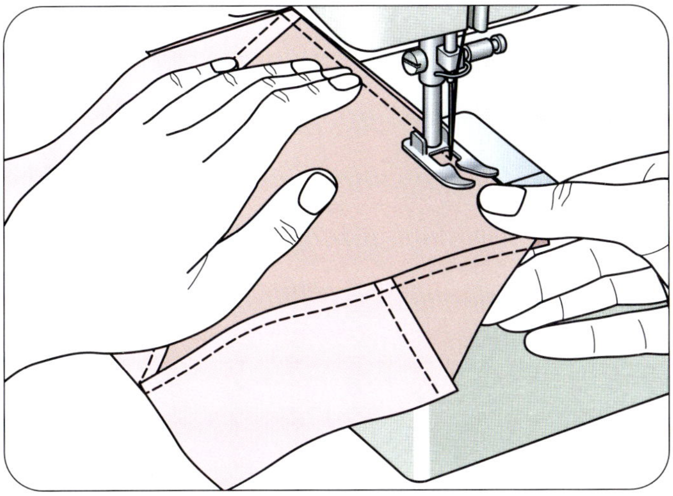

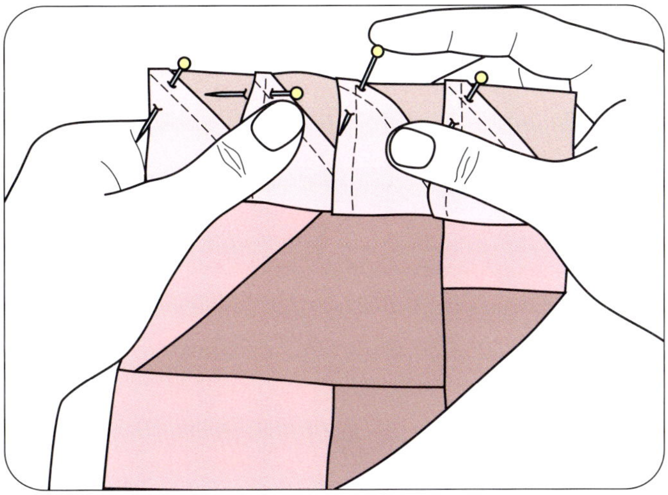

13 Nähen Sie den anderen Streifen an die andere Seite des großen malvenfarbenen Dreiecks. Nähen Sie in Richtung der malvenfarbenen Dreiecksspitze. Bügeln Sie die Nahtzugaben zum malvenfarbenen Stoff hin.

14 Nähen Sie den kurzen Streifen aus Dreiecken von Schritt 6 an die rechte Seite des großen rosafarbenen Dreiecks und achten Sie darauf, dass sich die Nähte am oberen Rand des Korbes und am unteren Dreieck des Henkels perfekt treffen.

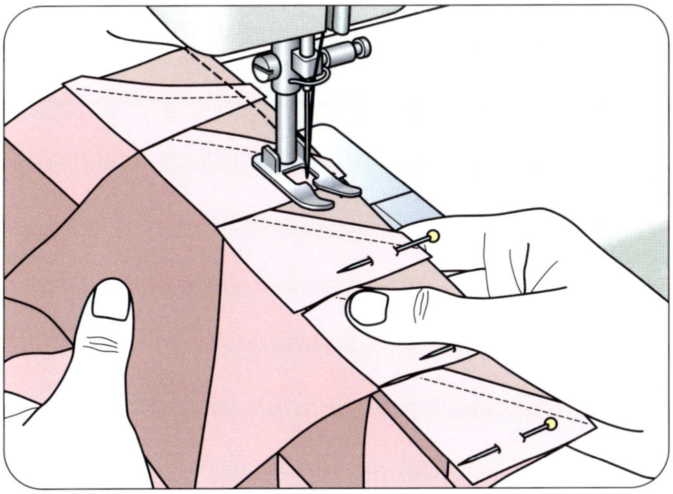

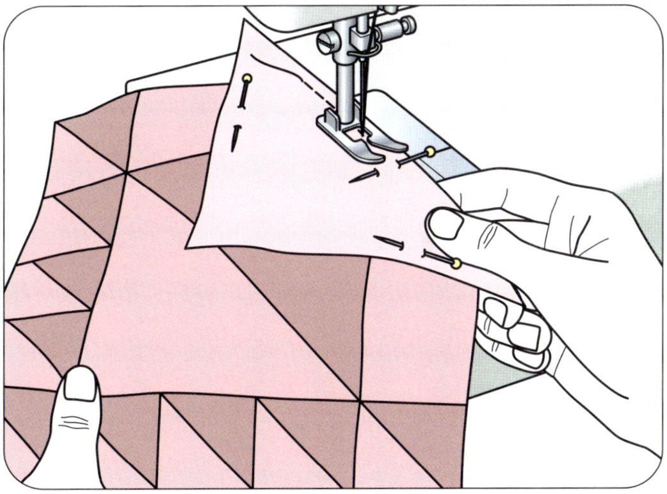

15 Setzen Sie den langen Streifen aus Dreiecken von Schritt 7 an die andere Kante des großen rosafarbenen Dreiecks.

16 Schneiden Sie ein weiteres rosafarbenes Dreieck zu und nähen Sie es an die Basis des Blocks, ohne die lange Kante zu dehnen.

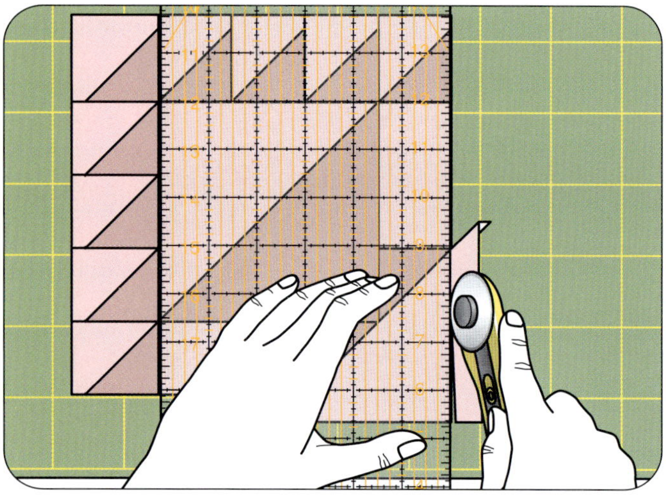

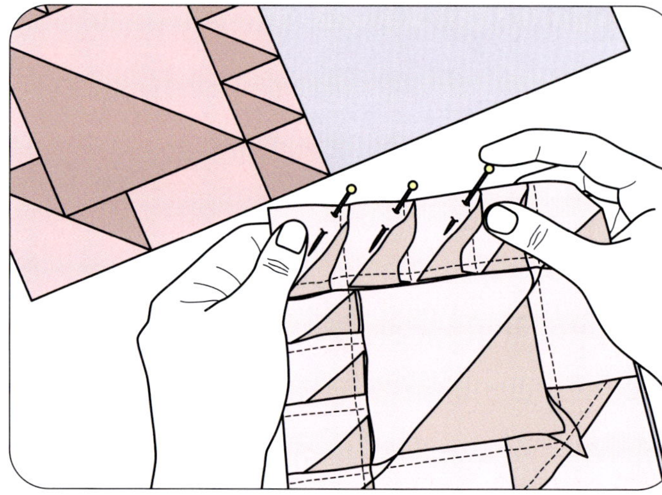

17 Schneiden Sie die Kanten des Blocks mit Hilfe von Rollschneider und Quiltlineal gerade. Wiederholen Sie die Schritte 12–17 für einen zweiten Cake-Stand-Block. Benutzen Sie einen der Blöcke, um zwei gleich große hellblaue Füllblöcke zuzuschneiden.

18 Nähen Sie jeden Block an ein hellblaues Quadrat und fügen Sie die beiden Blockpaare aneinander.

19 Die fertige Einheit sollte im Idealfall auf Spitze angeordnet sein, so dass die Kuchen-Etagere aufrecht steht.

Anspruchsvolle Falttechniken

Die Blöcke in diesem Kapitel sind ein wenig komplizierter als die bei „Quilts in Falttechnik" beschrieben wurden (siehe Seiten 238–257), und obwohl sie keine traditionellen Quiltblöcke sind, können sie in einen Quilt eingearbeitet werden. Standard-Origami-Falttechniken werden hier – statt in Papier – in Stoff ausgeführt.

Gedrehtes Windrad

Dieses Motiv wurde von der englischen Quilterin Louise Mabbs nach dem traditionellen Origami-Windrad entwickelt. Es entsteht aus zwei gleich großen Quadraten aus kontrastierenden Stoffen, die rechts auf rechts zusammengenäht, gewendet und dann zu einem Block gefaltet werden. Die Blöcke können auf verschiedene Art aneinandergesetzt werden oder durch einfaches Aufnähen eine dritte Dimension auf einem schlichten Block bilden.

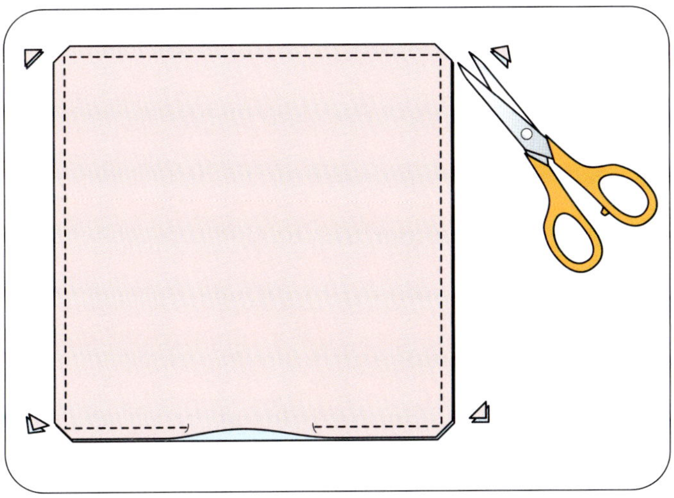

1 Schneiden Sie zwei Quadrate aus kontrastierenden Stoffen und nähen Sie sie an den Kanten rechts auf rechts zusammen. Lassen Sie eine Wendeöffnung an einer Seite frei. Schneiden Sie die Nahtzugaben an den Ecken ab, um dicke Stellen zu vermeiden.

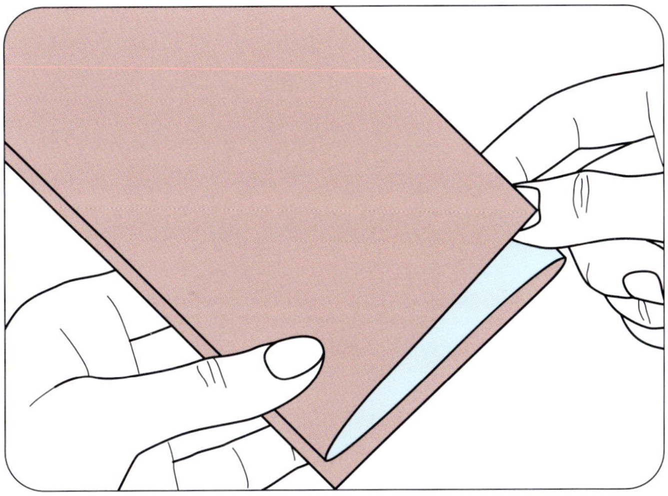

2 Wenden Sie das Quadrat durch die Öffnung und schließen Sie diese mit Blindstichen. Falten Sie die Einheit einmal zurück und wieder nach vorn, so dass sie in drei Lagen liegt.

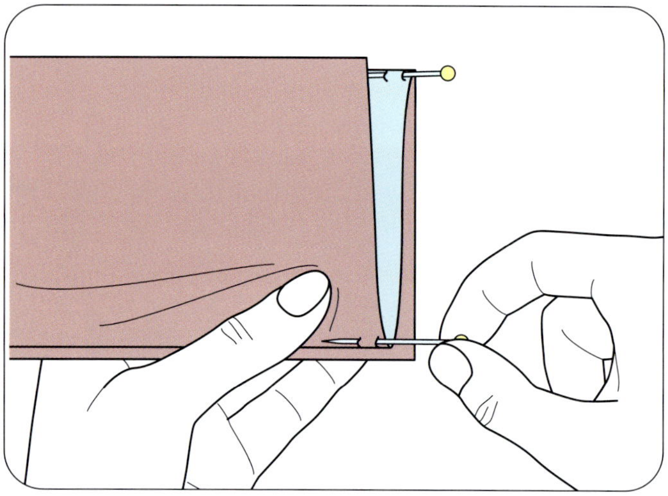

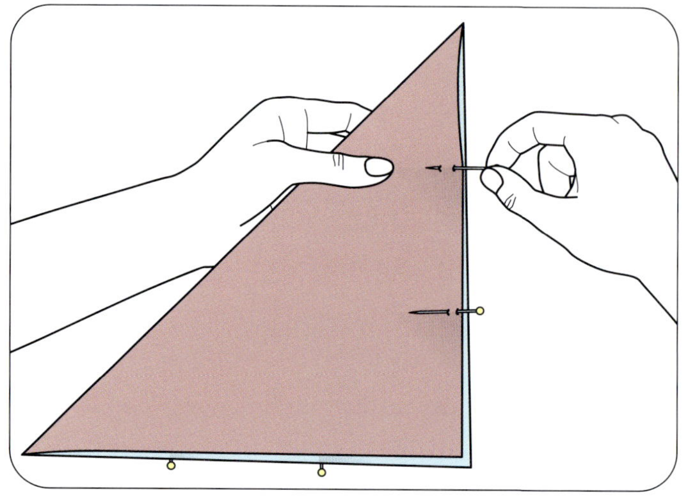

3 Markieren Sie alle gefalteten Kanten an beiden Enden jeweils mit einer Stecknadel.

4 Falten Sie das Quadrat wieder auf und legen Sie es diagonal zu einem Dreieck, das nach unten weist. An jeder Kante befinden sich zwei Stecknadeln. Stecken Sie an der rechten Kante die obere Stecknadel an unveränderter Stelle durch zwei Stofflagen. Wiederholen Sie dies mit der anderen Stecknadel.

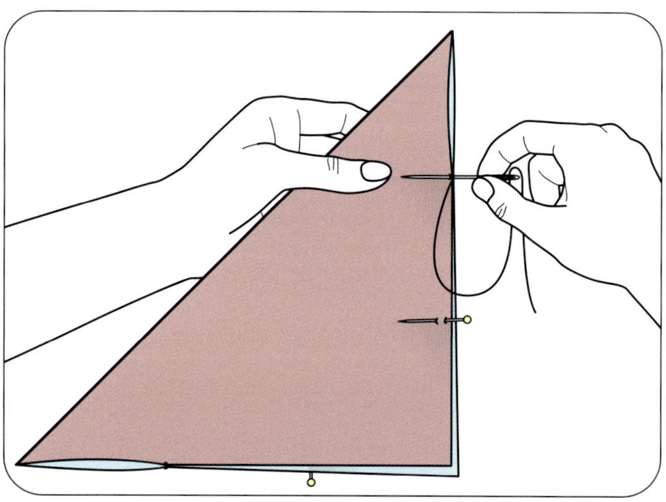

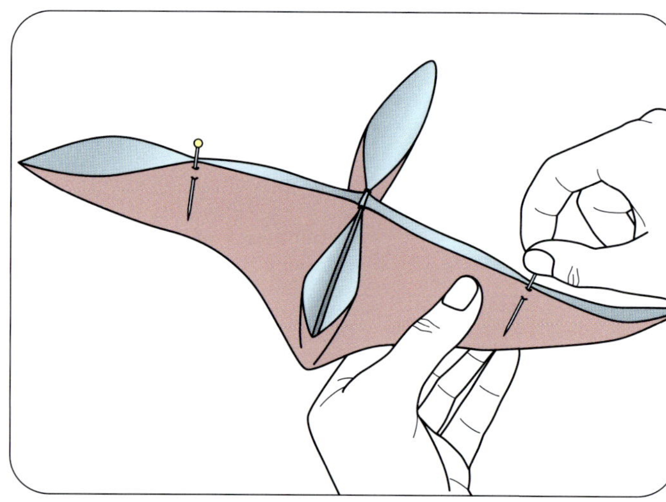

5 Stechen Sie eine eingefädelte Nadel durch das Innere der Stofflagen und verbinden Sie die beiden Stoffkanten an den beiden Stellen mit den Stecknadeln aus Schritt 4 mit winzigen Stichen. Nehmen Sie die Stecknadeln heraus.

6 Falten Sie die Einheit diagonal in die andere Richtung und stecken Sie die beiden verbliebenen Stecknadeln durch beide Lagen. Nähen Sie die Lagen an diesen Stellen aufeinander, wie in Schritt 5 beschrieben, und nehmen Sie die Stecknadeln heraus.

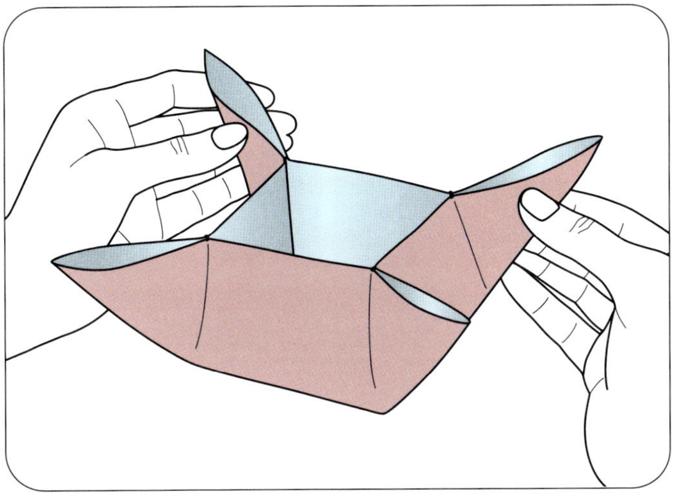

7 Sie haben nun eine kleine Schachtelform mit dreieckigen Spitzen an den Ecken. Halten Sie zwei dieser nebeneinanderliegenden Ecken mit je einer Hand fest.

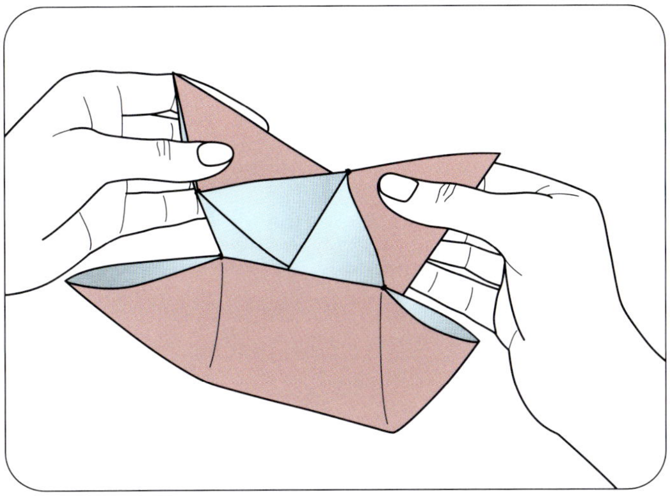

8 Drehen Sie eine der Spitzen von sich weg und die andere zu sich her. Auf der Mitte der Oberseite sollten nun vier verschlungene Dreiecke liegen.

9 Auf der Rückseite ist die Mitte ein Quadrat. Richten Sie es aus, falls es nicht perfekt gerade liegt.

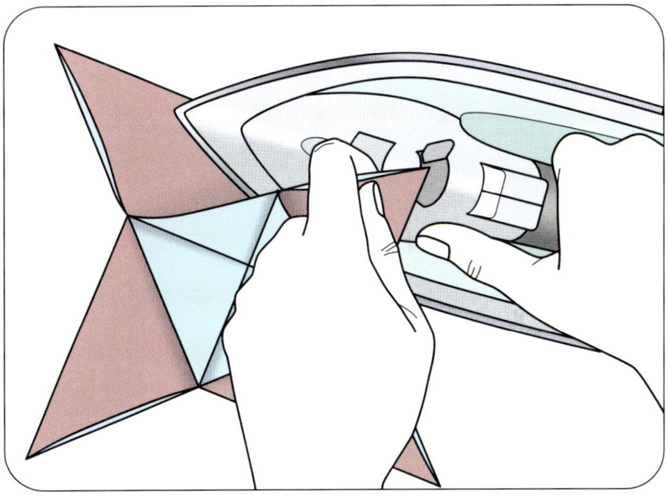

10 Bügeln Sie die Falten von der Rückseite her und heben Sie die Spitzen an, um jedes der äußeren Dreiecke gut bügeln zu können.

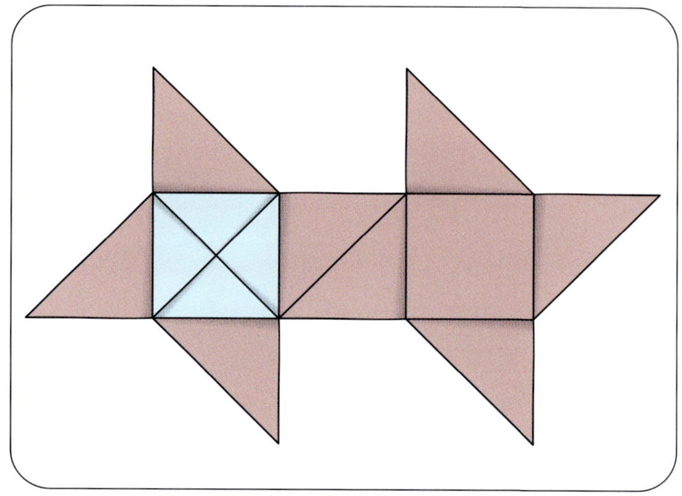

11 Bügeln Sie das Windrad nun von der Vorderseite. Machen Sie an jeder Ecke des Mittelquadrats einen winzigen Stich durch alle Lagen, damit die Windradform stabil bleibt und sich nicht wieder auffaltet.

12 Wenn Sie die Windräder aneinandersetzen möchten, nähen Sie sie an den diagonalen Kanten zusammen. Dies lässt eine quadratische Fläche offen. Entweder Sie belassen das Objekt als durchbrochene Arbeit, oder Sie füllen die offene Stelle mit einem passenden zweiseitigen Füllquadrat zu einer geschlossenen Fläche.

Falttechnik in Stoff

Bei vielen gefalteten Einheiten ergibt gestreifter Stoff eine ganz besondere Wirkung: Die Sekundärmuster, die sich durch die in verschiedene Richtungen gelegten Streifen ergeben, können das Resultat vollständig anders aussehen lassen.

Bei gefalteten Einheiten müssen Sie meist an bestimmten Stellen kleine Fixierstiche machen, damit sie sich nicht wieder auffalten.

Es ist unter Umständen schwierig abzuschätzen, wie viel Stoff Sie benötigen werden. Falten Sie die Einheit zuerst in Papier, um zu sehen, wie groß ein Stoff für die gewünschte Blockgröße sein muss.

Für einen reliefartigen Effekt können Sie die gefalteten Einheiten auf schlichte Blöcke in Ihrem Quilt applizieren. Sie können die gefalteten Einheiten auch für andersfarbige oder plastische Oberflächen benutzen.

Gefaltete Blüte

Wendy Lowes, eine englische Textilkünstlerin, entwickelte diesen zweifarbigen Blütenblock für einen Quilt in einem Wettbewerb in der Britischen Gilde. Der Quilt gewann den ersten Preis. Bereits der Blütenblock allein ist ein schöner dreidimensionaler Zusatz in einem Quilt mit Blumenthema oder in einem bildhaften Quilt.

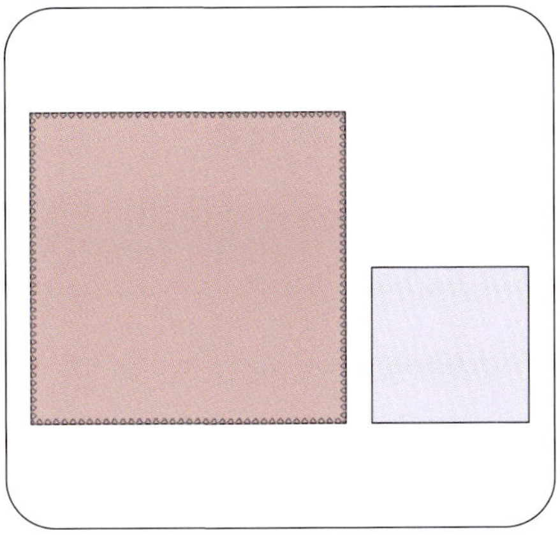

1 Schneiden Sie für die äußeren Blütenblätter ein Quadrat in etwas dunklerer Farbe und für die inneren Blütenblätter ein weiteres, nur ein Viertel so großes Quadrat in hellerer Farbe zu. Fassen Sie die Kanten des größeren Quadrats mit passendem Garn mit Zickzackstichen ein.

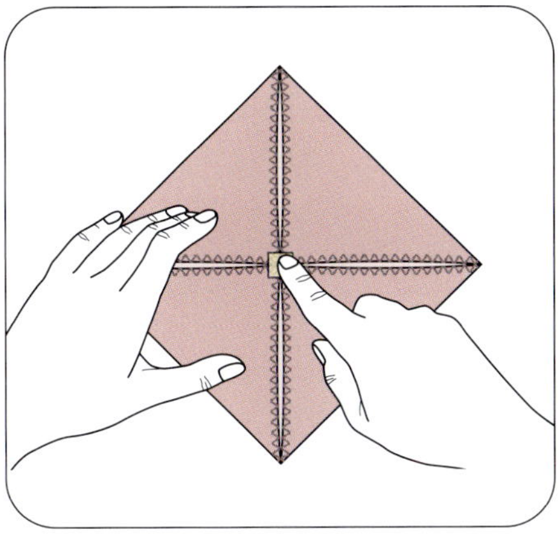

2 Arbeiten Sie zuerst mit dem großen Quadrat. Legen Sie es mit der linken Seite nach oben und falten Sie die vier Ecken zur Mitte des Quadrats. Halten Sie sie mit einem kleinen Stück Klebeband fest.

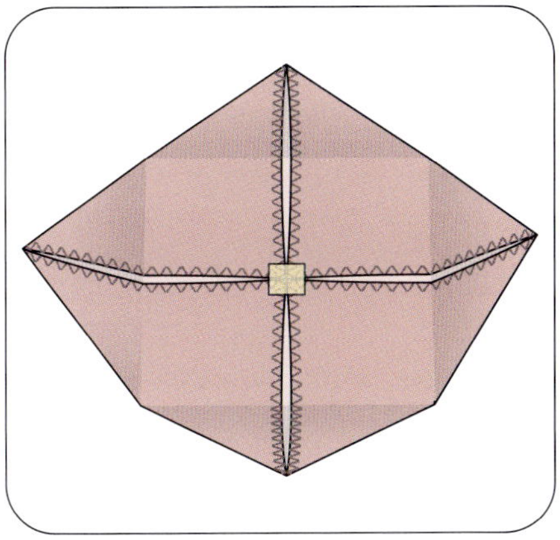

3 Falten Sie die nächsten vier Ecken zur Mitte und bügeln Sie die Falten fest ein. Falten Sie die Ecken wieder auf und wenden Sie das Quadrat, so dass die Seite mit dem Klebeband unten liegt.

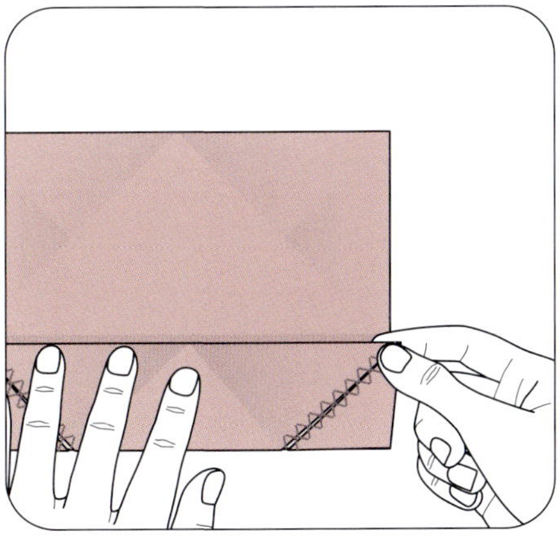

4 Falten Sie die untere Kante bis zur Mitte. Richten Sie die Kante an den Faltmarkierungen aus Schritt 3 aus. Bügeln Sie die Falte, ohne die schrägen Falten aus Schritt 3 zu glätten. Wiederholen Sie dies mit den anderen drei Kanten.

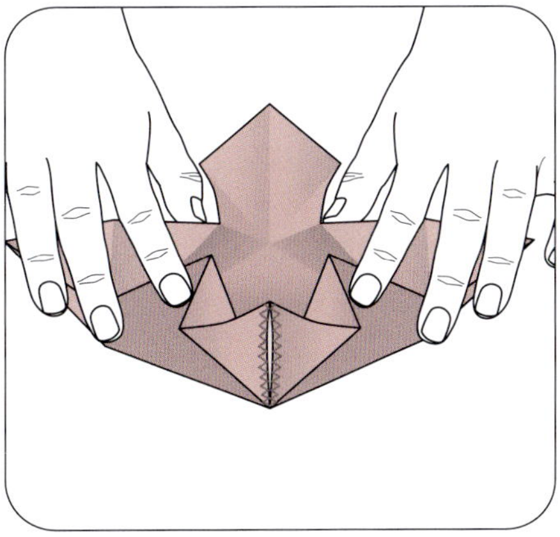

5 Heben Sie die Mittelmarkierung jeder Seite an und benutzen Sie dafür Daumen und Zeigefinger beider Hände. Drücken Sie die Mitte des Quadrats nach unten.

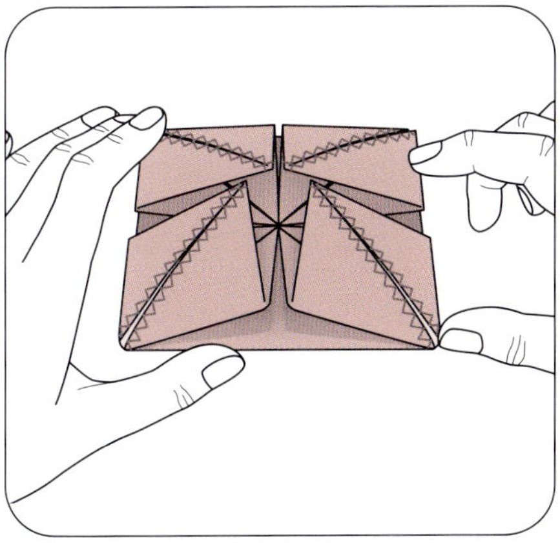

6 Das Quadrat sollte sich jetzt flach legen, so dass vier Stoffquadrate mit ihren Ecken zur Mitte zeigen.

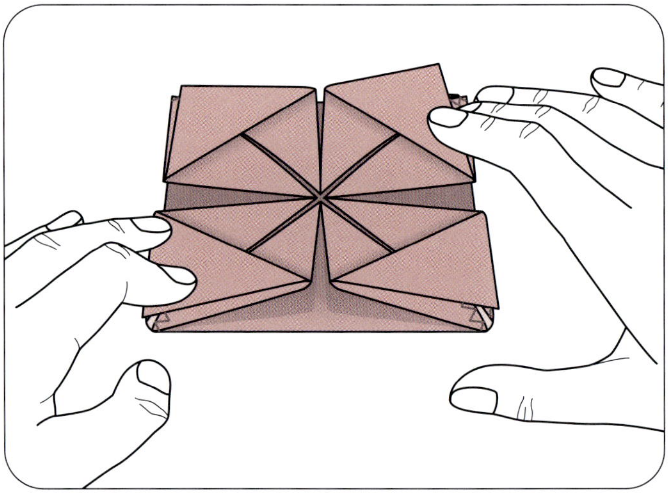

7 Klappen Sie die Spitze eines der vier Quadrate nach außen, so dass sie auf ihrer „eigenen" Ecke liegt. Wiederholen Sie dies mit den anderen drei Ecken.

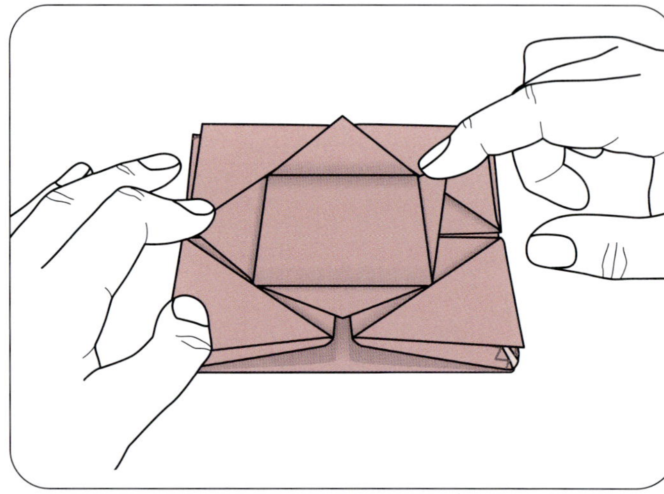

8 Falten Sie eine der inneren Spitzen nach außen, so dass sie mit den Innenkanten der zuvor aufgefalteten Ecken gleich läuft. Wiederholen Sie dies mit den anderen drei inneren Spitzen. Bügeln Sie vorsichtig die äußere Blütenform.

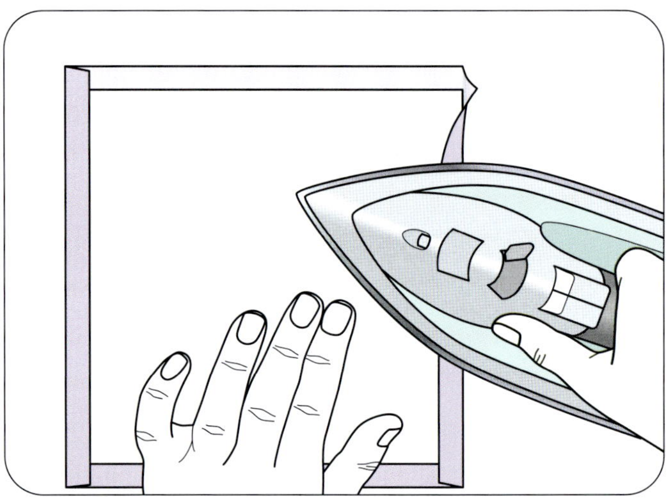

9 Nehmen Sie das hellere Stoffquadrat und legen Sie es mit der rechten Seite nach unten auf den Tisch. Schneiden Sie ein Quadrat aus Pappe, das rundum 0,6 cm (¼ in) kleiner ist, und legen Sie es mittig darauf. Bügeln Sie den Stoff um alle Kanten der Pappe.

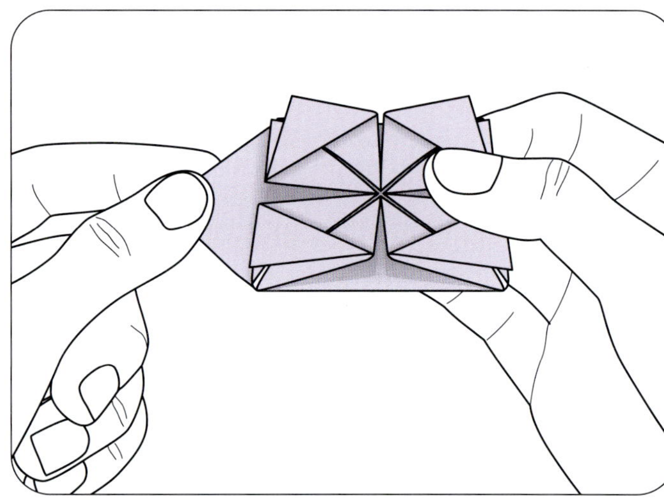

10 Wiederholen Sie die Schritte 2–5 mit dem hellen Stoffquadrat. Da Sie das Quadrat in Schritt 3 gewendet haben, liegt das kleine Stück Klebeband auf der Rückseite. Entfernen Sie es vorsichtig. Falten Sie eine der dreieckigen Spitzen von der Rückseite auf, so dass sie an der Seite der inneren Blüte hervorschaut.

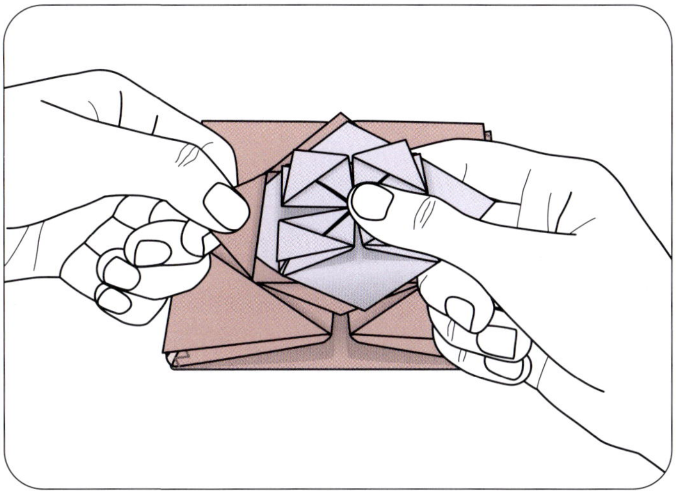

11 Wiederholen Sie dies mit den anderen drei Spitzen. Schieben Sie die vier hervorstehenden Ecken unter die inneren dreieckigen Klappen der äußeren Blüte.

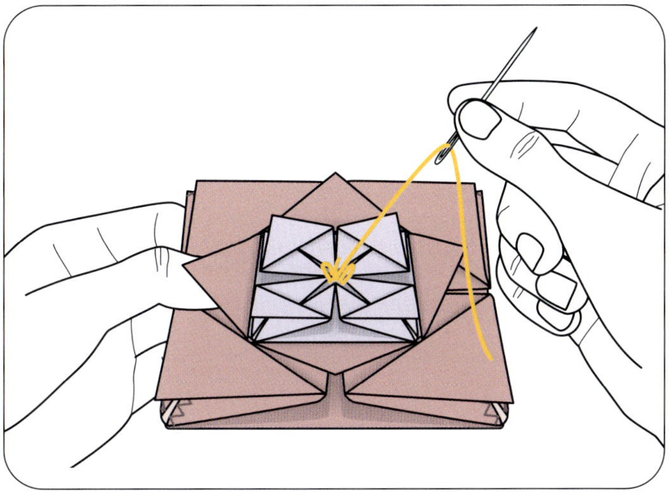

12 Arbeiten Sie mit hellgelbem Stickgarn und nähen Sie einige Stiche im Zentrum der Blüte. Dies soll die kleinen Staubgefäße darstellen und hält gleichzeitig die beiden Teile der Blüte aufeinander.

Origami in Stoff

Reine Baumwolle eignet sich für Stoff-Faltkunst am besten, denn sie hält eingebügelte Falten gut. Wenn Sie einen anderen Stoff verwenden möchten, testen Sie ihn zuerst, indem Sie ihn falten.

Der Zickzackstich in Schritt 1 verhindert, dass der Stoff ausfranst, und formt eine plastische Kante, die im fertig gefalteten Projekt sehr gut wirken kann.

Viele Origami-Muster können zu ausgesprochen schönen Quiltblöcken gefaltet werden – probieren Sie sie doch einmal aus und experimentieren Sie mit den Möglichkeiten.

Papier hat oft auf beiden Seiten die gleiche Farbe, und es ist gleichgültig, welche Seite im fertigen Stück letztendlich oben liegt. Verwenden Sie entweder einen Stoff, dessen Vorder- und Rückseitenfarbe identisch ist, oder kleben Sie zwei Stoffe links auf links mit aufbügelbarem Klebevlies zusammen.

Schablonen

Mexikanische Rose | Mexican Rose

Vergrößern oder verkleinern Sie die Vorlage auf das benötigte Maß und kopieren Sie sie viermal. Zwei der Kopien müssen spiegelverkehrt sein, damit das Motiv vollständig ist.

Ehering | Wedding Ring

Vergrößern oder verkleinern Sie die Schablonen auf das benötigte Maß und geben Sie rundum 0,6 cm (¼ in) Nahtzugabe hinzu.

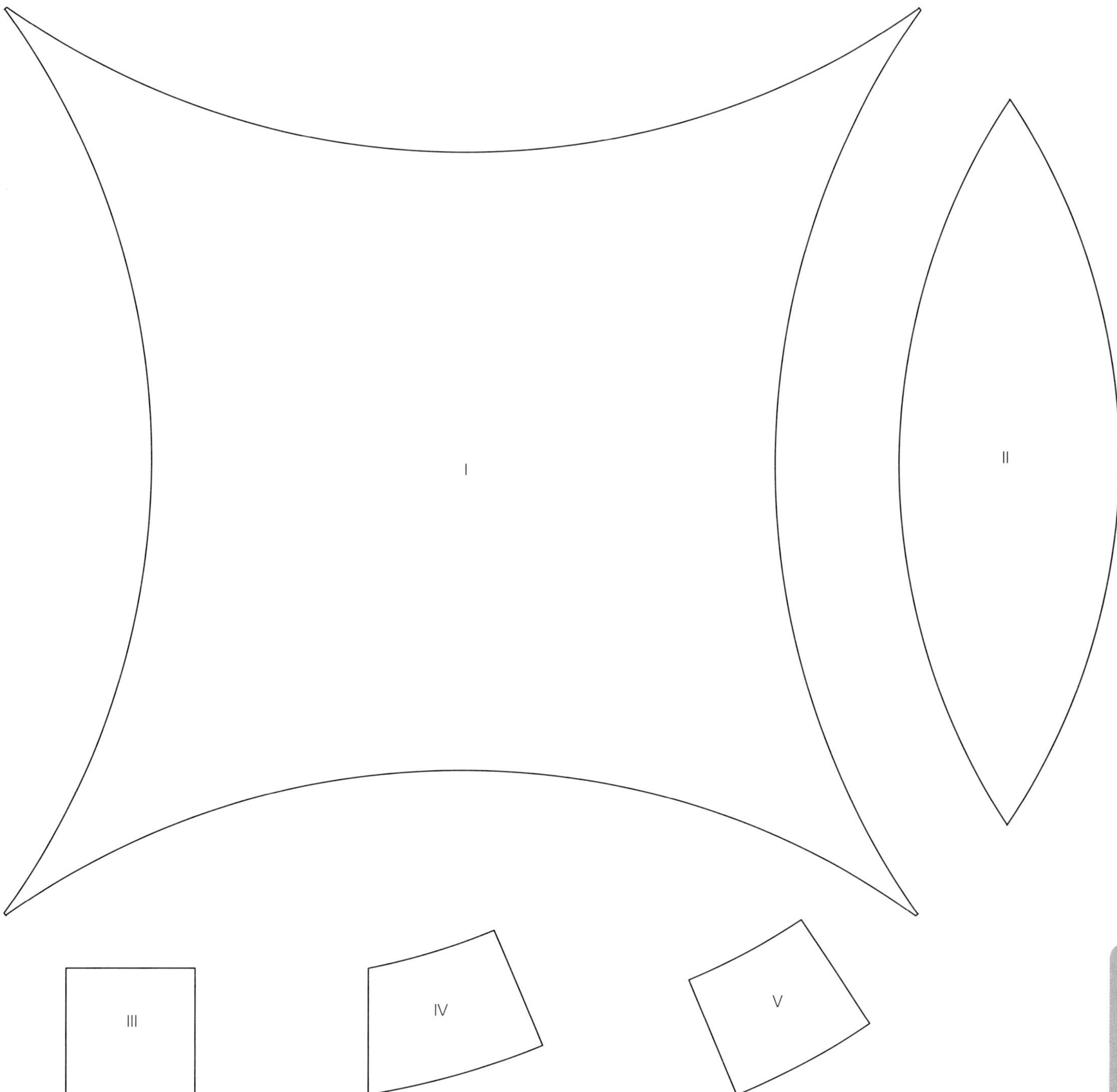

Mohnblumen | Poppies

Vergrößern oder verkleinern Sie die Schablonen auf das benötigte Maß. Die linke Schablone ist das Gesamtmotiv, die rechte ist nur die mittlere Blume, deren Applikation auf den Seiten 268–271 beschrieben ist.

4
3
2
5
6
7
13
1
11
9
10
12
8

Die Pflege von Quilts

Wenn Sie einige Quilts besitzen – ob nun selbst genäht oder für die eigene Sammlung gekauft – müssen Sie auch an ihre Pflege und Aufbewahrung denken. Stoff ist empfindlich und kann brüchig werden, was bei ungünstigen Bedingungen auch durch die Umgebung begünstigt werden kann. Trotzdem haben viele antike Quilts ganze Jahrhunderte überlebt. Es gibt also keinen Grund, warum auch Ihre Quilts nicht ein Leben lang überdauern, wenn Sie sie richtig behandeln.

Ein Quilt im täglichen Gebrauch wird unausweichlich abgenutzt. Haben Sie den Quilt selbst genäht, so haben Sie ganz sicher pflegeleichte Stoffe gewählt. Ein Kinderquilt z. B. muss oft gewaschen werden. Daher ergäbe die Verwendung von empfindlichen Stoffen oder einem nicht waschbaren Vlies wenig Sinn. Wenn das Baby den Quilt jedoch nicht mehr braucht, möchten Sie ihn vielleicht als Erinnerung aufbewahren. Ausstellungsquilts bestehen vielleicht aus dekorativen Stoffen, die eine spezielle Behandlung verlangen. All dies finden Sie in diesem Kapitel sowie auch einige nützliche Informationen darüber, wie ein Quilt ausgestellt werden sollte.

Aufbewahrung

Legen Sie niemals einen verschmutzten Quilt in den Schrank. Beachten Sie die Reinigungshinweise auf den Seiten 293–294. Es ist auch keine gute Idee, einen Quilts in einer Plastiktüte oder einer Plastikbox aufzubewahren, denn Plastikmaterial atmet nicht und hält die Feuchtigkeit im Inneren des Quilts, wodurch der Stoff verdirbt. Quilts, die in einer Holztruhe oder einem Schrank gelagert werden, dürfen nicht mit blankem Holz in Berührung kommen, da sein natürliches Öl Flecken verursachen kann. Wählen Sie einen sauberen, trockenen Aufbewahrungsort, mit gleich bleibender Temperatur und ohne direkte Sonneneinstrahlung oder starkes künstliches Licht.

Schützen Sie die Quilts vor Insektenfraß: Verwenden Sie ein Mottenmittel, achten Sie aber darauf, dass die Chemikalie nicht mit dem Stoff in Berührung kommt. Behalten Sie auch Ihre Haustiere im Auge – Katzen suchen sich mit Sicherheit einen Stapel bequemer Quilts als Schlafplatz aus, wenn man sie lässt.

Ideal wäre es, einen Quilt flach liegend aufzubewahren, doch nur wenige haben ausreichend Platz dafür. Wenn Sie ein freies Bett haben, können Sie die Quilts darauf ausbreiten und mit je einem sauberen Laken als unterste und oberste Lage übereinanderstapeln. Eine gute Alternative ist, jeden Quilt einzeln zu rollen. Aufgerollte Quilts können, in ein sauberes weißes Laken gewickelt, in große Kartonröhren geschoben und dann auf Regalbrettern gelagert werden. Lassen Sie einen Quilt nicht länger als ein paar Monate lang gefaltet liegen, denn der Stoff könnte an den Faltkanten brechen. Wenn ein Quilt jedoch gefaltet werden muss, legen Sie Seidenpapier in die Faltkanten und nehmen Sie ihn jeden Monat heraus, um ihn neu zu falten. Stopfen Sie nicht zu viele gefaltete oder gerollte Quilts aufeinander, denn der Stoff braucht Luft. Das Gewicht der obenliegenden Quilts kann auf den unteren manche dekorative Details zerdrücken.

Seidenpapier

Verwenden Sie grundsätzlich säurefreies Seidenpapier, das auf Pflanzenbasis, wie Leinen oder Baumwolle, hergestellt wurde, sowie säurefreies ungepuffertes Seidenpapier tierischer Herkunft, wie Wolle oder Seide. Im Zweifelsfall wählen Sie normales säurefreies, ungepuffertes Seidenpapier. Gepuffertes Seidenpapier ist milchweiß, mit etwas kalkigem Griff, was auf die Pufferlösung Kalziumkarbonat zurückzuführen ist. Es verlängert die Säurefreiheit des Papiers. Nicht gepuffertes Seidenpapier fühlt sich weicher an und wirkt faseriger. Es wurde speziell für Seiden und Wolltextilien, die gegen Kalziumcarbonat empfindlich sind, entwickelt.

Aufhängung

Hängen Sie keinen Quilt in einen Raum mit unzureichender Belüftung, hoher Luftfeuchtigkeit oder extrem wechselnden Temperaturen. Vermeiden Sie die Schädigung des Stoffes durch Licht. Diese Schädigung ist unwiderruflich. Direkte Sonneneinstrahlung und sogar starkes Kunstlicht lassen die meisten Stoffe schnell verblassen, Seide zerfällt sogar. Wählen Sie eine Aufhängung, die das Gewicht gleichmäßig verteilt trägt. Wechseln Sie die Quilts regelmäßig, damit nicht immer der gleiche an der Wand hängt. Quiltständer eignen sich zum Ausstellen von kleineren Projekten, doch sollten die Stangen mit Seidenpapier umwickelt sein.

Einen Aufhängetunnel nähen

Für einen Aufhängetunnel schneiden Sie einen Stoffstreifen mit ca. 10 cm (4 in) Breite in der Länge des Quilts zu. Säumen Sie die kurzen Kanten ein. Falten Sie den Streifen der Länge nach links auf links und nähen Sie ihn am noch unversäuberten Quilt an die Oberkante der Rückseite an. Der Einfassstreifen wird diese Kante später verdecken. Sollte der Quilt bereits eingefasst sein, falten Sie den Streifen rechts auf rechts und nähen Sie ihn zu einem Schlauch zusammen. Wenden Sie den Tunnel und nähen Sie ihn von Hand an die rückwärtige Oberkante des Quilts, direkt unter den Einfassstreifen. Nähen Sie jeweils auch die Unterkante des Tunnels an.

Als Aufhängung schieben Sie einen Stab, der möglichst nicht aus Holz ist, durch den Schlauch und hängen ihn mit Draht von der Decke. Oder Sie benutzen an der Wand befestigte Haken. Verwenden Sie niemals Nägel, Nadeln oder Tackerklammern, um einen Quilt an der Wand zu befestigen.

Aufhängetunnel

Wenn Sie den Quilt selbst genäht haben, können Sie den Aufhängetunnel aus einem der Stoffe machen, die auch im Quilt verwendet wurden. Sollte der Quilt je eine Reparatur benötigen, ist ein passender Stoff gleich zur Hand.

Reparatur und Reinigung

Ein beschädigter Quilt hält viel länger, wenn man ihn repariert. Jedoch wird das Restaurieren von antiken Quilts und die Frage, wie wenig oder wie viel Reparatur verträglich ist, ausgiebig und kontrovers diskutiert. Manche Experten vertreten die Meinung, dass jegliche Reparatur die geschichtliche Bedeutung des Stücks zerstöre. Lediglich schonende Reinigung und nur so viel Reparatur sei erlaubt, dass sich ein Schaden nicht vergrößere. Andere meinen, eine Reparatur, die das Leben eines Quilts verlängere, würde von vielen nachfolgenden Generationen dankbar begrüßt. Auch gehen die Meinungen darüber auseinander, ob ein Quilt mit identischen historischen Stoffen aus der Originalzeit repariert werden dürfe oder ob es besser sei, die Reparatur sichtbar zu lassen. Manche halten es für ehrlicher, sorgfältig gewählte moderne Stoffe in passender Farbe und in gleicher Qualität zu verwenden, damit sie ein Experte sofort erkennt. Arbeiten Sie niemals an einem antiken Quilt ohne zuvor professionellen Rat eingeholt zu haben.

Reinigung

Ist ein Quilt zwar in guter Verfassung, riecht aber muffig, lüften Sie ihn auf einem Trockenständer oder an einer Wäscheleine, über die Sie ein Laken gehängt haben. Warten Sie auf einen hellen, windigen Tag. Bedecken Sie den Quilt mit einem weiteren weißen Laken, damit er nicht durch das Sonnenlicht Schaden nimmt. Ist es ein antiker oder empfindlicher Quilt, sollten Sie ihn nicht über eine Leine hängen. Das Eigengewicht des Quilts könnte den Stoffen schaden. Eine Alternative ist, den Quilt auf einem Laken und auf einer trockenen Rasenfläche auszubreiten und ein weiteres Laken darüberzulegen.

Wenn der Quilt sehr staubig oder schmutzig ist, müssen Sie so viel Schmutz wie möglich entfernen, denn selbst kleine Schmutzpartikel können sich durch Temperatur und Luftfeuchtigkeit ausbreiten und die Fasern schädigen. Bürsten Sie ihn nicht mit der Kleiderbürste aus, da dies die Fäden lockern kann. Wählen Sie am Staubsauber die niedrigste Einstellung und saugen Sie mit dem Bürstenaufsatz durch ein sauberes, feinmaschiges Netz. Zerrissene Quilts und solche, bei denen die Stiche locker sind oder die bestickt wurden, sollten überhaupt nicht abgesaugt werden, denn selbst die niedrigste Saugstufe kann bereits Schaden anrichten.

Sollte es sich möglicherweise um einen kostbaren Quilt handeln – auch wenn dies rein sentimental begründet ist, sollten Sie stets eine/n Textilrestaurator/in zu Rate ziehen, bevor Sie sich an die Reinigung machen. Es ist immer besser, einen antiken Quilt keiner Belastung auszusetzen. Wenn man ihn evtl. so ausstellen kann, ohne dass man die beschädigten oder schmutzigen Stellen sieht, wäre dies letztendlich die beste Lösung.

Geben Sie einen Quilt niemals in die chemische Reinigung, denn die ist vor allem eines: chemisch! Die Lösungen können antike Stoffe dauerhaft schädigen. Ein moderner Quilt aus waschbaren Stoffen kann sehr oft in einer Waschmaschine mit großer Trommel gewaschen werden. Reparieren Sie eventuelle Schäden noch vor dem Waschen und testen Sie leuchtende Stoffe auf Farbechtheit.

Reiben Sie Flecken mit einem passenden Fleckenmittel auf Natriumperboratbasis ab. Natriumperborat wird schon seit vielen Jahren für die Konservierung von Textilien benutzt, da es nicht über die Originalfarben hinaus bleicht. Wenn also der Stoff ursprünglich naturweiß war, wird er nicht bis ins Reinweiß gebleicht. Waschen Sie den Quilt mit Feinwaschmittel und spülen Sie ihn gründlich, bevor Sie ihn trocknen, denn Waschmittelreste ziehen den Schmutz an. Schleudern Sie den Quilt bei schwacher Einstellung, um möglichst viel Wasser zu entfernen. Auch hier wird diskutiert, ob das Schleudern von feuchten Fasern schädlich ist. Einen schweren, nassen Quilt jedoch aus der Maschine zu nehmen und ihn von Hand auszudrücken, ist wahrscheinlich ebenso schädlich. Breiten Sie den Quilt über Handtüchern flach aus oder hängen Sie ihn über eine mit Handtüchern gepolsterte Wäscheleine. Bedecken Sie ihn mit einem sauberen, weißen Laken und sorgen Sie für Luftzirkulation. Drehen Sie den Quilt von Zeit zu Zeit um, damit er gleichmäßig trocknen kann.

Färbetüchlein

Wenn Sie nicht absolut sicher sind, ob die Stoffe farbecht sind, testen Sie sie mit einem Färbetüchlein, das Sie während des Waschgangs in die Trommel legen. Ein in die Waschtrommel gelegtes, unbehandeltes, weißes Baumwolltuch erfüllt jedoch den gleichen Zweck. Unbehandelte Baumwolle zieht die Farbe ganz hervorragend an. Das kleine Tuch wird aus den Stoffen ausgelaufene Farbe, die sich im Waschwasser befindet, aufsaugen. Ist das Tuch vollgesaugt, können Sie es bleichen und erneut verwenden. Alte, weiße T-Shirts aus 100 % Baumwolle sind ebenso gut geeignet. Bringen Sie das Färbetuch nicht mit Weichspüler in Berührung, da dieser die Fasern versiegelt und die Aufnahmefähigkeit für Farbe beeinträchtigt.

Antike Quilts

Bedenken Sie stets das Alter und den Zustand des Quilts, den Sie reinigen möchten. Viele antike Quilts sind aus Stoffen gearbeitet, die schlecht gefärbt wurden und deren Farbe ausläuft oder ganz verschwindet, sobald die Fasern nass werden. Manche Färbemittel haben die Struktur der Fasern so stark geschädigt, dass sich beim Waschen ganze Bereiche auflösen können. Bevor Sie einen antiken Quilt einer Reinigung unterziehen, machen Sie eine Probe: Reiben Sie mit einem feuchten weißen Tuch über die verschiedenen Stoffe. Trotzdem bringt das keine absolute Sicherheit – auch nach einer solchen Probe kann der eine oder andere Stoff noch ausbluten, sobald er richtig nass wird.

Antike Quilts können noch andere Probleme aufwerfen, nicht nur, wenn sie schmutzig sind. Verstreute schwarze Punkte weisen auf Stockflecken, die durch Feuchtigkeit hervorgerufen werden, hin. Punkte in der Farbe von Rost oder Blut können Reste von toten Insekten sein. Diese Flecken sind nahezu unmöglich zu entfernen. Sofern es möglich ist, den Ursprung der Flecken festzustellen, könnten Sie ein spezielles Gegenmittel finden. Quilts, die jahrelang zusammengefaltet liegen, bekommen braune Flecken von der Stofffarbe, die durch starke Temperaturunterschiede in die Fasern sickert. Die Farbe wird die angrenzenden Stoffe dauerhaft verfärben. Lassen Sie solche Stellen möglichst in Ruhe, denn jeder Versuch, sie zu reinigen, macht die Sache nur schlimmer.

Ist ein Quilt so fleckig, dass er völlig unbrauchbar geworden ist und nicht einmal stellenweise gezeigt werden kann, dürfen Sie jede Waschmöglichkeit ausprobieren. Manchmal wirken unkonventionelle Waschmethoden – denken Sie jedoch daran, dass der Quilt danach komplett ruiniert sein kann. Sogar Teppichreiniger soll schon erfolgreich gewesen sein. Er wird auf die Oberfläche gesprüht und abgesaugt, sobald er wieder getrocknet ist. Auch eine Paste aus Zitronensaft und Salz soll bei ausgefärbten Stellen geholfen haben. Wenden Sie diese oder andere Fleckenmittel nur an, wenn Ihnen das Risiko für Ihren Quilt auch wirklich bewusst ist.

Quilts sammeln

Quilts zu sammeln ist eine Leidenschaft. Nur wenige Menschen verdienen Geld damit. Jeder hat seine eigene Vorstellung davon, was eine Kollektion ausmacht, bei der großen Auswahl ist es jedoch am besten, sich auf einen speziellen Bereich zu konzentrieren.

Wenn Sie bereits einige Quilts besitzen, können Sie darüber nachdenken, diese Quilts als Ausgangsbasis für eine Sammlung zu betrachten. Sind die Quilts im gleichen Stil gearbeitet oder stammen sie aus der gleichen Zeit? Wurde die gleiche Technik angewendet oder vielleicht die gleiche Farbpalette benutzt? Nach dieser Überlegung beginnen Sie, gezielt nach Stücken zu suchen, die Ihre persönliche Sammlung ergänzen können.

Bei der Suche nach Quilts sollten Sie sich einen Höchstpreis setzen. Nur zu schnell ist man von einem traumhaft schönen Quilt überwältigt – aber ist er das Geld wirklich wert? Prüfen Sie den Zustand des gesamten Quilts. Kaufen Sie ihn nicht, wenn er schlimme Flecken hat oder arg zerschlissen ist. Nehmen Sie von unvollendeten Arbeiten Abstand, es sei denn, Sie hätten die Zeit und die Fähigkeiten, ihn fachgerecht fertig zu stellen.

Verzeichnis der Quiltbegriffe

A

Album-Quilt – Quilt aus verschiedenen Blöcken, oft mit unterschiedlichen Symbolen appliziert. Wenn die Blöcke signiert wurden, spricht man von einem Signaturquilt.

Amisch-Quilt – Die Amischen sind eine christlich-religiöse Glaubensgemeinschaft. Ihre antiken Quilts sind aus leuchtenden Unifarben und mit schwarzem Hintergrundstoff gearbeitet, oft mit eindrucksvollen geometrischen Mustern und breiten schlichten Randbordüren. Die modernen Amisch-Quilts, die für den Verkauf hergestellt werden, können alle möglichen Stoffe und Muster aufweisen, sind jedoch immer noch exzellent gequiltet. Obwohl es Amisch-Gruppen in allen Staaten der USA und auch in Kanada gibt, werden Quilts hauptsächlich in der Gegend um Pennsylvania, Ohio und Indiana hergestellt und verkauft.

Anordnung – die Art der Kombination von Patchworkblöcken oder applizierten Blöcken zu einer großen Fläche. Oft bilden sich übergeordnete Sekundärmuster durch angrenzende Farben.

Applikation – kleine Stoffteile oder Stoffmotive werden dekorativ auf einen Hintergrundstoff genäht. Appliziert werden kann von Hand, mit Maschine oder mit aufbügelbarem Klebevlies. Applikationen werden oft mit Patchworkblöcken kombiniert oder auf Randbordüren angewendet, um eine Patchworkfläche einzurahmen. Eine Applikation ist eine gute Möglichkeit, einen Fleck, einen Riss oder andere Problemzonen zu verstecken.

Auf Spitze gestellt – werden Quadrate, die diagonal über einen Quilt verlaufen sollen. Die Ecken weisen nach oben und unten, links und rechts.

Aufbügelbares Vlies – hat eine klebende Schicht, die auf einen Stoff aufgebügelt werden kann. Es dient der Verstärkung und als Applikationshilfe.

Aufhängetunnel – ein Stoffschlauch, der an die Rückseite eines Quilts genäht wird, um ihn aufhängen zu können.

B

Baltimore Album Quilts – elegante, sehr komplizierte Applikationen, die Mitte des 19. Jhds. in Baltimore, Maryland/USA, populär waren.

Bargello – versetzt angeordnete Teile, die farblich sortiert auf- und wieder absteigen und wie Flammen wirken.

Batik – Färbemethode für Stoffe, die mit Wachs oder einem anderen Reserveverfahren behandelt wurden, damit dort keine Farbe haften bleibt. Indonesien ist für seine Batikstoffe berühmt.

Bearding – siehe „Durchfusseln".

Bettüberwurf – Tagesdecke, die gewebt sein kann. Oft jedoch nur eine Patchworkoberseite, die ohne Vlies mit der Rückseite zusammengesetzt wurde.

Betweens – dünne, halblange Nähnadeln für das Quilten, in Stärken 8–12 erhältlich, je kleiner die Zahl, desto feiner und länger ist die Nadel.

Binding – siehe „Einfassung".

Blindstich – nahezu unsichtbarer Stich, mit dem Applikationen auf den Hintergrundstoff aufgenäht werden.

Blöcke – Patchworkoberseiten werden meist aus kleineren Einheiten, den Blöcken, zusammengesetzt.

C

Calico – in England: Nesselstoff, ungebleichte Baumwolle. In den USA: kleingemusterte Baumwollstoffe, meist Blümchen oder Blättchen.

Charm-Quilt – aus vielen kleinen Stoffteilen genähter Quilt, bei dem jeder Stoff nur einmal verwendet wird. Das Muster ist in der Regel ein Ein-Patch-Muster. Auch als Bettelquilt bekannt, da die vielen unterschiedlichen Stoffe unter Freundinnen zusammengebettelt und getauscht werden. Milleniumquilts sind Charm-Quilts aus 2000 verschiedenen Stoffen, die zur Feier des Jahrtausendwechsels genäht wurden.

Crazy Quilt – Quilt aus unregelmäßig geformten Stoffstücken (oft Resten). Beliebte Applikationsform im Viktorianischen Zeitalter. Diese Quilts wurden aus Seiden und Samtstoffen genäht und üppig bestickt.

cut-and-sew – Applikation von offenen Kanten, auch Folklore-Applikation genannt.

D

Diagonale Ecke – zwei Stoffstreifen (meist die einer Randbordüre) treffen an einer Ecke im 45°-Winkel aufeinander.

Durchfusseln/Bearding – wenn die Fasern des Vlieses durch die Quiltoberfläche dringen und dort eine pelzige Schicht bilden. Vielleicht durch elektrostatische Aufladung hervorgerufen. Meist bei billigem Polyestervlies zu beobachten, aber auch bei anderen Materialien möglich.

E

Echoquilten – mehrere Quiltlinien folgen dem Umriss eines Motivs wie ein Echo.

Einfassung/Binding – Stoffstreifen, mit dem die Außenkante eines Quilts dekorativ versäubert wird. Meist wird der Stoffstreifen auf der einen Seite festgenäht und dann über die Kante hinweg zur anderen Seite gelegt, wo er mit Blindstichen befestigt wird. Alternativ kann auch die Rückseite des Quilts über die Kanten nach vorn geschlagen werden und umgekehrt. Ein Einfassstreifen kann gerade oder im schrägen Fadenlauf zugeschnitten sein.

Einhalten – ist nötig, wenn zwei unterschiedlich lange Stoffkanten in einer Naht zusammentreffen. Die eine Kante wird ein wenig gedehnt, die andere etwas zusammengeschoben, damit beide auf die gleiche Länge kommen.

Englische Papiermethode/English Paper Piecing – Handnähmethode, bei der jedes Stoffteilchen um eine Papierschablone gespannt und festgeheftet wird. Die fertigen Teile werden an den Kanten entlang durch Überwendlichstiche aneinandergenäht. Später werden die Papiere wieder entfernt.

F

Fadenlauf – Die Richtung der Webfäden eines Stoffes längs (Kette) und quer (Schuss) über die Fläche. Der Längsfadenlauf liegt parallel zu den Webkanten, dehnt sich kaum und sollte für Randbordüren verwendet werden. Der Querfadenlauf liegt im rechten Winkel zu den Webkanten und ist etwas dehnbar.

Farbwert – Helligkeit und Dunkelheit einer Farbe.

Fat Quarter – vorgeschnittenes Stoffstück, Viertelmeter, „fettes Viertel". Ein halber Meter Stoff von der gesamten Stoffbreite wird noch einmal der Länge nach geteilt. Es misst dann etwa 45 x 55 cm (18 x 22 in). Davon können größere Patchworkteile zugeschnitten werden, als es bei einem Viertelmeter (0,25 cm) von der gesamten Stoffbreite möglich wäre (= „Long Quarter").

Fehler zur Ehre Gottes – ein aus Aberglauben absichtlich falsch eingesetzter Block oder ein falscher Stoff. „Nur Gott ist perfekt".

Fertige Größe – Maß eines komplett eingenähten Patchworkteils ohne die Nahtzugaben.

Fertigpackung – enthält die Vorlagen bzw. die Schablonen, die Anleitung und den Stoff für einen Quilt. Solche Packungen waren in der ersten Hälfte des 20. Jhd. sehr beliebt.

Fingerbügeln – Nähte werden mit dem Fingernagel anstelle des Bügeleisens flachgedrückt.

Foundation Piecing – Nähen von Stoffteilen auf einen Basisstoff oder Papier. Auch „Paper Piecing" oder „Nähen auf der Linie" genannt (vergleiche auch „Englische Papiermethode").

Freezer-Papier-Applikation – In den USA dient Freezer-Papier („freezer paper") zum Einwickeln von Gefriergut und wurde als Applikationshilfe entdeckt. Es hat eine gewachste Seite, die mit hoher Temperatur temporär auf Stoff gebügelt werden kann. Das Motiv wird zuvor spiegelverkehrt auf die nicht gewachste Seite des Papiers gezeichnet und exakt ausgeschnitten. Der Stoff wird mit einer Nahtzugabe, die um das Freezer-Papier umgelegt wird, ausgeschnitten.

Freihand-Quilten – Maschinenquilten mit versenktem Stofftransport. Das „Quiltsandwich" kann somit unter der Nadel in alle Richtungen frei bewegt werden.

Füllblöcke – sind oft unifarben und werden zusammen mit Patchworkblöcken oder applizierten Blöcken in einen Quilt eingearbeitet. Sie sind meist quadratisch oder dreieckig und dienen auch dem Auffüllen einer unregelmäßigen Quiltkante, um sie zu begradigen.

G

Geknoteter Quilt – ist nicht mit Vorstichen gequiltet, sondern punktuell mit verknoteten Bändern oder Garn zusammengehalten.

Gitterstreifen – siehe „Zwischenstreifen".

Grobstichquilten – Quilten mit Stickgarn oder Dochtwolle in dekorativ großen Stichen.

H

Hawaiianische/s Applikation/Quilten – stammt von den Hawaii-Inseln. Komplizierte symmetrische Motive werden aus einem einzigen Stoffstück zugeschnitten und auf einen Hintergrundstoff appliziert. Meist mit Echolinien gequiltet.

Heften – lange Vorstiche, die Oberseite, Vlies und Rückseite aufeinanderhalten, bis der Quilt fertig gequiltet ist. Die Heftfäden werden anschließend wieder entfernt. Ein Quiltsandwich kann auch mit Sicherheitsnadeln geheftet werden. Aufbügelbares Volumenvlies macht das Heften überflüssig.

Heften – vorübergehendes Festnähen von Stoffen bis zur endgültigen Verarbeitung.

I

In der Naht quilten – sind Quiltstiche in den Nähten einer Patchworkarbeit. Das Quiltmuster umrahmt die Stoffteile.

K

Kantha-Quilt – wird in Westbengalen und Bangladesch gearbeitet. Teile von gebrauchten Saris und anderen Kleidungsstücken werden mit Stickstichen aufeinandergehalten. Ober- und Unterseite eines Kantha sind meist weiß oder hell, damit die leuchtend farbigen Stiche gut zu sehen sind. Die Motive bedecken die gesamte Fläche, was zu zarten Wellen auf der Oberfläche führt.

Kette und Schuss – Webfäden eines Stoffes. Die Kettfäden laufen längs über die Stoffbahn, parallel zu den Webkanten. Die Schussfäden werden quer zu den Kettfäden eingewebt.

Kettennähen – wenn vorbereitete Stoffpaare nacheinander durch die Nähmaschine geschoben werden, ohne den Nähfuß anzuheben und ohne die Fäden dazwischen abzuschneiden. So werden viele Einheiten nonstop genäht. Das spart Faden und Zeit.

Kordelquilten – Quilttechnik, bei der durch eine hinter die Quiltoberseite gelegte Stofflage zwei parallele Quiltlinien gearbeitet werden. Durch diesen Tunnel wird eine Schnur oder eine Kordel gezogen. Auf der Quiltoberseite bildet sich eine erhabene Linie. Auch „Italienisches Quilten" genannt.

L

Längsfadenlauf – der gerade Fadenlauf entlang der Kettfäden eines Stoffes. Siehe auch „Schrägfadenlauf".

Longarm-Quilten – professionelle Quiltmaschinen mit extra langem Arm und sehr breiten Aufrollstangen erlauben großflächiges Maschinenquilten.

M

Mäanderquilten – Eine Methode, mit geschwungenen Quiltnähten eine Fläche großzügig zu quilten, so dass andere Bereiche stärker hervortreten. Die Kurven folgen einem zufälligen Muster, ohne dass sich die Linien überkreuzen. Gut als Flächenfüllmuster und für Oberflächengestaltung. Vorwiegend mit der Nähmaschine gequiltet, oft auch als Stippling bezeichnet (siehe dort).

Metallic-Nadeln – sind speziell für den Gebrauch von Metallic-Garnen entwickelt worden. Sie haben eine dünne, extra scharfe Spitze. Das verlängerte Öhr erleichtert das Einfädeln, und eine Kehlung an der Rückseite oberhalb des Öhrs lässt das Garn nicht aufreiben, weswegen der Faden nicht so schnell reißen kann. Metallic-Nadeln gibt es in den Größen 70/100 bis 90/14.

Millennium-Quilt – Charm-Quilt aus 2000 verschiedenen Stoffen, der zur Feier des Jahrtausendwechsels genäht wurde.

Mola – Applikation und Reversapplikation. Von den Kuna-Indianerinnen auf den San Blas Inseln an der Westküste Panamas entwickelt und für Frauenkleidung hergestellt. Kann auch in Quilts eingearbeitet werden.

Motiv – ein einzelnes Musterelement oder ein Stoffstück für eine Applikation.

Mustergenaues Schneiden – um ausgewählte Muster oder Motive herum, z. B. für die Persische Applikation.

Musterrichtung – auf bedrucken Stoffen zu beachten, z. B. bei der Abbildung von Tieren oder Blumen, die in einem Patchworkmuster nicht „auf dem Kopf" stehen sollen.

O

Overheadfolie – flexible, glasklare Plastikfolie. Nützlich für das Übertragen und richtige Platzieren eines Motivs auf Stoff.

Overlockmaschine – versäubert und näht Stoffkanten mit Überwendlichstichen und schneidet automatisch die überstehenden Kanten ab.

P

Papiermethode/Paper Piecing – siehe „Foundation Piecing". Wird oft mit der „Englischen Papiermethode/English Paper Piecing" verwechselt (siehe dort).

Patchwork – Zusammennähen von Stoffteilen jeglicher Art.

Penny-Quadrate – im Amerika des 19. Jhd. gab es in den Lebensmittelgeschäften 15 x 15 cm (6 x 6 in) große bedruckte Nesselquadrate für einen Penny pro Stück. Diese Stoffe findet man oft in alten „Redwork"-Tagesdecken und Bettquilts.

Persische Applikation – Applikationsart aus den frühen 1800er Jahren, als bedruckte Baumwollstoffe noch extrem teuer waren. Große Motive wie Tiere oder Blumen werden ausgeschnitten und auf einen anderen Hintergrundstoff aufgenäht.

Piecing/Zusammensetzen – Aneinandernähen von Stoffteilen per Hand oder mit Maschine zu einem großen Stück. Auch als „patchen" verdeutscht.

Plattstich – die Stiche liegen im rechten Winkel und immer in einer Richtung. Für Stickerei und Quilten.

Prairie Points – entstehen aus Stoffquadraten, die zu Dreiecken gefaltet wurden. Sie dienen, mit der Spitze nach außen angenäht, als Kantenabschluss um einen Quilt und an Kleidungsstücken.

Prinzessinnenfeder – traditionelles Applikationsmotiv, das vor allem im 19. Jhd. gearbeitet wurde. Der Name erinnert an eine Feder, die von der Prinzessin von Wales gerne getragen wurde.

Punzieren – dient dem Übertragen von Mustern auf Stoff für das Sticken und Quilten. Mit einem Schneiderrädchen oder einer nicht eingefädelten Nähmaschine werden kleine Löcher entlang der Linien auf einer Papierschablone genäht. Das Papier wird auf den Stoff gelegt, und durch die Löcher wird feines Kreidepulver oder Punzierpuder gerieben. Auch mit Hilfe eines aufgerollten Filzstücks lässt sich der Puder auf die Löcher tupfen.

Punzierpuder – hinterlässt feine, gepuderte Linien, sobald er durch eine Punzierschablone durchgerieben wird.

Q

Querfadenlauf – gerader Fadenlauf. Er folgt dem Schussfaden und liegt im rechten Winkel zur Webkante. Der Querfadenlauf ist etwas dehnbarer als der Längsfadenlauf.

Quillow – eine Kombination aus Quilt und Kissen (= Pillow). Ein Quilt wird gefaltet und in eine Art Kissenbezug oder Tasche gestopft, die bereits auf der Rückseite des Quilts festgenäht ist.

Quilt – ist die Bezeichnung für eine Decke aus zwei Lagen Stoff mit dazwischengelegtem Vlies. Ober- und Unterseite können aus einem einzigen Stück bestehen, zu Patchwork zusammengesetzt oder mit Applikationen versehen worden sein. Meist ist nur die Oberseite derart gearbeitet.

Quilten ohne Rahmen – wird meist bei kleinen Stücken oder Blöcken bevorzugt.

Quiltoberseite – die oberste Lage eines Quilts.

Quiltsandwich – die drei Lagen eines Quilts, die wie ein „Sandwich" aufeinandergelegt sind.

Quiltschablone – spezielle Schablone für das Übertragen von Quiltmustern auf Stoff. Die Muster sind schlitzförmig aus einer Plastikfläche oder aus Karton ausgeschnitten. Zum Übertragen fährt man mit dem Stift in den ausgeschnittenen Linien entlang.

Quiltstich – spezieller Vorstich, der die drei Lagen eines Quilts dauerhaft miteinander verbindet.

R

Ralli-Quilt – traditioneller Quilt aus den ländlichen Regionen Rajastans und Guajarat, nahe der Grenze zu Pakistan. Die Quiltoberseite entsteht aus gefärbten Stoffresten, meist in Weiß, Schwarz, Rot und Gelb oder Orange, zusammen mit Grün, Dunkelblau oder Lila. Ralli-Quilts sind mit alten Stoffen oder Baumwollflocken wattiert, die Lagen werden mit dickem, farbigen Stickgarn und in geraden Linien aufeinandergenäht.

Randstreifen – Stoffstreifen, der wie ein Rahmen um die mittlere, gestaltete Quiltoberseite genäht wird und diese vorteilhaft betont.

Rapport – der Abstand vom Zentrum des einen gedruckten oder gewebten Stoffmotivs zum nächsten, längs zum Muster gemessen. Ein halber Rapport ist, wenn die Motive zwar identisch, jedoch jeweils um ein halbes Motiv versetzt sind.

Redwork – siehe „Rotstickerei".

Restequilt – ist die Bezeichnung für jegliche Art von Patchworkquilt, der aus Stoffresten entstanden ist. Die Reste stammen von anderen Quilts oder aus der Schneiderei. Siehe auch „Charm-Quilt".

Reversapplikation – Das Motiv wird auf einen Stoff auf der Unterseite des Hintergrundstoffes genäht. Dann wird innerhalb des Motivs der Hintergrundstoff weggeschnitten, die Kanten untergeschlagen und mit Blindstichen angesäumt. Dadurch wird die untere Stoffschicht sichtbar. Mit Reversapplikation werden Hawaiianische Quilts und Molas genäht.

Rotstickerei – schlichte Umrissstickerei in rotem Garn auf weißem oder cremefarbenem Stoff. Traditionelle Motive sind Tiere, Blumen, Kinderszenen oder Küchenmotive. Redwork kann auch in anderen Farben gearbeitet werden, was es zu „Greenwork" oder „Bluework" macht. Nur bei Verwendung von schwarzem Garn nennt man es nicht „Blackwork“, da dies die Bezeichnung für die Schwarzstickerei ist, die mit einem einzelnen schwarzen Faden auf Siebleinen gearbeitet wird.

Rückseite – unterste Lage eines Quilts, meist ein schlichter Stoff, der auf die benötigte Breite zusammengesetzt wurde.

S

Sägezahnmuster – Zickzackmuster aus Dreiecken, in vielen Patchworkmustern zu finden.

Sampler – Quilt, aus unterschiedlichen Blöcken zusammengesetzt, die zum Erlernen der verschiedenen Techniken dienten.

Sashiko – Japanische Quilttechnik mit weißem Stickgarn. Die Stiche sind auf der Vorderseite größer als auf der Rückseite.

Schablone – eine Form, die als Vorlage für Patchwork- oder Applikationsteile dient. Auch zum Übertragen von Quiltlinien verwendbar. Kann fertig gekauft oder aus Plastikmaterial oder Karton selber hergestellt werden.

Scheinpatchwork – Stoff mit aufgedrucktem Patchworkmuster, der wie ein genähter Quilt aussieht.

Scherenschnitt – Aus gefaltetem Papier wird ein kompliziertes Muster ausgeschnitten und auf Stoff übertragen. Das Motiv wird auf einen Hintergrundstoff appliziert und zu einem Quilt verarbeitet. Siehe auch „Hawaiianische Applikation“.

Schrägfadenlauf – diagonale Richtung über einen gewebten Stoff, im 45°-Winkel zu Kette und Schuss. Eine Stoffkante, die im diagonalen Fadenlauf geschnitten wurde, dehnt sich stark und muss vorsichtig verarbeitet werden. Eine Einfassung aus einem Schrägstreifen kann faltenfrei um Kurven gelegt werden.

Schrägstreifen – siehe „Einfassung“.

Scrap-Quilt – siehe „Restequilt“.

Sharps – kleine, dünne, spitze Nähnadeln, die Gewebefäden durchstechen können. Eher für Patchwork als fürs Quilten geeignet. Gut für gerade Stiche. Erhältlich in den Stärken 60/8 bis 90/14.

Sicherheitsnadeln, gebogene – dienen dem kurzzeitigen Zusammenhalten der Quiltlagen, bis sie fertig gequiltet sind.

Signaturquilt – aus Blöcken, die signiert wurden. Manchmal werden die Signaturen nachgestickt, um sie dauerhaft zu machen. Signaturquilts werden von Freundinnen für Freundinnen genäht. Im frühen 20. Jhd. wurden Signaturquilts für Wohltätigkeitsveranstaltungen genäht, z. B. für das Rote Kreuz und für Kirchengemeinden.

Sommerquilt – hat keine wärmende Füllung, nur Vorder- und Rückseite.

Stickvlies – Unterlegvlies aus locker verklebten oder genadelten Fasern, nicht gewebt („non woven“). Dieses Vlies ist zwar nicht sehr stark, dehnt sich jedoch nicht und eignet sich als Nähbasis. Wird nach dem Nähen bzw. wenn es nicht mehr benötigt wird entfernt.

Stippling – einzelne, dicht von Hand gearbeitete Quiltstiche, die auf einer Fläche verteilt werden, um sie flach zu quilten. Stippling wird zumeist synonym für Mäanderquilten verwendet (siehe dort).

Streifenpatchwork – Stoffstreifen werden zu einer Fläche zusammengesetzt und dann zu neuen Formen zerschnitten.

Streifenquilts – wurden in der zweiten Hälfte des 19. Jhd. gerne genäht. Senkrechte Stoffstreifen wurden in wechselnden Farben aneinandergenäht, jeder wurde anders gequiltet.

T

Top – Quiltoberseite.

Trapunto – Quiltmuster, bei dem einzelne Bereiche von der Rückseite her mit geeignetem Füllmaterial plastisch ausgestopft sind.

Türkischrot – erste waschechte Rotfärbung. Leuchtend roter Stoff oder Garn, Ende des 19. Jhd. beliebt.

V

Verstürzen eines Quilts – Quiltoberseite und Rückseite werden rechts auf rechts gelegt und das Vlies darübergebreitet. Dann werden die Außenkanten bis auf eine Wendeöffnung aufeinandergesteppt und der Quilt gewendet, so dass nun die rechten Seiten außen liegen. Wurden die Lagen korrekt gelegt, befindet sich nun das Vlies im Inneren des Quilts, und Sie können die Wendeöffnung mit Blindstichen schließen.

Vlies – mittlere Lage eines Quilts, zwischen Oberseite und Rückseitenstoff. Wärmt und gibt Volumen. Es kann aus Baumwolle, Polyester, Mischfaser, Seide oder Wolle sein.

Volumen – beschreibt die Stärke und Duftigkeit von Füllvlies. Dicke Vliese müssen weniger dicht gequiltet werden und ergeben sehr weiche Quilts. Weniger dicke Vliese bieten Gelegenheit für schöne Quiltmuster.

Vorrat – Sammlung aller Stoffe für Patchworkarbeiten.

W

Watercolor-Quilt – kleine Quadrate aus Blumenstoffen werden so kombiniert, dass sich wie bei einem Aquarell weiche Farbübergänge ergeben.

Wattierung – das wärmende Vlies, das im Inneren eines Quilts liegt, siehe auch „Vlies“.

Webkante – die äußeren Längskanten eines Stoffes. Die Webkanten sind in der Regel fester gewebt als der Stoff und werden deshalb abgeschnitten. Auf den Webkanten sind oft die Informationen des Herstellers aufgedruckt.

Wholecloth-Quilt – Quilt aus unifarbenem Stoff, bei dem ausschließlich das Quiltmuster wirkt.

WIP – „work in progress“/Quilt in Arbeit.

WOW – „white on white“/Weiß auf Weiß.

Y

Y-Naht – ein drittes Patchworkteil wird in die Y-förmige Ecke von zwei bereits zusammengesetzten Teilen eingesetzt.

Z

Zwischenstreifen – Stoffstreifen werden zwischen Blöcke genäht, um diese im Quilt optisch zu trennen.

Herstellerverzeichnis

Stoffe
Westfalenstoffe AG, Münster
www.westfalenstoffe.de

JAB Josef Anstoetz KG, Bielefeld
www.jab.de

Zweigart, Sindelfingen
www.zweigart.de

Coats GmbH, Kenzingen
www.coatsgmbh.de

Vliesstoffe
Freudenberg Vliesstoffe KG, Heidelberg
www.vlieseline.de

Näh- und Maschinenstickgarne, Quiltgarne
Madeira, Freiburg
www.madeira.de

Gütermann, Gutach-Bleibach
www.guetermann.com

Knöpfe
Jim Knopf GmbH und Co. KG, Offenbach
www.knopfhandel.de

Union Knopf, Bielefeld
www.unionknopf.de

Knopffabrik Dill GmbH &C. KG, Bärnau
www.dill-buttons.de

Nähmaschinen
Bernina, Aarburg (CH)
www.bernina.com

Husqvarna Viking und Pfaff, Karlsruhe
www.pfaff.com

Janome, Hoofdorp (NL)
www.janome.com

Elna, Schillsdorf
www.elna.com

Zubehör
KnorrPrandell, GmbH, Lichtenfels
www.knorrprandell.com

Clover Euro GmbH, Hamburg
www.clover-euro.de

Prym Consumer GmbH, Stolberg
www.prym-consumer.com

Rayher Hobby GmbH, Laupheim
www.rayher-hobby.de

YKK, Mainhausen
www.ykk.de

Index

A

Abstände überbrücken (beim Quilten) 44
Achteckiger Ananasblock/*Octagon Pineapple* 114
Achteckmuster
- Achteck/*Octagon* 118
- Achteckiger Ananasblock 114

Achtzackiger Stern/*Eight-Pointed Star* 160–161
Afrikanische Symbole 11
Ägypten 8, 240
Ahornblatt/*Maple Leaf* 140–141
Alte Quilts (s. Antike Quilts)
Alter Stern/*Old Star* 151
Amboss/*Anvil* 141
Amerika, Quilttraditionen 8, 11, 72, 76, 78, 122, 155, 231, 295
Amisch 11, 72, 76, 78, 122, 155, 295
Ananas-Basisblock/*Log Cabin Pineapple* 114
Antike Quilts 27, 72, 294
Anvil 141
Applizierte Quilts 7, 10, 27, 72, 78, 180–211, 268, 295
- Eichblatt und Haspel/*Oak Leaf and Reel* 198–199, 208
- Folklore-Applikation/Applikation von offenen Kanten/*cut-and-sew* 182
- Freezer-Papier 187–188
- für Fortgeschrittene 264–271
- Geschichte 8
- Handapplizieren 182–188
- Hawaiianisch 200–201, 208
- Intarsienapplikation 192
- Klebevlies 189
- Maschine 194
- Mola 204–205, 210–211, 297
- Persische Applikation 32, 202–203
- Quadrate 206–207
- Revers-Applikation 8, 190–191, 297
- Schattenapplikation 193
- Schrägstreifen 195
- Spitzen und Ecken 186
- Stoffe 193
- Techniken 182–211
- Volkskunst/*Folk-Art* 182–188, 196–197

Arbeitsplatz 37
Atarashi 242, 246–247
Attic Window 240
Aufhängen von Quilts 293
Aufhängetunnel 293, 296
Aussteuer 11

B

Babyblock 156
Barbara-Bannister-Stern 159
Barn Raising 111
Basket block 172–173
Basket of Flowers 173
Basketweave 81, 105
Bauernhof/*Country Farm* 163
Baumwolle 28
Baumwollpuzzle/*Calico Puzzle* 139
Bee, Quilting 11
Bengalen 8, 49
Betteln 63, 295
Bildhafte Darstellungen 172–175
Bildhafte Quilts 230, 236–237
Blazing Star 159
Blitzstrahl/*Streak of Lightning* 109
Blöcke 52, 295
- Anordnung/Ausrichtung 54
- Füllblöcke 54
- Größen 53
- quadratisch zuschneiden 53
- zusammensetzen 53–54, 57
- Zwischenstreifen 56–57

Blockhaus/*Log Cabin* 104, 108–121, 244
Blockhaus-Stern/*Log Cabin Star* 110
Block-Puzzle 157
Blumenkorb/*Basket of Flowers* 173
Blumenmuster 32
- Blumenkorb/*Basket of Flowers* 173
- Gefaltete Blüte 285–287
- Großmutters Blumengarten/*Grandmother's Flower Garden* 152–153, 156
- Margerite/*Daisy* 240

Boutis 10, 72
Bow Tie 119, 148–149
Box Kite 139
Brasilien 240
Brick 106–107
Briefmarke/*Postage Stamp* 154–155
Broken Dishes 134–135
Broken Pinwheel 137
Broken Star 161
Bügeleisen 27, 52, 188, 195, 200
Bussardnest/*Buzzard's Roost* 135
Butterfass/*Churn Dash* 139
Butterfly 167
Buzzard's Roost 135

C

Cabin in the Cotton 115, 120
Cake Stand 173, 276–280
Calico Puzzle 139
Calicos 8, 139, 228, 295
Card Basket 163
Carpenter's Wheel 161
Cathedral Window 240, 242–243, 246
Chain and Hourglass 127
Chevron 61, 81, 118, 124–125
Chimneys and Cornerstones 115
China 8, 240, 243
Chinese Coins 79, 243
Chinesische Münzen/*Chinese Coins* 79, 243
Chintz 72
Churn Dash 139
Clamshell 81, 86, 164–165, 177
Computerdesign 260–263
Country Farm 163
Crosses and Losses 145
Crow's Foot 141
cut-and-sew 182

D

Dachfenster/*Attic Window* 240
Daisy 240
Diamond Star 109
Diamonds 110, 118, 120, 125, 153, 176
Dick und Dünn/*Thick and Thin* 115
Doppelaxt/*Double Axehead* 165
Doppelkreuz/*Double Cross* 145
Double Axehead 165
Double Cross 145
Double Pinwheel 137
Dove 169
Drachenschweife/*Kite Tails* 155
Dreiecke
- Gleichseitiges Dreieck 116
- Quadrate aus vier Dreiecken nähen 163
- Quadrate und Dreiecke 100, 132–151
- Rechtwinkliges Dreieck 116
- Verschiedene Dreiecke 123
- Windrad-Dreieck/*Pinwheel Triangle* 123

Dreieckschablonen 176
Dresden Plate 167
Dresdner Teller/*Dresden Plate* 167
Druckstoffe kombinieren 33
Drunkard's Path 168–169, 177

E

Echoquilten 45, 295
Ecken 59, 84–85, 295
Ehering/*Wedding Ring* 272–275, 289
Eichblatt und Haspel/*Oak Leaf and Reel* 198–199, 208
Eight-pointed Star 160–161
Einfassung 62, 64–69, 79, 195, 295
Eisenbahn/*Railroad* 145
England (s. Großbritannien)
England, Quilten in 8, 10–11, 72, 95, 156, 231
Englische Papiermethode/*English Paper Piecing* 95, 156
English Paper Piecing 95 156

Europa, Entwicklung des Quiltens 8, 10
Evergreen 147

F

Fächer/*Fan* 166–167, 178
Fadenspannung 26
Falling Timbers 169
Falsche Orangenblüten/*Mock Orange Blossoms* 240
Falten 248–253
Falttechnik 7, 238–257
  Entwicklung der Falttechniken 240
  Falten 248–253
  für Fortgeschrittene 281–287
  Gefaltete Blüte 285–287
  Gefaltetes Windrad 254–255
  Japanische Falttechnik/Atarashi 242, 246–247
  Mustervorlagen 240, 242–245, 254–257, 281–287
  Origami-Falttechniken 240, 281, 287
  Schablonen 288–291
Fan 166–167, 178
Fancy Stripe 135
Fantasievolle Streifen/*Fancy Stripe* 135
Farben, Anwendung von 7, 30–31
Fat Quarters 33, 296
Fensterschablonen 91
Fingerbügeln 52, 254, 296
Fliege (Krawattenschleife)/*Bow Tie* 119, 148–149
Fliegende Gänse/*Flying Geese* 61, 78, 114
Fliesenmuster/*Hexagon Tile* 153
Flug ins All/*Space Flight* 120
Flugdrachen/*Kite* 175
Flying Geese 61, 78, 114
Folk Art 182–188, 196–197
Fortgeschrittene, Techniken für 258–294
Foundation Piecing 101, 296
Four-Patch 61, 104, 107, 127, 130–131, 136, 148, 151, 172
Four-Pointed Star 158, 179
Frankreich 8, 72
Frau Taft's Wahl/*Mrs Taft's Choice* 151
Freundschaftsquilts 228
Freundschaftsstern/*Friendship Star* 132–133
Frieden und Wohlstand/*Peace and Plenty* 135
Friendship Star 132–133
Fruit Basket 173
Füllmuster und Gitterlinien 45
Fünfeck/*Pentagon* 118, 176
Funkelnder Diamant/*Scintillating Diamond* 110

G

Gardiner, George 11
Garne 19, 22, 25, 37, 77
Gartenzaun/*Rail Fence* 104–105, 107
Gebrauchsquilts 48
Gefalteter Stern/Somerset-Patchwork 257
Gefaltetes Blockhaus 240
Gefaltetes Windrad 254–255
Geheimer Garten/*Secret Garden* 243
Geometrische Muster 32
Gerade Furche/*Straight Furrow* 109
Gerade Linien markieren 40
Gerechtigkeit/*Justice* 119
Geteilte Balken/*Split Bars* 77
Gewinn und Verlust/*Crosses and Losses* 145
Gittermuster (Schablonen) 80–81
Glücksrad/*Wheel of Fortune* 143
Grandmother's Flowergarden 152–153, 156
Granny's Choice 149
Großmutters Blumengarten/*Grandmother's Flowergarden* 152–153, 156
Großmutters Wahl/*Granny's Choice* 149

H

Halbes Blockhaus/*Chevron* 61, 81, 118, 124–125
Handnähstiche (s. a. Stiche) 20–21
Handquilten 40–49
Hawaiianische Quilts 11, 200–201, 209, 296
Hedley Joseph, 10–11
Heften 21, 41, 63, 99, 296
Helle und dunkle Rauten/*Light and Dark Diamonds* 110
Hexagon 116
Hexagon (Schablonen) 81, 176
Hexagon Star 153
Hexagon Tile 153
Hohe Pinie/*Tall Pine Tree* 147
Hole in the Barn Door 111, 139
Hovering Hawks 145
Hütte im Baumwollfeld/*Cabin in the Cotton* 115, 120

I

Immergrün/*Evergreen* 147
In der Naht quilten 45, 296
Indian Hatchet 149
Indianerbeil/*Indian Hatchet* 149
Indien 8, 240
Innenstadt/*Inner City* 157
Inner City 157
Irische Kette/*Irish Chain* 128–129
Irish Chain 128–129

J

Jacob's Ladder 144–145
Jacobsleiter/*Jacob's Ladder* 144–145
Japan 8, 49, 246–247
Jo-Jo (Yo-Yo)/*Suffolk Puffs* 256
Josephine's Knot 170–171, 178
Josephinenknoten/*Josephine's Knot* 170–171, 178
Justice 119

K

Kamine und Ecksteine/*Chimneys and Cornerstones* 115
Kantha 8, 49, 229, 296
Kartenkörbchen/*Card Basket* 163
Kastendrachen/*Box Kite* 139
Kathedralfenster/*Cathedral Window* 240, 242–243, 246
Kette und Stundenglas/*Chain and Hourglass* 127
Kimono 175
King's Cross 123
Kite 175
Kite Tails 155
Kleine und große auf Spitze stehende Quadrate 120
Knoten 43, 48, 214
Korbblock/*Basket block* 172–173
Korbgeflecht/*Basketweave* 81, 105
Kordelquilten 46, 74, 296
Krähenfuß/*Crow's Foot* 141
Kreisende Habichte/*Hovering Hawks* 145
Kreuz des Königs/*King's Cross* 123
Kuchen-Etagere/*Cake Stand* 173, 276–280
Kuna-Indianer 204
Kurven 164–171

L

Laced Star 159
Leinen 25, 28
LeMoyne Star 159
LeMoyne-Stern/*LeMoyne Star* 159
Light and Dark Diamonds 110
Lilie/*Lily* 141, 161
Lily 141, 161
Lisu, Thailand 240
Loch im Scheunentor/*Hole in the Barn Door* 111, 139
Lochmuster (Perforierte Mustervorlagen) herstellen 42
Log Cabin 104, 108–121, 244
Log Cabin Pineapple 114
Log Cabin Star 110
London Stairs 107
Londoner Treppen/*London Stairs* 107
Lötkolben 225
Lowes, Wendy 254, 285

M

Mäanderquilten 51
Mabbs, Luise 250, 281
Maltese Barn Raising 111
Malteser Scheunenbau/*Maltese Barn Raising* 111
Maple Leaf 140–141
Margerite/*Daisy* 240
Markieren (Vorzeichnen) 14–15, 40, 50, 90–91

Marseille-Quilts/*Piqûre de Marseille* 8, 10
Maschinenquilten 7, 11, 22–24, 50–51, 75, 103, 189, 201
Applikation 194–195
Longarm-Quilten 72, 296
Zusammensetzen 96–103
Matellassage 8, 72
Medaillonmuster 72
Mennonitenquilts 78
Mennonitenstich 49
Mexican Cross 120
Mexican Rose 264–265, 288
Mexikanische Rose/*Mexican Rose* 264–265, 288
Mexikanisches Kreuz/*Mexican Cross* 120
Milchstraße/*Milky Way* 133
Milky Way 133
Mittelalter 7
Mock Orange Blossoms 240
Mohnblumen/*Poppies* 268–271, 290–291
Mola 204–205, 210–211, 297
Monkey Wrench 143
Mosaiken 152–163
Motive quilten 45, 86–87
Mrs Taft's Choice 151
Muschel/*Clamshell* 81, 86, 164–165, 177
Muster vergrößern und übertragen (s. a. einzelne Musternamen) 42
Muster, verschiedene Arten (s. a. einzelne Musternamen) 7, 32–33

N

Nachtstück/*Nocturno* 171
Nähen eines Quilts 52–69
Nähnadeln 19, 22, 25, 295, 298
Nähte
auftrennen 99
einfache gerade 94
kreisförmige 50
kurvige 50, 97, 164–170, 252, 272–273
runde 274
Teile zusammensetzen 94
Nähzubehör (s. a. Maschinenquilten) 19
Nervensäge/*Pain in the Neck* 240
Neunerblock/*Nine-Patch* 104, 126–127, 133, 138, 150
Nine-Patch 104, 126–127, 133, 138, 150
Nocturno 171
Nordstern/*North Star* 159
North Star 159

O

Oak Leaf and Reel 198–199, 208
Oberflächenmuster 33
Obstkorb/*Fruit Basket* 173
Ocean Wave 153
Octagon 118
Octagon Pineapple 114
Ohio Star 162–163
Ohio-Stern/*Ohio Star* 162–163
Old Star 151
Origami-Falttechniken 240, 254–255, 281, 287
Ozeanwelle/*Ocean Wave* 153

P

Pailletten 223
Pain in the Neck 240
Paisley 72
Papiervorlagen herstellen 91
Paradiesbaum/*Tree of Paradise* 147
Patchwork (s. a. Patchwork-Quilts) 7, 8, 11, 18, 231, 297
Patchwork-Quilts 88–179
Geschichte 8
Handnähen 94–95, 107, 182
Kettennähen 97, 296
Maschinennähen 22, 96–103
Nähen auf Basisstoff/ *Foundation Piecing* 101, 296
Patchwork für Fortgeschrittene 272–280
Streifen-Patchwork 107
Vorzeichnen und Zuschneiden 90–91
Zusammensetzen von Patchworkeinheiten 98
Zuschneiden mit dem Rollschneider 92–93
Peace and Plenty 135
Pentagon 118, 176
Perlen 223–224
Persische Applikation 32, 202–203, 297
Peter bestehlen um Paul zu bezahlen/*Robbing Peter to Pay Paul* 149
Pine Tree 146–147
Pineapple 114
Pinie/*Pine Tree* 146–147
Pinwheel 111, 136–137
Pinwheel Triangle 123
Piqûre de Marseille 8, 10
Poppies 268–271, 290–291
Postage Stamp 154–155
Prairie Points 61, 297

Q

Quadrat im Quadrat im Quadrat/*Square in a Square in a Square* 120
Quadrate 61, 130–151
quilt-as-you-go 103
Quilt-Clubs 11
Quilten, Geschichte 8, 10–11
Quilt-Handwerk 11
Quilting Bee 11
Quilts pflegen 292–294
Quilts, verzierte 212–237
Quiltschablone 18, 297
Quilt-Stemplerinnen 72

R

Rail Fence 104–105, 107
Railroad 145
Ralli-Quilts 48, 297
Randbordüren 58–61, 82–83, 297
Raue See/*Rough Sea* 143
Rauten und auf Spitze gestellte Quadrate/*Diamonds* 118, 125, 153, 176
Diamant-Stern/*Diamond Star* 109
Helle/dunkle Blöcke auf Spitze gestellt 110, 120
Rechtwinkliges Dreieck 116
Redwork 228, 232–233, 297
Reise um die Welt/*Trip Around the World* 155
Restaurieren und Reinigen 293–294
Robbing Peter to Pay Paul 149
Rollschneider 16-17, 90, 92–93, 107, 252
Roman Stripe 122–123
Römische Streifen/*Roman Stripe* 122–123
Rotstickerei/*Redwork* 228, 232–233, 297–298
Rough Sea 143
Rückseitenstoff 34–35, 46–47, 62–63, 68–69, 246–247
Russland 240

S

Sägezahn/*Sawtooth* 150–151, 298
Sammeln von Quilts 294
Sampler-Quilts 54
Sashiko 8, 49, 229, 234–235, 298
Sashing 56, 298
Sawtooth 150–151
Schablonen 18, 40, 80–87, 90–91, 176–179, 184, 187, 200, 208–211, 230, 232–237, 264, 271–272, 288–291, 298
Scherben (Zerbrochenes Geschirr)/*Broken Dishes* 134–135
Scheunenbau/*Barn Raising* 111
Schildkröte/*Turtle* 171
Schlange in der Grube/*Snake in the Hollow* 167
Schmetterling/*Butterfly* 167
Schneckenpfad/*Snail's Trail* 142–143
Schneidematten und Quiltlineale 17, 93
Schoolhouse 174–175, 179
Schrägstreifen 67–68, 195, 298
Schulhaus/*Schoolhouse* 174–175, 179
Scintillating Diamond 110
Sechseck/*Hexagon* (Schablonen) 81, 176
Sechseck/*Hexagon* 116
Sechseckige Fliesen/*Hexagon Tile* 153
Sechseck-Stern/*Hexagon Star* 153
Secret Garden 243
Seide 8, 25, 29

Seminole-Indianer 124
Seminole-Zickzack 61, 125
Shells 165
Shisha-Spiegelchen 224
Shoo-Fly 138–139
Snail's Trail 142–143
Snake in the Hollow 167
Somerset-Patchwork 257
Sonne und Schatten/*Sunshine and Shadow* 110, 155
Southern Belle 135
Space Flight 120
Spanische Spitzen 257
Split Bars 77
Square in a Square in a Square 120
Stecknadeln 19
Steps 81, 109, 112, 119, 125
Sternenmuster
  Achtzackiger Stern/*Eight-pointed Star* 160–161
  Alter Stern/*Old Star* 151
  Barbara-Bannister-Stern 159
  Blockhaus-Stern/*Log Cabin Star* 110
  Diamant-Stern/*Diamond Star* 109
  Freundschaftsstern/*Friendship Star* 132–133
  LeMoyne-Stern/*LeMoyne Star* 159
  Nordstern/*North Star* 159
  Ohio-Stern/*Ohio Star* 162–163
  Sechseck-Stern/*Hexagon Star* 153
  Sternschnuppe/*Trailing Star* 137
  Strahlender Stern/*Blazing Star* 159
  Variabler Stern/*Variable Star* 163
  Verflochtener Stern/*Laced Star* 159
  Vierzackiger Stern/*Four-pointed Star* 158, 179
  Virginia-Stern/*Virginia Star* 161
  Zerbrochener Stern/*Broken Star* 161
Sternschnuppe/*Trailing Star* 137
Stiche
  Blind- 20, 203, 295
  Feder- 218
  Feston- 49, 197, 203, 220
  Fliegen- 218
  Gefiederter Ketten- 222
  Geknoteter Verbindungsstich 221
  Halber Knopfloch- 49
  Handnäh-/Grundlagen 20–21
  Hexen- 47, 220
  Ketten- 221
  Kleine Stiche 41
  Knötchen- 48, 217
  Krähenfuß- 49
  Kreuz- 47–49, 217
  Mäander- 51, 296
  Margeriten- 221
  Mennoniten- 49
  Quilt- 43–44, 297
  Rück- 20, 107, 216, 228
  Satin- 189
  Saum- (Blind-) 20, 66, 184, 190–192, 203, 242–243, 247, 265, 267
  Spalt- 228
  Stick- 205, 231
  Stiel- 216, 226
  Überstechen 214
  Überwendlich- 20, 242, 246
  Vor- 20, 48–49, 107, 215, 265, 267
  Zickzack- 194, 201, 203, 205, 285, 287
Stickerei 78, 205, 222, 231
Stippling 45, 51, 298
Stoff 7, 193
  Arten von (s. a. die jeweiligen Stoffnamen) 28–29
  Aufbewahrung 37
  färben 226–227
  schmelzen 225
Strahlender Stern/*Blazing Star* 159
Straight Furrow 109
Streak of Lightning 109
Streifen 96, 104–129
Streifenquilts 72–73, 75, 298
Stufen/*Steps* 81, 109, 112, 119, 125
Stürzende Baumstämme/*Falling Timbers* 169
Stürzende Würfel/*Tumbling Blocks* 156–157
Südamerika 8
Südstaaten-Schönheit/*Southern Belle* 135
Suffolk Puffs 256
Sunshine and Shadow 110, 155
Synthetische Stoffe 29, 255

T

Tagesdecke 7, 8, 240
Tall Pine Tree 147
Taube/*Dove* 169
Thick and Thin 115
Totem Poles 119
Totempfähle/*Totem Poles* 119
Trailing Star 137
Trapunto 8, 46–47, 72, 74, 298
Tree of Paradise 147
Trip Around the World 155
Tumbling Block 156–157
Turtle 171
Twisted Pinwheel 281–284

U

Umrissquilten 45
Universalschraubenschlüssel/*Monkey Wrench* 143
Ureinwohner Amerikas 11, 124

V

Variable Star 163
Variabler Stern/*Variable Star* 163
Verflochtener Stern/*Laced Star* 159
Viererblock/*Four-Patch* 61, 104, 107, 127, 130–131, 136, 148, 151, 172
Viertelmeter/*Fat Quarters* 33, 296
Vierzackiger Stern/*Four-Pointed Star* 158, 179
Virginia Star 161
Virginia-Stern/*Virginia Star* 161
Vlies und Rückseite 34–35, 43, 62–63, 74, 298
Vogelscheuche/*Shoo-Fly* 138–139
Volkskunst/*Folk Art* 182–188, 196–197

W

Wedding Ring 272–275, 289
Weg des Betrunkenen/*Drunkard's Path* 168–169, 177
Weißquilts 72
Weltwunder/*Wonder of the World* 169
Werkzeuge
  Messen und Markieren 14–15
  Nähen 19
  Schneiden 16–17
Wheel of Fortune 143
Wholecloth-Quilts 8, 72, 74, 298
Windrad/*Pinwheel* 111, 136–137
  Doppeltes Windrad/*Double Pinwheel* 137
  Gedrehtes Windrad/*Twisted Pinwheel* 281–284
  Gefaltetes Windrad 254
  Windrad-Dreieck/*Pinwheel Triangle* 123
  Zerbrochenes Windrad/*Broken Pinwheel* 137
Wolle 28
Wonder of the World 169
Würfelblock 156

Y

Y-Naht 160, 298
Yosegire 8
Yo-Yo (Jo-Jo)/*Suffolk Puffs* 256

Z

Zackenrand/*Prairie Points* 61, 297
Zerbrochener Stern/*Broken Star* 161
Zerbrochenes Geschirr (Scherben)/*Broken Dishes* 134–135
Zickzack/*Chevron* 118, 125
Zickzackmuster 61, 81, 118, 124–125
Ziegel/*Brick* 106–107
Zimmermannsrad/*Carpenter's Wheel* 161
Zuschneiden 90–93, 161–167
Zwischenstreifen/*Sashing* 56, 298

Dank

Wir danken allen Quilterinnen, die uns ihre Arbeiten für die Fotos in diesem Buch überlassen haben: Rose Epton-Peter, Avril Horn, Gwen Jones, Sally Manning, Doreen Plumridge, Marion Stanway und Sinéad Hurley. Ich danke Maggi McCormick-Gordon dafür, dass sie mir so viel über das Quilten beigebracht hat, und meiner Mutter Joan Clayton dafür, dass Sie mich das Nähen gelehrt hat.

Ich danke auch allen bei Collins & Brown für ihre Hilfe und Unterstützung, besonders Miriam Hyslop, Caroline King und Gemma Wilson. Danke an Kuo Kang Chen für die hervorragenden Illustrationen, Debi Treloar und Holly Jolliffe für die schönen Fotos, Louise Leffer für das Design und Fiona Corbridge für ihr gründliches, doch sehr verständnisvolles Lektorat. Zum Schluss noch ein großer Dank an die Firma Janome für die Nähmaschine und alles Zubehör.

Bildnachweis

Seiten 1, 117 und 238 (Foto: Debi Treloar)
„Evenings in the Garden" („Abende im Garten", 2000), von Rose Epton-Peter, inspiriert durch die Stourhead Gardens in Wiltshire. Handgefärbte Baumwollstoffe und Seiden, Seminole-Muster, Streifen mit Maschine genäht, Blockhaus-Anordnung, maschinengequiltet.

Seiten 2, 55, 60 und 155 (Foto: Debi Treloar)
„Thanks Christmas it's Finished" („Gut, dass Weihnachten vorbei ist", 1999–2004) von Avril Horn. Baumwollstoffe. Verschiedene Sampler-Blöcke, hand- und maschinengenäht, speziell entwickelte Randbordüre in Patchwork.

Seiten 4 und 202 (Foto: Debi Treloar)
„Liberty Rose Garden" („Liberty Rosengarten", 2005) von Doreen Plumridge. Liberty-Batist, handgenäht, handappliziert, Persische Applikation in den Füllblöcken, maschinengequiltet.

Seiten 5, 258 und 275 (Foto: Debi Treloar)
„Double Wedding Ring" („Doppelter Ehering", 1997) von Doreen Plumridge und Florence Suttie. Baumwollstoffe, handgenäht, teils auch maschinengenäht, handgequiltet.

Seiten 6 und 219 (Foto: Debi Treloar)
„Rice Crackers" („Reiskracker", 2003) von Rose Epton-Peter, inspiriert durch Reisfelder. Baumwollstoffe, teils handgefärbt, Blöcke maschinengenäht, mit Maschine aufgenähte Acrylgarne, freies Maschinenquilten.

Seite 9 (Foto: Holly Jolliffe)
Ägyptischer Wandbehang (2002), Hersteller unbekannt. Baumwollstoffe, handgenähte Applikation.

Seiten 10 und 70 (Foto: Debi Treloar)
Wholoecloth-Baumwollquilt (2004) von Gwen Jones. Baumwollstoffe, handgequiltet mit einfarbigen und mehrfarbigen Garnen.

Seiten 12 und 69 (Foto Debi Treloar)
Kaffe-Fassett-Quilt (2003) von Rose Epton-Peter, Entwurf: Kaffe Fassett. Baumwollstoffe von Kaffe Fassett, maschinengenäht, maschinengequiltet.

Seite 38 (Foto Debi Treloar)
„Amiss Amish" („Beinahe Amisch", 2001) von Rose Epton-Peter. Baumwollstoffe, Variation des Blocks „Jakobsleiter", maschinengenäht, freies Maschinenquilten.

Seite 73 (Foto: Debi Treloar)
„Dawn", „Midday", „Evening", „Night" („Morgendämmerung", „Mittag", „Abend", „Nacht", 2001) von Rose Epton-Peter. Miniatur-Wandquilt aus Streifen, inspiriert von der Landschaft in Dorset. Baumwollstoffe, einige handgefärbte Streifen, maschinengenäht, maschinengequiltet.

Seite 88 (Foto: Holly Jolliffe)
„Amoeba" („Amöben", 1998) von Doreen Plumridge. Liberty-Batist, einige Stücke heller gebleicht, maschinengenäht, handgequiltet.

Seite 102 (Foto: Holly Jolliffe)
„Liberty Chain" („Liberty-Kette", 1986) von Doreen Plumridge. Liberty-Batist, maschinengenähtes Blockhausmuster, handgequiltet.

Seite 105 (Foto: Holly Jolliffe)
„From the Desert to the Sea" („Von der Wüste bis zum Meer", 2002) von Rose Epton-Peter. Baumwollbatik, Maschinengenähte Streifenblöcke, freies Maschinenquilten.

Seiten 108, 157 und 171 (Foto: Holly Jolliffe)
Sampler-Quilt (2003) von Marion Stanway. Baumwollstoffe mit der Schere zugeschnitten, handgenäht, Zwischenstreifen mit Maschine genäht, handgequiltet.

Seite 121 (Foto: Debi Treloar)
„Cabin Fever" („Hütten-Fieber", 2004) von Rose Epton-Peter. Baumwollstoffe, manche handgefärbt, verschobenes Blockhausmuster, auf Basisstoff genäht, maschinengequiltet.

Seite 126 (Foto: Holly Jolliffe)
„Amelia's Christening" („Amelias Taufe", 2005) von Sinéad Hurley. Baumwollstoffe, mit Rollschneider zugeschnitten, Irische Kette in Streifentechnik, handgequiltet.

Seite 180 (Foto: Debi Treloar)
Thailändisches Kissen (1995), Herstellerin unbekannt. Baumwoll-/Polyester-Mischfaser, Revers- und Unterschlag-Applikation.

Seite 183 (Foto: Holly Jolliffe)
„Liberty Garden Pond" („Liberty-Gartenteich", 1999) von Doreen Plumridge. Liberty-Batist, einige Stücke heller gebleicht, handgenäht, von Hand appliziert, handgequiltet, gerüschter Rand.

Seite 197 (Foto: Holly Jolliffe)
„Hawaiian Waves" („Hawaiianische Wellen", 2005) von Sally Manning. Baumwollstoffe, von Hand appliziert, handgequiltet.

Seite 212 (Foto: Debi Treloar)
„Grass II: Meadow" („Gras II: Wiese", 2004) von Rose Epton-Peter. Aus der Quilt-Serie „Gras". Baumwollstoffe, handgefärbt, am Computer entworfen, Blöcke auf Basisstoff genäht, freies Maschinenquilten.

Seite 241 (Foto: Michael Wicks)
„Op Art Twist" („Op-Art gedreht", 2006) von Wendy Lowes. Baumwollstoffe, Blöcke in Falttechnik.

Seite 245 (Foto: Holly Jolliffe)
„Microwave" („Mikrowelle", 2002) von Rose Epton-Peter, inspiriert von den Wellen am Meeresstrand. Baumwollstoffe, verschobenes Miniatur-Blockhaus, auf Basisstoff genäht, maschinengequiltet.

Seite 248 (Foto: Holly Jolliffe)
Quilt in japanischer Falttechnik (2008) von Sinéad Hurley. Baumwollstoffe, gefaltete Blöcke, as-you-go gequiltet.